~

草木人间

秦岭四库全书·绿库

《秦岭四库全书》编写组 编著

西安出版社

西安曲江出版传媒股份有限公司

图书在版编目（ＣＩＰ）数据

秦岭四库全书. 绿库 ：草木人间 / 杜喜春主编. --
西安 ：西安出版社，2015.8（2017.2重印）
ISBN 978-7-5541-1198-7

Ⅰ. ①秦… Ⅱ. ①杜… Ⅲ. ①秦岭－概况②秦岭－生
态环境－概况 Ⅳ. ①K928.3②X321.241

中国版本图书馆CIP数据核字(2015)第201347号

秦岭四库全书·绿库

草木人间

编　　著：《秦岭四库全书》编写组
主　　编：杜喜春
书籍设计：单　鹏
出　　版：西安出版社
社　　址：西安市长安北路56号
电　　话：（029）85253740
邮政编码：710061
网　　址：www.xacbs.com
发　　行：西安曲江出版传媒股份有限公司
　　　　　（西安曲江新区雁南五路 1868 号影视演艺大厦 14 层
　　　　　 11401、11402室）
印　　刷：重庆新金雅迪艺术印刷有限公司
开　　本：889mm×1194mm　 1/16
印　　张：23.5
字　　数：440千
版　　次：2015年9月第1版
　　　　　2017年2月第2次印刷
书　　号：ISBN 978-7-5541-1198-7
定　　价：86.00元

《秦岭四库全书》编委会

主　编：肖云儒　徐可为

副主编：李　元　陈吉利　耿占军

委　员：张运良　屈炳耀　史鹏钊

《绿库·草木人间》

主　编：杜喜春

编写组成员（以章节次序）：

杜喜春　郭新军　赵　亮　王开峰

张九东　赵纳勋　赵银萍　陶贵荣

冯永辉　李　莺　郭垚鑫

统　稿：杜喜春

目录

打开大秦岭 阅读大中华

肖云儒

一

两三年前，大约是2010到2012年期间，由于想汇集自己对于中国古典绿色文明相关联的种种思考，秦岭一度成为我的一个心结，一个兴奋点。记得我先后给央视《大秦岭》摄制组、《陕西日报》、《华商报》等多家媒体，也在一些有关秦岭、渭河等有关研讨会上，提出了"秦岭是中国的'四库全书'，是中国的水库、绿库、智库、文库"的观点，从不同角度作了阐发。此论一出，响应者众，一时多有传播。后来又将这些思考融入了两万余字的长篇学术论文《中国古典绿色文明》之中，发表在《西安交通大学学报（人文社科版）》的头条。

其间，西安文理学院校长徐可为教授约我给学校的科研项目出出点子，记得我谈了三点，其中两点与秦岭有关。我建议学校利用文理兼具的综合优势，集中学校文、史、哲、经、生物、地理方面的专家学者，全力以赴，尽快编写《秦岭四库全书》，全面展示秦岭的水文地质、动植物谱系，以及中国古都、中国思想（易、儒、道、释）和中国诗文书画与秦岭的关系。图与文并茂、资料与论述辉映，力争成为我国第一部多学科研究秦岭的大部头著作。只要抓得紧，大约两三年内可以完成。这是我们研究秦岭的第一阶段成果，可称为典籍性成果。

第二阶段的成果，是以典籍为基础，从书本中走出来，在秦岭北麓择地进行绿色生态生存圈的科学试验，在新理念、新方法指导下，探讨并实践人与自然和谐相处的路径，追求发展社会与涵养自然并行，实现科学循环的新的人类生活类型。这可称为试验性成果。

这部大书和这个"中国山水生态生存试验圈"，与以往任何研究、试验都不同，它不是纯自然或纯社会的科学试验，它是在崭新的人类生存观念的统摄、指导下，融天、地、人为一体，融自然与社会为一体的未来社会生存方式的模型试验，有那么一点"生态生存乌托邦"性质。它似乎类似于美国"生物圈Ⅱ"的实验，却又有中国特色——它力图将生态科学和社会建构（即文科、理科、工科）组成一个大系统，将秦岭的原生态和中国生存的古典形态转化为现代生态生存，并探索未来人类的生存方式和生命状态。为什么选择秦岭山地来做这个试验？那是因为秦岭横贯中国腹地，山如龙脉，是形态上的脉象，也是精神上的脉络、生命上的脉动，是国家和民族雕塑化了的生命形象。在这里做一次关乎未来人类生存的试验性探索，是一件意义重大的事情。

这个课题比较宏大，涉及地质、地理、水文、动物、植物、社会和经济管理学、生产经营学以及文化心理学、艺术文学等多个学科，也许要动员组织文理学院各院系参与进来。我们的师生将可能轮流进到试验区中去，一边实践这种新的生存，一边研究这种新的生存，最后结晶为系列研究成果。这个研究成果，由科学试验报告、生存体验实录、生态生存圈图录，以及在此基础上产生的单科论文和理论专著组或。因此学校要有通盘的、长远的考虑，将此项科研与全校的教学、科研工作有机结合起来。由于项目涉及西安国际大都市的建设，涉及秦岭保护的总体规划，涉及方方面面的法规政策，也涉及投资，应争取市委、市政府的支持，并与当地相关的行政、企事业单位妥善协调、团结合作、逐步推进。

在这一年的省政协会上，我就这个想法写出了提案，受到省级有关部门的重视。尤其要说的是，西安曲江新区获悉此事后，予以高度关注，和西安文理学院、西安市秦岭办等单位率先成立了秦岭研究的专门机构，大型研究丛书《秦岭四库全书》的编撰工作就此正式启动。

不过真想不到这么快，不到两年时间，180余万字的四部煌煌大著就摆到了案头。我不由得敬佩参与写作的专家和老师们，也不由得给西安文理学院的科研写作能力和曲江新区的组织协调与费用支持一连点了好几个赞。

二

秦岭是座读不尽的山，世人常常只能窥其一孔，不同的人便因此读出了不同的秦岭。地质学家看到的是它的地壳运动，生物学家看到的是它物种的多样性，文化学者更关注的则是它的历史遗存和文化积淀，以及它对地域文化风格和文化人格形成的影响。

《秦岭四库全书》给我最突出、最直观的印象，是它的编撰者们以科学系统论和综合文化学的思维，在我们面前呈现了一个全维的秦岭，一个由物态、生态、文态、神态构成的完整而鲜活的生命系统。编撰者们将秦岭作为中国的中央公园来开掘、解读，从各方面表现了秦岭不仅是中央水库、中央绿肺，还是中央智库（生发核心价值观之地）、中央神殿（聚集宗教祖庭之地）和中央文脉（诗词文赋音画荟萃之地）。全书从山进入去展示历史，由空间进入去打开时间，揭示出了一座山与一个民族、与一部历史、与一脉文明的深度关系。

这部大型研究丛书也改变了人们印象中的陕西文化底色。陕西原有的文化色调，主要由黄土地和黄河的形象决定，是黄色。这部书则强力而全景式地推出了陕西的另一种文化底色——绿色，推出了青山绿水的陕西形象。绿色陕西让世人乃至整个世界眼前一亮。其实，绿和黄从来就是三秦大地的两种底色，但绿色陕西长期被黄土地掩映着，这次终于揭去了遮蔽，涤除了混浊，还了世人一个原生之绿。秦山秦水大绿了一回天下，好不来劲！

打开大秦岭，阅读大中华。这座山，成为解读中国、解读中国文化和中华文明的一把钥匙。非常有幸，这把钥匙在秦地，系在三秦的腰际，那钥匙孔也许就是长安。非常有幸，地处长安的西安文理学院得近水楼台之便，抢先拿到了这把钥匙，开风气之先地启动了探寻秦岭的文化、科学之旅。

三

秦岭对中华文明发生、发展、流变的影响是独一无二的。我将这种影响概括为"六源"：

一、水之源。秦岭是汉江、渭河、嘉陵江乃至淮河的一级水源（源头），是黄河的二级水源（源头之外最大支流渭河），是长江的三级水源（最长支流汉江以及嘉陵江，位处金沙江、岷江、沱江等二级水源下游）。江、河、淮、汉所以成为中华文明的重要发源地，秦岭是幕后重要的推手。

二、物之源。秦岭有丰富的生态资源（空气和水）、生物资源（动物和植物）和矿物资源（钼、锌、黄金等各类有色金属）。

三、力之源。秦岭是军事屏障，秦岭以及四关的屏障护佑着关中平原。除了具体的战略战术意义，更是民族精神力量的象征。柳宗元说得好："南山（指秦岭终南山）居天之中，在都之南，国都在名山之下，名山随国威远播。"秦岭是长安的屏风，更是秦人的心理支撑。

四、心之源。秦岭、关中是铸造中华文化核心价值观的地方，是"萌易、生道、立儒、融佛"之圣地。萌易，周易、周礼在西秦萌发而流布天下。生道，老子在函谷关写《道德经》，来楼观台讲经而扬播天下；楼观、华山、汉中，即秦岭南北，是道文化和道教的中心，可以说这里是道文化的发生和弘扬之地。立儒，儒的创始者虽是东鲁的孔子，但孔子反复声明"郁郁乎文哉，吾从周"，他信奉的是周礼，梦见的是周公。后来是汉代的董仲舒在长安建议"罢黜百家，独尊儒术"，儒才提升为中华文化尤其是汉文化的核心价值观。融佛，魏晋以来，印度佛教在我国广为传播、发展。一种宗教离开本土发源地，竟能在异国土地上生根开花、不断创新，不但将异地作为自己最大的基地，而且发展成为异国最大的宗教，这在世界宗教史上极为罕见。正是道、儒、释这样一个三足鼎立的坐标，构成了中华民族的核心价值观，构成了千百年来中国人相对稳固的精神世界。

这里特别要说几句道文化的重要意义。历史常常青睐秦皇、汉武、唐宗、宋祖，青睐强盛者、成功者和盛世，却很少关注造就强者和盛世的时代环境、历史积累和幕后力量。在古代，其实每个盛世之前流行的常常是道家精神，比如汉武帝之前，实行"文景之治"的文帝、景帝都奉行黄老之学。秦末战乱遍地、民不聊生，文、景二帝用几十年时间收缩调整，铸剑为犁，轻徭薄赋，兴修水利，这才给汉武盛世打下了基础、积蓄了力量。历史常常在儒的进击和道的沉着中，以四分之二拍前进。儒道互补，缺一不可。所以今天我们不能盲目搞GDP主义，不能一味追求政绩和速度，而要践行科学发展观，坚持可持续发展，实现新常态上的平衡、和谐，历史早给了启示。一种好的文化，一个好的理念，对社会和历史的影响会十分深远。我曾经说："为政仅治一方，为文却涵养天下；为政只有两任，为文却脉及万代。"谈道家思想对中国发展的启示，秦岭是功不可没的。

五、智之源。秦岭还给人们提供了许多生存智慧和文化启悟，比如区隔和衔接的辩证思维，仁山智水的人生哲理，道法自然的人文理念，感恩敬畏的彼岸坐标等等。秦岭既把中国的南方、北方区隔开来，又将它们衔接起来。隔离和交流一样，是事物发展的一种状态，也是一种机制、一种潜力。有了秦岭的区隔机制，才有南北经济在相异中的互通，才有江河文化在对比中的互补。秦岭又用嘉陵江和渭河（所谓一山两水）将长江流域和黄河流域拉起手来、衔接起来。远古的地球，南、北两大漂移板块相撞击，挤压出青藏高原，挤压出昆仑、秦岭，中国才形成了今天的版图。从某种意义上说，是秦岭、昆仑焊接了中国大陆，为统一的多民族大国提供了地质地貌条件。既区隔又融汇，秦岭给了我们以辩证思维的启示。

六、美之源。在中国，古往今来的文学艺术都崇尚自然山川之美，这一点在世界各国可以说位列前茅。而众山之中，中国诗、文、书、画、乐表现得最多、涉及得最多的一座山岳就是我们的秦岭。

中国山水文化的本质特点源于它的"天人合一"观念。中国的山水文化从来都是把自然之美、人文之美和艺术之美熔冶于一炉，秦岭在这点上做到了第一流。

从审美角度看秦岭，我们感受到的是什么呢？

是刚与柔的相济。秦岭是山之刚与水之柔的组合。秦岭的品牌形象之一是华山，华山是一座由花岗岩浑然天成的巨山，但是它又有一个非常柔性的比喻，古代"华""花"通用，《水经注》说它状若莲花，故名华山。一个非常刚硬的形体却被赋予了一个非常柔性的比喻。华山是一座父性的山，却流传着一个非常母性化的故事——沉香"劈山救母"，拯救自己被压在山中的慈爱的母亲。终南山在秦岭之北，属于分水岭的北方，是秦岭的阴面，"终南阴岭秀"，灵山秀水，也有柔性的一面。

是点与脉的相映。秦岭好似天宇的翔龙，在这道龙脉上，有许多亮点。太白山是自然景观的亮点，终南山是宗教景观的亮点，楼观台是道教景观的亮点，华山则集自然景观、宗教景观、文化景观的亮点于一体，可以称作秦岭的画龙点睛之处。华山、终南山堪称中国山岳的华表，中国文化的华表。秦岭之脉和这些脉点，组成了一种美学关系。

是景与文的相惠。秦岭的风景和文化互惠互济。如果说秦岭的"一山两水"是中国的"四库全书"，这部书的目录就在华山和终南山。秦岭是中国文化主流之一的河洛文化的上游，洛河就发源于秦岭深处。道文化实质是水文化，用绕指之柔的灵水去战胜百炼之钢的智山。道文化提升了秦岭景观，秦岭景观又为道文化做了最好的印证，秦岭的道文化跟秦岭的灵山秀水合二而一。

是形与寓的相生。秦岭千姿百态的自然形质和龙之寓象、道之寓象、释之寓象、易之寓象、父亲之寓象、奉献之寓象等千象百寓互为表里，相与辉映。许多画家画秦岭、画华山，都喜欢将其拟态化、寓态化，或拟人，或拟龙，或拟八卦。石鲁有一幅画，用枯墨勾勒出一座孤立的华山，好似一个伟岸的中国男子汉、中国父亲遗世而独立，原因恐在此了。

四

高不可攀的喜马拉雅山、昆仑山，是那种可望而不可即的"神圣之山"和"神话之山"，所以孕育了最为理想主义和彼岸主义的藏传佛教和昆仑神话系列。秦岭不同，他被誉为"父亲山"，他与"母亲河"黄河、渭水是我们生命和精神的父本和母本。他是那样的人性化、人间化，永远用双臂温暖地搂定自己的孩子，无微不至地关爱着我们。地球上没有一座山、一道水像秦岭、渭水那样，养育了一个世上最庞大民族的整整13个王朝。人类的生存需要什么，他就赐给我们什么，从好空气、好水，食物、衣着材料和居住材料，到文化理性、理想境界和艺术审美各个方面，是那样无私无悔毫无保留，完全是竭尽自身生命抚育儿女的亲爹亲娘的形象。

因而谈秦岭不能不谈渭河。正是这永远共同着时间和空间的秦岭与渭河，正是这一脉山一脉水，世世代代给了这块土地以人性的、伦理的温度。中华水网犹如一片绿叶的叶脉，渭河是中华绿叶万千叶脉中的一道主干脉络。她在中华文明的发祥地千秋万代地流淌，使得我们的民族年复一年地回黄转绿。她的枯荣与整个民族的兴衰息息相连。从炎黄到夏商周，再到秦汉唐，甚至延伸到现代的西安事变，现代的西部开发和古往今来的丝绸之路，整个历史都在渭河这部水幕电影里流淌。

"可怜天下父母心"，实际上，秦岭和渭河为养育他们一代又一代的儿孙，早已经不堪重负。干旱在汉、唐已经初露端倪，极大地影响了关中的农业生产和粮食产量，以致有几个皇帝不得不去洛阳就食，被谑称为"逐食天子"。这种对生身父母的"逃离趋势"，最终导致了都城的东迁。这让人不由得想起延安。延安对中国革命的贡献、秦岭对中国历史的贡献，是陕西矗立在中华大地和民族精神中的两座丰碑。但他们都曾因生态失衡而边缘化。

明代以降，"西安"这个新名称渐渐将汉唐长安边缘化，生态的退化导致关中失去了天府的美名，国家的中心渐渐远离了秦岭，长安从此不安。喝秦岭渭河水的时代曾是中国历史上最强盛的时代，由于生态破坏，秦岭用自己悲壮的命运给中国乃至世界提供了一个深刻的教训：没有山水、没有自然生态的发展终将失败，繁华和兴盛终将远去。

渭河对于中华民族有着最大的承担，有着最大的功劳，但是也承受着最大的耗损。她曾经那样丰腴、美丽，而现在却苍老、干瘪。她养育了一个又一个王朝，国家强盛了，自己却衰竭了。我的过度劳累、忍辱负重的好母亲、老母亲！

想到这一切，我心头就会泛起一种苍凉。渭水给关中土地以甘露，我们怎能还她以污浊？渭水给三秦城市以美丽，我们怎能还她以丑陋？渭水给陕西人心灵以温润，我们怎能还她以枯竭？苍凉背后，是久久的深深的自责。

"水旺则国运昌，水竭则国运衰。"当下，我们实在应该刻不容缓地在全民族中树立起"水是生命第一元素、社会发展第一元素"的观念，改变"水资源最廉价"的习见和谬误。

这就要抓住"涵、清、济、节"四个字——

"涵"，涵养。从秦岭、六盘山两个渭河源头开始全面、持久地涵养水源。渭河水源较为丰裕的支流在南边，而泥沙比较多的支流大都在北边，尤其要重视六盘山到关中北部这个黄土塬层面的绿化，为渭河涵养净水清流。

"清"，防污。渭河干流和支流，沿途一定要积极、有效地防止中途污染。专供西安饮用水的黑河水库，为了防污，专门成立了水警支队，保卫流水沿途的生态和社会安全。坚持护水清流，保证生活、生产用水的生态标准。

"济"，接济。用外地丰裕的水源补渭河之不足，如"引嘉（嘉陵江）济渭""引洮（洮河）济渭"等工程。但这种"济"必须适度，要在保证自身正常流量的前提下接济渭水。

"节"，节水。培养全民的节水意识和绿色生存、低碳生存意识，要将这种意识转化为切实的社会行为和日常的生活风习。这是一种"水德"，应将用水道德作为国民道德教育的重要内容广泛宣传，并遵循可持续发展的原理，绝不透支后代赖以生存的不可再生资源。

以上四方面的治理若能渐见成效，渭河有望在中国北方成为科学化、现代化、系统化、生态化流域治理的典范。这个典范又有望与渭河流域"五个长廊"的建设融为一体。这"五个长廊"指的是：渭河文化展示长廊、渭河生态景观长廊、渭河旅游景点长廊、渭河高新科技长廊、渭河高新农业长廊。

五

1200多年以前，唐宋八大家之柳宗元说过"国都在名山之下，名山借国都以扬威"的名言，点出了秦岭山与长安城内在的感应和共赢。到了现代，科学发展观使我们从理论和实践的结合上逐步明确了，在这座山与这座城的酬对中，一定少不了水网，少不了乡镇。山是人类的乳房，水是大山挤出的乳汁，是沁入生命来营养我们的汁液。城市是乡镇的凝聚和提升，乡镇又是城市的疏散，城市的现代元素融入村镇，每家每户便得以共享。

基于这样的理解，我们不妨来描绘一番秦岭—渭河人性化、民生化的"新生存体系蓝图"，这便是：在秦岭北麓到渭河平原水网区这样一个大山、大水涵盖的硕大坡面上，全面共建自然生态和社会生态相交织的现代科学生存网状体系。这个网状体系应该将造化赐给我们"八水绕长安"的自然优势，尽快涵养、修复、提升为现代化的"八水润西安"工程体系和功能体系，形成水源充沛洁净、注泄有度的科学水网。而在大都市西安—咸阳和整个关中城市群，在星罗棋布的乡镇网络的广袤土地上，则要科学布设、构建起一批又一批现代田园城镇。

这些田园城镇是城、镇、村三合一的，它内里的质地能满足现代人生产、生活的各种需求，而它的风貌则保留了、也更新了绿色田园的种种情趣。通过城镇化发挥乡村、集镇的调蓄功能，让树林和草地绿起来，让清水流过来，更让人高高兴兴留下来。不要一味涌入大城市，而是贴着大地行走，走一条与城市现代化并行的乡镇现代化的路子。在这个过程中，要有科学技术的介入，要有现代生活方式的融入，更要有整体文明程度的提升。因为城镇化进行到更深层面，面临的将是新城镇文明和新生活方式的深度创新和构建。

清晨起来推开自家的门窗，你看到的也许不再是传统的村居村道，也不再是精心修饰的西式花园，而是溢满了生机的绿色农田和林子，是油菜开花、小麦扬花、棉秆挂花，是一派现代农耕文明的田园景象。

现代大都会是聚汇社会和聚居人口的"大水库"，现代田园城镇则是社会生态化、现代化的"蓄水池"。城镇化发挥了乡村、集镇的调蓄功能，就可以逐步实现村里有"水塘"、镇上有"水坝"、省市有"水库"的层次分明的格局。"蓄水池"当然不单指水资源的涵蓄、管控，更是针对整个地域经济、文化和社会发展而言的。现代社会各方面的管理，都需要发挥多层"蓄水池"的作用。在这个意义上，乡村的现代化改造是中国社会发展在源头上最为稳定、祥和的根基。

大西安正在奋力建设国际大都市，西安、咸阳两座古城牵手之处不在别处，就在秦岭、渭河之间这个硕大坡面上，这是何等的意味深长。

例如曲江新区的临潼国家旅游度假区、楼观道文化展示区，就正在写一本新书，一本大书，一本现代的线装书。书页的南沿以秦岭的绿色为屏障，北边泛漫着渭水的波光。沣河、涝河、潏河、滈河和泾河，是书于其上的文字。田园城镇有如其间的标点和分段，从周、秦、汉、唐直书下来，直至现代，直至当下，絮絮叨叨数说着这块土地上那些说不尽的故事。为什么曲江新区要致力于秦岭四库的研究呢？所谓"智者所图者远，所谋者深"，秦岭山水和古人留下来的丰厚资源，给曲江建设者们在新骊山、新楼观生态保护中多少启示、多少灵感啊！曲江新区这些年来以打造"城市生态建设与文化复兴的典范、历史遗迹与现代文明共生的模本"的理念和"兴文、强旅、筑绿、富民"的切实行动，再次践行了"文化立区、旅游兴区、生态建区、产业强区"的发展战略，坚持统筹发展、科学发展，突出抓好生态、历史、文化、旅游四大优势，积极推进城市化进程，坚持走生态建设与经济发展并举、环境保护与产业开拓并重的路子，使生态区建设与经济发展形成良性互动，生态区品位得到完善和提升，取得了显著的生态效益、社会效益和经济效益，初步建立了适应新区经济可持续发展的良性生态系统。也就是说，他们从那山、那水、那人的角度出发，让城市融入大自然，让居民望得见山、看得见水、记得住乡愁。

六

人类最早是从树上、从山里，沿着水迹拉出来的沟谷走向平川的。山是我们的故居，走出大山的人类永远在回眸大山，眷念大山。山水田园是我们的心结，是我们心头挥之不去的乡愁。正如一首歌，"关山重重，云水漫漫，山山水水缠绵着我的思念"。

秦岭南北集聚了陕西三分之二的人口，毫无疑问，秦岭，还有渭河，还有山和河孕育的那方热土，是我们秦人心中的乡愁。从空间意义上，秦岭是陕西人的乡愁记忆；从精神意义上，他也是中国人的乡愁记忆。

乡愁又何止是一种愁绪，其实更是一种审美。乡愁不一定都是美好的，但一定都是向上的。它是生命里感情里最深刻的记忆，它构成了每一个人生命的底色。

在《史记》中，司马迁最早将关中即渭河流域称为"天府"，几十年后，这个荣誉才给了汉中和蜀中。关中之所以能够最早成为"天府"，这"军功章"当然有秦岭、渭河的一半。对秦岭、渭河的奉献，我们应该时存感觉、时存感念、时存感恩、时图回报。最好的回报，就是要处理好人与自然的关系，用循环经济和大文化理念引领这座伟岸的山和这座伟大的城在当下的可持续发展。

这也就要从万古永存的人与自然关系的这个元问题出发，以万古长青的中国古典绿色的文化观念、万古延续的中国古典绿色的生存实践、万代浸润的中国古典绿色的艺术精神，从方方面面去理清自然生态、社会生态、精神生态三个层面的诸多问题，构建它们之间的新型关系；更要不断地探索、实践，处理好现代背景下人与天地、人与社会、人与心灵的关系。

否则我们将会家无记忆，族无记忆，史无记忆，国无记忆。我们将悔之无及。

城市在现代的发展中，开始是楼群之城，现在是园区之城，今后还要建成田园之城，城市与山水真正融为一体。这正是在接续"中央水库"秦岭的历史荣耀。一座亘古永存的山脉、一座现代古老而新兴的城市，肩并肩立于八百里秦川之上，执手言欢，谈笑风生，同样的生气勃勃，若绿般鲜活，若水般灵动，你说，那是怎样的风景！

2015年1月12日　西安不散居北窗

绪言

　　秦岭是横亘于我国中部的一座伟大而神奇的山脉，被尊为华夏文明的龙脉。一系列东西走向的巨大山体，使它成为我国气候、水文和动植物区系的天然南北分界线。良好的生态环境孕育了种类繁多的野生动植物资源，有着极高的科研价值，是一座不可多得的"博物馆"和"活的教科书"。《草木人间》将引领您进入这座伟大而神奇的"博物馆"，从四个方面来了解秦岭丰富多彩的动植物资源：一是这里地质历史时期的远古生物；二是珍稀濒危动植物；三是种类丰富的观赏、食用、药用和工业用资源动植物；四是秦岭植被及其生态价值和历史变迁。

一、秦岭——古今生物的摇篮

　　结合地质学和古生物学资料，介绍秦岭的地质历史变迁和动植物区系的演化，探求秦岭远古时期动植物区系的组成和起源。秦岭也是我国南北现有动植物物种繁衍生息的交汇过渡区域，对于研究现代动植物区系也具有很高的科学价值，是孕育古今生物的摇篮。

二、秦岭——珍稀濒危生物的庇护所

　　秦岭是地球上为数不多的在第四纪冰川期逃脱冰川之劫的幸运地之一，成为我国多种珍稀濒危生物的避难所。秦岭以其宽广博大的胸怀容纳了这些大自然的精灵，秦岭本身也因为这些精灵而成为全世界关注的焦点。本章将为您介绍这些来自大自然的精灵，主要包括国家级保护动物71种（其中一级保护动物13种，二级保护动物58种），国家级保护种子植物42种（其中一级保护种子植物16种，二级保护种子植物26种）。

三、秦岭——动植物的宝库

　　秦岭又是一座举世罕见的物种基因库，这里植物种类繁多，仅种子植物就远远超过3000种；动物资源也极其丰富，在观赏、药用、食用和工业等方面均具有重要的意义。本章将重点为您介绍其中的典型代表，包括：观赏资源动物68种、观赏资源植物46种；药用资源动物29种、药用资源植物81种；食用资源动物4种、食用资源植物15种；工业用资源动物15种、工业用资源植物50种。

　　秦岭的观赏动植物资源非常丰富，这些美丽无比的生灵赋予秦岭美的魅力会让你惊奇不已。在秦岭深处，年复一年，千姿百态、艳丽多彩的野生花卉赶热闹似的竞相开放，特别是到了盛夏季节，整个山顶就成了一个超级花园，漫山遍野的花儿争奇斗艳，美丽的蝴蝶在花丛中悠然自得地飞翔，鸟儿放开歌喉自由自在地尽情歌唱，秦岭成了它们的天堂！当您读过这本书再去那里神游，就知道那真是一片秘境净土，这里所写的只是它的一部分美、一部分魅力，那里的美丽和神秘是无以言表的，本书的展示远远不够！

　　除了观赏类动植物资源以外，这里还有着非常丰富的食用、药用和工业用途的动植物资源。人们常常向往"山珍海味"，其实秦岭深处平常人家的饭食早就融入了这种浓浓的大山的味道。看似最为平常不过的家常菜，营养价值高，味道鲜美，不仅是山里人生命中不可或缺的部分，更对山外人产生了无尽的诱惑。秦岭又是一个神奇的"药物王国"，这里的药用植物驰名中外，被人们赞誉为"药山"和"神山"。"秦地无闲草，自古多名医"就是对此的真实写照。这里还有大量具有工业用途的生物资源，成为山里人发家致富，走上幸福生活的超级"动车"。

四、秦岭——绿色的屏障

秦岭山体高大，主峰太白山是我国大陆中东部的最高峰，巨大的海拔跨度使秦岭由山麓到山顶形成暖温带、温带、寒温带、亚寒带的气候特征，并相应形成了分异明显的植被垂直带谱，是我国乃至世界生态系统和景观类型极为丰富的地区之一，也成为我国中东部最重要的生态安全屏障，在气候调节、水土保持及水源涵养等方面具有重要的调节作用。秦岭曾孕育了中华民族几千年灿烂多姿的华夏农耕文明，这段光辉的历史足以使每个中国人为之骄傲。目前秦岭丰厚的植被资源依然是陕西乃至中国的重要战略资源：北坡的黑河等地是西安市民的主要水源地；南坡的汉江流域又是国家南水北调工程的中线水源地，将成为首都人民生活用水的重要保障。而秦岭植被的保护因此也变得尤为重要，成为牵系西安、陕西乃至中华民族未来发展的绿色屏障。

想要了解秦岭丰富多彩的动植物资源，让我们一起走进《草木人间》来探寻吧！

第一章

秦岭——古今生物的摇篮

刚刚形成的地球是一个没有生命的世界，地球生命的起源序幕是如何神秘地拉开的，科学家们进行了不懈的研究和探索。成千上万种生物曾经在秦岭诞生，又悄无声息地从这里消失了，而更多的生物仍然在这里繁衍生息着。生命的诞生总是充满着无穷的奥秘，秦岭因此就是一座充满着奥秘的博物馆，静静地在这里等着有心的人去发现和探索。

秦岭是华夏文明的龙脉，是我国大陆中东部的最高峰。巨大的海拔跨度使秦岭由山麓到山顶形成暖温带、温带、寒温带、亚寒带的气候特征，并相应形成了分异明显的植被垂直带谱。秦岭又是我国长江和黄河两大水系的分水岭，因此成为我国南北地理和气候的分界线。这种独一无二的生态地理特征和多样化的生境，为古今生物的孕育和演化提供了得天独厚的条件，成为古今南北生物的交汇过渡地带，是它们繁衍生息的摇篮。区系是一定的地域中生物的全体种类的总和，动植物的区系中所包含的丰富的信息是我们解读生命起源和奥秘的密码，是打开这扇神奇大门的万能钥匙。

本章首先期望通过整理大熊猫、金丝猴、羚牛和华南虎等现存重要的国家珍稀濒危动物所在类群的化石资料，找到了解秦岭古动物区系演化和发展的窗口。同时期望通过整理秦岭现在的典型植被的建群种和优势种植物所在类群的化石资料，找到了解秦岭古植物区系演化和发展的窗口。在陕南震旦纪高家山组发现有前寒武纪的生物化石，表明这里及其邻近的秦岭区域可能是生物的起源地之一并成为最早孕育生命的摇篮。古植物学资料表明，秦岭植物群落的主要成分可能以原地生长的种类为主，是晚白垩纪至第三纪东亚植物区系的残遗，其起源的时间不会晚于晚白垩纪，因此对自身植物区系和植被都具有发生意义和始生性质。

本章还对秦岭的现代动物区系和现代植物区系的研究成果进行了梳理。有多种类群的动植物成分在秦岭地区保存、汇集、分化、发展，因此秦岭的现代动植物区系成分有着强烈的过渡性，动植物区系组成成分的特有种成分较多，植物组成成分的温带气候分布性质明显，也表明秦岭的现代动植物区系具有发生意义和始生性质。

第一节　秦岭的地质历史变迁和动植物区系的演化

一、秦岭的地质历史变迁

秦岭山地在地质学上被称为秦岭造山带，其基底形成于前寒武纪，从晚元古代末到中三叠世阶段是秦岭造山带形成的主造山时期。从震旦纪到早奥陶世时期，秦岭处于板块构造的扩张期，形成了一个有限的扩张洋盆。经过漫长的不平静的演化，在中生代的侏罗纪晚期至白垩纪期间，发生了强烈的板内造山作用。秦岭受印支燕山运动的影响，地面发生地壳运动上升形成山地，而造山带内发生垂直分异，南北两侧形成盆地，如汾渭盆地、徽县盆地、洛南盆地、商县盆地、安康盆地、汉中盆地等相继产生。而随后秦岭经过中生代末和古近纪的长期侵蚀剥蚀，逐渐成为低缓的准平原状。

至古近纪始新世末、渐新世初（喜马拉雅运动第一幕），原来形成的准平原被肢解，其中一部分准平原被断块抬升成为现今秦岭的雏形。

古近纪渐新世末至新近纪中新世时期（喜马拉雅运动第二幕），由于断块式垂直升降运动，地势的高差起伏增大。秦岭西段一些地区经历过强烈的抬升，天水盆地剥蚀速率加大。秦岭西部接近青藏高原的边缘区域，新构造运动也受到高原隆升的影响。

在新近纪上新世末至第四纪更新世初（喜马拉雅运动第三幕），秦岭又发生了一次强烈的垂直升降运动，北侧渭河地堑下降，接受了900～1300米的河湖相沉积。进入早更新世中期后，秦岭山地经过多次间歇性抬升，山地高度急剧增加，在早更新世末期，在秦岭太白山附近地区又发生强烈的分异断裂运动，太白山主峰崛起。今天的秦岭山脉，是在主造山期板块构造运动所奠定的构造格架基础上，又经过中、新生代强烈陆内造山运动，垂直高差加大，到第四纪初，已经形成了现今秦岭的雏形。

二、动物区系演化

动物区系是指在一定历史条件下形成的适应某种自然环境的动物群，由分布范围大体一致的许多物种组成，它的组成和演化是由所在区域的地理环境及其变化所决定的。不同学者对动物区系的分法不同，秦岭的动物区系类型主要有东洋界和古北界。东洋界包括喜马拉雅山－秦岭以南的亚洲，气候温暖湿润，以热带雨林、季雨林和亚热带常绿阔叶林为主要植被，自然条件优越，物种十分丰富。古北界是一个以亚欧大陆为主的动物地理分区，它涵盖整个欧洲、北回归线以北的非洲和阿拉伯、喜马拉雅山脉和秦岭以北的亚洲，古北界的范围在史前时期曾经是很多动物类群的演化中心，但在很多地区在冰期受到较大的影响，目前则拥有大面积的寒冷和干旱地区，自然条件比较恶劣，动物种类相对贫乏。

表1–1 地球地质年表

代	纪		世	距今年代（亿年）	生物发展阶段	
					动物界	植物界
新生代	第四纪		全新世	0.02~0.03	人类时代	被子植物时代
			更新世			
	第三纪	晚第三纪（新近纪）	上新世	0.25	哺乳动物时代	
			中新世			
		早第三纪（古近纪）	渐新世	0.7		
			始新世			
			古新世			
中生代	白垩纪			1.4	爬行动物时代	裸子植物时代
	侏罗纪			1.95		
	三叠纪			2.5		
古生代	二叠纪			2.85	两栖动物时代	蕨类植物时代
	石炭纪			3.3		
	泥盆纪			4.0	鱼类时代	裸蕨植物时代
	志留纪			4.4	海生无脊椎动物时代	海生藻类时代
	奥陶纪			5.2		
	寒武纪			6.0		
元古代	震旦纪			9.0	动物孕育、萌芽发展的初期阶段	
				25.0		
太古代				38.0	原始细菌（最低等原始生命产生）	
	地球初期发展阶段			46.0		

秦岭地区原本是一个海区，在漫长的地质发展历史中，在造山运动作用下逐渐形成陆地雏形。随着秦岭的地质历史变迁，秦岭的动物区系也发生了重大变化，从早寒武纪时期的海生小壳动物群以及中晚寒武纪时期占主要地位的三叶虫，到奥陶纪时期的笔石动物群、牙形石动物群、头足类动物群、珊瑚、腕足等动物类群，再到三叠纪时早三叠世和中三叠世安尼期的双壳类、腹足类、菊石、腕足类、六射珊瑚、藻类等"海相生物"以及双壳类、介形类、腹足类、蠕虫类及昆虫等"非海相生物"。

秦岭的雏型出现于古近纪，但其真正作为古北界和东洋界的分界线，表现出过渡性特征的时间应该是在第四纪更新世早期之后，且不是整个秦岭区都在同一时间成为分隔南、北动物地理区的界线的，而是西边形成较早，越向东去，成为界线的时代越晚。根据化石资料，地质历史进入新生代后，一度繁盛的爬行纲动物恐龙衰败甚至灭绝，哺乳动物（兽类）获得更大的发展机会。但随着秦岭地质、气候的变迁，兽类区系也不断发生重大改变，不断有古老类群消失，新的兽类开始涌现。现存于秦岭的一些古老类群见证了秦岭的演化，对我们了解兽类区系的历史及现状具有重要的意义。

（一）大熊猫（*Ailuropoda melanoleuca*）

大熊猫为我国特有种，是一个古老的物种，被誉为"活化石"，曾是第四纪大熊猫 - 剑齿象动物群的重要组成成分之一，广泛分布于秦岭以南的地区，其分布具有明显的东洋界动物区系特征。大熊猫的祖先为始熊猫，其生活的地质年代约为800万年前的中新世晚期，化石出土于中国云南禄丰和元谋两地。大熊猫属中的大熊猫小种于更新世早期在秦岭南坡就已出现，从牙齿性质看与现代大熊猫已无区别，只是体型较小而已，中更新世开始衰败，取而代之的是大熊猫属中的大熊猫巴氏亚种，一直到晚更新世都相当繁盛，甚至向北扩散至陕西蓝田和北京周口一带。至晚更新世及全新世，大熊猫数量及分布区缩减，而全新世大熊猫大小、体形和现存种已无明显区别。

（二）金丝猴（*Rhinopithecus roxellana*）

金丝猴是我国特有种。根据已有化石资料，秦岭地区出现的最早灵长类动物是始新世时期的秦岭卢氏猴，但其并非该地区现存灵长类动物的祖先。目前关于金丝猴的起源问题仍不清楚，一般认为其与晚中新世至上新世时期生活在欧亚地区的中猴有关。化石资料表明，金丝猴属发生在秦岭地区。较早的蓝田金丝猴出现于早更新世时期的蓝田公王岭动物群，当时动物群呈现出的是南、北混合特性。中 - 晚更新世时期，金丝猴向南迁移，发展成为丁氏川金丝猴，分布于四川等地。形态上，丁氏川金丝猴已非常接近于现存金丝猴种类。

（三）羚牛（*Budorcas taxicolor*）

新生代以来，偶蹄类动物不断发展。至中新世后，中国的古地理轮廓与现代较为相似，偶蹄类动物鹿、牛、羊等取代了原来占有主导地位的奇蹄目，成为当时重要的动物类群。亚欧大陆是牛类早期发展的区域，以中国大陆为中心，由亚洲中部和东亚地区向周围辐射，秦岭地区此时绝大多数兽类与广泛分布于华北地区的动物群都很相似。羚牛的化石主要有山西榆社的上新世地层的羚牛化石、河北泥河湾早更新世地层的羚牛化石和河南安阳全新世地层的李济氏羚牛化石，其中李济氏羚牛是现存羚牛的一个亚种。第四纪以来的冰川运动使得李济氏羚牛在河南灭绝。而有些则向南扩散至陕西、四川、西藏、云南、甘肃等高寒山区，形成现存羚牛的四个亚种：指名亚种（最先发现或者最先命名的就是指名亚种，或称为模式亚种）、秦岭亚种、四川亚种及不丹亚种，其中秦岭亚种与已灭绝的李济氏羚牛出现地域最为接近，形态也最为相似。

（四）华南虎（*Panthera tigris*）

亚洲是虎起源发展的区域。虎是由古食肉类发展而来的，古食肉类的一个分支演化为古猫兽类。古猫兽类在古新世即已出现，有人认为其为新食肉类的祖先。新食肉类在晚始新世以后发展起来，其中猫形类在第四纪冰川后幸存下来并一直延续至今，现今的虎就是其成员之一。我国发现的最早的虎化石是出现在200万年以前的古中华虎，其个体比虎小，可能是虎的祖先。真正的虎化石发现于陕西蓝田公王岭，其生活年代在中更新世初期之前，与现今的虎已经很难区别了。而后其分布面积逐渐扩大，扩展到东南亚、土耳其东部、西伯利亚等地区，并演化为不同的亚种。其中华南虎为我国特有的一个亚种，20世纪60年代在秦岭地区还有分布，但如今在野外已经难觅其踪迹，有可能在该地区已经灭绝。

表1-2 秦岭第三纪（古近纪、新近纪）兽类重要目化石的历史分布

目	新近纪		古近纪		
	上新世	中新世	渐新世	始新世	古新世
贫齿目				●	
鼩鼱目					●
食虫目				●	

攀兽目				●	
灵长目		●	●	●	
狌兽目				●	●
兔型目	●	●		●	
啮齿目	●			●	
肉齿目				●	
食肉目	●	●		●	
全齿目				●	●
裂齿目				●	
恐角目				●	
踝节目				●	●
奇蹄目	●	●	●	●	
偶蹄目	●	●		●	
原真兽目				●	
长鼻目	●	●			

　　秦岭地区未发现中生代兽类化石，最早的兽类化石出现于古新世时期，如阶齿兽类（全齿目）、中兽类（踝节目）等，其组成与华南地区有着较大的相似性。而始新世兽类化石最为丰富，如踝节目中兽科的河南中兽、全齿目冠齿兽科的冠齿兽、裂齿目类群、恐角目的戈壁兽、肉齿目的河南裂肉兽等。这些类群多伴随秦岭地质演化而逐渐消失，而同时一些往往与现代物种有着较亲近关系的兽类繁衍开来，如食虫目的小始细尾鼩，灵长目的秦岭卢氏猴，啮齿目中副鼠科、钟健鼠科，食肉目的卢氏细齿兽，大量的奇蹄目和一些偶蹄目类群，还有少量翼手目类群。一直到渐新世初期，由于秦岭发生了大面积抬升，兽类化石又非常匮乏，动物类群及区系特点有待于进一步研究。

　　而始新世时并不太繁荣的偶蹄类、肉食类、啮齿类等经过渐新世一段时间的发展，到中新世时种类、数量十分丰富，偶蹄目的鹿、牛、羊等及长鼻目的象类占了主要地位，现代兽类的祖先类型在此时纷纷出现。秦岭地区中新世哺乳动物的绝大多数与广泛分布于华北地区的动物群都很相似，当属于同一动物地理区系。

　　秦岭在古近纪、新近纪、第四纪喜马拉雅造山运动时强烈隆起而定形，同时由于周围地势下降而使秦岭高耸凸显。由于秦岭的横亘作用以及第四纪大冰期等影响，我国动物区系发生了巨大的变化。

在更新世早期至中期，我国秦岭以南的动物区系演变为大熊猫－剑齿象动物群，其成分已近似现代我国东洋界；而秦岭以北的动物区系比秦岭以南的动物区系演变更剧烈，其动物区系成分也更为复杂。第四纪早、中期，秦岭地区兽类南北混生现象表现出该地区作为古北界和东洋界过渡区的特性，如陕西蓝田公王岭动物群由41个属种组成，其中约30％是典型的东洋界动物群成员（如大熊猫、东方剑齿象、巨貘、苏门羚等）。

三、植物区系演化

植物区系是一个地区所有植物种类的集合，是组成植被的基础，植物物种形成的时空规律也反映了秦岭的地质历史变迁。因此，植物区系包含了丰富的历史、地理环境和生物系统演化信息。植物区系成分在地理空间上的过渡和变化，指示着过去的自然历史条件，尤其是以气温和降水为主导因素的气候条件的历史性变迁。探讨植物区系过渡性及其与气候环境条件之间的联系，对于更好地理解植物区系的起源、分布和迁移等均具有重要意义。以太白山为代表的秦岭地区植被带有明显的垂直分布，由下向上分为暖温带、温带、寒温带、寒带、高山寒带五个明显气候带，并形成了典型的三个植物带和七个植物亚带。而被子植物区系中的一些科或属，如壳斗科（栎属）、桦木科（桦木属）、松科（冷杉属、松属、落叶松属）等不光常常成为秦岭植被的建群种和优势种，而且也是秦岭植物区系组成的重要成员，了解这些科属的时间和地理分布，对于认识秦岭种子植物区系的历史、现状和性质具有重要意义。

（一）太白红杉（*Larix chinensis*）

太白红杉林是落叶针叶林，分布于海拔2900～3400米之间，是秦岭地区的特有种，并由之构成该地区较高海拔区域的特有植物群落。太白红杉属于落叶松属，该属植物的现代地理分布中心位于川西滇北，但根据化石分布情况，它们在第三纪渐新世至上新世时，于欧亚大陆曾有过较广泛的分布。该属植物大化石仅分布于欧亚大陆，发现的最早大化石形成于中新世；新近纪和晚更新世的大化石在我国四川和黑龙江相继发现；最早在晚白垩纪形成的微化石（形体微小肉眼难以辨认的化石被称为微化石，如植物的孢子和花粉等）发现于欧洲。我国的微化石发现于华东、西藏和新疆等地，均出现于更新世。

（二）巴山冷杉（*Abies fargesii*）

巴山冷杉是常绿针叶树种，主要分布于海拔2600～3100米的区域。巴山冷杉常常作为建群种形成典型的针叶林带，分布在太白红杉林带以下；有时也作为共建种与太白红杉林（在高海拔区域）或与红桦和糙皮桦（在稍低海拔区域）形成混交林。该属大化石发现于欧洲第三纪始新世地层，在我国和日本均发现于上新世地层。微化石最早发现于前苏联晚白垩纪地层，欧洲最早出现于古新世地层。根据大化石及近年来在我国华东、西北及青藏高原等地发现的早更新世和上新世的微化石，该属植物在我国曾有过更为广泛的分布。

（三）红桦（*Betula albo sinensis*）

红桦及其变种糙皮桦为桦木林建群种，在秦岭南北坡中高海拔区域（1500～3400米）普遍分布，是中国北方（暖）温带和亚热带山地典型的落叶阔叶林和针阔混交林的主要成分和优势树种。该属最早的叶化石发现于我国黑龙江、吉林和新疆等地的古新世（或晚白垩世最晚期）地层；在美国、俄罗斯和哈萨克斯坦的相同地层也有发现。在苏格兰西北部的古新世地层中还发现了该属植物的木材化石，在挪威和美国的古新世地层中发现了果和果序化石。始新世至中新世该属植物化石出现于我国辽宁、加拿大和美国；渐新世见于欧洲的捷克，中新世出现于我国内蒙、黑龙江、云南和西藏。总之，桦木属植物第三纪时曾广泛分布于欧亚大陆。

（四）油松（*Pinus tabuliformis*）和华山松（*Pinus armandii*）

油松和华山松在秦岭南北坡中低海拔区域零星分布或呈小片群落，是中国北方（暖）温带和亚热带山地典型的常绿针叶林和针阔混交林的主要成分和优势树种。该属植物化石较丰富，最早的化石见于比利时的早白垩世地层；在美国中东部、欧洲中部和日本北部的晚白垩世地层普遍被发现；古新世化石发现于格陵兰和挪威；始新世化石发现于加拿大和美国；渐新世化石发现于美国东西部、欧洲和西伯利亚；中新世化石发现于美国西部、欧洲、俄罗斯东南部和日本中部；欧洲、美国和日本有大量上新世化石被发现。中国最早的大化石发现于辽宁抚顺的始新世地层；渐新世化石记录见于吉林和河北；中新世化石见于吉林；上新世化石见于云南、浙江和山西。另外，根据对第四纪孢粉的研究，松属微化石在中国各地分布非常普遍。

（五）栓皮栎（*Quercus variabilis*）、锐齿栎（*Q. aliena.var.acuteserrata*）和辽东栎（*Q. liaotungensis*）

栓皮栎、锐齿栎和辽东栎是秦岭地区栎林的主要建群种。栎属是中国北方（暖）温带和亚热带山地典型的落叶阔叶林和针阔混交林的主要成分和优势树种。根据古植物资料，最早的栎属叶、果化石在始新世见于美国、德国东部、日本南部和辽宁抚顺。渐新世由于全球气候不断恶化以及由此引起的高纬度地区栎类的南退，该属植物中的落叶种类大量增加，广泛分布于美国、日本南部和中国云南景谷等地，栎属花粉化石在地层中的比例由古新世的偶有发现逐渐增大。中新世叶化石见于美国、欧洲地中海地区、日本九州岛、越南河内，以及中国山东、吉林、云南、安徽和西藏。上新世化石发现于中国西藏、云南、四川和山西。据此推测栎属起源的时间不早于白垩纪晚期，亦不晚于始新世，最可能的起源时间是古新世最早期。中国可靠的栎属大化石最早发现于抚顺始新世地层；中新世则为我国温带地区的重要区系组成成分；在上新世得到了充分发展。早期的栎类为常绿种类，落叶栎类出现的时间晚于常绿栎类，辽东栎是秦岭地区中低海拔区域包括栎林在内的落叶阔叶林的建群种之一，这表明栎属植物在秦岭地区可能于第三纪中期已为植被组成中的重要成员，在整个区系中出现的地质年代也许更早。

表1-3 秦岭现存植被和区系中一些重要科属化石的历史分布

植物种类（属）	第四纪		第三纪					白垩纪	
	全新世	更新世	上新世	中新世	渐新世	始新世	古新世	晚白垩世	早白垩世
栎	●	●	●	●	●	●			
栗	●	●	●	●	●	●			
水青冈	●	●	●	●	●	●			
山矾	●	●	●	●					
紫茎	●		●	●					
枫香	●		●	●		●	●	●	
吴茱萸	●		●	●					
黄檗	●		●	●					
花椒	●			●	●	●			
八角枫	●		●	●	●	●			

桦木	●			●	●	●	●	●	
鹅耳枥	●		●	●	●		●	●	
榛	●			●		●			
榆	●		●		●		●		
榉	●		●		●		●		
朴	●		●		●				
槭	●	●	●		●				
金钱槭	●				●	●			
青钱柳	●		●		●				
化香树	●			●		●			
枫杨	●		●	●		●			
胡桃	●	●			●				
山核桃	●								
泡花树	●		●		●	●		●	
清风藤	●		●		●			●	
省沽油	●	●	●	●	●	●			
野鸦椿	●	●	●	●					

　　对壳斗科、山矾科、山茶科、金缕梅科、芸香科、八角枫科、桦木科、榆科、槭树科、胡桃科、清风藤科和省沽油科等12个科27个属的化石资料进行了分析：枫香属、桦木属、鹅耳枥属、泡花树属和清风藤属等5属的化石最早出现于晚白垩纪；大部分属的化石，如榛属、榆属、榉属、朴属、槭属、金钱槭属、青钱柳属、化香树属、枫杨属和胡桃属等最早于古新世就已经开始出现；进入始新世后，除了紫茎属和野鸦椿属之外，其他各属的大化石全部出现，且这些属在秦岭地区现代植物区系和植被组成中仍起着主要作用。由此可见秦岭种子植物区系是中国第三纪植物区系的重要组成部分，是晚白垩纪至第三纪东亚植物区系的残遗，其起源时间不会晚于晚白垩纪。秦岭地区植物群落的主要成分可能以原地生长的种类为主并大量保持着原有的物种组成，因此秦岭植物区系不仅对自身的植物区系和植被具有较大的发生意义，而且对东亚植物区系具有始生性质。

第二节　秦岭动物区系

在世界动物地理区系上，秦岭是古北界和东洋界动物的重要分界线，交汇了东北、华北、蒙新、青藏、西南、华中和华南等动物区系成分，是我国北方地区生物多样性最丰富的地区。秦岭地区共有野生陆栖脊椎动物（兽类、鸟类、两栖爬行类）28目112科325属638种，其中兽类143种，属于7目30科91属；鸟类433种，属于17目66科195属；两栖爬行类62种，属于4目16科39属。根据世界动物地理区划，其区系成分可分为古北种、东洋种和广布种。正是由于秦岭在动物地理区划上非常重要，该地区一直以来受到国内外研究者的关注，有关该地区野生陆栖脊椎动物（兽类、鸟类、两栖爬行类）等资源的分布与区系特点均有不少相关报道。

一、动物区系类型

（一）东洋种

东洋种是指那些主要或完全分布于东洋界的种类。秦岭地区共有东洋型种类262种，其中兽类70种，鸟类155种，两栖爬行类37种。该区系成分多以秦岭南坡作为其分布最北限，但有些种类分布区常会延伸至北坡。在秦岭地区各动物类群中，常见各科多含有东洋种，反映了东洋种在此地分布较普遍。代表种类如鼹科的长吻鼹、鼩鼹，鼩鼱科的黑齿鼩鼱，灵猫科的大灵猫、果子狸，牛科的鬣羚、羚牛，鼠科的高山姬鼠、针毛鼠，雉科的血雉、勺鸡，鸱鸮科的领鸺鹠、斑头鸺鹠，山椒鸟科的长尾山椒鸟、粉红山椒鸟，卷尾科的黑卷尾、灰卷尾，画眉科的画眉、白颊噪鹛，小鲵科的秦巴北鲵、山溪鲵，蛙科的隆肛蛙、泽蛙，石龙子科的秦岭滑蜥、蝘蜓，游蛇科的翠青蛇、乌梢蛇等。

（二）古北种

古北种是指那些主要或完全分布于古北界的种类。秦岭地区共有古北型种类206种，其中兽类25种，鸟类170种，两栖爬行类11种。该区系成分多以秦岭北坡作为其分布最南限，但也会延伸至秦岭南坡。相对来说，秦岭地区古北种较少，其成分以鸟类为主，兽类和两栖类、爬行类不多。代表种类如猬科的秦岭短棘猬，仓鼠科的秦岭鼢鼠、黑线仓鼠，鹰科的鸢、雀鹰、大鵟，鸠鸽科的原鸽，啄木鸟科的大斑啄木鸟、白背啄木鸟，鹡鸰科的粉红胸鹨、田鹨，伯劳科的红尾伯劳、虎纹伯劳，鸦科的灰喜鹊、星鸦，山雀科的沼泽山雀、红腹山雀，蛙科的中国林蛙，蜥蜴科的丽斑麻蜥等。

（三）广布种

该区系成分包括了广泛分布于古北界和东洋界的种类以及分布于3个以上界的种类。秦岭地区共分布广布型种类170种，其中兽类45种，鸟类111种，两栖爬行类14种。秦岭地区广布型种相对较少，分布广，没有代表性科，很多类群均有少量广布型种。代表种类如鼬科的青鼬、黄鼬，猫科的豹猫、豹，鼠科的小家鼠、巢鼠，兔科的草兔，鹭科的苍鹭、夜鹭，鸠鸽科的灰斑鸠、山斑鸠，杜鹃科的大杜鹃，翠鸟科的普通翠鸟，戴胜科的戴胜，隐鳃鲵科的大鲵，游蛇科的赤链蛇、黑眉锦蛇等。

二、秦岭动物区系特点

（一）地理成分复杂，古北界和东洋界成分混杂现象明显

根据1999年张荣祖对中国动物地理区划的划分，秦岭北坡属古北界东亚亚界华北区黄土高原亚区，秦岭南坡属东洋界中印亚界华中区西部山地高原亚区。该地区特殊的地理位置和良好的森林植被条件，是其丰富的生物多样性的基础。

秦岭分布的28目112科动物中，鸟类科的地理成分以东洋界类型为主，而兽类和两栖爬行类科的地理成分以世界分布类型为主，均具有明显的亚热带性质。其地理成分主要有：主要分布于全北界（古北界和新北界）的科，如鼠兔科、林跳鼠科、鼹科、鸭科、旋壁雀科、隐鳃鲵科；主要分布于古北界和东洋界的科，如麝科；主要分布于古北界的科，如鼠科、麻雀科、岩鹨科、小鲵科；主要分布于东洋界的科，如大熊猫科、小熊猫科、卷尾科、黄鹂科、椋鸟科、啄木鸟科；主要分布于旧大陆热带 - 亚热带的科，如竹鼠科、猴科、灵猫科、豪猪科、狐蝠科、蹄蝠科、鸭科、太阳鸟科、绣眼鸟科；主要分布于环球热带 - 亚热带的科，如菊头蝠科、佛法僧科、姬蛙科等。

种的地理成分复杂多样，各类群均为多种区系成分的汇集，可分为北方型、高地型、喜马拉雅 - 横断山区型、南中国型、东洋型等多种分布类型，体现了秦岭地区南北动物成分过渡的特征。例如，北方型的红尾伯劳、鸲鹟、红胁蓝尾鸲，高地型的黑喉石䳭，季风型的黑熊、斑羚、大鲵，喜马拉雅 - 横断山区型的鼩鼱、川金丝猴、大熊猫、藏鼠兔、噪鹛、柳莺、山溪鲵，南中国型的黄腹鼬、毛冠鹿、红腹角雉，东洋型的果子狸、鬣羚、豪猪、乌梢蛇等。

从总体上来看，南中国型、喜马拉雅 - 横断山区型及东洋型的南方类型占较高的比例。

一般来讲，秦岭南北坡被认为是分别属于东洋界和古北界，而往往有些东洋界或古北界物种跨越了这种界限，向北或向南延伸。如在秦岭北坡，由于地势较陡，甚至很多地方海拔较高，其兽类中东洋界种类往往占一定优势，如鼩鼱、皮氏菊头蝠、果子狸、金猫、鬣羚、珀氏长吻松鼠、豪猪、中华竹鼠等。鸟类中东洋界种类也有不少分布于秦岭以北，例如池鹭、白鹭、白胸苦恶鸟、棕背伯劳、黑卷尾、灰卷尾、白腰文鸟以及许多种噪鹛等分布区可延伸到渭水平原一带。而有些古北界种类，也向南伸展于秦岭以南地区，例如朱鹮、凤头百灵、虎纹伯劳等。总之，在秦岭地区，古北界和东洋界成分混杂现象十分明显，动物分布呈现出明显的过渡性特点。

（二）中国特有种成分较多

在此地区分布着中国特有兽类24种，占中国兽类特有种总数（86种）的27.91%，各科代表

种类如秦岭短棘猬、甘肃鼹、川西缺齿长尾鼩、中华山蝠、川金丝猴、藏酋猴、大熊猫、缺齿伶鼬、林麝、岩松鼠、复齿鼯鼠、甘肃鼢鼠、高山姬鼠、林跳鼠等。该地区分布着中国特有鸟类31种，占中国鸟类特有种（105种）总数的29.5%，各科代表种类如朱鹮、中华秋沙鸭、血雉、领雀嘴鹎、棕头歌鸲、山噪鹛、三趾鸦雀、棕腹大仙鹟、黄腹山雀、银脸长尾山雀、黑头䴓、酒红朱雀、蓝鹀等。另外在该地区还分布着宁陕齿突蟾、米仓龙蜥、太白壁虎、宁陕小头蛇、秦岭蝮蛇等中国特有两栖、爬行类动物。

特有种的丰富是秦岭地区动物物种多样性的一个重要表现，其中有不少物种具有明显的原始性，反映了秦岭地区动物区系的古老性。

（三）各动物类群在秦岭地区分布不均匀

表1-4 秦岭不同保护区动物区系类型比较

类群	区系类型	佛坪		长青		周至		老县城		桑园	
		种数	百分比	种数	百分比	种数	百分比	种数	百分比	种数	百分比
兽类	东洋种	38	55.9	34	53.97	33	44.6	35	50.7	32	52.5
	古北种	17	25.0	17	26.98	28	37.8	8	11.6	4	6.5
	广布种	13	19.1	12	19.05	13	17.6	26	37.7	25	41.0
	小计	68	100	63	100.00	74	100.0	69	100.0	61	100.0
鸟类	东洋种	87	40.09	80	39.60	54	32.9	71	37.37	83	56.9
	古北种	99	45.62	92	45.55	72	43.9	86	45.26	52	35.6
	广布种	31	14.29	30	14.85	38	23.2	33	17.37	11	7.5
	小计	217	100.00	202	100.00	164	100.0	190	100.00	146	100.0

类群	区系类型	佛坪		长青		周至		老县城		桑园	
		种数	百分比	种数	百分比	种数	百分比	种数	百分比	种数	百分比
两栖爬行类	东洋种	27	71.05	21	75.00	18	64.3	9	47.37	27	71.05
	古北种	3	7.9	4	14.29	6	21.4	0	0.00	1	2.63
	广布种	8	21.05	3	10.71	4	14.3	10	52.63	10	26.32
	小计	38	100.0	28	100.00	28	100.0	19	100.00	38	100.00

由于秦岭地域广阔，环境复杂，山势高低起伏多变，导致该地区动物分布具有一定的区域化，不同区域分布不均匀。上表中不同地区自然保护区物种数及主要区系成分构成具有明显的区别，甚至有些保护区区系成分与秦岭地区整体区系成分构成并不一致，反映了秦岭地区动物分布的不均衡性与多变性。

第三节　植物区系状况

　　秦岭是我国温带植物区系最丰富的地区之一，也是探索东亚植物区系的起源、形成与演化的重要地区。根据西安植物园李思锋研究员的最新统计结果，秦岭约有种子植物164科1052属3839种。自20世纪初以来，国内外植物学家曾进行过多次研究。我国植物学家刘慎谔、钟补求、崔友文和吴征镒曾对秦岭植物区系进行过专门研究，在他们的著作中多次论及秦岭的植物区系及植被。根据吴征镒对中国种子植物属的分布区类型的划分方法，我们将该地区的种子植物划归为15个分布区类型。

一、种子植物属的分布区类型

（一）世界分布

秦岭地区共有75个世界分布属，该分布类型植物大多数种为中生植物（指形态结构和适应性均介于湿生植物和旱生植物之间，不能忍受严重干旱或长期水涝，是种类最多、分布最广、数量最大的陆生植物），以草本植物为主，常见的有苔草属、蓼属、珍珠菜属、堇菜属、早熟禾属、黄芪属、银莲花属、毛茛属和龙胆属等，成为林下草本层的主力军。一些水生或湿生属植物也属于这一分布类型，如灯心草属、千屈菜属、薹草属、眼子菜属和香蒲属等。木本植物较缺乏，仅有槐属、悬钩子属和鼠李属等少数木本属，除槐可长成乔木外，悬钩子属、铁线莲属和鼠李属等少数灌木属成为本地区林下灌木层和灌丛的重要组成成分。

（二）泛热带分布

秦岭地区共有131属，除了个别属如冷水花属和榕属等是以秦岭为其分布北界以外，大多数泛热带属集中分布于两半球的热带地区，但在秦岭地区大多是泛热带分布至亚热带乃至温带的属，常见的有以木本植物特别是灌木为主要成分的白檀属、南蛇藤属、卫矛属和木蓝属等；以草本植物为主要成分的鹅绒藤属、凤仙花属、大戟属、马兜铃属、泽兰属、菟丝子属和虾脊兰属等。这些属的分布与秦岭地处亚热带向暖温带过渡的自然环境是分不开的。这一类型中出现了大量灌木植物，常见的有木蓝属、花椒属、青藤属、乌桕属、叶底珠属、黄杨属、冬青属、南蛇藤属、卫矛属、白檀属、醉鱼草属、紫珠属、臭牡丹属、野茉莉属、黄素馨属等。乔木种类较少，比如朴属和柿树属。

（三）热带亚洲和热带美洲分布

秦岭地区有33属为该分布类型。这些属大致以秦岭南坡为其分布北界，如楠木属、木姜子属、苦木属、泡花树属、猴欢喜属、对节刺属、枔木属和无患子属等，主要分布在南坡的汉中、安康和商洛等地区的部分县市。其中，木姜子属和无患子属等属部分种类的分布范围还向北延伸到秦岭以北地区。这些属大多数可以长成高大的乔木，通常仅出现于低海拔局部地段的植物群落中。它们虽然在植被组成中并不很重要，但在群落发生上具有重要意义。

（四）旧世界热带

秦岭地区有35属为该分布类型。常见的有香茶菜属、臭草属、天门冬属、楼梯草属、栗寄生属、海桐花属、叶底珠属、乌蔹莓属、扁担杆属、八角枫属、厚壳树属、吴茱萸属和合欢属等。该类型的分布中心位于旧大陆热带及亚热带地区，但这一类型的属常常扩展到亚热带至温带，如天门冬属、乌蔹莓属、扁担木属等在秦岭南北坡都比较常见。有些属如楼梯草属和天门冬属常出现于落叶阔叶林下草本层，但不占优势。八角枫属是旧大陆热带森林及次生林中普遍而古老的成分，本地区有2种，在保护区内分布较为普遍，常见于溪边或林缘灌丛中。

（五）热带亚洲至热带大洋洲分布型

该分布型约有24属，常见的有兰属、天麻属、蛇菰属、樟属、柘树属、臭椿属、香椿属、雀舌木属、梁王茶属、通泉草属、旋蒴苣苔属、荛花属、栝楼属等。这些类群中有些种在秦岭的分布往往局限在某一地区，成为分布在秦岭的特有种，但其所隶属的属的现代地理分布中心，均集中分布于亚澳热带地区。本地区是这些属分布的北缘，分布范围较小，各属含的种数一般也较少。在该分布型中，天麻属、樟属、柘树属在本地区主要分布于南坡，而北坡比较少见。苦木科的第三纪孑遗植物臭椿在我国南北均有分布，最北可以分布到华北，但秦岭是该属的分布中心。这一类型以木本植物居多，草本植物仅有旋蒴苣苔属、通泉草属、栝楼属等少数几个属。

（六）热带亚洲-热带非洲间断分布型

该分布型约有37属，常见的有苎麻属、草沙蚕属、水麻属、蝎子草属、桑寄生属、大豆属、常春藤属、铁仔属、杠柳属、豆腐柴属、香茶菜属和赤飑属等。其中草莓属、香茶菜属和赤飑属等含有的种数较多，其余大多数属常常仅含有1种植物。这一类型中，铁仔属、杠柳属和常春藤属等少数属为灌木，大多数属均为草本植物。其中飞龙掌血属等9属13种分布在秦岭南坡，不逾越秦岭分布到北坡；该属仅1种，分布于非洲东部、马达加斯加及亚洲南部大陆和岛屿。在我国分布于西南、华南、华中、华东和台湾，最北达汉江河谷（西乡、旬阳、洋县、康县和文县）。该分布类型属的种类在秦岭地区大致分布于栓皮栎林分布范围内及其以下地段。

（七）热带亚洲分布型

该分布型约有48属。印度和印度尼西亚都属于世界上植物区系最丰富的地区，在植物学上，印度东部地区与我国西南山区密切联系，印度尼西亚西北部则经马来半岛和中南半岛与我国南部相联系。

因此，在我国植物区系中出现数量较多的热带亚洲分布型属，构成我国南方如广东地区植物区系和植被组成成分的主体。然而，这一类型属往北延伸到秦岭地区已为数不多。该类型是我国热带分布属中数量最多、植物区系最丰富的一个分布区类型，主要集中于热带和南亚热带，少数分布于温带。本地区分布的有圆柏属、箬竹属、斑叶兰属、独蒜兰属、构树属、糯米团属、芍药属、山胡椒属、蛇莓属、葛属、鹿藿属、清风藤属、半蒴苣苔属、鸡矢藤、绞股蓝属、小苦荬属、苦荬菜属、莴苣属和漏芦属等。其中桑科构树属是比较古老的寡种属，在本地区分布较为普遍。清风藤属为落叶或常绿的木本植物，主要分布于热带和亚热带地区，本区仅有陕西清风藤1种。绞股蓝属全属13种，其中1种仅见于帝汉岛；1种见于加里曼丹岛；4种为我国与印度、斯里兰卡、尼泊尔、锡金、孟加拉国、缅甸、泰国、越南、马来西亚、菲律宾、印度尼西亚、日本及朝鲜所共有；其余7种主要集中分布于我国西南、华南地区，秦岭地区为其分布北界。

（八）北温带分布型

在秦岭地区，约有该分布型228属。含乔木的属主要有针叶树中的冷杉属、落叶松属、松属、云杉属、柏木属、红豆杉属等，阔叶树中有枫杨属、杨属、柳属、鹅耳枥属、桦木属、栗属、栎属、槭属、花楸属、椴树属、胡桃属、盐肤木属、白蜡树属等。这些属不仅数量上最多，而且其木本属几乎构成了该地区所有主要植物群落即针叶林、落叶阔叶林的优势种。含灌木的属有黄栌属、小檗属、忍冬属、荚蒾属、胡颓子属、蔷薇属、绣线菊属、杜鹃花属、茶藨子属、山梅花属等，这些灌木属是本地区林下灌木层和灌丛的主要组成成分。其草本属如唐松草属、黄精属、鹿蹄草属、葱属和茜草属等，也是林下草本层的主要组成种类和高山灌丛草甸或高山草甸的建群种或优势种。因此，根据该分布型属在秦岭地区植物区系中的重要程度以及在植物群落组成中的优势情况，它无疑是秦岭地区植物区系的核心，也表明本地区属的地理成分是以温带分布类型为主的。

（九）东亚–北美间断分布型

该分布型有81属。木本植物属中乔木有铁杉属、楤木属、漆树属，而较多的是一些灌木属，常见的有胡枝子属、八仙花属、蛇葡萄属、勾儿茶属、五味子属和六道木属等，它们常常成为林下灌木层的主要组成成分。草本植物中具有较多的寡种属，表现出古老性，在地理分布上也明显呈现出东亚和北美间断分布式样。如三白草属、流苏树属等都是仅含2种的寡种属，在分布格局上，1种分布于东亚，1种分布于北美洲；红毛七属有3种，北美产2种，东亚产1种；山荷叶属3种，1种在北美东部，1种在日本，另1种在我国华中、西南和西北；七筋姑属5种，1种在东亚，2种在北美东部，2种在北美西部；六道木属则间断分布于东亚和墨西哥。该分布型的少数属有时可延伸到中亚，甚至到新大陆热带山区，常成为落叶阔叶林或针叶林下的重要植物组成成分。

（十）旧世界温带分布型

该分布型约有105属。菊科、唇形科、伞形科和石竹科中分布有较多该分布型的属。含种数较多的属有沙参属、鹅观草属、香薷属、鹅肠菜属、莴苣属、天名精属、橐吾属、棱子芹属、糙苏属、菊属、丁香属、瑞香属、淫羊藿属等。重楼属和瑞香属向南可达热带地域。该类型以草本植物属居多，木本植物缺乏，它们在林下草本层或高山灌丛中起着重要作用。

（十一）温带亚洲分布型

该分布型有26属。这一类型中木本植物同样缺乏，除杭子梢属、锦鸡儿属、白鹃梅属和杏属为木本属外，其余均为草本属，常见的有亚菊属、马兰属、附地菜属、鸦跖花属、无尾果属、细柄茅属和孩儿参属等，常常分布在亚高山地区，成为亚高山草甸中常见的草本植物。分布中心在我国云南和四川的亚洲温带地区，但它们有时往南延伸到亚热带山区，如杭子梢属；有些属的成员甚至南达巴布亚新几内亚，如紫草科的附地菜属。

（十二）地中海、西亚至中亚分布型

该分布型属在秦岭植物区系中的比例较小，仅有36属。常见的有石头花属、糖芥属、离蕊芥属、牻牛儿苗属、聚合草属、车叶草属和黄连木属。其中黄连木属是唯一的乔木，它属于本类型中地中海区至温带、热带亚洲、大洋洲和南美洲间断分布变型成分，间断分布于地中海，经东亚至马来西亚，以及美国南部至墨西哥和危地马拉之间。骆驼蓬属则在亚洲不丹入东南亚和东亚核心区，而间断分布于地中海经蒙古至我国西北，以及美国南部至墨西哥。车叶草属在秦岭也较为常见，它属于本类型中地中海区至中亚和南美洲、大洋洲间断分布变型成分。

（十三）中亚分布型

该分布型属在秦岭植物区系中的比例较小，只有约12属，全为草本植物。其中角蒿属和假百合属的太白米为秦岭北坡冷杉林草本层的常见种。诸葛菜、迷果芹和紫筒草则分布于海拔1000米左右的中低山区。

（十四）东亚分布型

该分布型有130属，在秦岭植物区系中占有重要的位置。这些属可再划分为三种分布格局，东喜马拉雅－日本分布型属，如青荚叶属5种，我国普遍分布，其南界达越南、印度和缅甸的北部。中国－日本分布型属，常见的有连香树属、侧柏属、刺楸属、领春木属、猕猴桃属、木通属、荷青花属、棣棠花属和鸡麻属，间断分布于中国和日本；另外还有一些类似分布的属，如臭常山属、花点草属和山桐子属等。中国－喜马拉雅分布型属常见的有桃儿七属、蕺菜属、水青树属、星叶草属、猫儿屎属等。该分布类型属的木本属，除裸子植物3属外，几乎全部为落叶植物。其中有些属，如领春木属和五加属为秦岭地区落叶阔叶林中的常见种类。

（十五）特有属

该分布型有51属。其中木本属17属，除杉木属和通脱木属外，均为落叶乔灌木；草本属18属，其中一年生草本4属，多年生草本14属；落叶藤本属4属。这些特有属多分布于海拔1000～3000米之间，大致局限分布于秦岭以南、横断山脉及其以东，以及武夷山和南岭以北。其中大部分是一些单种属或寡种属植物，在我国分布区极为有限，如独叶草属、串果藤属、马蹄香属、山白树属、青檀属、翼蓼属、金钱槭属、蚂蚱腿子属、斜萼草属、秦岭藤属、巴山木竹属、箭竹属等。独叶草为单型属植物，在我国仅分布于陕西秦岭、四川及云南的少数地区；串果藤属仅1种，在我国分布较广，南达广东北部，北至甘肃、陕西南部，北部可达秦岭北坡；马蹄香属仅1种，分布于甘肃、陕西南部，以及江西、湖北、河南、四川及贵州等省；山白树为我国特有的单种属植物，分布于湖北、四川、河南、甘肃及陕西等省。上述4种植物，秦岭北坡是其分布的北缘。蚂蚱腿子属仅1种，分布于东北、华北以及湖北、陕西等省，在秦岭常见于海拔2800米左右的山坡林下或路旁，秦岭是其分布的南缘。金钱槭属仅有2种，分布于河南、湖北及西南各省，本区产金钱槭和其变种太白金钱槭，也是太白金钱槭的模式产地。箭竹属约有80种，除1种在尼泊尔、锡金有分布外，其余种都分布于我国，本区域分布的秦岭箭竹是秦岭大熊猫的主食竹类。巴山木竹属有4种，本区域分布的巴山木竹也是秦岭大熊猫季节性的食用竹类。

表1-5 秦岭种子植物属的分布区类

分布区类型及其变型		中国属数	秦岭属数	占中国同类总数（%）	占秦岭总属数（%）
世界分布	世界分布	104	75	72.11	7.13

热带分布	泛热带分布及其变型	362	131	36.19	12.45
	热带亚洲和热带美洲间断分布	62	33	53.23	3.14
热带分布	旧世界热带分布及其变型	177	35	19.77	3.33
	热带亚洲至热带大洋洲分布及其变型	148	24	16.22	2.28
	热带亚洲至热带非洲分布及其变型	159	37	23.27	3.52
	热带亚洲分布及其变型	611	48	7.86	4.56
温带分布	北温带分布及其变型	302	228	75.50	21.67
	东亚和北美洲间断分布及其变型	124	81	65.32	7.70
	旧世界温带分布及其变型	164	105	64.02	9.98
	温带亚洲分布	55	26	47.27	2.47
	地中海、西亚至中亚分布及其变型	171	36	21.05	3.42
	中亚分布及其变型	116	12	10.34	1.14
	东亚分布及其变种	299	130	43.48	12.36
特有分布	中国特有分布	257	51	19.84	4.85
合　计		3111	1052		100

二、秦岭植物区系的特点

（一）具有明显的温带区系性质

　　根据以上分析，秦岭植物区系包括308个热带属、618个温带属和51个中国特有属。这就清楚地表明，温带属在该地区的植物区系和植被中起着主导作用，该山区的植物区系和植被以北温带分布类型为主，具有明显的热带、亚热带性质。

（二）间断分布类型丰富，具有明显的过渡性

属的地理成分较为复杂，各种间断分布类型丰富，表明该区种子植物区系与其他植物区系具有广泛的联系。秦岭植物区系是东亚植物区系的重要组成部分，与热带东南亚植物区系联系微弱。

（三）特有植物种类丰富

秦岭特有种318种，占总种数的8.28%；出现于秦岭地区的中国特有种1942种，占总种数的50.6%，远高于西藏地区和横断山区特有种所占的比例。秦岭是一个古老区系，这些特有种主要分布于中国－日本森林植物亚区，同时向西进入中国－喜马拉雅森林植物亚区的特有种在数量上占绝对优势，而这些种类及其所隶属的科和属绝大部分是温带或北温带性质，说明作为东亚植物区系重要组成部分的秦岭植物区系是中国－日本植物区系的主体部分，而且是东亚植物区系起源的关键地区。

（四）起源古老，具有始生性质

根据古植物学资料对主要群落建群种的历史分析，以及常见种类所隶属的属化石的分析，秦岭地区的植物区系的起源时间不会晚于晚白垩纪。植物群落的主要成分可能以原地生长的种类为主。秦岭及其邻近的古老山区，不仅对自身的植物区系和植被具有较大的发生意义，而且对东亚植物区系也具有始生性质。

第二章

秦岭——珍稀濒危生物的庇护所

地球演化过程中，温度波动引起的冰川运动对地球上生物的演化和分布有很大的影响，很多地方经历过多次冰川期导致大量生物物种灭绝，但有些物种幸运地保留了下来，它们的"藏身之所"或"避难之地"就成为幸运之地。第四纪冰川期，当地球上至少三分之一的大陆被厚达千米的冰雪覆盖之时，秦岭就是这样一块逃脱冰川之劫的幸运之地，成为一座举世罕见的物种基因库和濒危动植物避难所。作为我国南北动植物物种繁衍生息的交叉过渡区域，这里几乎囊括了东自日本、西至喜马拉雅山、南到云南西双版纳、北到黑龙江漠河的所有动植物物种，成为我国多种珍稀濒危生物生存繁衍的福地。

秦岭的崇山峻岭和广袤的森林植被，千百年来一直是各种珍贵动植物的庇护所。在中国"四大国宝"——大熊猫、羚牛、金丝猴、朱鹮等珍稀野生动物在这个地球上难以找到容身之处而陷入绝境之时，秦岭山脉以父亲般宽广的胸怀接纳了它们，使它们在大自然乐园中健康地成长和繁衍生息。这些美丽的动物从遥远的地质历史时期起就生存、繁衍于此，虽然历经大陆漂移、洋底扩张、板块运动等众多变迁，甚至是生物灭绝灾难的巨大冲击，却依然完好地留存至今，跨越了亿万年的历史和珍贵记忆。"四大国宝"已经是中国和世界进行交流的绿色名片，是属于人类的珍贵遗传资源和无价之宝。拥有它们是每个中国人的骄傲，保护它们则是每个中国人的责任！

大熊猫是中国的国宝，常作为中国和平外交的友好使者，具有"世界公民"的风范。憨态可掬的大熊猫深受美国普通民众的喜爱，一位来中国考察的美国学者告诉笔者，谁要能为美国的某个动物园从中国争取一两只大熊猫，他在竞选州长甚至总统时就可能获得更多的选票。来自秦岭深山的大熊猫竟然有可能影响到美国的政治和未来，作为世界自然保护象征的大熊猫可真是不简单！巴山木竹和秦岭箭竹是大熊猫的主要食物，由于温度和湿度适宜，它们在秦岭山脉里生长得十分茂盛，即使在寒冷的冬季大熊猫也能在野外采食到新鲜的竹叶，所以秦岭得天独厚的自然环境十分适合大熊猫生存。大熊猫在秦岭的活动和分布区域约有4万平方千米，占陕西省土地面积的四分之一，保护好这块栖息地对于保护大熊猫具有举足轻重的作用。

金丝猴是"猴中之王"，它的美誉仅次于大熊猫，人称"丛林中的金色精灵"。全世界有4种金丝猴，除越南金丝猴外，其余3种都是中国特有种，即滇金丝猴、黔金丝猴和川金丝猴，其中川金丝猴在陕西的秦岭山脉里分布比较广泛。川金丝猴性情温顺，动作优雅，它具有淡蓝色的面孔和仰天的鼻翼，金色的毛发高贵而华丽，看起来非常可爱。为了保护秦岭山中的这些"金色精灵"，各级政府不断建立自然保护区，把大片的山林都还给了它们以及它们的邻居大熊猫。在人们的不断努力下，秦岭金丝猴的种群数量已经接近4 000只，基本上走出了灭绝的边缘。

秦岭羚牛是亚洲的特有亚种，目前的数量约有5000头。在过去，羚牛是人们狩猎的目标动物，因为它的皮和肉具有很高的经济价值，整个羚牛家族长期处于危险之中。1965年，国家为了保护特殊的植物生态和地质景观建立了太白山国家级自然保护区，太白山从此就成了羚牛最早的避难所。后来在秦岭又陆续建立了众多的保护区，更多的羚牛也都有了自己的安全家园。很有意思的是，羚牛在秦岭山区踩出来的"牛道"四通八达，将一个个山脊和谷地串联起来，特别是在寸步难行的竹林中开辟了一条条人们可以涉足的小路，为驴友和科考人员的行动提供了很大的方便。

秦岭鸟类中最璀璨的明星，则是被人誉为"东方宝石"的朱鹮。在远古时期，朱鹮曾经广泛分布，而近代只在中国、日本、朝鲜和前苏联4个国家分布，为亚洲东部的特有种。但是人口膨胀、战争、森林破坏和栖息地改变以及人类的狩猎，使得朱鹮的种群近于灭绝，成为数量十分稀少的一种鸟类。1981年，当日本宣布野生朱鹮灭绝的消息时，在中国秦岭南麓的洋县发现了野生朱鹮种群。经过30多年的精心保护和繁育，现在的野生朱鹮种群已经发展到了1000余只，保护朱鹮成为人类拯救濒危物种史上最成功的范例之一。

在秦岭还保存有大量珍稀植物，如太白红杉为秦岭特有种，仅分布在少数中高海拔的山头，是现今秦岭林区主要森林植物区系中的优势种之一；独叶草和星叶草目前仅分布于冷凉湿润、土壤腐殖质丰厚的环境中，它们本身的一系列原始性状引起了植物学家的极大兴趣；经过第四纪冰川残存下来的古老树种山白树是特产于中国的单型属植物，对研究被子植物的起源和早期演化以及我国植物区系的发生、演化和地理变迁等均具有重要的科研价值；此外，大果青杆、水青树、连香树、杜仲、秦岭冷杉、领春木、桃儿七、紫斑牡丹、金钱槭、羽叶丁香、水曲柳、猬实、延龄草、天麻等珍稀濒危种类，大都属于第三纪或更古老的残遗单型、少型科、属的代表，数量稀少，分布狭窄，是珍贵的种质资源，对于探讨秦岭植物区系的起源和演化、研究秦岭的变迁等具有重要的意义。

第一节　秦岭珍稀濒危动物

一、国家一级重点保护野生动物

（一）白鹳（*Ciconia ciconia*）

分类地位：鸟纲，鹳形目，鹳科。别名：水老鹳、白鹤。

形态特征：大型涉禽。嘴粗壮而长，微向上翘，黑色，尖端色稍淡；眼周裸露皮肤、眼先及喉部朱红色。腿甚长，胫下部裸露，红色；体羽白色，尾羽及翅上大覆羽、初级飞羽（除基部白色外）和次级飞羽皆黑色，具绿色或紫色光泽。前颈下部有披针形长羽，求偶期间常能竖起。幼鸟和成鸟相似，但飞羽羽色较淡，呈褐色，金属光泽亦较弱。成鸟飞翔时，头、颈向前伸直，腿伸向后，远远超出尾外。

习性与分布：繁殖期主要栖息于开阔而僻静的平原和沼泽地带，筑巢于水边的高大乔木或建筑物的顶部。冬季主要栖息在开阔的大型湖泊和沼泽地带。除繁殖期成对活动外，其他季节常成群活动，食物以鱼类为主，也吃蛙、小型啮齿类、蛇、蜥蜴、软体动物、节肢动物、环节动物以及雏鸟等动物性食物，偶尔也吃少量植物叶、种子和苔藓等植物性食物。觅食活动主要在白天。繁殖期为4～6月份，每窝产卵4～6枚。雌雄亲鸟轮流孵卵，32～35天出雏，幼鸟8～10周离巢。其栖息生境为开阔平原的沼泽、湖泊浅水区，取食于湿地。

国内有2个亚种，陕西分布有新疆亚种（*Ciconia ciconia asiatica*），为旅鸟或迷鸟。秦岭地区见于安康平利等地。

资源现状与保护：数量极为稀少，仅在20世纪80年代初在安康平利发现了2只，被猎人误杀1只，标本现保存于安康林业局。

白鹳

（二）黑鹳（*Ciconia nigra*）

分类地位：鸟纲，鹳形目，鹳科。别名：黑灵鸡、黑老鹳、乌鹳。

形态特征：大型涉禽。嘴、颈、脚甚长，雌雄羽色相似。成鸟嘴长而直，基部粗圆，往先端渐细，朱红色，尖端色淡；眼周裸露皮肤红色，虹膜褐色。上体从头至尾包括翼羽均黑褐色；头顶缀有绿辉，翅、背及尾上覆羽具紫绿色金属光泽；颏、喉至上胸亦为黑褐色；脚长，朱红色，胫下部裸出，具四趾，前三趾基

黑鹳

部有蹼相连。幼鸟上体表面黑褐色，紫绿色光泽不明显。

习性与分布：栖息于平原或低山丘陵植被良好、林木较多且无干扰的水塘或河谷附近。性机警，难接近，站立时颈部常缩成"S"形，单腿独立。常单独活动，食物以鱼类为主。繁殖期为4～7月份。繁殖期内雌雄成对活动，通常成对单独营巢，巢呈盘状，筑于断壁垂崖上。一般4月份产卵，每窝产卵4～5枚，卵白色，椭圆形。孵化期约21天。冬季有时结成小群活动。单型种，无亚种分化。秦岭地区见于长安和洛南等地。

资源现状与保护：20世纪60年代曾在周至黑河见到黑鹳；1985年在延安黄陵发现繁殖巢区。冬季迁至合阳、大荔段黄河滩涂越冬。2000年4月在合阳县坊镇东王乡发现3个黑鹳群体共56只；2000年4月在铜川耀县柳林发现了20余只的繁殖群体。

（三）朱鹮（*Nipponia nippon*）

分类地位：鸟纲，鹳形目，鹮科。别名：红鹤、朱鹭。

形态特征：全身白色，渲染有粉红色，以腋下及两翼最浓。头枕部有长的矛状羽，形成羽冠。头顶及两侧裸露无羽，皮肤呈朱红色。嘴长而向下弯曲略呈弧形，黑色，上、下嘴尖端和下嘴基部红色；脚朱红色。雌鸟在繁殖期体表为烟灰色，两翼粉红色较淡。幼鸟体羽似雌鸟，为灰色。

习性与分布：栖息在水田、沼泽、山溪附近的高大乔木上，在水田、沼泽等地觅食；动物食性，以小鱼、泥鳅、虾、蟹、蛙、软体动物及昆虫为食。白昼活动，每年3月中旬至6月下旬为繁殖期。每窝产卵1～4枚，一般3枚。雌雄共同孵卵，28天后雏鸟出壳，30～40天幼鸟离巢活动。无亚种分化。1981年在洋县重新发现，目前仅分布于洋县以及毗邻的西乡、城固、汉中、勉县、佛坪、宁陕等地。

朱鹮

资源现状与保护：目前野外种群数量和人工饲养种群均已超过1000只；另外，宁陕野外放飞朱鹮基本成功，铜川等地也进行了野外放飞。

（四）金雕（*Aquila chrysaetos*）

分类地位：鸟纲，隼形目，鹰科。别名：老雕、黑翅雕、红头雕、洁白雕、鹫雕。

形态特征：头顶黑褐色，枕和后颈羽毛尖长，呈披针形，金黄色，具黑褐色羽干纹；上体暗褐色，肩部较淡。下体的颏、喉、前颈黑褐色，羽基白色；胸、腹亦为黑褐色，羽轴纹较淡；尾羽灰褐色，具不规则的暗灰褐色横斑和宽阔的黑褐色端斑；尾上覆羽淡褐色，覆腿羽、尾下覆羽、翅下覆羽均为暗褐色，覆腿羽具赤色纵纹。嘴端部黑色，基部蓝褐色或蓝灰色；趾黄色，爪黑色。飞行时腰部白色明显可见，尾长而圆，两翼呈浅"V"形。

习性与分布：栖息于高山、草原、荒漠、河谷和森林地带，白天多单独或成对活动，常随暖气流在高空翱翔。冬季多到平原、农田、山地、丘陵上空活动，也有成小群活动的现象。主要捕食大型鸟类和中、小型兽类，有时也吃死尸。每年2～3月份开始营巢繁殖，巢呈盘状。每窝产卵1～2枚，卵青灰白色，具红褐色斑点。秦岭地区见于西安、周至、洋县、石泉、镇坪等地。

金雕

资源现状与保护：数量稀少，据2000年调查全陕西省的估计数量约为5200只。

（五）白肩雕（*Aquila heliaca*）

分类地位：鸟纲，隼形目，鹰科。别名：白膀子、老雕。

形态特征：前额至头顶黑褐色；枕、后颈和头侧棕褐色，后颈缀细的黑褐色羽干纹；上体大部分为黑褐色，肩羽纯白色，因形成白色肩斑而得名；下体均为黑褐色；尾羽灰色或灰褐色，具不规则的黑褐色横纹，并具宽阔的黑色端斑；尾下覆羽淡黄褐色，微缀暗色纵纹；跗跖被羽至趾基部。幼鸟头、后颈和上背土褐色，具细的棕白色羽干纹；下背至尾上覆羽淡棕皮黄色；尾羽土灰褐色，具宽阔的皮黄色端斑；下体棕褐色，下腹和尾下覆羽淡棕色；虹膜红褐色，嘴黑褐色，嘴基铅蓝灰色，蜡膜和趾黄色，爪黑色。

习性与分布：栖息于海拔2000米以下的阔叶林、混交林等山地森林。冬季常活动于低山丘陵、平原、小块丛林和林缘地带，有时也见于荒漠、草原、沼泽及河谷地带。白天活动。主要以啮齿类以及鸟类为食，有时也食动物尸体和捕食家禽。每年4～6月份繁殖。巢呈盘状。每窝产卵2～3枚，卵白色。国内仅有1个亚种。见于渭河平原和铜川、太白等地。

资源现状与保护：极为少见，迁徙时多见单只。2000年全陕西省的调查估计数量不足2000只。

（六）中华秋沙鸭（*Mergus squamatus*）

分类地位：鸟纲，雁形目，鸭科。别名：鳞胁秋沙鸭。

形态特征：嘴长而窄，呈红色，其尖端具钩。雄鸟体形较大，头和上背及肩羽黑色；下背、腰和尾上覆羽白色，杂以黑色斑纹；黑色的头部具厚实的羽冠，羽冠长而明显，成双冠状；两胁羽片白色而羽缘及羽轴黑色，形成特征性鳞状纹；脚红色；胸白而别于红胸秋沙鸭，体侧具鳞状纹，有别于普通秋沙鸭。雌鸟色暗，头和颈棕褐色，上背褐色，下背、腰和尾上覆羽由褐色逐渐变为灰色，并具白色横斑，尾黑褐色，沾灰色；与红胸秋沙鸭的区别在于体侧具同轴而灰色宽黑色窄的带状图案；虹膜为褐色，嘴为橘黄色，脚为橘黄色；两胁羽毛上的黑色鳞纹是最醒目的特征。

习性与分布：中华秋沙鸭成对或以家族方式活动，在迁徙前集成大群。潜水捕食鱼类，也取食石蚕科的蛾及甲虫等，一般选择树洞繁殖。身体具有更好的流线型结构，性机警，飞行速度比其他鸭科动物迅速。夜间露宿在苇丛中或岸边的树上，把头转向后方插入翅膀下。白天活动时间较长，捕到鱼后先衔出水面再吞食。

中华秋沙鸭

资源现状与保护：中华秋沙鸭为中国特有种，数量稀少，全省范围内未有种群数量的调查和报道。自2003年首次发现于秦岭南坡洋县金水镇金水河以来，其后于佛坪椒溪河、汉江洋县段多次观察并拍摄到中华秋沙鸭。

（七）大熊猫（*Ailuropoda melanoleuca*）

分类地位：哺乳纲，食肉目，大熊猫科。别名：花熊、竹熊、白熊、貘。

形态特征：身体肥胖似熊，但头圆尾短，体色黑白分明。头骨颧弓粗大宽厚，矢状嵴高耸。吻短，裂齿分化不明显。咀嚼肌强健。

习性与分布：大熊猫是食肉兽类中唯一的以竹类为主要食物的素食种类。大部分栖息于秦岭南坡1000～3100米之间的中山和亚高山地带。平时独居，善爬树、会游泳，无固定的卧穴。产仔巢穴多在岩洞、偏岩或树洞中。一般每两年一胎，每胎多产1崽。初生幼崽个体极小，发育缓慢，闭眼不动。40～60日龄睁眼，约3个月才能站立行走，5～6个月时可自己取食，约1岁半时离开母体独立生活。

分布于秦岭等6个山系。在陕西境内主要分布于秦岭中段的佛坪、洋县、宁陕、留坝、凤县、周至、太白、宁强等县。从分布格局看，呈现出5个相对隔离的板块，由东到西分别为平河梁栖息地、天华山-锦鸡梁栖息地、兴隆岭-太白山栖息地、牛尾河栖息地和青木川栖息地。

大熊猫

资源现状与保护：根据全国第三次大熊猫调查结果，陕西省大熊猫种群数量为273只，占全国大熊猫种群数量的17.11%；种群密度为0.078只/平方千米。种群密度和种群数量居前三位的县依次是：佛坪、洋县、周至。

（八）川金丝猴（*Rhinopithecus roxellana*）

分类地位：哺乳纲，灵长目，金丝猴科。别名：仰鼻猴、金线猴、蓝面猴。

形态特征：鼻孔上仰，颜面天蓝色，眼周白色，吻部肿胀而突出，成年金丝猴嘴角犬齿部有瘤状突起。体健壮，背、肩和前肢上臂披有光亮长丝状的金黄色长毛。

习性与分布：金丝猴一般多在2500米左右的较高山地活动，至冬季由于气候变冷则下降到1500米左右的低山区活动，以阔叶树的幼枝、叶及芽为主要食物。金丝猴是集群树栖的动物，其"小家庭"由1只成年体健的雄猴和3～5只雌猴、幼猴、哺乳期仔猴组成。在栖息及活动中，群体中的首领猴起着主导地位，它以不同叫声影响和支配着群体的行动。如发出报警叫声时，群体则停止活动处于寂静、专注的戒备状态；遇险逃离时群体则随其逃离方向逃离；群体如被冲散时被冲散的个体及小群则向它发出呼唤声的地方靠拢。秦岭金丝猴性成熟的年龄雌、雄有差异，雄性为6～7岁，雌性为4～5岁。每年1胎，每胎产1崽（有偶产2崽的现象）。川金丝猴是我国特产种，在秦岭中主要分布于陕西的宁陕、周至、太白、留坝、佛坪、洋县、宁强和甘肃的陇南文县。

川金丝猴

资源现状与保护：2000年调查秦岭川金丝猴有43群，数量约3800～4400只，每群平均约100只。

（九）虎（*Panthera tigris*）

分类地位：哺乳纲，食肉目，猫科。别名：老虎、大虫、华南虎。

形态特征：体形大，头圆，耳小，颈粗短。全身呈橙黄色，并布满黑色横纹。四肢健壮有力，趾端具硬爪。

资源现状与保护：绝大多数省内虎已绝迹或濒临绝迹。1964年曾在佛坪龙草坪乡猎捕1只，为秦岭地区最近的一次报道；目前陕西有可能已经绝迹。

华南虎

（十）云豹（*Neofelis nebulosa*）

分类地位：哺乳纲，食肉目，猫科。别名：荷叶豹、龟纹豹。

形态特征：体形较豹小，四肢短健。体侧具大型云状黑块斑，此特点为猫类中所显著者。颈背部有四条黑纹。

习性与分布：栖居在山地亚热带森林中，系典型的林栖动物，昼伏夜出，善攀缘，活动和睡觉都在树上。动作敏捷，性凶猛，常利用其粗长尾巴帮助在树枝上保持身体平衡。能背部朝下，腹部向上，在水平树枝上攀移；也能猛然从高树枝直接跳到猎物头顶上，不像其他猫科动物那样先跳到地面跑一段距离再去捕杀。猎物以鸟类、树栖小哺乳动物为主，亦捕食小型鹿科动物、羊和野兔。

在秦巴山区生活在海拔1000～2000米的丘陵、低山、中山地区的针阔混交林和常绿阔叶林内，多在树上活动。云豹冬季交配，妊娠期约3个月，每胎产2～3崽。母兽带幼崽共同生活至秋季，大约4个月龄时，幼豹开始独立生活。

秦岭地区见于甘肃陇南文县，陕西的汉中、汉阴、宁陕、镇安、山阳、丹凤等地。

资源现状与保护：据2000年调查全省现存数量不超过100只。

（十一）豹（*Panghera pardus*）

分类地位：哺乳纲，食肉目，猫科。别名：金钱豹、银钱豹、豹子。

形态特征：外形似虎，但较小。体呈黄或橙黄色，全身布满大小不同的黑斑和古铜状环纹。

习性与分布：栖息于山区、丘陵地区的树林中，夜行性动物，白天潜伏洞中或草丛中，傍晚和黎明最为活跃。行动灵巧、敏捷，弹跳力强，善攀缘，会游泳。有固定的巢穴，多营于树丛、草丛、大树洞或悬崖石洞中。常常潜伏在矮林丛或树干上，乘机猎取动物，食物包括野羊、狍、鹿、野猪、野兔、鼠类、鸟类，食物缺乏时也潜入村镇盗食家畜，很少主动攻击人。

每年繁殖1次，发情的雄豹往往发出求偶的叫声，交配期在12月至翌年4月，交配多在夜间和清晨或傍晚，怀孕期约3个月，每胎产2～3崽，母豹带幼崽共同生活至秋季。除繁殖期外，豹经常独栖。

国内有3个亚种，陕西2个亚种，秦岭1个亚种：华南亚种（*Panghera pardus fusca*），分布于秦巴山区各县，包括宁陕、石泉、汉阴、紫阳、旬阳、白河、平利、镇坪、岚皋、镇巴、西乡、佛坪、镇安、柞水、山阳、丹凤等地。

豹

资源现状与保护：据2000年调查测算，陕西省总数量在250只左右，以黄龙山区密度最高，其次为秦岭以南的秦巴山地，秦岭以北至黄土高原的南沿数量最少，分布密度最低。周至保护区2012年8月在厚畛子和2013年在安家岐分别拍摄到了豹实体。

（十二）羚牛（*Budorcas taxicolor*）

分类地位：哺乳纲，偶蹄目，牛科。别名：白羊、野牛、金毛扭角羚。

形态特征：体形粗壮如牛，毛色淡黄或黄白色并有金色光泽，角形扭曲向后弯转。

习性与分布：羚牛主要栖息于秦岭主脊两侧海拔1500～3600米之间，主要栖息海拔为2200～2800米之间的针阔混交林和针叶林两个林带，冷杉林为其分布高度的植物标志。羚牛夏季喜食阔叶类植物，如红桦、榆，尤喜食松花竹杆尖、青草及其他乔本科植物。冬季主食松花竹杆，食物缺乏时食树枝、树皮，特别是冷杉树皮，在林中常可见到被啃的树干。羚牛集群性较强，每群一般约20～30只，也有50只左右的。

分化为4个亚种，陕西仅1个亚种：秦岭羚牛（*Budorcas taxicolor bedfordi*），分布于秦岭山区，包括佛坪、洋县、宁强、留坝、勉县、城固、宁陕、石泉、柞水、镇安、丹凤、凤县、太白、眉县、周至、蓝田、长安、户县。

资源现状与保护：羚牛秦岭亚种是秦岭的特有物种，在牛科动物的进化史上具有重要地位。在与秦岭其他有蹄类动物共存机制中也具有很高的研究价值。据2000年动物资源调查，秦岭羚牛陕西部分约有5000只。

羚牛

（十三）林麝（*Moschus berezovskii*）

分类地位：哺乳纲，偶蹄目，麝科。别名：麝、香獐、獐子、獐鹿、山驴子。

形态特征：雌雄均无角。雄性上犬齿发达，露出唇外，呈镰刀状。雌性上犬齿短小，一般不露出唇外。四肢细长，后肢长于前肢，故臀部高于肩部。蹄具四趾，三、四趾发达。尾短，隐于臀毛内。雄性腹部有麝香囊。颈下前端两侧向后白色宽带纹在胸前合为一条宽带纹直至腋区。

习性与分布：林麝独栖生活，栖息于海拔800～2900米多石的

林麝

针叶林、针阔混交林、阔叶林及灌丛地带。其活动一般具有固定的区域和路线，有季节性垂直迁移习性。多在黄昏、夜间和拂晓及阴天和细雨霏霏的白昼活动、觅食。成体雌兽、幼兽喜臀部相对互相擦痒，成体雄兽喜在树干、树枝、岩石角上磨擦尾部，并留下浅褐色具腥臭气物质，有标记和性引诱的作用。一般18个月龄左右性成熟，每年繁殖一次，每胎产1～3崽，产3崽的现象极少。雄麝1岁左右出现第1次泌香生理反应，以后每年5～7月周期性地出现一次。分布于秦岭南北坡和巴山地区，包括长安、蓝田、户县、太白、眉县、周至、陇县、洋县、南郑、佛坪、留坝、略阳、西乡、镇巴、石泉、汉阴、宁陕、紫阳、岚皋、平利、镇坪、白河、旬阳、商州、柞水、镇安、商南、丹凤、洛南、山阳等地。

资源现状与保护：林麝为中国特产。林麝在秦岭地区分布很普遍，20世纪60年代以前数量较多，麝香年产量达75000～200000克。但1970～1980年代已不到50000克，到1991年陕西仅有5000多克。1965～1969年对安康地区的林麝进行调查，数量比较多，1970年以后由于乱捕滥猎，数量大幅减少；2000年调查秦岭、巴山和关山林麝数量已不足5000只。

二、国家二级重点保护野生动物

（一）中华虎凤蝶（*Luehdorfia chinensis*）

分类地位：昆虫纲，鳞翅目，凤蝶科。别名：中华虎绢蝶、虎凤蝶。

形态特征：雌蝶平均体长18.6毫米，翅展62.2毫米。身体为黑色，其上密被黑色鳞片和细长鳞毛，在腹部各节的后缘侧面有一道细长的白纹。翅面总体为黄色，上面具有如同虎斑形状的黑色横条纹。前翅基部为黑色，前翅外缘曲线状，外缘正面具有较宽的黑色横带，有1列外缘黄色斑，近翅尖的第1个黄色斑与其后方其他7个黄色斑排列整齐，无错位；中间除有3条黑色横带外，另有2条短的黑带终止于中室的后缘。后翅外缘波浪形，黑色，中间有4个小的青蓝色具金属光泽斑点，其外侧还有4个黄色新月形斑。前、后翅背面斑纹与正面基本相似。雄蝶个体略小，平均体长16.2毫米，翅展60.6毫米，其翅斑纹与雌蝶相近，黄色斑常略浅，前翅黑带较细，黄色斑部分较宽。

习性与分布：一年发生一代，成虫在野外于4月下旬至5月上旬羽化，雄虫比雌虫早羽化一周左右。卵期23天左右，幼虫期27～30天，蛹期在300天以上，以蛹在树干或树皮上、枯枝落叶下及石块缝隙中度过炎夏及寒冬。其寄主植物主要为细辛。中华虎凤蝶在秦岭地区主要分布于周至、太白、宁陕、佛坪等地。

资源现状与保护：中华虎凤蝶是一种珍贵的蝴蝶，为中国所特有，其资源十分稀少，列入《国家保护的有益的或者有重要经济、科学研究价值的陆生野生动物名录》，被中国物种红色名录列为易危物种。

（二）三尾褐凤蝶（*Bhutanitis thaidina*）

分类地位：昆虫纲，鳞翅目，凤蝶科。别名：三尾凤蝶、华西褐凤蝶。

形态特征：雌雄个体差异不大，平均体长约21.3毫米，翅展可达80毫米。体黑色，腹侧各有2条纵向浅黄色线纹。翅黑色，前、后翅均有黄色纵向条纹，其中前翅中室内有4条，从基部开始数第3条未伸出中室，其余3条均伸出中室达前翅后缘。中室端部亦有1条与之平行的短纵线。前翅近外缘有1条很细的浅黄色纵纹，其内侧有一与之平行的"Y"形纹。后翅近外缘具4个橙色细斑，腹面观斑纹大，但颜色较浅。后翅臀角附近具斜向红色斑，该斑向后缘突出3个钝齿状突起。尾状突3个，从外向内依次变短。

习性与分布：一年发生一代，成虫5月下旬至6月下旬出现。其寄主植物主要为木香马兜铃。在秦岭地区太白山、佛坪等地均有分布。

资源现状与保护：三尾褐凤蝶是我国特有的一种珍稀蝶类，数量极为稀少，被列为《濒临绝种野生动植物国际贸易公约（CITES）》附录II物种，被中国物种红色名录评估为易危物种。

（三）艳大步甲（*Carabus lafossei*）

分类地位：昆虫纲，鞘翅目，步甲科。别名：拉步甲。

形态特征：大型甲虫，体长35～43毫米，体宽13～16毫米。色泽鲜艳，头、前胸背板及鞘翅外缘红铜色，有金属光泽，前胸侧板绿色；鞘翅除瘤突黑色外，其余为绿色，并常带有蓝绿色光泽。头较长，在眼后延伸，具有粗皱纹及细刻点。额中部隆起，两侧有纵凹洼，颚须及唇须端部为斧形。触角1～4节光亮，5～11节被绒毛。前胸背板接近心形，前缘微凹，后缘近于平直，两侧弧形，在中部明显外凸，后部两侧近于平行，中部背面微拱，背纵沟不明显。小盾片三角形，端部钝。鞘翅长卵形，基部宽度与前胸基缘接近或较宽，渐向后膨大，后端窄缩，每鞘翅除有6行瘤突外，表面尚有不规则的小颗粒。

习性与分布：捕食性，寄主昆虫有地老虎等，主要危害棉花等作物。秦岭地区分布在佛坪、宁陕、留坝、太白等地。

资源现状与保护：艳大步甲已被列入《国家保护的有益的或者有重要经济、科学研究价值的陆生野生动物名录》。

（四）秦岭细鳞鲑（*Brachymystax lenok*）

分类地位：鱼纲，鲑形目，鲑科。别名：细鳞鱼、闾鱼、闾花鱼、金板鱼、梅花鱼、花鱼、细鳞鲑。

形态特征：背鳍后方具有脂鳍；口小，上颌后伸仅达眼中央下方；体侧有圆形黑斑。

习性与分布：在秦岭地区一般生活在海拔900～2300米的山涧深潭中，水底多为大型砾石。秋末，在深水潭或河道的深槽中越冬。为肉食性鱼类。摄食时间多集中于早晚前后，阴天摄食活动频繁，全天均可见到。最早3～5周龄达到性成熟。成熟雄鱼精巢为淡红色，雌鱼卵巢为淡黄色，绝对怀卵量为2670～4 510粒。5～6月份产卵，卵沉性，一次排完。秦岭地区分布于渭河支流，如千河（陇县）、石头河（太白县）、汤峪河（眉县）、太平峪（户县）、黑河（周至）等和汉水北侧支流湑水河（太白县）、子午河（佛坪）。

资源现状与保护：1993年在眉县汤峪采集，还有一定数量。20世纪六七十年代在黑河分布有一定数量，但进入80年代由于人为捕捞，加之水资源的逐渐减少，野生数量锐减。据作者1996年在周至县厚畛乡清水河的采样结果，初步估算该河段约有秦岭细鳞鲑2500尾，生物量为200～300千克，且采到的标本一般为100～200克，没有超过300克的。2000年在太白县二郎坝乡皂角湾村访问已没有秦岭细鳞鲑的分布。2008年在湑水河支流大涧沟有一定数量的秦岭细鳞鲑。

秦岭细鳞鲑

（五）川陕哲罗鲑（*Hucho bleekeri*）

分类地位：鱼纲，鲑形目，鲑科。别名：贝氏哲罗鲑、虎鱼、猫鱼、虎加鱼、条鱼。

形态特征：通体被鳞，腹鳍腹位无鳍棘，背鳍后方有脂鳍，口大，上颌后伸超过眼后缘下方，体侧有近十字形的小黑斑。

习性与分布：川陕哲罗鲑为凶猛性鱼类，生活于海拔1000米以上的山涧溪流，喜居于河底为石砾或砂质的流水深潭中，性格活跃，游泳力强，喜单独活动。常捕食同水域生活的鱼及条鳅，亦吞食一些水生昆虫。

陕西仅分布于太白山南麓的西太白河上游（属汉水的三级支流）及湑水河上游的局部地区（约北纬33°58'）。

资源现状与保护：高玺章等1978年首次从陕西太白采到标本7尾，陕西省动物研究所于1980年5月至1982年6月期间进行《秦岭鱼类志》调查时，在陕西太白采到1尾。2013年陕西省动物研究所许涛清在渭水河见到2尾标本。川陕哲罗鲑在秦岭分布点仅有一两处，且采集亦不易得到，种群状况十分令人担忧。

（六）大鲵（*Andrias davidianus*）

分类地位：两栖纲，有尾目，隐鳃鲵科。别名：娃娃鱼、孩儿鱼、人鱼。

形态特征：体形大，全长40厘米（4～5龄）左右时已达性成熟，最大个体可达2米以上，体重达数十千克。头躯扁平，眼甚小，无眼睑；口裂大，犁骨齿呈长弧形与上颌齿平行排列；舌大，扁圆，粘连于口腔底部；腋胯间距约为全长1/3，肋沟12～15条。尾部侧扁，末端钝圆，尾长为头体长1/2左右。四肢粗短而扁，前足4趾，后足5趾。皮肤光滑，体侧有显著的纵向肤褶及疣粒；头部背腹面有成对排列的小疣粒；无颈褶。

习性与分布：大鲵一般栖息在海拔700～1400米的山地溪河、暗流及山泉之中，以800～1100米的高度数量较多。成鲵多单独栖居和活动，幼鲵喜群居生活。大鲵畏光，白天很少出来活动，夜间（尤其晚上11时之前）出来捕食，活动频繁。其食性较广，主要以蟹、虾、鱼、蛙、水生昆虫等动物性食物为食。人工饲养条件下成鲵喜食略带红色的动物内脏，幼鲵喜食摇蚊幼虫。6～9月为繁殖期，大多在8月下旬夜间产卵；产卵期雌性较凶顽，雄性较温顺，产卵过程中雌雄鲵有相互追逐嬉戏行为；产卵后雌鲵离去，雄鲵常有护卵习性。卵体外受精，体外发育。大鲵为我国特产野生动物，在陕西省分布于秦岭、大巴山、米仓山山区。

资源现状与保护：1999年4月至2001年11月，陕西省渔业管理局组织有关专家和市县水生野生动物管理者对大鲵分布区的12个县24个样点进行了种群数量抽样调查。大鲵在陕西省适生境内平均居群密度为0.844尾/公顷，适生境面积约为79000公顷，全省大鲵贮存量估计为66676尾。与80年代以前相比，陕西省大鲵资源严重衰减，其具体表现主要是：种群结构小型化；资源地种群密度明显下降；分布范围缩小，绝大多数交通便利的分布区已经绝迹。

大鲵

（七）山瑞鳖（*Palea steindachneri*）

分类地位：爬行纲，龟鳖目，鳖科。别名：甲鱼、团鱼、鳖。

形态特征：山瑞鳖属大中型淡水鳖类，较中华鳖稍大。通体被覆柔软的革质皮肤，无角质盾片。头较大，头背皮肤光滑；头前部瘦削，吻端尖出，形成吻突；吻突长8.5～9.5毫米，约与最大眼径相等；鼻孔开口于吻突顶端；眼小，眶间距9.5毫米，眶间距小于眼径；上颌突出于下颌，上下颌均有肉质唇；上颌两侧唇分列，中间裂开，可见其缘；颌缘宽厚的肉质唇分别向上下翻褶。颈部长，与中华鳖的主要区别在于山瑞鳖的颈基两侧各有一团大的瘰粒。背盘长卵圆形，前缘向后翻褶，形成一发达的缘嵴，其上有一列大而突起的瘰粒；背盘中央有纵嵴，从前端伸至骨质背板的后缘，其两侧分布有不规则的结节；在背盘后缘的结节大而密，且结节的末端向后尖出。幼体体表有由许多小结节形成的纵纹，随年龄增长表面逐渐光滑。腹面光滑，有4～6个胼胝体。体边缘有肥厚的肉质"裙边"。四肢扁圆，趾间满蹼，均具3爪。尾短，雄性尾基粗，尾尖超出裙边。

习性与分布：山瑞鳖栖息于海拔590～1650米的江河、山涧、溪流、水库等淡水水域内，喜夜间在水质清澈的山涧中活动；白天常在岸边晒太阳，遇惊扰即潜入水中，或隐于水底淤泥或细沙内。以软体动物、甲壳动物、鱼类和虾类等为食，在缺乏食物时也吃动物死尸。体重在1500克的个体在饥饿状况下一次可进食250克。卵生，4～10月为繁殖期，6月为产卵盛期。喜在水深超过50厘米的水域中交配。雌鳖于夜间在向阳而潮湿的岸边沙滩或泥地挖穴产卵，产卵场所距水面不超过2米。卵凭借自然温度孵化，孵化期69～85天。稚鳖孵出后，由沙土中钻出即爬向水中。一般3龄以上的山瑞鳖可达性成熟。当水温低于12℃时，便潜入水底淤泥或细沙中冬眠。当气温回升到20℃以上时开始活动。自然条件下山瑞鳖生长缓慢。

在陕西分布范围狭窄，仅见于平利和旬阳。

资源现状与保护：山瑞鳖在陕西省的种群现状不详。宋鸣涛（1987）仅报道在我省平利县境内有分布。后来有研究者分别于1988年和2000年赴平利县调查均未见到山瑞鳖。

（八）白琵鹭（*Platalea leucorodia*）

分类地位：鸟纲，鹳形目，鹮科。别名：琵琶鹭、匙嘴鹭、琵鹭。

形态特征：大型涉禽。嘴长直而平扁，黑色，前端扩大成匙状，端部黄色；体羽白色；繁殖期枕部具长的橙黄色发丝状冠羽，前颈下部具橙黄色颈圈；非繁殖期（冬羽）无冠羽，前颈下部亦无橙黄色颈圈。喉部裸露无羽，呈橙黄色，脚较长，黑色，具有四趾，位于同一平面上。

习性与分布：主要栖息于开阔的沼泽地、浅水湖泊、水库边及河流滩地。善飞翔，鼓翼缓慢而有节奏。主要于浅水处取食小鱼、虾、蟹、水生昆虫、昆虫幼虫、软体动物及蛙、蝌蚪等，也吃一些植物性食物。每年繁殖1次，每窝产卵3～5枚。卵呈白色，长椭圆形，孵化期21天。雌雄亲鸟共孵、共育。幼鸟28日离巢，

白琵鹭

10月中旬南迁至越冬地。

国内仅有1亚种，是该种的指名亚种。省内见于陕西北部长城风沙区的内陆湖泊、关中平原东部的黄河滩涂湿地以及陕西南部的汉江流域。

资源现状与保护： 2000年调查，汉江流域未见到。

（九）小天鹅（*Cygnus columbianus*）

分类地位： 鸟纲，雁形目，鸭科。别名：天鹅、白天鹅、啸声天鹅、短嘴天鹅。

形态特征： 体形与大天鹅相似而稍小。雌雄羽色相同，全身羽毛洁白，头顶至枕部略沾淡棕黄色。嘴上下扁平，先端黑色，基部两侧黄色，不沿嘴缘前伸于鼻孔之下。脚短健，位于身体后部。跗跖、蹼、爪黑色。

习性与分布： 主要栖息于多芦苇及水草的大型湖泊、水库及池塘，常集群活动，远离岸边。游泳时颈向上伸直，几乎与水面垂直。鸣叫时头颈曲伸。主要以水生植物的根、茎、叶和种子为食，繁殖期为6～7月份。秋季列队倒"V"字形高飞南迁。营巢于湖泊水塘之间的多草苔原地上及苔原沼泽中的土丘之上。每年繁殖1次，每窝产卵2～5枚。卵白色，长椭圆形。29～30天出雏，幼鸟随亲鸟活动觅食，40～50日能飞。

分化为3亚种，国内有1亚种：乌苏里亚种（*Cygnus columbianus jankowskii*），见于镇安、西安。

资源现状与保护： 小天鹅数量较少。2000年调查时发现于镇安县金钱河。

（十）鸳鸯（*Aix galericulata*）

分类地位： 鸟纲，雁形目，鸭科。别名：匹鸟、官鸭。

形态特征： 中型鸭类。雌雄异色。雄鸟羽色华丽，额和头顶中央翠绿色，枕部赤铜色，与后颈的暗紫绿色长羽组成枕冠；眼后有宽而长的辉亮栗色领羽；背、腰暗褐色，并具铜绿色金属光泽；翅具蓝绿色"翼镜"，繁殖期翅上有一对栗黄色的扇状直立"帆羽"，称"相思羽"。尾羽暗褐色而带金属绿色；颏、喉近纯栗色；上胸暗紫色，下胸两侧绒黑色，具2条明显的白色横带，下胸至尾下覆羽纯白色。雌鸟头和颈的背面均灰褐色，无枕冠，眼周白色，其后一条纹与眼周白圈相连，形成特有的白色眉纹；头和颈的两侧浅灰褐色；颏、喉白色，上体余部灰褐色，两翅羽

鸳鸯

色似雄鸟，但无直立"帆羽"。

习性与分布：栖息于溪流、沼泽、湖泊、水田、近山河川等处，常出没于水面宽阔、周围多芦苇等水生植物的水域。喜群居。性杂食，以草籽、橡籽以及水生生物等为食。繁殖期为4～6月份，营巢于水边的树洞中，每窝产卵7～12枚。6月中旬可见到雏鸟，9月下旬开始集群，月底逐渐南迁。

陕西省内见于华县、华阴、石泉、汉阴、大荔、潼关等地。

资源现状与保护：数量稀少。1965年冬在汉江流域发现1对；1981年1月，在石泉水库遇见4只。鸳鸯常与其他雁鸭类混群，不易发现，绝大多数仅在本地作短暂停留后南迁越冬。

（十一）黑鸢（*Milvus migrans*）

分类地位：鸟纲，隼形目，鹰科。别名：黑耳鸢、鸢、老鹰、饿老刁。

形态特征：雌雄羽色相似。体背面暗褐色，体腹面棕褐色有黑斑；飞翔时翅下左右各具有一白斑，特别明显。尾呈叉状。我国有两个亚种：普通亚种，上体棕褐色，尾棕褐具暗色横斑；云南亚种，上体黑褐色，尾褐色具黑色横斑，下体纯棕褐色。

习性与分布：栖息于山区、城郊附近，常单独长时间翱翔于天空，飞翔时且飞且鸣。发现猎物立即俯冲追捕，以鼠类、兔、蛙和鱼类为食。繁殖期4～5月，每窝产卵2～3枚，孵卵期38天。

分化为4亚种，国内有2亚种，陕西有1亚种：普通亚种（*Milvus migrans lineatus*）。陕西省内见于各地。

资源现状与保护：数量相对较多，是城镇、农村山区、平原常见的一种猛禽，其适应生境较为广泛，喜栖于高树、电杆和城墙之上。2000年调查陕西省的估计数量约为13000只。

（十二）赤腹鹰（*Accipiter soloensis*）

分类地位：鸟纲，隼形目，鹰科。别名：鸽子鹰。

形态特征：小型猛禽，体长约30厘米，体重约112克。雄鸟上体及两翅表面灰蓝色；喉乳白色，胸和上腹棕色，横纹不明显；下腹白色。雌鸟与雄鸟相似，但羽色较暗，胸及腹部灰色具褐色横纹，中央尾羽具暗色横带。幼鸟胸及腹部布满褐色矛状斑。脚绿黄色。

习性与分布：常在疏林中活动，穿梭追捕小鸟、小型啮齿动物和昆虫等。筑巢于森林树枝上，每窝产卵2～5枚，由雌鸟负责孵卵，孵卵期为32～34天，7月中旬雏鸟出巢。省内见于陕西南部

赤腹鹰

及秦岭北麓。

资源现状与保护：数量稀少，2000年调查陕西省数量不足5000只。

（十三）雀鹰（*Accipiter nisus*）

分类地位：鸟纲，隼形目，鹰科。别名：鹞子、雀儿鹰。

形态特征：雌鸟个体较雄鸟略大。翅阔而圆，尾较长。雌雄体色略有差异。雄鸟头顶、后颈至上体青灰色或暗灰色；眼先灰色，具黑色刚毛，眉纹白色；头侧面和脸棕色，颏部和喉部满布褐色羽干细纹；下体白色，胸、胁及腹部具赤褐和暗褐色横斑；尾羽灰褐色，具5道黑褐色横斑，尾羽先端棕白色。雌鸟上体灰褐色，头顶及后颈灰褐色或鼠灰色，头后杂有少许白色斑；前额乳白色或缀有棕黄色；头侧和颊乳白色，微沾淡棕黄色，并缀有细的暗褐色纵纹；下体乳白色，颏、喉部具有较宽的黑褐色纵纹；胸腹部和两胁以及覆腿羽均具暗褐色横斑，其余特征和雄鸟相似。嘴黑色，基部青黄色，蜡膜绿黄；跗跖黄色；爪黑色。

习性与分布：夏季多栖居于较高的山林，冬季则多见于低山丘陵、山脚平原、农田及村庄附近，多白天单独活动。肉食性猛禽，每只每年可食鼠290只。3月份开始繁殖，多营巢于距地面4～14米高的树上。每窝产卵3～4枚，一般隔日产卵1枚。卵呈椭圆形或近圆形，淡青色，光滑无斑。雌鸟孵卵，32～35天出雏，雌雄亲鸟共同育雏，雏鸟24～30日（一般27日）离巢。8月中旬至10月下旬结群迁徙。

雀鹰

分化为6亚种，我国有2亚种，陕西均有分布。秦岭地区有1亚种：北方亚种（*Accipiter nisus nisosimilis*），分布于周至、洋县、西乡、石泉，为留鸟。

资源现状与保护：数量稀少，2000年调查陕西省数量约为8000只。

（十四）苍鹰（*Accipiter gentiles*）

分类地位：鸟纲，隼形目，鹰科。别名：黄鹰。

形态特征：体形较大，体长63厘米左右，体重约900克。雌、雄以及幼鸟的体色略有不同。雄鸟的头顶、后颈及头侧黑褐色，白色眉纹延伸至枕侧，耳羽呈黑色；背、肩、腰及尾上覆羽均呈石板灰色，尾上覆羽具白色横斑；尾羽灰褐色，具有4道宽阔的黑褐色横带，端部具污白色边缘；颏、喉及前颈具黑褐色细纵纹；胸、胁、翼下覆羽、腹至覆腿羽均为白色底色，杂以黑褐色横斑。雌鸟背羽较雄鸟暗，下体羽色亦深，黑褐色横斑较粗大。幼鸟头顶及枕部暗褐色；上体褐色，具淡青色羽缘；下体淡黄色，杂以暗褐色羽干纹；嘴黑色，嘴基铅灰色；跗跖和趾黄色，爪黑褐色。

习性与分布：栖息于不同海拔高度的针叶林、混交林和阔叶林中，也活动于山麓平原和丘陵地带的疏林及小块森林内，偶尔在村庄、农田上空翱翔。善高飞，扑翼快速，惯沿直线滑翔，翼持水平状。食物有啄木鸟、山斑鸠、鸭、鸦、田鼠、黄鼠、兔等，是肉食性猛禽。常单独白天活动。繁殖期在每年的4～7月份，营巢于森林中的高大乔木上，有时也侵占其他猛禽的旧巢。巢多呈皿状。每窝产卵2～4枚，多为2枚。卵为椭圆形、青色，具淡赤褐色或青灰色斑。孵卵以雌鸟为主，30～33天出雏，雌雄亲鸟共同育雏，雏鸟35～37天离巢，9月中旬至12月下旬迁徙。

分化为9亚种，国内分布广泛，有5个亚种，陕西仅分布1亚种：普通亚种（*Accipiter gentile schvedowi*），分布于秦岭以南的汉中等地，为旅鸟。

资源现状与保护：数量稀少，2000年调查陕西省数量约为7000只。

苍鹰

（十五）松雀鹰（*Accipiter virgatus*）

分类地位：鸟纲，隼形目，鹰科。别名：松子鹰、雀鹞。

形态特征：小型猛禽，体长35厘米左右，体重230克左右。雌雄体大小及羽色稍有不同。雄鸟额、头顶、枕均为石板黑色；眼先、耳羽、颈侧棕灰色；上体黑灰色；喉白色，喉中央具有一条宽而显著的黑色中央纹；尾褐灰色，具4～5道灰黑色横斑。雌鸟体形较大。头顶至枕黑褐色；后颈羽基部的白色较雄鸟多；上体及尾上覆羽褐色；下体白色，喉部纵纹较雄鸟稍宽，胸、腹、胁、覆腿羽具褐色横斑；嘴黑色，基部青黄色；蜡膜绿色；跗跖、趾淡黄色，爪黑色。

习性与分布：主要栖息于茂密的针叶林、混交林、阔叶林以及开阔的林缘疏林地带。冬季常到山下和平原的小块林地、竹园及河谷地带。常单独或成对活动于林边的空旷处、低山、丘陵、草地和果园。性机警，视觉敏锐。以小型鸟类、昆虫等为食。繁殖期在5～7月份。通常营巢于密林中枝叶茂盛的高大树木上部，有时也营巢于林缘大树上，或利用经过修理的旧巢，巢呈圆盘状或皿状。每窝产卵5枚左右，卵浅蓝白色，被有少许细小的紫褐色斑点。雌鸟孵卵，7月中下旬见雏，雄鸟运食，由雌鸟喂雏，8月底雏鸟出飞。

松雀鹰

分化为7亚种，国内有4亚种，陕西仅1亚种：南方亚种（*Accipiter virgatus affinis*），分布于佛坪、周至、太白等地，为夏候鸟。

资源现状与保护：数量稀少，2000年调查估计陕西省数量不足2000只。

（十六）大鵟（*Buteo hemilasius*）

分类地位：鸟纲，隼形目，鹰科。别名：花豹、老鹰、大豹。

形态特征：大型猛禽，体长57～72厘米，体重约1200克。体羽颜色变化较大，有淡色型、暗色型和中间型，以淡色型最为常见。淡色型通常头顶至后颈为白色，微沾棕色并具褐色纵纹。上体为土灰褐色，具淡棕色或灰白色羽缘以及淡褐色羽干纹。下体白色，颏、喉和胸部都具稀疏的淡褐色纵纹；上腹和两胁具宽阔而显著的淡棕褐色纵纹；下腹至尾下腹羽近白色。尾羽淡褐色，具7～8条暗色横斑及灰白色先端。暗色型全身除几枚初级飞羽和尾羽外，均为暗褐色，具黑褐色羽干纹。头、颈、胸具棕黄色羽缘，上体淡褐色，外侧5枚初级飞羽主要为暗棕褐色。虹膜黄色，嘴黑褐色，蜡膜黄绿色，跗跖和趾暗黄色，爪黑色。

习性与分布：主要栖息于高山林缘、开阔的山地草原、干旱草原、荒漠平原，冬季也常出没于低山丘陵和山脚平原地带的农田、芦苇沼泽、村落及城市附近。多白天单独活动。主要以鼠类、兔、蛙、蜥蜴、小型鸟类和昆虫为食，也啄食一些动物尸体。通常营巢于树上和悬崖峭壁上，可多年利用，但每年都要补充巢材，巢呈盘状。每年5～7月份为繁殖期，每窝产卵2～4枚，卵淡黄色，具红褐色和灰色斑。雌鸟孵卵，孵化期30天左右。冬季在渭河流域较常见，在水域或村落附近活动。省内见于关中、陕北等地。

大鵟

资源现状与保护：数量在逐渐减少。2000年调查估计陕西省的数量约为10000只。

（十七）普通鵟（*Buteo buteo*）

分类地位：鸟纲，隼形目，鹰科。别名：鸽虎、鸡母鹞、土豹。

形态特征：体长48～56厘米，体重约900克。体色变化较大，共有3种类型，即暗色型、棕色型和淡色型。淡色型头羽具窄的暗色羽缘；上体灰褐色，羽缘白色，微缀紫色光泽。颏和喉部具淡褐色纵纹，下体乳黄白色，胸和两胁具粗的棕褐色横斑，腹部有细的淡褐色斑纹。外侧初级飞羽黑褐色，内翈基部和羽缘污白色或乳白色；内侧飞羽黑褐色，内翈基部和羽缘白色，展翅时在翼下形成显著的白斑；尾羽暗灰黑褐色。暗色型颏、喉及颊部棕黄色，其余下体黑褐色，尾羽棕褐色，具数道暗褐色横斑和灰白色端斑。棕色型上体棕褐色，羽端淡褐色或白色；颊、喉部乳黄色，其棕褐色较暗色型稍淡；尾羽下面银灰色，有不清晰的暗色横斑。虹膜褐色，嘴黑色，蜡膜黄色，跗跖和趾黄色，爪黑色。飞行时两翼宽而圆，在高空翱翔时两翼略呈"V"形。

习性与分布：主要栖息于阔叶林、混交林、针叶林等山地森林和林缘地带，有时也出现于海拔2000米以上的山顶或高原上空。多在白天单独活动，主要以各种鼠类为食，也吃蛙、蜥蜴、蛇、野兔、小鸟、昆虫及家禽。每年5～7月份繁殖，通常在森林中高大的树上营巢，尤其喜欢针叶树。亦营巢于悬岩峭壁上或者侵占乌鸦、喜鹊旧巢。每窝产卵2～3枚，卵青白色，通常被有栗褐色和紫褐色斑点。幼鸟40天左右离巢。

国内有2亚种，陕西1亚种：普通亚种（*Buteo buteo burmanicus*），分布于陕西的石泉、凤县等地，为留鸟。

资源现状与保护：数量稀少，2000年调查陕西省数量约20000只。

普通鵟

（十八）毛脚鵟（*Buteo lagopus*）

分类地位：鸟纲，隼形目，鹰科。别名：雪白豹。

形态特征：中型猛禽，体长51～60厘米，体重682克，嘴黑褐色，嘴基及蜡膜淡黄色；虹膜褐色；贯眼纹褐色；上体暗褐色，下背和肩部常缀有近白色不规则的横带；尾羽白色，末端有宽的黑褐色次端斑；腹部暗褐色；颏棕白色，有黑褐色羽干纹；喉、胸黄褐色，有轴纹和大块轴斑；尾下覆羽白色；飞行时翼上初级飞羽基部有弧形白斑，翼下白色，翼角、翼端和翼后缘黑色；跗跖被羽达趾基。趾黄褐色，爪黑色。

习性与分布：栖息于山地林区、农田、草原，性机警，视觉敏锐。多在白天单独活动，飞翔时两翼鼓动较慢，多在空中盘旋翱翔。觅食时主要通过在空中飞翔寻找或在高处等待猎物。主要以小型啮齿动物、蛙、昆虫、野兔等为食，有时也食动物尸体。每年5～7月份繁殖，营巢于岩壁或树上。巢呈浅盘状。每窝产卵3～4枚，卵青白色或黄白色，上有褐色或灰色斑纹。孵化期28天左右。

国内有3亚种，陕西仅1亚种：北方亚种（*Buteo lagopus menzbieri*），见于渭河流域，为冬候鸟。

资源现状与保护：数量稀少。仅为1957年报道，2000年调查未见实体。

毛脚鵟

（十九）灰脸鵟鹰（*Butastur indicus*）

分类地位：鸟纲，隼形目，鹰科。别名：鵟鸠、屎鹰。

形态特征：体长约42厘米，体重约410克。头至背灰褐色；眼周及眼后耳羽灰褐色；眉纹白色；喉白色，有4条黑色宽阔横带。飞行时，从腹面观之，翼下羽白色略带淡褐色斑纹。胸及腹部密布横纹。幼鸟背部褐色，腹面有黑褐色纵纹。嘴黑色，脚黄色，爪黑色。

习性与分布：栖息于森林地带。飞行迅速，常近地面飞行，以昆虫、蛙类和鱼为食。常伴随小型鸟类南迁。营巢于松林和混交林树端，每窝产卵2～3枚。分布于秦岭南坡和大巴山区（石泉、南郑），为夏候鸟。

资源现状与保护：数量稀少。2000年调查未见实体。

（二十）鹰雕（*Nisaetus nipalensis*）

分类地位：鸟纲，隼形目，鹰科。别名：熊鹰、赫氏角鹰。

形态特征：大型猛禽，体长约74厘米。主要特征是头后有长的黑色羽冠，常常垂直地竖立于头上。上体为褐色，有时缀有紫铜色，腰部和尾上的覆羽有淡白色的横斑，尾羽上有宽阔的黑色和灰白色交错排列的横带，头侧和颈侧有黑色和皮黄色的条纹，喉部和胸部为白色，喉部还有显著的黑色中央纵纹，胸部有黑褐色的纵纹，腿被羽，下体偏白，有近黑色过眼线及髭纹。虹膜为金黄色，嘴为黑色，蜡膜为黑灰色，脚和趾为黄色，爪为黑色。

习性与分布：栖息于针阔混交林和阔叶林。主要以野兔、雉鸡和鼠类等为食，也捕食小鸟和大的昆虫，偶尔还捕食鱼类。分布于秦岭南坡。夏秋季分布的海拔较高，在阔叶林和混交林中活动，也出现在浓密的针叶林中。冬季多下到低山丘陵和山脚平原地区的阔叶林和林缘地带活动。

资源现状与保护：数量较少，不常见。

鹰雕

（二十一）凤头鹰（*Accipiter trivirgatus*）

分类地位：鸟纲，隼形目，鹰科。别名：凤头苍鹰。

形态特征：中型猛禽，体长41～49厘米。具短羽冠。雄鸟上体灰褐色，两翼及尾具横斑，下体棕色，胸部具白色纵纹，腹部

凤头鹰

及大腿白色，具近黑色粗横斑，颈白，有近黑色纵纹至喉，具两道黑色髭纹。亚成鸟及雌鸟下体纵纹及横斑均为褐色，上体褐色较淡，虹膜褐色。至成鸟绿黄色，嘴灰色，蜡膜黄色，腿及脚黄色。

习性与分布：常躲藏在树丛之中，有时也栖息于空旷处孤立的树枝上。多单独活动。主要在森林中的地面上捕食，以蛙、蜥蜴、鼠类、昆虫等动物性食物为食，也吃鸟和小型哺乳动物。繁殖期4～7月，常营巢于近水的针叶林或阔叶林中高大的树上。分布于秦岭南坡，为留鸟，见于海拔2000米以下的针阔混交林带。

资源现状与保护：秦岭南坡较常见。

（二十二）黄爪隼（*Falco naumanni*）

分类地位：鸟纲，隼形目，隼科。别名：黄脚鹰。

形态特征：体长约30厘米，红褐色。雄鸟头灰色，上体赤褐而无斑纹，腰及尾蓝灰。下体淡棕色，颏及臀白。胸具稀疏黑点。尾近端处有黑色横带，端白。雌鸟红褐色较重，上体具横斑及点斑，下体具深色纵纹。虹膜褐色，嘴灰色、端黑、蜡膜黄色，脚黄色。

习性与分布：栖息于开阔的荒山旷野、草地、林缘、河谷，以及村庄附近和农田边的丛林地带，多成对或成小群活动。主要以大型昆虫为食，也吃啮齿动物、蜥蜴、蛙、小型鸟类等脊椎动物。通常在空中捕食昆虫，有时也在地上捕食。分布于秦岭中低海拔疏林地丘陵区和林缘地带的田野区。

黄爪隼

资源现状与保护：数量较少，不常见。

（二十三）秃鹫（*Aegypius monachus*）

分类地位：鸟纲，隼形目，鹰科。别名：狗头雕、狗头鹫、座山雕。

形态特征：大型猛禽，体长1米左右。体羽主要黑褐色。头部绒羽最显著的特征是颈后羽毛稀少或者没有羽毛。具松软翎颌，颈部灰蓝。成鸟头裸出，皮黄色，喉及眼下部分黑色。两翼长而宽，具平行的翼缘，头及嘴甚强劲有力。虹膜深褐，嘴角质，蜡膜深褐色，脚灰色。

习性与分布：主要栖息于低山丘陵和高山荒原与森林中的荒岩草地、山谷溪流和林缘地带，秦岭常见单独活动，常在高空悠闲地翱翔和滑翔，有时也进行低空飞行，休息时多站于突出的岩石上、电线杆上或者树顶的枯枝上。主要以大型动物和其他腐烂动物的尸体为食，也捕食一些中小型兽类。分布于秦岭的中高海拔林地和疏林地带。秦岭西部的多为留鸟，东部的为过境鸟。

资源现状与保护：秦岭数量较少，并不常见。

（二十四）白尾鹞（*Circus cyaneus*）

分类地位：鸟纲，隼形目，鹰科。别名：灰鹰。

形态特征：雄鸟、雌鸟、幼鸟体色略有不同。雄鸟额部灰白色，头顶灰褐色，头后暗褐色，耳羽后下方往下至额部有一圈蓬松而稍卷曲的羽毛形成的皱领；后颈至上体蓝灰色，尾上覆羽纯白色；下体额、喉和上胸蓝灰色，其余下体纯白色。雌鸟上体暗褐色，头至后颈、颈侧、翅上覆羽具棕黄色羽缘，尾上覆羽白色；下体棕白色或黄白色，具较粗的红褐色纵纹，或为棕黄色，杂有暗棕褐色纵纹。幼鸟和雌鸟相似，但下体较淡，纵纹更为显著。嘴黑色，基部蓝灰色；蜡膜绿黄色，跗跖和趾黄色，爪黑色。

习性与分布：主要栖息于平原、低山丘陵、湖泊、沼泽、草原、农田、芦苇塘等开阔地区。冬季也常到村庄附近的农田、草坡和疏林地带活动。营巢于芦苇丛、草丛或灌木丛间的地上。巢多呈浅盘状。主要以小型鸟类、啮齿类、蛙、蜥蜴及大型昆虫等为食。其捕食活动多在早晨和黄昏进行。每年4～7月份繁殖。每窝产卵4～5枚。卵淡绿色或白色。

白尾鹞

分化为2亚种，我国有1亚种：指名亚种（*Circus cyaneus cyaneus*），分布于秦巴山地和黄土高原。

资源现状与保护：数量稀少，2000年调查陕西省数量不足3000只。

（二十五）燕隼（*Falco subbuteo*）

分类地位：鸟纲，隼形目，隼科。别名：青条子、蚂蚱鹰。

形态特征：小型猛禽。雄鸟、雌鸟及幼鸟羽毛颜色有差异。雄鸟额部白色，头顶至后颈灰黑色，后颈羽基白色；其余上体暗石板灰色或蓝灰色；头侧、眼下和嘴角垂直向下的颊纹黑色；颈侧、颏、喉白色，略沾棕色；胸、上腹白色或黄白色，具黑色纵纹。雌鸟体形较雄鸟大，体色与雄鸟相似，但上体较暗，下腹和尾下覆羽多为淡棕色或淡棕黄色，并缀黑褐色纵纹或矢状斑。幼鸟和雌鸟相似，但上体为暗褐色，下体自胸以下为浅棕色，具黑色纵纹。嘴蓝灰色，尖端黑色；跗跖、趾黄色，爪黑色。

燕隼

习性与分布：主要栖息于比较开阔的疏林、林缘灌丛、农田、草原、山谷及村庄附近，常单独或雌雄成对活动。昆虫是燕隼赖以生存的主要食物。其捕食的小型鸟类主要有麻雀、白鹡鸰、家燕及画眉等。通常营巢于疏林、林缘和田间高大的乔木上，大都占用乌鸦、喜鹊的旧巢，巢区较固定，一般要沿用好几年。每年5～7月份繁殖，每窝产卵2～4枚，孵化期28天，育雏期30天左右。

分化为11亚种，国内有2亚种，陕西1亚种：指名亚种（*Falco subbuteo subbuteo*），分布于眉县、周至、西安，为留鸟。

资源现状与保护：数量稀少，2000年调查陕西省数量不足6000只。

（二十六）红脚隼（*Falco vespertinus*）

分类地位：鸟纲，隼形目，隼科。别名：青鹰、青燕子、阿穆尔隼。

形态特征：小型猛禽。雄鸟、雌鸟及幼鸟体色有差异。雄鸟上体大都为石板黑色；额、喉、颈侧、胸、腹部淡石板灰色，肛周、尾下覆羽、覆腿羽棕红色。雌鸟上体大致为石板灰色；下背、肩具黑褐色横斑；额、喉、颈侧乳白色，其余下体淡黄白或棕白色，胸部具黑褐色纵纹，腹中部具点状或矢状斑，腹两侧和两胁具黑色横斑。幼鸟和雌鸟相似，但上体褐色，具宽的淡棕褐色端缘和显著的黑褐色横斑；下体棕白色，胸和腹部纵纹甚为明显；肛周、尾下覆羽、覆腿羽淡皮黄色。嘴黄色，先端石板灰色；跗跖和趾橙黄色，爪淡黄白色。

习性与分布：主要栖息于低山疏林、林缘、山脚平原及丘陵地区的沼泽、草地、河流、山谷和农田等开阔地区，多白天单独活动。以昆虫为食，有时也捕食小型鸟类、蜥蜴、石龙子、蛙、鼠类等小型脊椎动物。经常强占喜鹊的巢，通常营巢于疏林中高大乔木树顶的枝杈上。每年5～7月份繁殖。每窝产卵4～5枚，卵椭圆形，白色，密布以红褐色斑点。孵化期25天左右。

分化为2亚种，我国有1亚种：普通亚种（*Falco vespertinus amurensis*），分布于眉县、太白、西安等地，为夏候鸟。

资源现状与保护：数量稀少，2000年调查陕西省数量不足4000只。

（二十七）红隼（*Falco tinnunculus*）

分类地位：鸟纲，隼形目，隼科。别名：红鹰、红鹞子、茶隼。

形态特征：小型猛禽。雄鸟、雌鸟及幼鸟体羽颜色有差异。雄鸟头顶、头侧、后颈、颈侧蓝灰色；前额、眼先、眉纹棕白色；背、肩、翅上覆羽砖红色，具近似三角形的黑色斑点；腰和尾上覆羽蓝灰色；额、喉棕白色，胸、腹、两胁棕色，胸、上腹具黑褐色细纵纹，下腹、两胁具黑褐色矢状斑。雌鸟整个上体棕红色，头顶、后颈及颈侧具较粗的黑褐色羽干纹；背、尾上覆羽具较粗的黑褐色横斑；下体乳黄色微沾棕色，胸、腹、两胁具黑褐色纵纹。幼鸟和雌鸟相似，但上体斑纹较粗。嘴基蓝黄色，尖端灰色；跗跖和趾深黄色，爪黑色。

习性与分布： 主要栖息于开阔的山麓、疏林、灌丛、林缘附近的耕地、草原、旷野、森林苔原、森林平原、河谷以及城镇、村庄，多白天单独或雌雄成对活动，叫声尖而刺耳。夏季主要以昆虫为食，有时也捕食小型爬行类和鼠类；冬季则主要捕食鼠类和雀形目的小鸟，但主要袭击幼鸟。每年5～7月份繁殖。每窝产卵4～6枚，偶尔也有7～9枚。卵白色，有赤褐色斑点。孵化期30天左右，育雏期30天左右。

分化为7亚种，国内有4亚种，陕西仅1亚种：南方亚种（*Falco tinnunculus saturatus*），分布于全省，为留鸟。

资源现状与保护： 数量较少，2000年调查数量约26000只。

红隼

（二十八）血雉（*Ithaginis cruentus*）

分类地位： 鸟纲，鸡形目，雉科。别名：太白鸡、松花鸡。

形态特征： 雌雄异色，雄鸟头顶土灰色，有白色羽干纹，枕部羽延伸成羽冠。上体灰色，各羽具细窄的白色羽干纹，白纹两侧为黑色。尾羽灰白色，中央尾羽具绯红色边缘。喉、上胸浅棕黄色，下胸及两胁鲜草绿色。腹暗灰色，尾下覆羽赤红色。雌鸟羽冠棕褐色，向后转为蓝灰色。上体棕褐色，具黑色虫蠹状细斑。下体浅棕色，腹部具褐色波状斑。嘴黑色，跗跖红橙色，爪黑褐色。雄鸟具短距；雌鸟无距。幼鸟上体为浅黄和黑褐色混杂的暗色，下体黄白色。额、喉部近白色。

习性与分布： 血雉是生活在高寒山区的森林鸟类，在秦岭分布于海拔1900～3000米的针叶林和针阔叶混交林中，有季节性的垂直迁移。群栖，繁殖结束后，常集几只至10只小群，冬季常见20～30只一群。以苔藓、地衣及禾本科等植物的花、嫩芽、叶、果实、种子等为主食，也吃一些昆虫等小的无脊椎动物。巢筑于草丛或岩石缝隙间，巢呈圆形。每年4月底～7月初为繁殖期。每窝产卵4～8枚，孵化期28～29天。

中国特有鸟。分化为11亚种，陕西仅1亚种：秦岭亚种（*Ithaginis cruentus sinensis*），仅分布于秦岭山区的洋县、宁陕、佛坪、太白、周至。

资源现状与保护： 分布区域狭窄，数量较多。根据2000年调查，周至国家级自然保护区内血雉在亚高山针阔混交林带的分布密度为0.862只/公顷，种群数量约1300只。秦岭分布区血雉的总

血雉

数量将近5000只。

（二十九）红腹角雉（*Tragopan temminckii*）

分类地位：鸟纲，鸡形目，雉科。别名：红鸡、娃娃鸡、灰斑角雉。

形态特征：雌雄异色。雄鸟羽色鲜艳。头及羽冠黑色，羽冠两侧、两眼后上方各具一鲜蓝色肉质角状突，故称"角雉"。通体深栗红色，满布具黑缘的灰色眼状斑；下体灰斑较明显。雄鸟喉部下方有一片状海蓝色肉裙，周缘羽黑色。繁殖季节，肉质角突和肉裙膨胀扩展，色彩绚丽。飞羽暗褐色，杂以棕色斑。下体浅朱红色，各羽均具一灰色圆斑。尾羽较短，呈棕黄色，密布以虫蠹状斑，并具黑色横斑及一个宽阔的黑色端斑。嘴黑色，先端变淡。跗跖和趾粉红色，具一同色短距。雌鸟上体灰褐色，杂以密布的黑色及棕黄色斑纹；颈部棕黄色，具白色矢状斑。无角状突和肉裙。眼周裸出部分近蓝色。尾羽栗褐色，并具黑色和淡棕黄色细横斑。颏、喉浅黄色，具细黑色斑。下体余部淡黄色，满布大小不同的黑斑和较大的白斑。嘴黑色，嘴角褐色，先端变淡。跗跖及趾灰褐色。

习性与分布：栖息于海拔1000～3500米左右的山地森林、灌丛、竹林等不同植被类型的生境中，鸣声似小孩啼哭的"哇、哇"声。多单独或成对活动，冬季亦常集成2～5只，甚至10只左右的小群活动。白天多数时间都在林下地面活动和觅食，夜晚则栖息于树上。主要以乔木、灌木、竹以及草本植物和蕨类植物的嫩叶、幼芽、花絮、果实和种子为食，也吃少量昆虫、蜘蛛等动物。通常4月初即进入繁殖期。雄鸟发情时头部一对绿蓝色肉质角不断充气膨胀。4月末5月初开始产卵，每窝产卵3～5枚。栖息于秦岭北坡海拔1000～2400米、南坡1000～1800米的林带中。植被类型从低到高依次是常绿阔叶林、常绿落叶阔叶混交林、落叶阔叶林、针阔混交林和针叶林下缘。其生境中乔木层的郁闭度（乔木树冠遮蔽地面的程度）为35%～60%，林下较空旷，阴暗潮湿，散生草、灌丛。有杜鹃、悬钩子类和箭竹等生长的灌丛，是红腹角雉最喜欢的环境。

无亚种分化。分布于秦巴山区的高山森林中，分布的县主要是洋县、宁陕、佛坪、太白、周至、镇坪等。

资源现状与保护：周至自然保护区内适宜生境中红腹角雉的总数量为626只，分布密度在0.016～0.080只/公顷。陕西省的总数量约为8000只。

红腹角雉

（三十）勺鸡（*Pucrasia macrolopha*）

分类地位：鸟纲，鸡形目，雉科。别名：山麻鸡、角鸡、柳叶鸡、刁鸡、呱啦鸡。

形态特征：雄鸟头和后颈金属黑色，头顶中央棕褐色；中部冠羽棕褐色，两侧冠羽较长，黑褐色，羽缘金属绿色；头侧、颊、耳羽暗绿黑色，富金属光泽；在耳羽后下方颈侧各有一白色斑，白斑后下方和颈背部淡棕黄色，外缘黑色，形成半领环状；颏、喉黑色而具暗绿色金属光泽；胸、腹栗色；下体两侧与背相似，但灰色较浅淡。雌鸟头顶黄褐色，羽冠较短；肩淡棕黄色；上体黄褐色；耳羽后下方具淡棕白色斑块；颏、喉淡棕白色；喉以下至下腹，包括两胁，淡栗黄色；下腹中央沾棕白色，具黑褐色细斑；尾较雄鸟为短。嘴黑色，跗跖暗红褐色。

习性与分布：主要栖息于海拔1500～2400米的针阔叶混交林和针叶林中，随季节变化而上下迁移。常结成小群活动，也有单独或成对活动的。一般不鸣叫。夜间栖于树上，雌、雄相距不远或者同树共栖。营巢于树根下或灌丛间地面上，食性以植物为主，兼食少量的动物和大型真菌类。每年3～6月份繁殖。每窝产卵多为8枚，卵呈淡黄色。

分化为10亚种，国内有5亚种，陕西仅1亚种：陕西亚种（*Pucrasia macrolopha ruficollis*），分布于秦岭、巴山和关山地区的周至、太白、佛坪、洋县、旬阳、陇县等地。

资源现状与保护：秦岭南北坡的数量较多。周至自然保护区适宜生境中勺鸡的数量约为1300只，分布密度在0.014～0.080只/公顷之间。全省数量约为60000只。

勺鸡

（三十一）白冠长尾雉（*Syrmaticus reevesii*）

分类地位：鸟纲，鸡形目，雉科。别名：地鸡、长尾雉、画鸡。

形态特征：头顶具白色羽毛，为其主要形态特征。雄鸟的头顶、喉和颈白色，眼下有一大白斑，眼区、颊、耳区至后颈均为黑色，形成一圈围绕头顶的环带，白色颈部之后有一个完整的黑领，背部羽为金黄或棕黄色，各羽具黑色羽缘，使羽呈鳞片状。尾羽极长，有20枚，中央2枚最长，呈银白色，羽轴灰褐。两翈具许多弯形的黑色和栗色相并的横斑，在羽缘处转为棕褐色，外侧尾羽逐渐变短，并逐渐转为棕褐色，仅在内翈上具暗褐色横斑。雌鸟头顶及后颈大都暗栗褐色，各羽中央黑色，额、眉、头侧、颏、喉均为淡棕黄色；上体大部黄褐色，背部具显著黑色和大型矢状白色斑；下体浅栗棕色，往后转为棕黄色，尾较短，具有多道不很显著的黄褐色横斑。眼周裸露为鲜红色，嘴灰黄绿色，脚铅灰色。

白冠长尾雉

习性与分布：栖息于常绿阔叶林或常绿针阔叶混交林中，适宜分布高度为海拔600～2000米。白天多在地面活动觅食，晚上多在位置较高、视野开阔的高大乔木树枝上栖息。繁殖期多单个或成对活动，非繁殖期多三五成群觅食，杂食性。每年3月份开始发情。3月下旬开始营巢产卵。巢营于地面，简陋，浅坑状，椭圆形，铺垫物少。每窝产卵8枚左右。卵椭圆形，青灰色。

无亚种分化。主要分布于秦岭南坡和巴山地区，包括洋县、太白、西乡、佛坪、宁陕、镇巴、石泉、汉阴、旬阳、镇坪、平利。

资源现状与保护：由于过度猎捕和栖息地破坏，数量锐减。2000年调查陕西省总数量约为6000只。

（三十二）红腹锦鸡（*Chrysolophus pictus*）

分类地位：鸟纲，鸡形目，雉科。别名：金鸡。

形态特征：雌雄异色。雄鸟体形修长，羽色华丽，头具金黄色丝状羽冠，上体除上背浓绿色外，其余为金黄色；后颈被有橙棕色而缀有黑边的扇状羽，形成披肩状；脸、喉和前颈锈红色；下体自喉以下为纯红色，羽枝离散如发；肛周淡栗红色；尾长38～42厘米，一对中央尾羽黑褐色，外侧尾羽橘黄色。雌鸟头顶棕黄色而具黑褐色横斑；颊棕黄而缀黑色；耳羽银灰色，背棕黄至棕红色，具粗的黑褐色横斑；腰及尾上覆羽棕黄色。嘴和脚棕黄色。

习性与分布：主要栖息于落叶林、常绿落叶阔叶混交林的林缘灌丛地带、岩石陡坡的矮丛林、竹林。冬季也常到林缘草坡和农田觅食。春夏季节常单独或成对活动，有时可汇集达30只左右。白天活动于地面上，而中午多在隐蔽处休息。当夜幕降临时，则飞往林中乔木树枝上过夜。主要以野生植物的嫩叶、花、果、种子为食，也吃小麦、大豆、玉米、四季豆等农作物。每年4～6月份繁殖。每窝产卵5～6枚，卵浅黄褐色。

无亚种分化。我国特有种。分布于秦岭和巴山地区，分布县区有宝鸡的渭滨区、陈仓区、陇县、凤县和太白县，西安的周至和长安，安康的宁陕、镇坪、平利、旬阳、汉阴和白河，汉中的镇巴、佛坪和洋县，商洛的商州区、柞水和丹凤等地。

资源现状与保护：数量恢复较快，种群数量较大。周至自然保护区内红腹锦鸡的分布密度在0.030～0.290只/公顷之间，总数量约5000只，全省数量约为190000只。

红腹锦鸡

（三十三）灰鹤（*Grus grus*）

分类地位：鸟纲，鹤形目，鹤科。别名：灰灵鹤、鹤、番薯鹤、咕噜雁。

形态特征：雌雄羽色相同。头顶裸出部分朱红色，并有稀疏的黑色发状短羽，向前延伸至眼下方；眼后、耳羽和颈侧灰白色在后颈汇合，形成"人"字形，将灰黑色的前颈与后颈分开，从其侧后观察更为明显；初级飞羽、次级飞羽均黑褐色，三级飞羽同背色，仅羽端略黑，其羽枝离散成毛发状。尾羽灰色，羽端黑色；其余体羽均为灰色。嘴青灰色，先端淡黄色；胫裸出部、跗跖和趾均灰黑色。

习性与分布：栖息地很广，在森林、沼泽、开阔平原、草地、农田及近水的丘陵都能见到，尤以富有水生植物的开阔沼泽地带最常见，从不飞落树上，多在水边浅水区活动。营巢于沼泽地中的干燥地面上。主要以水边植物的叶、茎、嫩芽、块根以及草籽、谷物、软体动物、昆虫、蛙、蜥蜴和鱼类等为食。繁殖期为4～7月份。繁殖期间成对活动，每窝产卵一般为2枚，卵褐色或橄榄绿色，具红褐色斑。雌雄亲鸟轮流孵卵，孵化期约1个月。

分化为2亚种，国内有1亚种：普通亚种（*Grus grus lilfordi*），分布范围广，见于西安、汉中和渭南等地。

资源现状与保护：在陕西省东部黄河滩涂湿地中越冬的灰鹤数量较多。1995年2月曾在大荔县赵渡黄河滩边见到千余只的大群；3月11日又在合阳县新兴坝芦苇荡的上空发现300余只的飞翔群体。

灰鹤

（三十四）蓑羽鹤（*Anthropoides virgo*）

分类地位：鸟纲，鹤形目，鹤科。别名：闺秀鹤。

形态特征：头、颈部呈黑色，但头顶、颏、后颈均为灰色。眼后有一丛显著的白色长丝状羽向后延伸超过头部，颈部腹侧的黑羽末端尖锐，呈披针形向下延伸至胸部，形似"蓑衣"，故称"蓑羽鹤"。眼下有一斑纹，耳簇羽白色。体背、腹呈蓝灰色；尾羽灰色。

习性与分布：栖息于芦苇沼泽及近水荒地等生境中。3月抵达繁殖地，5～7月份成群，随后分散成对。活动范围大，游荡觅食，以水生植物、昆虫、小鱼、虾、蛙类和软体动物等为食。繁殖期有一定区域，营巢于草甸、滩地地面凹陷处，巢简陋，仅有少量枯草茎叶、羽毛等，或有时直接产卵于地面。5月中旬至6月上旬产卵，每窝2枚，卵淡紫色带有褐斑。雌雄亲鸟轮流孵卵，孵化期28～30天。

无亚种分化。在陕西为旅鸟。

资源现状与保护： 仅于1986年9月在城固发现1只。

（三十五）红翅绿鸠（*Treron sieboldii*）

分类地位： 鸟纲，鸽形目，鸠鸽科。别名：绿斑鸠。

形态特征： 雄鸟前额和眼先亮橄榄黄色；头顶橄榄色，微缀橙棕色；枕、头侧和后颈灰黄绿色，颈较灰，常形成一带状斑；其余上体和翅内侧橄榄绿色，有的上背沾有栗红色。尾羽中央一对橄榄绿色，两侧尾羽从内向外由灰绿色至灰黑色，并具黑色端斑和窄的灰绿色端斑在尾的两侧形成黑边。颏、喉亮黄色；胸黄色而沾棕橙色；腹和其余下体乳白色或淡棕黄色，两肋具灰绿色条纹；腿覆羽黄白色或棕白色，缀有灰绿色。雌鸟和雄鸟相似，但颏、喉为淡黄绿色，头顶和胸无棕橙色，背和翅上亦无栗红色，而是暗绿色。嘴灰蓝色，端部较暗；脚淡紫红色。

习性与分布： 栖息于海拔2000米以下的山地阔叶林和针阔叶混交林中，有时亦见于林缘耕地。常成小群或单独活动，飞行快捷。巢主要由枯枝搭建而成。每窝产卵2枚，卵白色，光滑无斑，大小约为3.2厘米×2.4厘米。

分化为20亚种，国内有8亚种，陕西仅1亚种：佛坪亚种（*Treron sieboldii fopingensis*），分布于佛坪、太白等地。

资源现状与保护： 数量极少，陕西近年来的调查未见提及，需加强保护。

（三十六）红角鸮（*Otus scops*）

分类地位： 鸟纲，鸮形目，鸱鸮科。别名：小猫头鹰、普通鸮、夜猫子。

形态特征： 嘴褐色，较短而且侧扁，先端弯曲呈钩状，下嘴尖端黄色；眼大而向前，眼周羽毛排列成"面盘"；"面盘"灰褐色杂以纤细黑色纹，四周有不明显的淡褐色翎领；在头的两侧有两簇显著的耳羽，羽基呈棕色，羽端灰褐色；腹部和尾下覆羽白色，各羽有一棕色斑块，羽端杂以褐色细斑；腿覆羽淡棕色，密杂以褐色斑；跗跖被羽灰黄色；趾裸露，肉红色；爪褐色，强壮而弯曲。

习性与分布： 常栖息于靠近水源的山地、河谷、森林，特别喜欢在阔叶树上栖息，平原地带少见。夜行性，黄昏开始活动，多在晚上觅食。主要以直翅目、鞘翅目昆虫和啮齿类动物为食，也吃蛙等两栖类动物和与其大小相似的鸟类，也到有树林的居民点附近觅食。在树洞中筑巢。繁殖期为5～7月份，每年1窝，每窝产卵3～5枚，一般为4枚。卵椭圆形，纯白色，光滑无斑。

红角鸮

分布于秦岭以南秦巴山区。省内分布于汉中的汉台区、南郑和安康的宁陕、镇坪等地；国内几乎遍布各省。分化为10亚种，国内有5亚种，陕西仅1亚种：东北亚种（*Otus scops stictonotus*）。

资源现状与保护：未见专门调查，资源状况不清楚。

（三十七）领角鸮（*Otus bakkamoena*）

分类地位：鸟纲，鸮形目，鸱鸮科。别名：小猫头鹰。

形态特征：雌雄羽色相似。"面盘"灰白色，微杂以黑褐色细横斑；两眼前缘黑褐色，眼上方羽毛白色，眼端刚毛白色而杂以小黑点，并与头顶两侧的灰白色连接成一环状斑。头顶至尾上覆羽棕栗色，具纯黄色小点、黑褐色虫蠹状纹和略成串珠状的羽干纹；后颈基部有一显著的翎领。后颈基部、肩羽和外侧大覆羽具黄色眼状斑；下体大都灰白沾棕黄色，具黑褐色虫蠹状纹和羽干纹；嘴铅褐色，先端较黄；趾裸出呈褐色；爪黄褐色。

习性与分布：常栖息于有水源的山区混交林及居民点附近。夜行性，白天藏匿于林中枝叶茂密处，很少活动，也不鸣叫，直至黄昏才开始活动。主要以鼠类、蝗虫及鞘翅目昆虫为食。一般不自行营巢，常选择天然树洞、石洞或利用喜鹊的旧巢做窝，窝内少铺垫物。每窝产卵3～5枚。繁殖期4～6月，繁殖季节叫声哀婉。

国内有4亚种，陕西仅1亚种：东北亚种（*Otus bakkamoena ussuriensis*），分布于留坝、宁陕等地。

资源现状与保护：数量少，陕西近年来的调查未见提及，需加强保护。

领角鸮

（三十八）雕鸮（*Bubo bubo*）

分类地位：鸟纲，鸮形目，鸱鸮科。别名：猫头鹰、恨狐。

形态特征：雌雄羽色相似，通体大都黄褐色，满布黑褐色横斑和较粗的纵纹。头大而圆；眼大，两眼向前；嘴侧扁而强壮，先端向下钩曲，嘴基蜡膜大部被基部的白色和端部的褐色硬须所掩盖。头顶黑褐色，杂以褐色细斑；耳羽发达，显著突出于头顶两侧，可长达5.5厘米。后颈、上背及下体棕色较重，黑色纵纹在后颈、背及胸部短阔而显著，胸部以下渐细长。跗跖及趾被淡棕色羽；嘴和爪均暗铅色，端部黑色。

雕鸮

习性与分布：飞行迅速，振翅幅度小。栖息于山地森林、平原、荒野等各类环境。常远离村庄等人类经常活动的地方。夜行性，白天多单独栖息于僻静处的树枝上，黄昏时从栖息地飞出觅食，破晓时返回栖息地。营巢于树洞、悬崖峭壁上的凹处等。主要猎食各种鼠类，兼吃昆虫、蛙、兔类、雉鸡和其他鸟类。繁殖期大致在4～6月份。每年繁殖1次，每窝产卵3～6枚，卵呈椭圆形。

分化为23亚种，国内有7亚种，陕西仅1亚种：华南亚种（*Bubo bubo kiautschensis*），分布于秦巴山区。

资源现状与保护：数量较少，陕西近年来的调查未见提及，需加强保护。

（三十九）毛脚鱼鸮（*Ketupa flavipes*）

分类地位：鸟纲，鸮形目，鸱鸮科。别名：食鱼鹰、恨狐、黄腿渔鸮。

形态特征："面盘"不完整，浅灰褐色。耳羽发达，耳突长于9厘米。头顶有一白斑。嘴灰白或污黄色。上体橙棕色，具黑褐色纵纹。翅黑褐色，具橙棕色横斑和淡褐色虫蠹状纹。飞羽褐色，具浅棕色斑点。尾羽棕色。喉部具一大白斑。下体橙棕色。跗跖上1/4处被橙棕色绒羽，跗跖的裸出部分和趾黄色。

习性与分布：栖息于河谷树林或灌丛中。夜行性，白天隐伏于树枝上，夜间活动。以鱼、蛙和鼠等为食。

无亚种分化。分布于周至、镇坪等地。

资源现状与保护：数量极少。2005年笔者曾在留坝野生动物保护管理站见到救护的1只。

（四十）雪鸮（*Nyctea scandiaca*）

分类地位：鸟纲，鸮形目，鸱鸮科。别名：白猫头鹰。

形态特征：头大而圆，"面盘"不显著。无耳羽。嘴铅灰色，基部长满刚毛样的须状羽，几乎遮住全嘴。脚强大，跗跖及趾均被白色绒羽，几乎遮盖全爪，爪弯曲锐利似钩，爪基灰色，末端黑色。雄鸟夏羽灰白色，冬羽通体白色。眼先和"面盘"微沾浅褐色或杂有少许黑褐色斑点。颈基具不很明显的污白色横斑，并缀少许褐色斑点；腰亦有少许褐色斑点；下体几纯白色，仅腹部具细的褐色横斑。尾羽白色，端部具一道褐色横斑；尾下覆羽、腋羽和翼下覆羽亦白色。雌鸟和雄鸟羽色相似，通体亦为白色，但头部有褐色斑点；背有暗色横斑；腰具成对褐色斑点；胸、腹和两胁具暗色横斑；尾具褐色横斑；其余似雄鸟。幼鸟和

雪鸮

雌鸟相似，而且横斑更显著。

习性与分布：夏季主要栖息于北极冻土苔原地带，冬季主要栖息于苔原森林特别是开阔的疏林中。白天活动捕食。飞行快而从容，休息时多站立地上，有时也在树上。在北极地区主要以旅鼠和雪兔为食。食物不足时，也捕食其他啮齿类和鸟类，甚至像鸭类和雁等大型鸟类也能捕食。它主要在北极冻原地带繁殖。繁殖期5～8月，每窝产卵4～7枚，有时多至11枚，窝卵数变化较大。在我国为冬候鸟。

省内见于户县等地，很罕见；国内亦稀少，在新疆阿尔泰山的喀纳斯繁殖，在黑龙江、辽宁、河北等地越冬。

资源现状与保护：曾见于陕西户县，为迷鸟。

（四十一）领鸺鹠（*Glaucidium brodiei*）

分类地位：鸟纲，鸮形目，鸱鸮科。别名：小猫头鹰、小鸺鹠、鸱鸮子。

形态特征："面盘"不显著，耳形簇羽。上体灰褐色，遍被狭长的浅橙黄色横斑；头部羽色较灰；眼先、眉纹及眼下均白色；额、头顶及其两侧有细小白色斑点；后颈基部黑色，端部棕黄色或白色，形成一道显著的领圈，在它的两侧各有一块黑斑；背、腰和尾上覆羽均暗褐色具棕色横斑；尾羽暗褐色，具6道浅黄色横斑；下体白色，喉部有一栗褐色斑块；两胁有宽阔棕褐色纵纹及横纹；尾下覆羽白色，先端有褐色斑点；腿覆羽褐色，有少量白色细小横斑。嘴浅黄绿色。趾黄绿色，爪褐色。

习性与分布：栖息于山地森林和林缘灌丛地带，尤其是针阔叶混交林中。除繁殖期外，多单独白天活动和觅食。黄昏也活动。多在高大乔木上休息，并常常左右摆动尾羽。吃小鸟和其他小型动物。营巢在天然洞穴或占领啄木鸟巢。

分化为4亚种，国内有2亚种，陕西1亚种：指名亚种（*Glaucidium brodiei brodiei*），分布于周至、宁陕等地。

资源现状与保护：笔者曾于1999年在宁陕汤坪镇见到2只，于2008年在旬阳坝见到1只。

领鸺鹠

（四十二）斑头鸺鹠（*Glaucidium cuculoides*）

分类地位：鸟纲，鸮形目，鸱鸮科。别名：猫头鹰、鸱鸮子。

形态特征：无耳簇羽；无领斑；上体、头和颈的两侧以及翅

斑头鸺鹠

的表面暗褐色，密布细狭的棕白色横斑，此横斑在头顶部特别细小而密。喉部有一显著的白色斑块；胸部白色，下胸具褐色横斑；腹白色，下腹和肛周羽具稀疏而宽阔的褐色纵纹；尾下覆羽纯白色，腿覆羽白而杂以褐色斑；跗跖被羽。嘴黄绿色，基部较暗，蜡膜暗褐色；趾黄绿色，具棘状硬羽；爪近黑色。

习性与分布：栖息于山地、丘陵及平原村落附近的阔叶林中，白天常单独或成对活动，也在晚上活动。一般营巢于树洞或天然洞穴中。主要捕食各种昆虫及其幼虫，也吃鼠类、小鸟、蛙、蜥蜴、蚯蚓等。繁殖期为6~7月份，每窝产卵3~5枚，卵圆形，白色光亮。

分化为10亚种，国内有3亚种，陕西仅1亚种：华南亚种（*Glaucidium cuculoides whiteleyi*），分布于秦巴山区的汉中、汉阴、西乡、宁陕、镇巴、平利等地。

资源现状与保护：数量较少，陕西近年来的调查未见提及，需加强保护。

（四十三）鹰鸮（*Ninox scutulata*）

分类地位：鸟纲，鸮形目，鸱鸮科。别名：褐鹰鸮、青衣鸮。

形态特征：外形似鹰，没有显著的"面盘"和翎领，亦无耳簇羽；有近似白色的前额；头顶、头侧和后颈呈暗灰棕褐色；上体暗棕褐色；肩羽和两翅表面均似背部，但肩羽的先端具白斑；尾羽淡褐色，具5道黑褐色带状横斑，羽端缀白色；下体大都白色；喉具褐色细纹；胸以下杂棕褐色斑点；尾下覆羽纯白色；覆腿羽棕色，羽端棕黄色；跗跖被以棕褐色短羽。嘴暗铅灰色，先端较淡；趾肉红色，爪黑色。

习性与分布：栖息于有高大树木的各类型生态环境。常见于海拔2000米以下的针阔叶混交林和阔叶林，多在靠近水源的地方，也出现于低山丘陵和山脚平原地带的树林、林缘、灌丛、果园和农村地区的高大树木上。多在黄昏和夜间活动。食物以鼠类、小鸟和昆虫为主。繁殖期5~7月。营巢于青杨、椿、榆等树的天然洞穴中，也利用鸳鸯和啄木鸟用过的树洞。每年繁殖1窝，每窝产卵一般为3枚，卵近球形，乳白色。

分化为10亚种，国内有3亚种，陕西仅1亚种（*Ninox scutulata burmanica*），分布于安康、镇巴等地。

资源现状与保护：数量较少，陕西近年来的调查未见提及，需加强保护。

鹰鸮

（四十四）纵纹腹小鸮（*Athene noctua*）

分类地位：鸟纲，鸮形目，鸱鸮科。别名：小猫头鹰、小鸮。

形态特征："面盘"和翎领不显著，没有耳簇羽。上体暗沙褐色，头部暗褐色，具棕白色羽轴线，其余各羽具圆形棕白色斑，在后颈及上背处斑点较大，形成不甚明显的"V"形领斑；尾羽暗沙褐色，具5道棕白色横斑及黄白色端斑，眼先白色，有黑色羽干纹，形成须状；眼的上方有两道白色眉纹，在前额连成"V"形。耳羽呈皮黄褐色，具白色轴纹；眼周、颏和喉白色，在耳羽下方形成一个三角形斑块，前颈下面白色，从喉部被一道具白色斑点的褐色横带所分隔；跗跖和趾均被棕白色羽毛。嘴黄绿色，爪黑褐色。

习性与分布：多栖息于低山丘陵和平原及较开阔的林缘地带，也常在农田附近及田间的大树上、电线杆的顶端栖息。白天和黄昏活动，食物以鼠类和昆虫为主，也吃小鸟、蜥蜴、蛙和其他小型动物。巢呈椭圆形的浅碟状。繁殖期4～7月份，每年1窝，每窝产卵3～5枚，卵白色无斑，呈椭圆形。

分化为15亚种，国内有4亚种，陕西仅1亚种：川西亚种（*Athene noctua plumipes*），分布于全省，在秦岭地区见于周至、宁陕、镇巴等地。

资源现状与保护：数量较少，陕西近年来的调查未见专门提及，需加强保护。

纵纹腹小鸮

（四十五）灰林鸮（*Strix aluco*）

分类地位：鸟纲，鸮形目，鸱鸮科。别名：猫头鹰。

形态特征：头圆，无耳簇羽；"面盘"明显，为橙棕色；上体羽色大多黑褐色而具橙棕色横斑及斑点；肩羽和外咽大部为黄白色，形成一道明显的肩斑；初级飞羽黑色，有不明显的浅褐色横斑及斑点，其余飞羽暗褐色，有浅棕白色横斑及灰褐色羽端斑；尾羽暗褐色，先端有灰白色端斑和6道棕色横斑；眼先及眉纹白色，具黑褐色羽干纹和端斑；颏及上喉棕栗色，具黑褐色中央斑；下喉纯白色；下体余部橙棕色，各羽具黑褐色横斑和端斑。嘴基褐色，先端蜡黄色；跗跖和趾均被羽，羽色棕黄，具浅褐色

灰林鸮

波状横斑。趾基及趾端肉黄色，爪灰黄褐色。

习性与分布：栖息于海拔2500米以下的山地阔叶林和混交林中，特别喜欢在河岸与沟谷地带的落叶疏林或针叶树上栖息。多为单独或成对活动，夜行性。主要以啮齿类动物为食，也吃小鸟、蛙和昆虫，每年5月开始营巢繁殖，巢多建于针阔叶混交林中的树枝上或树洞中。每窝产卵3~4枚，卵灰白色，无斑点。雌鸟孵卵，雄鸟在附近守卫，孵化期20余天，育雏期25天。

分化为13亚种，国内有3亚种，陕西仅1亚种：华南亚种（*Strix aluco nevicola*），分布于宁陕、南郑等地。

资源现状与保护：数量稀少。2013年9月在太安自然保护区海拔1510米的高楼洼玉米地旁观察到1只。

（四十六）长耳鸮（*Asio otus*）

分类地位：鸟纲，鸮形目，鸱鸮科。别名：猫头鹰、长耳猫头鹰、夜猫子。

形态特征："面盘"显著，其中部白色而缀以黑褐色；"面盘"两侧被羽棕黄而具白色羽干，羽枝松散；翎领（着生于后颈的长羽，形成皱领状）白而羽端缀黑褐色；耳羽黑褐色，发达，长约5厘米，位于头顶两侧，竖立呈耳状。上背棕色较淡，向后逐渐变浓；尾羽基部棕色，端部转为灰褐色，均贯以黑褐色横斑。颈白色，下体余部棕黄色，胸部具宽阔的黑褐色羽干纹，羽端两侧缀以白斑，腹以下羽干纹有树枝状的横枝；尾下覆羽棕白色；腿覆羽纯棕色；跗跖和趾密被棕黄色绒羽。嘴和爪均暗铅色，尖端黑色。

习性与分布：活动于山脚及村落附近，尤喜在马尾松等常绿乔木上栖息。夜行性。主要食物有鼠类及鼩鼱，兼吃雀形目的小型鸟类，偶尔也捕食蝙蝠。繁殖期4~6月。营巢于森林中，常利用乌鸦、喜鹊或其他猛禽的旧巢，有时也在树洞中营巢。每窝产卵4~5枚，卵呈卵圆形，白色。

分化为4亚种，国内仅分布1亚种：指名亚种（*Asio otus otus*），分布于长安、洋县、平利等区县。

资源现状与保护：数量较少，陕西近年来的调查未见专门提及，需加强保护。

长耳鸮

（四十七）短耳鸮（*Asio flammeus*）

分类地位：鸟纲，鸮形目，鸱鸮科。别名：猫头鹰、短耳猫头鹰、仓鸮。

形态特征："面盘"和翎领显著。眼周黑色；眼先白色缀以黑色羽，内侧眉纹白色；"面盘"

余部羽色棕黄且杂以黑色羽干纹；耳羽短小不明显，黑褐色，具棕色羽缘；皱领稍白，羽端具黑褐色细点；上体包括两翅和尾羽，表面大都棕黄色，满布宽阔的暗褐色羽干纹；腰和尾上覆羽几乎纯棕黄色，无羽干纹，羽缘微黑色；下体棕白色；胸部棕色较浓，具黑褐色羽干纹，羽干纹不分枝形成横斑；下腹中央和尾下覆羽及腿覆羽均无杂色斑；跗跖和趾被羽，棕黄色。

习性与分布：栖息于低山、丘陵、平原、沼泽和草地等各类生态环境。白天很少活动，多在黄昏和晚上觅食。食物以鼠类为主，也吃小鸟、蜥蜴和蝗虫、金龟子等昆虫，偶尔也吃豆类及其他植物的果实和种子。通常营巢于沼泽附近草丛中，也有在次生阔叶林内树洞中营巢的。繁殖期4～6月。每窝产卵5～7枚，卵圆形，白色。

分化为10亚种，国内仅分布1亚种：指名亚种（*Asio flammeus flammeus*），分布于汉中、渭南等地。

资源现状与保护：数量较少，陕西近年来的调查未见提及，需加强保护。

（四十八）豺（*Cuon alpinus*）

分类地位：哺乳纲，食肉目，犬科。别名：豺狗、红狼。

形态特征：体形大小与犬相似，耳和四肢均短，尾长约为体长的三分之一或稍长。毛红棕色，尾端黑色。

习性与分布：栖息环境较为广泛，以有森林覆盖的山地丘陵为主要栖息地。豺多结群生活，少则三四只，多则十多只一同出入，亦有雌雄成对活动。多在晨昏活动，性警觉，凶狠，善追逐，嗅觉发达。捕食对象以各种有蹄类为主，如鹿类、洞角类、野猪等，在陕西秦岭不断发现豺伤害羚牛。豺有时也吃植物。

繁殖季节雌雄成对生活，孕期约60天，冬季产崽，每胎2～6崽，最多可达9崽。

分化为9亚种，国内4亚种，陕西仅1亚种：川西亚种（*Cuon alpinus fumosus*），分布于佛坪、镇坪、平利、岚皋、柞水、宁陕等地。

资源现状与保护：豺在陕西省除榆林地区和关中平原无分布外，其余各地市均有分布，相对而言，以秦巴山地较多，但总的数量已较少，据调查，陕西省总数量在200只左右，种群在生存地内平均分布密度为0.010只/平方千米。

（四十九）黑熊（*Selenarctos thibetanus*）

分类地位：哺乳纲，食肉目，熊科。别名：狗熊、黑瞎子、黑子。

形态特征：体毛黑色，胸部有倒"人"字形白斑，前足腕垫宽大与掌垫相连。

习性与分布：黑熊在秦岭地区主要栖息在亚高山针阔叶混交林和栎林里，每年11月至翌年元月隆冬季节有冬眠习性，蹲伏在干燥的树洞或岩洞内，不吃不动，呈半睡眠状态。交配期是8~9月，雄熊追随雌熊，为争雌在雄熊间常发生殴斗。妊娠期7个月左右，受精卵有延迟着床现象，翌年2~3月产崽，胎崽数一般为2只，偶见1或3只，隔年生殖一次。哺育期，雌熊护崽心强，主动进攻过往行人。黑熊一般能活30年左右，在饲养条件下寿命更长。

分化为7亚种，国内5亚种，陕西仅有四川亚种（*Selenarctos thibetanus mupinensis*），分布于秦巴山区，关中部分地区也能见到。

资源现状与保护：黑熊在秦岭地区的自然栖息地遭到严重破坏，加之常被偷猎，其种群数量已很稀少，据1991~1993年对汉中地区黑熊的分布与现状的调查，全区有黑熊312头，平均密度为0.035/平方千米。

黑熊

（五十）小熊猫（*Ailurus fulgens*）

分类地位：哺乳纲，食肉目，浣熊科。别名：小猫熊、九节狼、火狐。

形态特征：体形似家猫而肥壮，全身棕红色。头部短而宽，吻部突出。两耳直立，向前伸长。尾长超过体长的一半，并具棕红与黄白相间的环纹。

习性与分布：小熊猫主要栖息于海拔2000米左右的针阔叶混交林或常绿阔叶林中有竹丛的地方，活动区域较大，多以有溪流的河谷盆地及草坡灌丛为栖居地。与大熊猫一样，既不耐热又不耐寒，喜欢在向阳的山崖或大树顶上晒太阳。早晚出外寻食，白天隐匿于石洞或大树的荫深处睡觉。一般单只或集小群活动，见人或遇敌害时能爬到高而细的树枝上躲藏。喜食箭竹（*Sinarundinaria spp.*）的竹笋、嫩枝和竹叶，亦食树叶、果食、小鸟及鸟卵等。

分化为2亚种，国内均有分布，陕西1亚种：川西亚种（*Ailurus fulgens styani*），见于宁陕、佛坪、宁强等县。

资源现状与保护：陕西省于50年代在宁陕县曾收购到一张小熊猫皮，据此认定陕西有小熊猫分布。2000年调查中在宁强县青木川地区发现被猎取的小熊猫皮一张，说明其在陕西省确有分布，但是数量极少。

（五十一）青鼬（*Martes flavigula*）

分类地位：哺乳纲，食肉目，鼬科。别名：蜜狗、黄猺、黄腰狸、黄喉貂。

形态特征： 体躯较大而细长。喉及前胸有橙黄色斑，尾长超过体长的2/3。四肢短粗，与尾均黑色。

习性与分布： 青鼬适应性很强，对环境并无严格要求，基于食物和隐蔽条件的要求，多栖于秦岭山地柞树林、针阔混交林和丘陵山地，穴居于树洞、山洞、石缝内，也常在树丫、倒木、崖边、灌丛中活动。善于爬树，在树上跑跳自如，攀缘动作异常敏捷迅速；喜于林边，尤喜在沟谷的林中漫游。大多成对活动，也有单只或3～5只结成的小群，晨昏活动较频，早晨更常见；白天也有活动，行动时小心谨慎，如闻异声，必先止步，窥听响动，有时静伏树丫间，观察地面动静，遇有可猎之物，则跳下扑杀。青鼬性凶猛，可单独觅食，亦可数只集群捕杀较大的偶蹄类，跑动中常伴有大距离的跳跃，特别是在追赶猎物时，更勇猛迅速。

食物以动物性为主，昆虫、鱼类及小型鸟兽均属捕食之列，饥饿时也吃少量野果，有时也盗食家禽和蜂蜜。由于喜食蜂蜜，青鼬又有"蜜狗"之称。亦常捕食树间活动的松鼠、花鼠和地面上的兔子、老鼠等，还采食鸟卵，在高、中山林内及低山灌丛中捕食血雉、勺鸡和环颈雉等。有时，还合群捕杀麂、麝和狍等中型兽类。

夏秋季节发情交配，翌年3、4月产崽，每胎2～4崽，一个半月龄断奶，3个月龄后才能达到成体重量，个别雌性当年可参加繁殖。

分化为9亚种，国内4亚种，陕西仅1亚种：指名亚种（*Martes flavigula flavigula*），分布于全省各地；秦岭见于宁陕、石泉、紫阳、汉阴、岚皋、平利、镇坪、旬阳、白河、佛坪、洋县、城固、勉县、略阳、留坝、南郑、宁强、西乡、汉中、镇巴、商南等。

青鼬

资源现状与保护： 据2000年调查，陕西省总资源贮存估计在2.8万只左右，以秦巴山地数量最多，平均分布密度接近0.5只/平方千米。

（五十二）水獭（*Lutra lutra*）

分类地位： 哺乳纲，食肉目，鼬科。别名：獭子、水狗、水猫（陕南）、猵獭（《本草纲目》）。

形态特征： 裸露的鼻垫上缘呈"W"形。头扁，四肢趾爪短，后趾爪弧状，形成深腔而稍锐利，趾间具蹼。体毛长而具光泽，尾毛长而密，尾长超过体长的一半。

习性与分布： 水獭营半水栖生活，常活动于江河、湖泊、溪流和水库附近，多栖居在水流平缓、清澈透明而鱼类较多的水库、河、湖、江湾处水域。穴居，挖洞或利用树根和芦苇附近有砂砾的石隙或洞穴，洞口多个，常有一个洞口开于水下。不怕寒冷而喜凉爽。主要以鱼为食，巢穴附近常留有鱼骨及粪便；也捕食青蛙、蟹、甲鱼、昆虫及其他甲壳类、水鸟和小型鼠类；也从小河沟进入稻田捕抓泥鳅和黄鳝。粪便为黑色或棕红色，河边崖下有固定的排粪点。夜行性，晨昏尤为活跃，白天偶尔可见，听觉、嗅觉灵敏，常在沙丘上翻滚，善于游泳，潜水本领高强，捕捉鱼后，拖出水面上岸或在河中露出水面的岩石上撕食，食完再下水，惊动时潜水逃遁或逃至附近的石隙及天然洞穴中。多独居，每年可繁殖2次，发情时大声嘶叫追逐，表现极度烦躁不安，食欲下降，多数在夜间或清晨于浅水中进行交配。春、夏时产崽，妊娠期约2个月，每胎1~4崽，以2崽为多。哺乳期约2个月，3~6月后幼兽即可独立生活，一年后性成熟。

分化为10亚种，国内5亚种，陕西仅1亚种：中华亚种（*Lutra lutra chinensis*），分布于全省各地。

资源现状与保护： 水獭在陕西省分布较广，由南到北、从东到西均有其分布点。由于毛皮珍贵，经济价值高，随着经济开发迅猛增长，偷猎者不断增加，水獭资源已遭严重破坏。加之天旱、溪水断流及沿河的工业污染，使其食源急剧减少，因此数量锐减，许多原来有水獭分布的地点现已绝迹。

（五十三）大灵猫（*Viverra zibetha*）

分类地位： 哺乳纲，食肉目，灵猫科。别名：九节狸、九江狸、五间狸、七支狸、麝香猫、青鬃皮（商品名）。

形态特征： 体形较大。背脊有一条由黑色鬣毛形成的脊鬃，终止于第1或第3黑尾环。背侧具波状纹。尾长超过体长的一半，尾上有黑白相间的尾环。前足第3、4趾具爪鞘。眶上突显著。

习性与分布： 栖息在阔叶林的林缘灌丛、草丛地带，多以崖洞、土穴、树洞、灌丛和草丛等作为隐蔽和栖息场所。窝穴很简单。夜行性，一般黄昏时开始活动，21:00~23:00时活动频繁，24:00时后活动次数减少，拂晓前又有一次活动高峰。若上半夜月明，则下半夜活动较多，反之亦然。月盈时，沿有隐蔽的林缘灌丛周围寻食。月亏时，活动领域大而时间长。阴雨夜活动较少。久雨初晴活动次数多。大灵猫活动时间、强度、范围随着季节而变化。夏、秋季活动时间长，强度大，范围广；冬、春相反。感觉灵敏，性机警，一旦受惊，立即逃窜或就地隐蔽。多独栖，非繁殖季节雌雄相遇常常发生殴斗。

大灵猫具擦香习性，活动时，常举尾将灵猫香涂擦于小树枝、树干、石头棱角等处，借以引诱异性，也用于种群彼此间联系与传递信息。幼体、成体、雄性、雌性均可泌香，但雄性比雌性多三倍左右。香膏的分泌量因个体、食物、季节不同而有变化。

大灵猫是杂食性动物。主要以蟹、蚯蚓、昆虫、蛙、蛇、鼠、鸟卵、小鸟以及植物的嫩枝叶、种子和果实为食。食性随季节而有变化，夏、秋季食物丰富，多以两栖爬行类、鼠类等为食；冬、春主要以鼠、兔及未凋落的野果为食。大灵猫嗜酸甜味。

大灵猫排便有较固定的场所，多在小坑或低洼处，往往形成大的粪堆。粪便圆筒形，分节。粪便颜色随季节、食物不同而有差异。

两岁性成熟，参加繁殖。每年2～4月发情交配，多在夜晚雄兽追逐雌兽，并发出"咕咕、咕咕"的叫声，雌雄相互戏耍。然后雄性跨爬在雌性的背部，紧咬住雌性颈部皮毛交配。雌灵猫发出如家猫的尖叫声。怀孕期70～74天，5～6月产崽，每胎2～4崽。初生幼崽体淡黑褐色，较成体为深。5天左右睁眼。哺乳期2个月。

分化为4亚种，国内1亚种：华东亚种（*Viverra zibetha ashton*）。国内遍布秦岭、长江以南各省区。秦巴山区分布于安康的紫阳、白河等地。

资源现状与保护：大灵猫是热带、亚热带的林缘种，亦是经济价值比较高的食肉类，其毛皮色泽鲜艳，斑纹清晰美丽，毛绒柔细，是制裘的上等原料。灵猫香不仅是香料工业上的一种定香剂，是目前必不可少的动物香料之一，而且还有类似麝香的医药功能。由于经济价值大，分布地域受限，野生资源遭受一定破坏后，种群恢复较慢，因此目前陕西省数量极少，据初步估算，全省总贮存量可能不足百只。

（五十四）小灵猫（*Viverricula indica*）

分类地位：哺乳纲，食肉目，灵猫科。别名：七节狸、斑灵猫、笔猫、乌脚狸、麝香猫、香猫、香狸（商品名）。

形态特征：体形大小似家猫。吻部尖突。背部有3～5条黑褐色纵纹。尾有6～7条暗褐色与灰白色相间的闭锁色环。胸部有乳头1对，腹部有2对。

习性与分布：小灵猫广泛分布于热带、亚热带和暖温带的山区、丘陵台地。在秦岭多栖居在山川、沟壑、浅山阔叶林的林缘、灌丛及农耕地。多利用天然崖洞、石隙、土穴及其他动物遗弃的洞穴作栖息场所。一般多独居。

小灵猫属于夜行性动物。多在黄昏后开始活动，夜间及拂晓活动频繁。拂晓后到黄昏之前隐居穴内休息。昼夜及四季活动节律、强度和范围受季节、气候、食物等的影响而变化。夏、秋季活动开始推后，活动结束提前，且活动频繁，强度大，范围广；冬、春季则相反。主要营地面单独活动。活动时很机警，听觉灵敏，稍有可疑声响，便停步静听，迅速逃入草灌丛中。喜走小道，足迹呈圆点，排列成半圆形。善攀缘，能上树捕食小鸟、松鼠或觅树果。每当活动时，都举尾在突出物上擦香，初为黄色，不久色泽变深，最后变成褐色。稍具香气，亦带有腥骚气味。多在活动时排粪，没有固定场所。粪便分节，多灰黑色，有时混有鼠毛和其他动物的残骸。

小灵猫食动物性食物，如金龟子、蟹、蛙、蛇、鸟、鼠、兔及其他无脊椎动物，也吃植物性食物，如各种植物的果肉、种子和嫩枝叶等。食性和觅食范围因季节不同而有变化。夏、秋季各种野果成熟时，常上树觅食杏、桃、柿等；冬、春季多到林缘灌丛、田边、河旁等处寻食鼠类、小鸟、兔等动物。

通常一年繁殖1次，也有2次的。2~5月发情。发情时雌兽外阴肿胀充血，常发出"咯咯""咯咯"的叫声。当雌雄相遇时，表现亲昵。交配时雄性咬住雌性的颈部。每次交配持续3分钟左右，且多在夜间交配。怀孕两个半月后，雌兽腹部明显变大下垂。妊娠78~90天，在5~6月产崽。产崽多在夜间或凌晨。每胎1~5崽，多数3崽以上。初生幼兽除吃奶外多睡卧。7日左右睁眼，15日后幼兽开始活动。哺乳期3个月左右。

分化为11亚种，国内4亚种，陕西仅1亚种：华东亚种（*Viverricula indica pallida*），分布于南部秦巴山区，包括石泉、镇安、旬阳、平利、南郑、镇巴、紫阳等地。

资源现状与保护：据2000年调查，小灵猫仅分布在我省秦岭以南汉中、安康两个亚热带地区的部分地段，数量稀少，估计有50~100只。

（五十五）猞猁（*Lynx lynx*）

分类地位：哺乳纲，食肉目，猫科。别名：猞猁狲。

形态特征：外形似家猫，但较大。耳直立，尖端具黑色长毛丛。四肢粗长，尾甚短，尾端黑色。

习性与分布：栖息于山地密林，有时也活动于灌丛与草地，活动范围较大。猞猁靠长耳和笔毛（耳尖上的黑色长毛丛）能较准确地判断声源，并能据此确定其行动。

猞猁常单独活动，或一雌一雄，或带2~3只幼兽一起营"小家族"生活。黄昏和夜间活动频繁，视觉、听觉和嗅觉都很灵敏。行动敏捷灵活，善于爬树，又会游泳。性机警而谨慎，遇敌害时，能迅速逃逸或隐匿，能攻击比自己身体大的猎物，常采取静待并突然袭击的方式。

食物包括鱼类、两栖类、爬行类、鼠、兔、雉鸡、麂、麝和狍子；冬季和早春食源匮缺时，也常到山麓下村镇袭击家禽和家畜。通常在较为固定的地点排粪，便后常用后足爪扒土将粪便遮盖。

每年2~4月发情交配，此时雄猞猁可离开领域寻找异性。发情期雄兽间会为争雌性而发生激烈的争斗，两只或多只相遇时常发出很大的吼叫声。筑巢于避风遮雨的大岩石下或倒伏的大树下。巢极简陋，仅在较为干燥的地面扒一长条形的穴凹，内铺少许自身脱落的毛。怀孕期为2~2.5个月，每胎产1~4崽。初生幼崽体毛稀疏、闭眼，约2周后睁眼，由雌兽哺育，哺乳期4~5个月，幼崽和母兽生活在一起，直至下次繁殖季节前才离开。

分化为4亚种，国内仅1亚种：中国亚种（*Lynx lynx isabellina*），仅见于安康。

资源现状与保护：猞猁分布于陕西省安康地区，是20世纪50年代根据在安康毛皮收购站收到的一张猞猁皮而认定的。对于皮张的来源（产地），并未作深入了解。但自50年代后，进行了多次野外调查（包括前陕西省生物资源考察队和省林业资源调查及各大专院校师生野外实习调查），均未见到实体与活动踪迹，陕西省陆生野生动物资源调查及本次食肉目兽类专项调查亦未寻觅到任何可信的踪迹。结合本种兽类的分布特点及目前生态环境的变化情况来推断，这种曾广泛分布于欧亚大陆北部的典型食肉兽，可能随着环境的变迁，在陕西秦岭以南已经灭绝。

（五十六）金猫（*Profelis temmincki*）

分类地位：哺乳纲，食肉目，猫科。别名：原猫、红春豹、芝麻豹、狸豹、猫豹子。

形态特征：体形较大，形似小豹，尾较短，四肢上部具斑点。

习性与分布：金猫在秦岭多分布于偏南的热带或亚热带海拔2500～3000米的地区。生活在常绿和落叶混交林、针阔混交林和针叶林中，有时也见于林缘或多岩石山地。营独栖生活，白天潜伏于洞穴，夜间出外活动，善爬树。多在地面捕食，以雉鸡、角雉、虹雉、锦鸡等鸟类、啮齿类以及小型鹿类为食。窝穴多营建于树洞中，每胎产2崽。

金猫

多见于陕西宁强、南郑、西乡、镇巴、岚皋、镇坪、平利、旬阳、佛坪、宁陕、石泉、柞水、镇安、长安等地。

资源现状与保护：金猫主要分布于汉中、安康地区的大巴山区，以南郑、岚皋数量较多，密度较高。按调查材料分析，全省种群数量不超过150只。

（五十七）鬣羚（*Capricornis sumatraensis*）

分类地位：哺乳纲，偶蹄目，牛科。别名：四不像、鬃羊、明鬃羊。

形态特征：形似青羊，但体大，通常体长超过1300毫米。颈背鬣毛发达。尾较短小。体色暗褐，四肢锈棕色。

习性与分布：栖息于低山丘陵到高山悬崖，常见在林缘、灌丛、针叶林及混交林中活动，喜欢出没于草丛、乱石山崖间，在此跳跃和戏游。冬季也偶尔下到平原田野。行动敏捷，机警灵活。清晨和傍晚尤为活跃，白天多在石洞或悬崖下休息。大部分时间分散活动，平时常沿一般动物不易到达而又能远眺周围环境动静的险要山岗行走，也常呆立在危岩的顶上或山顶上，凝视下面溪谷或对面山顶，一旦受到惊扰，能迅速逃离原栖息地而远去。取食各种植物的嫩枝、树叶、菌类、松萝、苔草等。晚秋和冬季食物稀少，主要以枯枝落叶为食。性成熟期在2.5～3周岁，交配期在冬季，雄兽间有争雌现象。妊娠期约8个月，每年5～6月产崽，每胎1崽，哺乳期1年左右。

分化为12亚种，国内3亚种，陕西1亚种：四川亚种（*Capricornis sumatraensis milneedwardsi*），广泛分布于秦巴山区，关中地区的陇县也有少量分布。

资源现状与保护：根据2000年的调查，秦岭的鬣羚种群数量在14000只左右。

（五十八）斑羚（*Naemorhedus goral*）

分类地位：哺乳纲，偶蹄目，牛科。别名：青羊、麻羊、灰包羊。

形态特征：形似山羊，但颏下无须，眶下腺退化。通体青灰色，具喉斑。背部鬣毛很短。雌雄均具角，角短小，形简单，两角逐渐向后上方弯曲，角尖表面光滑，其余部分均具明显的环棱，环棱间有浅纵沟，但不割裂环棱。

习性与分布：栖于高、中山地林区，白天在悬崖或乱石堆中休息，早晨或傍晚外出觅食。嗅觉、视觉和听觉都很灵敏，行动迅速，善于跳跃。叫声类似普通山羊，不安时发出高而尖锐的叫声。通常独栖或两只同住，也有三四只结成小群同栖的。栖息地比较固定，一般都在向阳的山坡。以灌木、乔木的幼枝、嫩叶、青草、苔藓等植物为食，常到固定的地方饮水。冬季交配，发情时雄兽间争雌现象十分激烈，妊娠期约为半年，次年5～6月产崽，每胎1崽，偶有2崽。

分化为7亚种，国内5亚种，陕西仅1亚种：东北亚种（*Naemorhedus goral caudatus*），分布于秦巴山区，在关山地区的陇县也有少量分布。

资源现状与保护：根据2000年的调查，秦岭的斑羚种群数量接近50000只。

第二节　秦岭珍稀濒危植物

一、国家一级重点保护野生植物

（一）红豆杉（*Taxus wallichiana* var. *chinensis*）

分类地位：红豆杉科、红豆杉属。别名：崖柏子、羊柏子、水杉树。

形态特征：常绿乔木，树皮褐色，裂成条片状脱落。条形叶排列成2列，上部渐窄，先端常具尖；上面深绿色，有光泽；下面黄绿色，有2条气孔带。雌雄异株。雄球花单生叶腋或苞腋，或组成穗状花序集生于枝顶，小孢子叶球淡黄色，小孢子叶8～14枚。雌球花单生，基部具多数覆瓦状排列或交叉对生的苞片，胚珠1枚，直立，基部具辐射对称的盘状或漏斗状珠托。种子坚果状，生于杯状红色肉质假种皮中，其顶端尖头露出，常呈卵圆形，上部渐窄，上部常具二钝棱脊，稀上部三角状具三条钝脊，先端有突起的短钝尖头，种脐近圆形或宽椭圆形，稀三角状圆形。

习性与分布：生长于海拔800～2000米范围内，性喜温凉的气候条件，对湿度条件要求较高，多生长在阴坡，距离河流大约50～100米的范围内；生长环境的土壤多为微酸性或微碱性，土壤中有机质含量较高；一般多分布于杂木林中。秦岭地区多分布于凤县、眉县、周至、户县、蓝田、略阳、留坝、佛坪、宁陕、镇安、山阳、宁强和陇县等地。

资源现状与保护：红豆杉属植物是第四纪冰川遗留下来的古老树种，在地球上已有250万年的历史，被称为植物王国里的"活化石"。我国有4种和1变种，该属植物自然条件下生长缓慢，再生能力差。紫杉醇是红豆杉属植物的代谢次生物质，1992年美国食品药品监督管理局批准紫杉醇为治疗晚期癌症药物，此后野生红豆杉资源遭到了严重的破坏。1999年红豆杉被列入国家一级保护植物，2004年第13届《濒危野生动植物种国际贸易公约》缔约国大会将红豆杉列入公约附录，作为世界珍稀树种加以保护。因植物体内所含的紫杉醇在治疗癌症和恶性肿瘤方面疗效显著，具有很高的药用价值，是近年来世界各地研究与开发的热点。

秦岭地区红豆杉的另一个变种南方红豆杉（*Taxus wallichiana* var. *mairei*）分布也比较普遍，与红豆杉的区别主要在于叶常较宽长，多呈镰状，上部常渐窄，先端渐尖，下面中脉带上有无角质乳头状突起点，或局部有成片或零星分布的角质乳头状突起点，或与气孔带相邻的中脉带两边有一至数条角质乳头状突起点，中脉带明晰可见，其色泽与气孔带相异，呈淡黄绿色或绿色，绿色边带亦较宽而明显。种子通常较大，微扁，多呈倒卵圆形，上部较宽，稀柱状矩圆形，种脐常呈椭圆形。生于海

红豆杉

拔1000～1200米的地方，是喜阴树种。资源性质和用途与红豆杉相同。

（二）独叶草（*Kingdonia uniflora*）

分类地位：毛茛科、独叶草属。

形态特征：多年生无毛小草本。根状茎细长分枝，自顶端芽中生出1叶和1条花葶；具3个膜质卵形的芽鳞。叶常1片基生，心状圆形，5全裂，中、侧裂片断浅裂，下面的裂片不等2深裂，顶部边缘有小牙齿，背面粉绿色；二叉分枝开放脉序。花两性，辐射对称，单花；花被片4～7片，淡绿色，卵形，顶端渐尖；萼片5枚；退化雄蕊8～13枚，花药椭圆形；心皮3～9个，子房有1颗下垂的胚珠；花柱钻形，与子房近等长，宿存花柱向下反曲。瘦果，狭倒披针形；种子狭椭圆球形。5～6月开花。

习性与分布：生长于海拔2400～3200米的桦木、冷杉和金背杜鹃林下苔藓深厚的阴湿腐殖质土上。秦岭地区零星分布在陕西太白县、眉县。

资源现状与保护：独叶草为毛茛科在我国特有的单种属植物，其开放的二叉状分枝的叶脉及地下茎节部具1个叶迹等原始特征，对研究被子植物的进化和毛茛科的系统发育有重要的作用。

独叶草

（三）华山新麦草（*Psathyrostachys huashanica*）

分类地位：禾本科、新麦草属。

形态特征：多年生草本植物，根茎延长，秆散生。叶鞘基部褐紫色或古铜色，无毛，长于节间；叶片扁平，有时粗糙的边缘稍内卷；上面黄绿色，具柔毛；下面灰绿色，无毛。顶生穗状花序紧密，小穗2～3枚生于1节，黄绿色，含1～2小花；颖锥形，粗糙；内外稃等长，外稃粗糙无毛，先端具芒；内稃具2脊，脊上部疏生微小纤毛。雄蕊3～6枚；雌蕊1枚，1室子房，子房内仅含1粒倒生胚珠，花柱2或3枚，其上端生羽毛状或刷状的柱头。果常为颖果，其果皮质薄而与种皮愈合。花、果期5～7月。

习性与分布：多生长于岩石凹陷或空隙处的残积土上，环境干旱，阳光充足，昼夜温差大，土壤养分匮乏，无机盐含量高。由于土壤营养状况较差，加之其有较发达的无性繁殖能力，多数植物难与之共生，常为样方中的单优种。华山新麦草这种抗干旱

华山新麦草

的能力与其分布地"干华山，旱华山"的特点是相适应的。

华山新麦草为我国特有种，分布仅局限在秦岭华山极为狭小的范围内，主要分布于华山峪口、苍龙岭、桫椤坪、五云峰一带；与同属的其他物种有较大的形态差异，形成间断地理分布。

资源现状与保护：该种是小麦属的野生近缘种，具有抗病、抗旱、早熟等特点，利用这些优良特性进行杂交育种或基因转移对探索小麦的遗传育种具有重要价值，对该种植物的研究对于探索小麦属及禾本科植物的起源、进化具有重要意义。

（四）蕙兰（*Cymbidium faberi*）

分类地位：兰科、兰属。别名：中国兰、九子兰、夏兰、九节兰等。

形态特征：地生草本；假鳞茎不明显。带形叶直立性强，5～8片，基部常对折而呈"V"形，叶脉透亮，边缘常有粗锯齿。花葶从叶丛基部最外面的叶腋抽出，近直立或稍外弯，被多枚长鞘；总状花序具5～11朵或更多的花；苞片线状披针形，最下面的1枚长于子房，中上部约为花梗和子房长度的1/2，至少超过1/3。花常为浅黄绿色，有香气；萼片近披针状长圆形或狭倒卵形；花瓣与萼片相似，常略短而宽；唇瓣长圆状卵形，有紫红色斑，3裂；中裂片较长，强烈外弯，有明显、发亮的乳突，边缘常皱波状；侧裂片直立，具小乳突或细毛；唇盘上2条纵褶片从基部上方延伸至中裂片基部，上端向内倾斜并汇合，多少形成短管；蕊柱稍向前弯曲，两侧有狭翅；花粉团宽卵形，成2对。蒴果近狭椭圆形。花期3～5月。

习性与分布：生长于海拔600～1000米湿润但排水良好的透光处。秦岭地区分布于宁强、平利、佛坪、洋县、旬阳、山阳、商南、商州等地。

资源现状与保护：蕙兰原产中国，是我国栽培最久和最普及的兰花之一，古代常称为"蕙"，"蕙"指中国兰花的中心"蕙心"，常与伞科类白芷合名为"蕙芷"。经过多年的挖掘和开发，资源几乎枯竭，需加强保护。

蕙兰

（五）春兰（*Cymbidium goeringii*）

分类地位：兰科、兰属。别名：朵朵香、双飞燕、草兰等。

形态特征：地生植物；卵球形假鳞茎较小，包藏于叶基之内。带形叶短小，4～7片，下部多少对折而呈"V"形。直立花葶从假鳞茎基部外侧叶腋中抽出，明显短于叶；花序常具1朵花；花苞片长而宽；花有香气；色泽变化较大，通常为绿色或淡褐黄色而有紫褐色脉纹；萼片近长圆形至长圆状倒卵形；花瓣倒卵状椭圆形至长圆状卵形，与萼片近等宽，展开或多少围抱蕊柱；唇瓣近卵形，不明显3裂；侧裂片直立，具小乳突，在内侧靠近纵褶片处各有1个肥厚的皱褶状物；中裂片较大，强烈外弯，上面亦有乳突，边缘略呈波状；唇盘上2条纵褶片从基部上方延伸至中裂片基部以上，上部向内倾斜并靠合，多少形成短管状；蕊柱两侧有较宽的翅；花粉团成2对。蒴果狭椭圆形。花期1～3月。

春兰

习性与分布： 生长于海拔500～1500米多石山坡、林缘、林中透光处。秦岭地区分布于石泉、佛坪、洋县、镇坪等地。

资源现状与保护： 有悠久的栽培历史，多进行盆栽，作为室内观赏用，开花时有特别幽雅的香气，为室内布置的佳品，其根、叶、花均可入药。经过多年的挖掘和开发，资源几乎枯竭，需加强保护。

（六）大叶杓兰（*Cypripedium fasciolatum*）

分类地位： 兰科、杓兰属。

形态特征： 植株高30～45厘米，根状茎粗短。茎无毛或在上部近关节处具短柔毛，直立，基部具数枚鞘，上方具3～4枚叶。叶片椭圆形或宽椭圆形，先端短渐尖，两面无毛，具缘毛。顶生花序通常具1花；叶状苞片先端渐尖，椭圆形或卵形；子房密被淡红褐色腺毛；花黄色，有香气，直径达12厘米，萼片与花瓣上具明显的栗色纵脉纹，唇瓣有栗色斑点；中萼片卵状椭圆形或卵形，先端渐尖，边缘有时略呈波状，背面脉上略被微柔毛；合萼片与中萼片相似，先端2浅裂；花瓣线状披针形或宽线形，先端渐尖，内表面基部和背面中脉被短柔毛；唇瓣深囊状，近球形，常多少上举，囊口边缘多少呈齿状，囊底具毛，外面无毛；退化雄蕊卵状椭圆形，边缘略内弯，基部有耳并具短柄，下面有龙骨状突起。花期4～5月。

习性与分布： 生长于海拔1600～2900米的疏林中、山坡灌丛下或草坡上。秦岭地区分布于平利、镇坪等地。

资源现状与保护： 地上部茎叶可入药，具祛风、解毒、活血之功效。秦岭为其分布的北缘，只有零星分布，资源量极少，需要加强保护。

（七）毛杓兰（*Cypripedium franchetii*）

分类地位： 兰科、杓兰属。

形态特征：植株粗壮，高20～35厘米，具较短的根状茎。茎直立，密被长柔毛，基部具数枚鞘，鞘上方有3～5枚叶。叶片椭圆形或卵状椭圆形，先端急尖或短渐尖，两面脉上疏被短柔毛，边缘具细缘毛。顶生花序具1花；花序柄密被长柔毛；叶状花苞片椭圆形或椭圆状披针形，先端渐尖或短渐尖，两面脉上具疏毛，边缘具细缘毛；花梗和子房密被长柔毛；花淡紫红色至粉红色，有深色脉纹；中萼片椭圆状卵形或卵形，先端渐尖或短渐尖，背面脉上疏被短柔毛，边缘具细缘毛；合萼片椭圆状披针形，先端2浅裂，背面脉上亦被短柔毛，边缘具细缘毛；花瓣披针形，先端渐尖，内表面基部被长柔毛；深囊状唇瓣椭圆形或近球形；雄蕊退化，卵状箭头形至卵形，基部具短耳和很短的柄，背面略有龙骨状突起。花期5～7月。

习性与分布：生长于海拔1500～3400米的疏林下或灌木林中湿润、腐殖质丰富和排水良好的地方，也见于湿润草坡上。秦岭地区分布于佛坪、长安、宁陕、山阳、凤县、镇安、略阳、蓝田、商州及宝鸡玉皇山、太白山等地。

资源现状与保护：地上部茎叶可入药，具祛风、解毒、活血之功效。秦岭只有零星分布，资源量极少，需要加强保护。

毛杓兰

（八）紫点杓兰（*Cypripedium guttatum*）

分类地位：兰科、杓兰属。

形态特征：植株高15～25厘米，根状茎细长横走。茎直立，被短柔毛和腺毛，基部具数枚鞘，顶端具叶。叶常2枚，常对生或近对生，偶见在植株中部或中部以上互生；叶椭圆形、卵形或卵状披针形，先端急尖或渐尖，背面脉上疏被短柔毛或近无毛，干后常变黑色或浅黑色。顶生花序具1花；花序柄密被短柔毛和腺毛；叶状苞片卵状披针形，先端急尖或渐尖，边缘具细缘毛；花梗和子房被腺毛；花白色，具淡紫红色或淡褐红色斑；中萼片卵状或宽卵状椭圆形，先端急尖或短渐尖，背面基部常疏被微柔毛；合萼片狭椭圆形，先端2浅裂；花瓣常近匙形或提琴形，先端常略扩大并近浑圆，内表面基部具毛；唇瓣深囊状、钵形或深碗状，多少近球形，具宽阔的囊口，囊口前方几乎不具内折的边缘，囊底有毛；退化雄蕊卵状椭圆形，先端微凹或近截形，上面有细小的纵脊突，背面有较宽的龙骨状突起。蒴果下垂，近狭椭圆形，被微柔毛。花期5～7月，果期8～9月。

习性与分布：生长于海拔2000～2500米的林下、灌丛或草地上。秦岭地区分布于佛坪、柞水、洋县等地。

资源现状与保护：地上部茎叶可入药，具祛风、解毒、活血之功效。秦岭只有零星分布，资源量极少，需要加强保护。

（九）绿花杓兰（*Cypripedium henryi*）

分类地位： 兰科、杓兰属。

形态特征： 植株高30～60厘米，具较粗短的根状茎。直立茎被短柔毛，基部具数枚鞘，上方具4～5枚叶。叶片椭圆状至卵状披针形，先端渐尖，无毛或在背面近基部被短柔毛。顶生花序通常2～3花；叶状苞片卵状披针形或披针形，先端尾状渐尖，通常无毛；花梗和子房密被白色腺毛。花绿色至绿黄色；中萼片卵状披针形，先端渐尖，背面脉上和近基部处稍有短柔毛；合萼片与中萼片相似，先端2浅裂；花瓣长线状披针形，先端渐尖，通常稍扭转，内表面基部和背面中脉上有短柔毛；唇瓣深囊状，椭圆形，囊底有毛，囊外无毛；退化雄蕊椭圆形或卵状椭圆形，基部具柄，背面有龙骨状突起。蒴果近椭圆形或狭椭圆形，被毛。花期4～5月，果期7～9月。

习性与分布： 生长于海拔800～2800米的疏林下、林缘、灌丛坡地上湿润和腐殖质丰富的地方。秦岭地区分布于洋县、宁陕、平利、镇坪等地。

资源现状与保护： 地上部茎叶可入药，具祛风、解毒、活血之功效。秦岭只有零星分布，资源量极少，需要加强保护。

绿花杓兰

（十）扇脉杓兰（*Cypripedium japonicum*）

分类地位： 兰科、杓兰属。

形态特征： 植株高35～55厘米，根状茎细长横走，节间较长。茎直立，被褐色长柔毛，基部具数枚鞘，顶端生叶。叶通常2枚，近对生，位于植株近中部处；扇形叶片上半部边缘呈钝波状，基部近楔形，扇形辐射状脉直达边缘，两面在近基部处均被长柔毛，边缘具细缘毛。顶生花序具1花；花序柄亦被褐色长柔毛；叶状苞片菱形或卵状披针形，两面无毛，边缘具细缘毛；花梗和子房密被长柔毛。花俯垂；萼片和花瓣淡黄绿色，基部多少有紫色斑点，唇瓣淡黄绿色至淡紫白色，多少有紫红色斑点和条纹；中萼片狭椭圆形或狭椭圆状披针形，先端渐尖，无毛；合萼片与中萼片相似，先端2浅裂；花瓣斜披针形，先端渐尖，内表面基部具长柔毛；囊状的唇瓣下垂，近椭圆形或倒卵形；囊口略狭长并位于前方，周围有明显凹槽并呈波浪状齿缺；退化雄蕊椭圆形，基部有短耳。蒴果近纺锤形，疏被微柔

扇脉杓兰

毛。花期4～5月，果期6～10月。

习性与分布：生于海拔1000～1200米的林下、灌木林下、林缘、溪谷旁、荫蔽山坡等湿润和腐殖质丰富的土壤上。秦岭地区分布于宁陕、佛坪、洋县、镇坪、平利、西乡等地。

资源现状与保护：地上部茎叶可入药，具祛风、解毒、活血之功效。秦岭只有零星分布，资源量极少，需要加强保护。

（十一）大花杓兰（*Cypripedium macranthum*）

分类地位：兰科、杓兰属。

形态特征：植株高25～50厘米，根状茎粗短。直立茎稍被短柔毛或变无毛，基部具数枚鞘，鞘上方具3～4枚叶。叶片椭圆形或椭圆状卵形，先端渐尖或近急尖，两面脉上略被短柔毛或变无毛，边缘有细缘毛。顶生花序常具1花；花序柄被短柔毛或变无毛；叶状苞片椭圆形或椭圆状披针形，先端短渐尖，两面脉上通常被微柔毛；花梗和子房无毛。花大，紫色、红色或粉红色，通常有暗色脉纹，极罕白色；中萼片宽卵状椭圆形或卵状椭圆形，先端渐尖，无毛；合萼片卵形，先端2浅裂；花瓣披针形，先端渐尖，不扭转，内表面基部具长柔毛；唇瓣深囊状，近球形或椭圆形；囊口较小，囊底有毛；退化雄蕊卵状长圆形，基部无柄，背面无龙骨状突起。蒴果狭椭圆形，无毛。花期6～7月，果期8～9月。

习性与分布：生长于海拔400～2400米的林下、林缘或草坡上腐殖质丰富和排水良好的地方。秦岭地区分布于佛坪、洋县、太白山等地。

资源现状与保护：地上部茎叶可入药，具祛风、解毒、活血之功效。秦岭只有零星分布，资源量极少，需要加强保护。

（十二）西藏杓兰（*Cypripedium tibeticum*）

分类地位：兰科、杓兰属。

形态特征：植株高15～35厘米，根状茎粗壮且较短。直立茎无毛或上部近节处被短柔毛，基部具数枚鞘，上方通常具3枚叶。叶片椭圆形、卵状椭圆形或宽椭圆形，先端急尖、渐尖或钝，无毛或疏被微柔毛，边缘具细缘毛。顶生花序具1花；叶状苞片椭圆形至卵状披针形，先端急尖或渐尖；花梗和子房无毛或上部偶见短柔毛。花俯垂且大，紫色、紫红色或暗栗色，通常有淡绿黄色的斑纹，花瓣上的纹理尤其清晰，唇瓣的囊口周围有白

西藏杓兰

色或浅色的圈；中萼片椭圆形或卵状椭圆形，先端尖，背面无毛或偶见疏微柔毛，边缘多少具细缘毛；合萼片与中萼片相似，但略短而狭，先端2浅裂；花瓣针形或长圆状披针形，先端渐尖或急尖，内表面基部密生短柔毛，边缘疏生细缘毛；唇瓣深囊状，近球形至椭圆形，宽亦相近或略窄，外表面常皱缩，后期尤其明显，囊底有长毛；退化雄蕊呈卵状长圆形，背面多少有龙骨状突起，基部近无柄。花期5～8月。

习性与分布：生长于海拔2300～2900米透光林下、林缘、灌木坡地、草坡或乱石地上。秦岭地区分布于太白山等地。

资源现状与保护：地上部茎叶可入药，具祛风、解毒、活血之功效。秦岭只有零星分布，资源量极少，需要加强保护。

（十三）细叶石斛（*Dendrobium hancockii*）

分类地位：兰科、石斛属。

形态特征：直立的茎质地较硬，圆柱形或有时基部上方有数个节间膨大而成纺锤形，通常分枝，具纵槽或条棱，干后深黄色或橙黄色，有光泽。叶通常3～6枚，互生，狭长圆形，生于主茎和分枝的上部。总状花序长1～2.5厘米，具1～2朵花，花序柄长5～10毫米；卵形膜质的苞片先端急尖；花梗和子房淡黄绿色。花金黄色，稍具香气，开展，仅唇瓣侧裂片内侧具少数红色条纹；中萼片卵状椭圆形，先端急尖，具7条脉；侧萼片与中萼片等长，但稍狭，卵状披针形，先端急尖，具7条脉；萼囊短圆锥状；花瓣与中萼片等长而较宽，斜倒卵形或近椭圆形，先端锐尖，具7条脉，基部具1个胼胝体，中部3裂；近半圆形的侧裂片围抱蕊柱，先端圆形；中裂片近扁圆形或肾状圆形，先端锐尖；唇盘通常浅绿色，从两侧裂片之间到中裂片上密布短乳突状毛；蕊柱基部稍扩大，蕊柱齿近三角形，先端短而钝；药帽斜圆锥形，表面光滑，前面具3条脊，前端边缘具细齿。花期5～6月。

习性与分布：生长于海拔700～1500米的山地林中树干上或山谷岩石上。秦岭地区分布于山阳、宁陕、旬阳、佛坪等地。

资源现状与保护：细叶石斛又名黄草，全草药用，有滋阴养胃、清热生津、润肺功效，主治热病伤津、口干燥渴及病后虚热等。秦岭资源量极少，需要加强保护。

细叶石斛

（十四）细茎石斛（*Dendrobium moniliforme*）

分类地位：兰科、石斛属。

形态特征：茎直立，细圆柱形，长10~20厘米或更长，粗3~5毫米，具多节，干后金黄色或黄灰色。叶二列，常数枚互生于茎中部以上，披针形或长圆形，先端钝并且稍不等侧2裂，基部下延为抱茎的鞘；二至数个总状花序生于茎中部以上老茎上，常具1~3花；苞片卵形，干膜质，先端钝；花梗和子房纤细。萼片卵状长圆形或卵状披针形，先端锐尖或钝，具5条脉；侧萼片基部歪斜而贴生于蕊柱足；萼囊圆锥形，末端钝；花瓣通常比萼片稍宽；唇瓣白色、淡黄绿色或绿白色，带淡褐色或紫红色至浅黄色斑块，整体轮廓卵状披针形，比萼片稍短，基部楔形，3裂；侧裂片半圆形，直立，围抱蕊柱，边缘全缘或具不规则的齿；中裂片卵状披针形，先端锐尖或稍钝，全缘，无毛；唇盘在两侧裂片之间密布短柔毛，基部常具1个椭圆形胼胝体，近中裂片基部通常具1个紫红色、淡褐色或浅黄色的斑块；蕊柱白色；药帽白色或淡黄色，圆锥形，顶端不裂；蕊柱足基部常具紫红色条纹。花期通常3~5月。

细茎石斛

习性与分布：生长于海拔600~2000米的阔叶林中树干上或山谷岩壁上。秦岭地区分布于宁陕等地。

资源现状与保护：味甘，性微寒，具有益胃生津、滋阴清热的功效。秦岭野生资源量极少，需要加强保护。

（十五）铁皮石斛（*Dendrobium officinale*）

分类地位：兰科、石斛属。

形态特征：茎不分枝，圆柱形，长9~35厘米，具多节。叶纸质，二列互生，3~5枚叶常生在中部以上；长圆状披针形，先端钝且多少钩转，基部下延为抱茎的鞘，边缘和中肋常带淡紫色；老时其上缘与茎松离而张开，并且与节留下1个环状间隙。总状花序发自老茎上部，具2~3朵花；花序柄基部具2~3枚短鞘；花序轴回折状弯曲；苞片卵形，白色，干膜质，先端稍钝；萼片和花瓣黄绿色，长圆状披针形，先端锐尖，具5条脉；萼囊圆锥形，末端圆形；唇瓣白色，基部具1个绿色或黄色的胼胝体，卵状披针形，比萼片稍短，中部反折，先端急尖，中部以下两侧具紫红色条纹，边缘多少波状；唇盘密布细乳突状的毛，在中部以上具1个紫红色斑块；蕊柱黄绿色，先端两侧各具1个紫点；蕊柱足黄绿色带紫红色条纹，疏生毛；药帽白色，长卵状三角形，顶端近锐尖，2裂。花期3~6月。

习性与分布：生长于海拔1600米左右的山地半阴湿的岩石上。秦岭地区分布于佛坪等地。

资源现状与保护：我国名贵稀有中药材。味甘、性微寒，归胃、肾经，具有益胃生津、滋阴清热之功效。临床用于阴伤津亏、口干烦渴、食少干呕、病后虚热、目暗不明等症。秦岭野生资源量极少，需要加强保护。

（十六）华西蝴蝶兰（*Phalaenopsis wilsonii*）

兰科、蝴蝶兰属，曾见于佛坪，资源已经枯竭，多年来未有人见到。

兰科植物在长期的进化历程中形成了不同的生活型，有地生兰、附生兰、半地生兰、半附生兰、腐生兰，此外还有攀援藤本。兰科植物多为珍稀濒危植物，是生物多样性保护中倍受关注的类群，全世界所有野生兰科植物均被列入《濒危野生动植物种国际贸易公约》（CITES）的保护范围，占该公约应保护植物的90%以上，是当前植物多样性的主要组成部分。

中国跨越热带、亚热带和温带3个气候带，具有复杂的地理环境，这使得中国不仅具有各个气候带的兰科植物区系和类型，并且还保留着许多原始居群，1999年出版的《中国兰科植物志》（共3卷）共记载中国兰科植物171属1247种。近年来，由于受环境污染、超限采摘、非法交易、盲目开垦等人为因素的影响，野生兰花的生存空间已遭到极大破坏，种群数量日渐萎缩，多数物种濒危，部分物种已经灭绝。在中国《全国野生动植物保护及自然保护区建设工程总体规划（2001～2030）》中，兰科植物被列为15大重点保护野生动植物之一，成为其中2大类重点保护野生植物之一，可见兰科植物的保护已日趋得到国内外的高度重视。

陕西省是兰科植物在我国北方分布较集中的省份之一，2007年杨平厚等主编的《陕西野生兰科植物图鉴》全面详细地介绍了陕西省兰科植物41属82种，主要分布在秦巴山区、关山、黄龙山及崂山林区，因此其他兰科植物会在附录中列出名单，不再逐一介绍。

二、国家二级重点保护野生植物

（一）狗枣猕猴桃（*Actinidia kolomikta*）

分类地位： 猕猴桃科、猕猴桃属。别名：狗枣子。

形态特征： 大型落叶藤本。小枝紫褐色，短花枝有较显著的带黄色的皮孔；片层状髓褐色。叶阔卵形、长方卵形至长方倒卵形，顶端尖，不对称，边缘有锯齿，上部往往变为白色，后渐变为紫红色，叶脉不发达，侧脉6～8对。聚伞花序，雄性有花3朵，雌性通常单生，花序柄和花柄纤弱，钻形苞片小。花白色或粉红色，芳香；花瓣和萼片各5片，分别为长方卵形和长方倒卵形；花丝丝状，花药黄色；圆柱状子房无毛。果皮洁净无毛，无斑

狗枣猕猴桃

点，未熟时暗绿色，成熟时淡橘红色，有深色的纵纹；果熟时花萼脱落。花期5月下旬～7月，果熟期9～10月。

习性与分布：生长于海拔1000～2000米的针叶林、阔叶林及阔叶杂木林、林缘或向阳灌丛中。秦岭南北坡均有分布。

资源现状与保护：狗枣猕猴桃基本为野生状态，呈零星分布。猕猴桃属植物有"水果之王"的美称，果实维生素C含量高达450毫克/100克，是苹果、梨的80～100倍，柑橘的5～10倍。果实中还含有氨基酸、类胡萝卜素及镁、铁、钾、钠等多种营养成分，具有滋补强身、生津润肺等作用，开发利用价值高。分布于秦岭地区的猕猴桃属植物比较丰富，有软枣猕猴桃、黑蕊猕猴桃、葛枣猕猴桃、四萼猕猴桃等，同为国家二级保护植物。猕猴桃属植物的营养和资源利用开发价值基本相同，不再逐一介绍。

（二）南方山荷叶（*Diphylleia sinensis*）

分类地位：小檗科、山荷叶属。别名：窝儿七、阿儿七、窝儿参。

形态特征：多年生草本。根状茎横走，粗壮，上面具一列枯茎残留的窝状疤痕，下面着生多数须根。淡黄色直立单一茎具纵条纹。叶片盾状着生，肾形或肾状圆形至横向长圆形，呈2半裂，每半裂具3～6浅裂或波状，边缘具不规则锯齿，齿端具尖头，上面疏被柔毛或近无毛，背面被柔毛。聚伞花序顶生，具花10～20朵，花序与花梗被短柔毛；花白色，具短梗；萼片卵圆形，膜质，早落；花瓣近圆形；雄蕊内藏，花丝较粗。子房椭圆形，胚珠5～11枚，花柱极短，柱头盘状。浆果椭圆形或球形，成熟后深蓝色，被白粉。种子红褐色，三角形或肾形。花期5～6月，果期7～8月。

习性与分布：生长于海拔1900～3400米的牛皮桦林下阴湿处腐殖土上。秦岭南北坡均产，见于眉县、太白、渭南、户县、佛坪、凤县等地。

资源现状与保护：秦岭地区较为常见。根茎和须根可供药用，能消热、凉血、活血、止痛，并有泻下作用，主治腰腿疼痛、风湿性关节炎、跌打损伤、月经不调等症。根含鬼臼素、去氢鬼臼素和山奈酚等木脂素类物质，有一定的抑制肿瘤细胞的作用，可用其油溶剂或醇溶剂除去尖头湿疣或乳状疣，但由于对人体正常细胞的毒性太大，故不用作抗癌剂。野生资源破坏严重。

南方山荷叶

（三）桃儿七（*Sinopodophyllum hexandrum*）

分类地位：小檗科、桃儿七属。别名：铜筷子、鬼臼。

形态特征： 多年生草本。根状茎粗短，红褐色或淡褐色；中空直立茎单生具纵棱，基部被褐色大鳞片。基部具2～4个叶状膜质鞘，上部有2～3叶，具长柄；叶片轮廓五角形，3或5深裂近达基部，边缘疏生锯齿。花单生，粉红色，先叶开放；萼片6片，早落；花瓣6片，倒卵形或倒卵状长圆形，先端略呈波状；雄蕊6枚，纵裂的花药线形，先端圆钝；雌蕊1枚，椭圆形子房1室，侧膜胎座，胚珠多数，花柱短，柱头头状。浆果卵圆形，熟时橘红色；种子红褐色，卵状三角形，无肉质假种皮。花期5～6月，果期7～9月。

习性与分布： 生长于海拔2000米以上桦木林或针阔混交林下、林缘湿地、灌丛或草丛中。秦岭南北坡均有分布。

资源现状与保护： 桃儿七属于"太白七药"之一，味苦、辛，性温。能祛风除湿，活血化瘀，化痰止咳，解毒。用于风寒湿痹，跌打损伤，月经不调；痰饮咳喘，痰涎清稀；可解铁棒锤及乌头的毒性。桃儿七的根茎与果实均有较高的药用价值，含木脂素类和黄酮类生物活性物质。木脂素类成分主要为鬼臼脂素。桃儿七同时也是东亚和北美植物区系中的一个洲际间断分布物种，对研究东亚、北美植物区系有一定的科学价值。

桃儿七

（四）马蹄香（*Saruma henryi*）

分类地位： 马兜铃科、马蹄香属。别名：冰水丹、高脚细辛、狗肉香。

形态特征： 多年生草本，高50～100厘米。根茎短、粗壮，横生，有香气，须根多，土褐色。茎直立，圆柱形，疏被柔毛。单叶互生，叶纸质，心形，先端短渐尖，边缘和两面被柔毛。花单生枝顶；萼片3片，半圆形，外面被柔毛；花瓣3片，黄色。蓇葖果熟时沿腹缝开裂。种子卵形，顶端尖具明显的横皱纹。花期6～7月，果期8月。

习性与分布： 生长于海拔600～1600米山谷林下、河边阴湿处、沟边草丛中。零星分布于秦岭南北坡，见于太白山和长安区南五台等地。

资源现状与保护： 马蹄香属为中国特有属，为单型属，仅马蹄香一种。马蹄香含有挥发油和去甲乌药碱等。去甲乌药碱具有β受体激动剂样的广泛药理效应，有强心、扩张血管、松弛平滑肌、增强脂质代谢和升高血糖等作用。根及根茎药用，味辛、苦，有小毒，具温中散寒、理气镇痛的功效。主治胃寒痛、心前

马蹄香

区痛、关节疼痛等；鲜叶外用治疮疡。

（五）连香树（*Cercidiphyllum japonicum*）

分类地位：连香树科、连香树属。别名：五君树。

形态特征：大型落叶乔木，高达10～20米。树皮灰色或棕灰色，呈薄片剥落；小枝无毛，短枝在长枝上对生。叶两面无毛，生在短枝上的近圆形、宽卵形或心形，长枝上的为椭圆形或三角形，边缘具圆钝锯齿，齿端具腺体，下面灰绿色带粉霜，具5～7条掌状脉。雄花常4朵簇生，近无梗，卵形膜质苞片在花期红色；雌花2～8朵丛生，花柱宿存。荚果状蓇葖果先端渐细，2～4个，微弯曲，熟时紫褐色或黑色。种子扁平四角形，褐色，先端有翅。花期4月，果期8月。

习性与分布：生长于海拔1100～1900米之间，喜气候温凉湿润、土壤肥沃富含腐殖质的酸性至中性山地黄棕土壤。秦岭地区见于佛坪县、凤县、宁陕县、眉县等地。

资源现状与保护：稀有种，该种在陕西南部只分布于少数地方，一般呈零散分布，总的数量不多。为第三纪孑遗植物，在中国和日本间断分布，对于研究第三纪植物区系起源以及中国与日本植物区系的关系有着重要的科研价值。连香树树干高大，寿命长，可供观赏；树皮及叶均含鞣质，可提制栲胶。

连香树

（六）小丛红景天（*Rhodiola dumulosa*）

分类地位：景天科、红景天属。别名：凤尾七、凤尾草、凤凰草、香景天、雾灵景天。

形态特征：多年生草本。根茎粗壮，地上部分丛生，常被有残留老枝。花茎不分枝，聚生在主轴顶端。叶全缘，互生，线形至宽线形，先端稍急尖，基部无柄。聚伞花序，单花4～7朵；萼片5片，线状披针形，先端渐尖，基部宽；花瓣5片，白色或红色，披针状长圆形，有较长的端尖；雄蕊10枚，较花瓣短；心皮5枚，卵状长圆形，基部合生。种子长圆形，具狭翅。花期6～7月，果期8月。

习性与分布：生长于海拔2300～3700米山坡上的石隙中。秦岭地区见于太白山、光头山等地。

资源现状与保护：秦岭地区仅分布于高海拔区域，资源量极少。根茎入药，有补肾、养心安神、调经活血、明目之效。小丛

小丛红景天

红景天中含有酚类、糖苷类、香豆素类、黄酮类、挥发油、微量元素等多种化合物质，具有扶正固本、补气益血、清热润肺、抗氧化、抗衰老、抗疲劳、抗癌、抗菌、抗艾滋病、降血糖、降血脂、改善脑血管系统免疫调节等功能，药用价值和开发价值很高，素有"高原人参"和"雪山仙草"的美称，与分布于秦岭地区的狭叶红景天、大果红景天、四裂红景天等同为国家二级保护植物。

（七）穿龙薯蓣（*Dioscorea nipponica*）

分类地位：薯蓣科、薯蓣属。

形态特征：草质缠绕藤本。根状茎横生，栓皮显著片状剥离。茎左旋，近无毛。单叶互生，掌状心脏形，边缘作不等大的三角状浅裂、中裂或深裂，顶端叶片近于全缘。花雌雄异株；雄花无梗，茎部花常2～4朵簇生，顶端通常单一，花被碟形，顶端6裂，雄蕊6枚；雌花序穗状，常单生。蒴果；种子每室2枚，生于基部，四周有不等宽的薄膜状翅，上方呈长方形，长约是宽的2倍。

穿龙薯蓣

习性与分布：秦岭南北坡低山地区均有分布。

资源现状与保护：秦岭地区较为常见。药用植物，根茎用于治疗风湿性关节炎、腰腿疼痛麻木、大骨节病、跌打损伤等，与秦岭分布的盾叶薯蓣同为国家二级保护植物。

（八）秦岭石蝴蝶（*Petrocosmea qinlingensis*）

分类地位：苦苣苔科、石蝴蝶属。

形态特征：多年生草本。草质叶7～12片；卵形或近圆形，顶端圆或钝，基部宽楔形，边缘浅波状或有不明显圆齿，两面疏被贴伏短柔毛，每侧侧脉3条；叶柄与花序梗疏被开展的白色柔毛。花序2～6条，苞片2片，线状披针形，被疏柔毛，顶端生花1朵。花萼5全裂，狭三角形，外疏被短柔毛，内无毛。花冠淡紫色，外疏被短柔毛，内在上唇密被白色柔毛；上唇2深裂近基部，下唇3深裂，裂片近长圆形。雄蕊无毛，花丝着生于近花冠基部处，花药近梯形。雌蕊长5.2毫米，子房与花柱被开展的白色柔毛，柱头小，球形。花期8～9月。

习性与分布：生长于海拔650米山地岩石上。秦岭地区见于勉县茶店子。

资源现状与保护：秦岭地区极为少见，资源量极少。其娇媚艳丽的紫色花冠、优雅怡人的翠绿色叶片具有很高的观赏价值，是一种很有开发价值的野生花卉资源。

（九）胡桃（*Juglans regia*）

分类地位：胡桃科、胡桃属。

形态特征：乔木，高达20～25米；树皮灰褐色，幼枝有密毛；髓部片状。单数羽状复叶，小叶5～11片，椭圆状卵形至长椭圆形；小叶柄极短或无。花单性，雌雄同株；雄性柔荑花序下垂，雄花的苞片、小苞片及花被片均被腺毛；雄蕊6～30枚；雌花序簇状，直立，通常有雌花1～3枚。雌花的总苞被极短腺毛，柱头浅绿色。果序短，俯垂，有球形果实1～3个；外果皮肉质，不规则开裂，内果皮骨质，表面凹凸或皱折，有2条纵棱，先端有短尖头，隔膜薄，内无空隙，内果皮壁内有不规则空隙或无空隙而仅有皱折。花期5月，果期10月。

习性与分布：生长于海拔400～1800米的山坡及丘陵地带，我国平原及丘陵地区常见栽培，喜肥沃湿润的沙质壤土，常见于山区河谷两旁土层深厚的地方。我国各地广泛栽培，品种繁多。

资源现状与保护：秦岭地区分布较为广泛。种仁含油量可达58.3%，可供生食及榨油，榨出的油为优质的食用油；还可入药为滋补强壮剂，主治虚寒喘咳、腰腿肿痛、便秘、遗精、阳痿等症。种子含脂肪、蛋白质、糖类等。果皮及树皮富含鞣质，可提取栲胶。核桃壳可制活性炭。叶含挥发油、树胶、鞣质、没食子酸、氢化核桃叶酮。果皮、叶可作农药，又是提取维生素C的原料。

胡桃

（十）黄耆（*Astragalus membranaceus*）

分类地位：豆科、黄耆属。

形态特征：高大草本。茎直立，高50～100厘米，有白色长柔毛。羽状复叶；小叶21～31片，卵状披针形或椭圆形，两面有白色长柔毛；叶轴有长柔毛；托叶狭披针形，被白色长柔毛。总状花序腋生；花下有条形苞片；花萼筒状，萼齿短，被白色长柔毛；花冠白色，旗瓣无爪，较翼瓣和龙骨瓣长，翼瓣、龙骨瓣有长爪；子房有毛，有子房柄。荚果膜质，膨胀，卵状矩圆形，有长柄，有黑色短柔毛。果颈超出萼外；种子3～8粒。花期6～8月，果期7～9月。

习性与分布：生长于山坡灌木丛中。秦岭南北坡广产。

资源现状与保护：根供药用，为强壮滋补药，能滋肾补脾、止汗利水、消肿排脓。

（十一）绿花百合（*Lilium fargesii*）

分类地位：百合科、百合属。

形态特征：鳞茎卵形；鳞片白色，披针形。茎高20～70厘米。叶条形，先端渐尖，边缘反卷，两面无毛。花单生或数朵排成总状花序；苞片叶状；花下垂，绿白色，有稠密的紫褐色斑点；花被片披针形，反卷，蜜腺两边有鸡冠状突起；花丝无毛，花药长矩圆形，橙黄色；子房圆柱形；柱头稍膨大，3裂。蒴果矩圆形。花期7～8月，果期9～10月。

习性与分布：生长于海拔2000～2400米左右的山坡林下区域。秦岭仅见于陕西太白山和光头山。

资源现状与保护：绿花百合与黑牡丹、蓝玫瑰一样珍贵，被誉为"花中的大熊猫"，极具观赏价值。因其生长环境脆弱，特别是秦岭过热的旅游业开发，使得该植物已经极为少见，尚未被保护利用，就已濒危灭绝。

绿花百合

（十二）七叶一枝花(*Paris polyphylla*)

分类地位：百合科、重楼属。别名：螺丝七、海螺七、灯台七等。

形态特征：植株高35～100厘米；根状茎粗壮，棕褐色，其上密生有多数环节。茎通常带紫色，基部具1～3枚膜质鞘。5～10叶茎顶轮生，矩圆形、椭圆形或倒卵状披针形，顶端尖，基部圆形或楔形，叶柄紫红色；外轮绿色花被片3～6枚，卵状披针形或披针形，内轮花被片条形，常比外轮长；雄蕊8～12枚；子房圆锥形，具5～6棱，顶端具一盘状花柱基，花柱粗短，4～5分枝。蒴果，3～6瓣裂开，种子多数。花期5～6月，果期8～9月。

习性与分布：常生长于林下阴湿的酸性土壤中。见于秦岭北坡的太白山、华山，南坡的略阳、佛坪、商州、丹凤等地。

资源现状与保护：七叶一枝花是一味清热解毒的草药，药用历史悠久，向来被誉为蛇伤痈疽圣药。根茎含皂苷、甾酮和多种氨基酸，具有抗肿瘤作用。煎剂有广泛的抑菌作用。味苦，性微寒，有小毒，具有清热解毒、熄风镇惊、止痛的功能，用于治疗湿病高热、咽喉肿痛、热毒疮肿、毒蛇咬伤、乳痈、肠痈、高热抽风、小儿惊风、癫痫、风湿关节炎、跌打损伤。秦岭分布的北

七叶一枝花

重楼和本种同为国家二级保护植物。

（十三）鹅掌楸（*Liriodendron chinense*）

分类地位：木兰科、鹅掌楸属。别名：马褂木。

形态特征：落叶乔木，树高达40米。小枝灰色或灰褐色。叶马褂状，近基部每边具1侧裂片，先端具2浅裂，下面苍白色。花杯状，花被9片，外轮3片绿色萼状，内二轮黄绿色花瓣状，基部有黄色条纹，直立倒卵形。花期时雌雄蕊群超出花被之上；心皮黄绿色。聚合果，小坚果具翅，顶端钝或钝尖，种子1～2粒。花期5月，果期9～10月。

习性与分布：生长于海拔500～1700米之间温暖湿润、避风、土壤肥沃潮湿但排水良好的酸性或微酸性的山谷林内或阴坡水沟边。仅见于镇坪县。

资源现状与保护：该属经过第四纪冰川到现在仅保留下两种，鹅掌楸产于我国及越南，另一种北美鹅掌楸产于北美南部，形成了东亚-北美间断分布的格局，对于研究欧亚大陆和北美大陆的植物区系历史成因有极其重要的价值，也是研究木兰科系统演化的活化石。鹅掌楸根皮入药称"凹朴皮"，主治咳嗽、气急、口渴、四肢微浮等症状。花大而美丽，是著名的观赏树木，在有些城市已经作为行道树大量栽植。

鹅掌楸

（十四）厚朴（*Magnolia officinalis*）

分类地位：木兰科、木兰属。别名：厚朴花。

形态特征：高大落叶乔木，可达20米；褐色树皮厚而不开裂；淡黄色或灰黄色小枝粗壮；狭卵状圆锥形顶芽大。7～9片大型革质叶聚生于枝端，长圆状倒卵形，基部楔形，上面绿色无毛，下面灰绿色被灰色柔毛，有白粉；叶柄短粗，离花被片下1厘米处具苞片脱落痕，厚肉质花被9～17片，外轮3枚淡绿色，长圆状倒卵形，盛开时常向外反卷；内两轮白色，倒卵状匙形，基部具爪；雄蕊72枚，花药内向开裂，花丝红色；雌蕊群椭圆状卵圆形。聚合果长圆状卵圆形；蓇葖果具喙；种子三角状倒卵形。花期5～6月，果期8～10月。

厚朴

习性与分布：生长于海拔300～1500米的山地林间。厚朴为喜光的中生性树种，常混生于落叶阔叶林内，或生于常绿阔叶林缘。根系发达，生长快，萌生力强。秦岭南坡部分县市有栽培。

资源现状与保护：木兰科是现存的被子植物最原始的种类，它保存着许多原始性状。厚朴作为该科的一种代表植物，在研究被子植物及木兰科的系统演化上也具有重要的科学价值。另外厚朴的皮作为中药材，具有化湿导泻、行气平喘、化食消痰、驱风镇痛等功效。种子可明目益气，还可榨油。其木材纹理直、结构细、少开裂，供建筑、雕刻、乐器等用材。树形美观、花大艳丽，是著名的园林绿化观赏植物，可谓是一种多用途的经济树种。

（十五）五味子（*Schisandra chinensis*）

分类地位：木兰科、五味子属。

形态特征：多年生木质落叶藤本。小枝灰褐色，皮孔明显，片状剥落。叶互生，膜质，椭圆形或倒卵形。先端急尖或渐尖，边缘有细齿；叶柄淡粉红色。花单性，雌雄异株，生于叶腋，花梗细长柔软；花被6～9片，乳白色或粉红色，芳香；雄蕊5枚；雌蕊群椭圆形，心皮17～40枚，覆瓦状排列于花托上。果熟时呈穗状聚合果。浆果球形，肉质，熟时深红色。种子肾形，1～2粒，种脐明显凹入成"U"形。花期5～7月，果期7～10月。

习性与分布：生长于海拔1000米左右的山坡林中。秦岭南北坡普遍分布。

资源现状与保护：秦岭地区分布较为广泛，资源比较丰富，但是近年来破坏比较严重。为著名药用植物，其果实含有五味子素、维生素C、树脂、鞣质及少量糖类，有敛肺止咳、滋补涩精、止泻止汗之效，是最早列于《神农本草经》中的上品中药，有强身健体之效，药用价值极高。

五味子

（十六）水青树（*Tetracentron sinensis*）

分类地位：水青树科、水青树属。别名：山桐。

形态特征：落叶乔木。灰褐色或灰棕色而略带红色的树皮片状脱落；长枝细长顶生；侧生的短枝基部有叠生环状的叶痕及芽鳞痕。叶卵状心形，顶端渐尖，边缘具细锯齿，齿端具腺点，两面无毛，背面略被白霜，掌状脉5～7条，近缘边形成不明显的网络。花小，穗状花序下垂，着生于短枝顶端；花被淡绿色或黄绿色；雄蕊与花被片对生，长为花被的2.5倍，花药卵珠形纵裂；心

水青树

皮沿腹缝线合生。种子条形，4～6枚。花期6～7月，果期9～10月。

习性与分布： 秦岭地区分布在海拔1400～2400米的中山地带，通常零星散生于常绿、落叶阔叶林内或林缘。

资源现状与保护： 濒危种，水青树为单种属植物，属于中国-喜马拉雅成分，系第四纪冰川以来保留下来的"活化石"。它具有密生叶痕和芽鳞痕的短枝以及木质部仅有管胞而无导管等特征，保持着类似裸子植物的形态解剖结构，心皮连合程度很低，仅相互在腹缝线上靠合，这些特征都较为原始，所以它是一种较为古老而原始的被子植物，很可能和木兰类有着共同的祖先，具有相当重要的学术价值。

（十七）水曲柳（*Fraxinus mandschurica*）

分类地位： 木犀科、梣属。别名：水楸。

形态特征： 落叶乔木，树皮灰褐色有纵裂。奇数羽状复叶对生，小叶7～11片，叶轴和花序轴具有窄翅，小叶片卵状长圆形，边缘具细锯齿。花单性，无花被，雌雄异株，圆锥花序；雄花序紧密，雄花具雄蕊2枚；雌花序松散，雌花具有2枚甚小且败育的雄蕊，子房扁而宽，柱头2裂。翅果大而扁，倒卵状披针形，早春先叶开花。花期4～5月，果期8～9月。

习性与分布： 常生长在光照条件好、土壤肥沃深厚且呈微酸性、排水良好的河岸、溪旁、沟底林中、山谷疏林内或山坡灌木丛中。与其他落叶或常绿阔叶树构成混交杂木林。秦岭南北坡均产，北坡见于陕西的周至、太白山、玉皇山，南坡见于宁陕、佛坪、凤县等地。

资源现状与保护： 渐危种，分布于秦岭西部和中部南、北坡的少数地带。水曲柳是古老的残遗植物，对于研究第三纪植物区系及第四纪冰川期气候具有科学意义。水曲柳分布区虽然较广，但多为零星散生，因其为优质木材而砍伐过度，数量日趋减少。

水曲柳

（十八）秦岭冷杉（*Abies chensiensis*）

分类地位： 松科、冷杉属。

形态特征： 常绿乔木。一年生枝淡黄色、淡黄灰色或淡褐黄色，二至三年生枝淡黄灰色或暗灰色。条形叶在枝上列成2列或近2列状，上面深绿色，下面具两条白色气孔带；树脂道中生或近中生，幼树与营养枝的叶先端二裂或凹缺，树脂管边生。雌雄同株；雄球花腋生或单生枝顶，或多数集生于短枝顶端，具多数

秦岭冷杉

螺旋状着生的小孢子叶，具2花药；雌球花由多数螺旋状着生的珠鳞与苞鳞所组成，开始珠鳞小于苞鳞，每珠鳞的腹上面具2枚倒生胚珠，背下面的苞鳞与珠鳞分离，后珠鳞增大发育成种鳞。球果圆柱形或卵状圆柱形，顶端或上部渐窄，熟时褐色；种鳞近肾形，背面露出部分密生短毛；苞鳞长约种鳞的3/4，不外露，先端圆，边缘有细缺齿，中央有短急尖头，中下部近等宽，基部渐窄；种子倒三角状椭圆形，种翅倒三角形，10月成熟。

习性与分布：分布在海拔1350～2300米范围内。喜气候温凉湿润、土层较厚、富含腐殖质棕壤土的环境。秦岭地区为集中分布区，见于华县华山、宁陕县（江口、火地塘、宁西林区）、周至县、留坝（亮垭子）、佛坪县（大麻河、都督门）、镇安县（木王）、略阳县、石泉县、太白县等地。

资源现状与保护：秦岭地区零星分布。为我国特有树种，木材较轻软，纹理直，可供建筑等用。

（十九）太白红杉（*Larix potaninii* var. *chinensis*）

分类地位：松科、落叶松属。别名：太白落叶松。

形态特征：落叶乔木。枝条二型；树皮灰色或暗灰褐色，或稍带黑色，裂成薄片状脱落；小枝下垂，当年生枝淡黄色、淡黄褐色或淡灰黄色，二年生枝灰色或灰褐色。叶倒披针形，先端尖或钝，两面中脉凸起，上面每边有1～2条白色气孔线，下面中脉两侧各有2～5条白色气孔线。球花单性，雌雄同株；雄球花和雌球花均单生于短枝顶端，春季与叶同时开放，基部具膜质苞片，着生球花的短枝通常无叶；雄球花具多数小孢子叶，螺旋状着生，卵圆形，黄色，具梗，常下垂，花药2个，药室纵裂，药隔小，鳞片状，花粉无气囊；雌球花直立，淡紫色，卵状矩圆形，珠鳞形小，螺旋状着生，腹面基部着生两个倒生胚珠，向后弯曲，背面托以大而显著的苞鳞，苞鳞膜质，中肋延长成尖头，受精后珠鳞迅速长大而苞鳞不长大或略为增大。球果当年成熟，直立卵状长圆形，具短梗，成熟前淡紫红色，熟时蓝紫色至灰褐色；种鳞较薄，成熟后显著地张开，中部种鳞革质，宿存，扁方圆形、倒三角形或近圆形，先端宽圆，稀平截而微凹，鳞背近中部密被平伏长柔毛；苞鳞较种鳞长，直伸不反曲，下部较宽，中部微窄缩，中上部等宽，先端平截或稍圆，中肋延伸成长急尖头；种子近三角状卵圆形，种翅淡褐色，先端钝圆。花期4～5月，果期10月。

习性与分布：多生长于海拔2600～3500米山脊或绝顶山头上，因环境恶劣，常形成旗形树。在海拔3000米左右与巴山冷杉混生，常生于阴坡、半阴坡或宽阔的沟底，长势良好。秦岭地区分布于太白山、玉皇山、佛坪、户县等地，以太白山分布最为集中，其他各地有少量分布。

太白红杉

资源现状与保护：我国特有种，是秦岭山区唯一生存的本土落叶松属植物，对研究秦岭植物区系和落叶松属地理分布有科学价值。

（二十）大果青杆（*Picea neoveitchii*）

分类地位：松科、云杉属。别名：紫树、爪松。

形态特征：常绿乔木；树皮灰色，裂成鳞片块状脱落。枝条轮生；小枝上有显著的叶枕，叶枕下缘彼此间有凹槽，顶端凸起成木钉状，叶生于叶枕之上，脱落后枝条粗糙，一年生枝较粗，淡黄色或淡黄褐色，无毛，二至三年生枝淡黄灰色或灰色，老枝暗灰色；冬芽卵圆形或圆锥状卵圆形，微具树脂，芽鳞淡紫褐色，覆瓦状排列，小枝基部宿存芽鳞的先端紧贴小枝，不斜展。小枝上面之叶向上伸展，两侧及下面的叶向上弯伸，四棱状条形，两侧扁，先端急尖，四边有气孔线，上面每边5～7条，下面每边4条。球花单性，雌雄同株；雄球花椭圆形或圆柱形，单生叶腋，小孢子叶多数，螺旋状着生，花药2个，药室纵裂，药隔圆卵形，边缘有细缺齿，花粉粒有气囊；雌球花单生枝顶，珠鳞多数，螺旋状着生，腹（上）面基部生2枚胚珠，背（下）面托有极小的苞鳞。球果下垂，矩圆状圆柱形或卵状圆柱形，通常两端窄缩，或近基部微宽，成熟前绿色，有树脂，成熟时淡褐色或褐色；种鳞宽大，宿存，宽倒卵状五角形、斜方状卵形或三角状宽卵形，先端宽圆或近三角状，边缘薄，有细缺齿或近全缘；苞鳞短小，不露出；种子倒卵圆形，种翅宽大，膜质，有光泽，倒卵状。

习性与分布：生长于海拔1400～2100米地带，散生于林中或生于岩缝，稍喜光，根系发达，在湿度较大、空气湿润、土壤水分充足的林中，天然更新良好。秦岭地区主要分布于户县（崂峪）、凤县（辛家山）、留坝县（紫柏山）、周至县（都督门）、佛坪县（后畛子乡）、太白县（黄柏原）。

资源现状与保护：秦岭特有种，零星分布，属中国－日本森林植物区系成分，分布范围比较狭窄，对研究云杉属分类有重要意义。

大果青杆

（二十一）麦吊云杉（*Picea brachytyla*）

分类地位：松科、云杉属。别名：杉树。

形态特征：常绿乔木，高达30米，胸径达1米以上。树皮幼时灰褐色，光滑，老则变为暗灰色，深裂成长方状块片。大枝平展，小枝下垂，具突起的叶枕，一年生枝细，淡黄色或淡褐黄色。叶在小枝上面密集，重叠而向前伸，在下面梳状排列，线形，扁平，先端钝或尖。雌雄同株，雄球花单生叶腋，下垂；雌球花单生侧枝顶端，具多数螺旋状排列，腹面基部生有2枚胚珠的珠鳞，背面托以小的苞鳞。球果下垂，长圆状圆柱形或圆柱形，成熟前绿色，成熟时淡黄褐色；种鳞宽倒卵形或斜方状倒卵形，先端圆或钝三角形；种子具膜质翅。

习性与分布：分布在海拔1000～2200米间。通常生长在气候温暖湿润、土层深厚、富含腐殖质、排水良好、光照充足的开阔山谷溪旁或山坡的酸性黄壤、山地黄棕壤中。秦巴山区见于平利县（千家坪林场、白果坪乡马安至白沙一带）、岚皋县（笔架山、支河乡）。

资源现状与保护：秦岭地区零星分布。我国特有种，该种植物的形态比较特殊，它的叶横切面扁平，下面无气孔带，而在上面有两条白色的气孔带，与多数同属植物叶的形态极其不同，因此，在云杉属的系统分类研究上具有一定的学术价值。

麦吊云杉

（二十二）紫斑牡丹（*Paeonia suffruticosa* var. *papaveracea*）

分类地位：芍药科、芍药属。别名：牡丹。

形态特征：落叶灌木，高50～150厘米；小枝圆柱形，微具条棱，基部具鳞片状鞘。叶通常为二回三出复叶；顶生小叶宽卵形，通常不裂，稀3裂至中部，裂片不再浅裂，下面灰绿色，疏被长柔毛；侧生小叶长卵形或卵形，不裂或2～4浅裂。花大，单生枝端；苞片5片，长椭圆形；萼片5片，淡黄绿色，近圆形；花瓣10～12片，白色，宽倒卵形，内面基部具有深紫色斑块；雄蕊多数，黄色；花盘杯状，革质，包围心皮；心皮5～7枚，密被黄色短硬毛。

习性与分布：秦岭地区分布在海拔1000～2800米间，多生长于向阳山坡丛林、稀疏灌木和干旱的岩石缝隙及山梁上，阴湿的沟谷中少见。

资源现状与保护：秦岭地区仅残存于个别地方，而且数量很少。牡丹是特产于我国并驰名于世的观赏花木，栽培历史悠久，形成了数百个优良品种，形色各异，富丽堂皇，被誉为"国色天香"。它的根皮是著名的中药材"丹皮"，自古以来是药农采挖的对象，主要用于温毒发斑、夜热早凉、无汗骨蒸、经闭经痛、跌打伤痛等症状。紫斑牡丹与秦岭分布的矮牡丹和美丽芍药同为国家二级保护植物。

紫斑牡丹

（二十三）川黄檗（*Phellodendron chinense*）

分类地位：芸香科、黄檗属。

形态特征：乔木，高10～12米；树皮暗灰棕色，薄且开裂，无加厚的木栓层，内层黄色，有黏性；小枝紫褐色，粗大，光滑无毛。单数羽状复叶对生；小叶7～15片，矩圆状披针形至矩圆状卵形，顶端长渐尖，基部宽楔形或圆形，不对称，上面仅中脉密被短毛，下面全密被长柔毛。花单性，雌雄异株，排成顶生圆锥花序，花序轴密被短毛；萼片5片；花瓣5～8片；雄花有雄蕊5～6枚，长于花瓣，退化雌蕊钻形；雌花有退化雄蕊5～6枚。果轴及果枝粗大，常密被短毛；浆果状核果球形，密集，黑色，有核5～6个。花期5～7月，果期9～10月。

川黄檗

习性与分布：生长于海拔400～1500米的山坡疏林、谷底。见于秦岭南坡洋县等地。

资源现状与保护：种子含脂肪油、甾醇类化合物，树干内皮所含化学成分与黄檗相同，唯小檗碱的含量比黄檗高，约4%～8%。

（二十四）东北茶藨子（*Ribes mandshuricum*）

分类地位：虎耳草科、茶藨子属。别名：山麻子、东北醋李、狗葡萄、山樱桃、灯笼果等。

形态特征：落叶灌木，高1～3米；小枝灰色或褐灰色，皮纵向或长条状剥落，嫩枝褐色，具短柔毛或近无毛，无刺；芽卵圆形或长圆形。叶宽大，宽几与长相似，基部心脏形，幼时两面被灰白色平贴短柔毛，下面甚密，成长时逐渐脱落，老时毛甚稀疏，常掌状3裂，稀5裂，裂片卵状三角形，先端急尖至短渐尖，顶生裂片比侧生裂片稍长，边缘具不整齐粗锐锯齿或重锯齿。花两性，总状花序初直立后下垂，具花多达40～50朵；花序轴和花梗密被短柔毛；苞片小，卵圆形，几与花梗等长，无毛或微具短柔毛，早落；花萼浅绿色或带黄色，外面无毛或近无毛；萼筒盆形；萼片倒卵状舌形或近舌形，先端圆钝；花瓣近匙形，宽稍短于长，先端圆钝或截形，浅黄绿色，下面有5个分离的突出体；雄蕊稍长于萼片，花药近圆形，红色；子房无毛；花柱稍短或几与雄蕊等长，先端2裂，有时分裂几达中部。果实球形；种子多数，较大，圆形。花期4～6月，果期7～8月。

习性与分布：生长于海拔1200～1800米的山坡或山谷林下。秦岭南北坡均产，见于眉县、周至、蓝田、长安等地。

资源现状与保护：秦岭地区分布较为广泛。果实既可观又可食，味酸多汁；具有养生、保健、调节身体机能等功效。

东北茶藨子

（二十五）巴山榧树（*Torreya fargesii*）

分类地位：红豆杉科、榧树属。别名：铁头榧（枞）、篦子杉、球果榧、紫柏。

形态特征：常绿乔木，高达12米；树皮深灰色，不规则纵裂；一年生枝绿色，二年以上生枝黄绿色或黄色，稀淡褐黄色。叶条形，稀条状披针形，通常直，稀微弯，先端为凸尖或微渐尖，具刺状短尖头，基部微偏斜，宽楔形，上面亮绿色，无明显隆起的中脉，通常有两条明显的凹槽，稀无凹槽，下面淡绿色，中脉不隆起。气孔带较中脉带为窄，干后呈淡褐色。绿色边带较宽，约为气孔带的一倍。雄球花卵圆形，基部的苞片背部具纵脊。小孢子叶常具有4个花药，药隔三角状，边具细缺齿。种子卵圆形、球形或宽椭圆形，肉质假种皮微被白粉，顶端具小凸尖，基部有宿存的苞片；肉质种皮内壁平滑，胚乳向内深皱。花期4~5月，种子9~10月成熟。

习性与分布：生长于海拔1000~1800米地带。散生于针叶林、阔叶林中。见于秦岭南坡略阳县、勉县等地。

资源现状与保护：我国特有种，木材坚硬，结构细致，可做家具、农具等用；种子可榨油。

（二十六）大叶榉树（*Zelkova schneideriana*）

分类地位：榆科、榉属。别名：血榉、红榉、青榉、白榉、毛脉榉、光光榆、鸡油树、黄栀榆、大叶榆。

形态特征：落叶乔木。树皮褐灰色，呈不规则的片状剥落，小枝紫褐色并被短柔毛。单叶互生，叶片薄纸质，卵状披针形，先端渐尖，边缘有圆齿状锯齿，托叶紫褐色，膜质。花单性，黄绿色，花被片4~5片。雄花1~3朵簇生，雄蕊4~5枚；雌花单生近无梗，子房1室无柄。核果小，淡绿色，斜卵状圆锥形。花期4月，果期9~11月。

习性与分布：生长于海拔500~1800米的山坡疏林中，秦岭南北坡均产，常生于溪间水旁或山坡土层较厚的疏林中。

资源现状与保护：木材致密坚硬，纹理美观，耐腐蚀，其老树材常带红色，故有"血榉"之称，为上等木材。树皮含纤维46%，可供制人造棉、绳索和造纸原料。榉树树姿端庄，秋季叶变成褐红色，是观赏秋叶的优良树种，且适应性强，抗风力强，耐烟尘，是城乡绿化和营造防风林的好树种。

大叶榉树

第三章

秦岭——动植物的宝库

由于特殊的地理位置和多样化的气候条件，秦岭的动植物物种南北交汇、东西承接、四方汇集，种类十分丰富。根据西安植物园李思锋研究员的最新统计结果，秦岭的种子植物已经多达164科、1052属、3839种。秦岭分布的陆栖脊椎动物有28目、112科、325属、638种，其中兽类143种，属于7目、30科、91属；鸟类433种，属于17目、66科、195属；两栖爬行类62种，属于4目、16科、39属。

　　秦岭是中国具有全球意义的11个陆地生物多样性保护关键区域之一，在生物学界的地位堪比欧洲的阿尔卑斯山、南美的亚马逊河流域以及非洲的大草原等，均属于全球生物多样性最为丰富的地区之一。千百年来，秦岭生态系统的多样性、物种的多样性和遗传基因的多样性，备受中外有关组织和学者的关注和青睐，成为研究欧亚大陆生物起源、发展和演替规律的天然实验室。

　　秦岭主峰太白山历来享有盛誉，"太白无闲草，遍地都是宝"就是对此的真实写照。据《太白山本草志》记载，仅太白山就有中草药物1415种，涉及药源植物大约1300种，堪称"华夏药材宝库"。据调查，仅在太白山就有纤维植物31科、100余种，淀粉类植物35科、132种，油脂芳香类植物65科、240余种，鞣料类植物33科、95种，观赏类植物78科、600余种，丰富的植物资源让人惊奇。

　　太白山仅是秦岭的一个缩影。在整个秦岭地区分布的资源植物就更加丰富了，而这里动物资源的多样性和价值也绝不比植物资源逊色。秦岭区域内蕴藏着宝贵的动植物资源，可以为中华民族的生存和发展源源不断地创造财富。

第一节　观赏动植物资源——大美秦岭

　　秦岭的野生观赏动植物资源非常丰富，不光红豆杉、兜兰、杓兰、春兰、蕙兰、大熊猫、金丝猴、朱鹮等珍稀濒危动植物物种具有极高的观赏价值，杜鹃、龙胆、报春、绿绒蒿、马先蒿和百合等野生花卉植物资源也深受人们喜爱，更有凤蝶、鹭、凤头麦鸡、黄臀鹎、翠鸟、画眉、红嘴相思鸟、寿带鸟、黑枕黄鹂、蓝喉太阳鸟等极具观赏价值的动物资源，真是不胜枚举。绿草红花彼此映衬，相得益彰，动物和植物相生相伴，共同构成了多姿多彩的美丽世界。

　　作为秦岭山脉的主峰，太白山的野生花卉资源植物最具代表性，特别是山顶区域的杜鹃花、龙胆花和报春花，虽不是什么名贵的奇花异草，但是它们在盛开时节绵延千里，一望无边，堪称是大秦岭的大手笔，那种色彩，那种霸气，那种震撼力，绝对是一种惊天动地的世间大美。

　　杜鹃花人称"木本花卉之王"，它的颜色令人惊叹，花冠有粉的、红的、黄的、蓝紫色的，更有粉中带黄或红黄相间的，万紫千红，美不胜收。成千上万亩的杜鹃花在亚高山灌丛带连成一片，盛开的时候，在一阵阵山风的吹拂下，花潮一浪接着一浪，由山麓涌向山顶，景象十分壮观，令人震撼。

　　龙胆也多产于秦岭高寒地区，植株虽然矮小，但是花姿很有特色：有的花像一个倒挂的造型优雅的古钟；有的花似一个别致精美的漏斗。最吸引人的还在于龙胆花的颜色，以红、蓝、紫等深色系为主，常成片开放，人们走近龙胆花盛开的草甸，就如同走进了蓝色的海洋，数不清的龙胆花簇拥着，热闹着，整个山坡像是爬满了蓝色的精灵。一株株单独的龙胆花虽然娇小细弱，可千万株龙胆花聚在一起，就如同铺开了一幅巨大的蓝色地毯，远远望去宛若一片片浅蓝色的海洋，在阳光照射下安详而神秘。蓝色代表着浪漫，一丛一丛蓝色的小龙胆花必然备受人们喜爱。

报春花属植物在秦岭多生长在高山、亚高山灌丛草甸区域。矮小的植株通常贴近地面生长而呈莲座状，花冠呈漏斗状或高脚碟状，优美的姿态十分惹人喜欢。报春花也有着丰富绚丽的颜色，白色、蓝色、粉红、橘红、深红、黄色和紫色，给人一个五彩斑斓的世界。报春花属植物的花期长，从早春至仲秋都有开放。盛开时，高低错落的报春花似锦如霞般地布满山坡和溪畔，五彩缤纷，清新幽香，为爱花的人们带来一场色彩的盛宴。目前，大量报春花属植物已经引入城市，成为重要的园林观赏植物。

秦岭深处还有很多美丽的动植物，动物和植物之美在于发现，若您有缘到这里和它们亲密接触，您一定会惊艳于它们的美！

一、观赏动物资源

（一）金裳凤蝶（*Troides aeacus*）

分类地位： 昆虫纲，鳞翅目，凤蝶科。别名：金凤筝、金童、黛女。

形态特征： 雌雄异形。体长41～58毫米，翅展可达115～170毫米。前翅黑色，具丝绒光泽，翅脉周缘几近苍灰色，雌蝶更为明显。雄蝶后翅金黄色，翅脉黑色，各翅室外缘有向内的三角形斑。雌蝶前翅基本与雄蝶相似，但后翅在亚外缘处多了一串黑色三角形斑。雌、雄蝶近臀角的三个翅室的三角形黑斑向内扩散成黑晕。

习性与分布： 在秦岭地区一年可以发生1～2代，成虫于6～8月份出现，每日羽化高峰在6～10时，羽化后喜欢在午间飞行。雄蝶喜欢在树梢盘旋；雌蝶多在寄主植物附近飞翔，飞行速度较慢。金裳凤蝶成虫寿命约10天，卵期约3～6天，幼虫期和蛹期均约为18～25天。其寄主主要为马兜铃属植物。在秦岭地区主要见于洋县、西乡、太白、佛坪等地。

资源价值与利用： 金裳凤蝶飞翔姿态优美，后翅在阳光照射下显得非常美丽，具有一定观赏价值，被列为《濒临绝种野生动植物国际贸易公约（CITES）》附录II物种，《中国物种红色名录》评估等级为近危，是陕西省省级重点保护野生昆虫。

金裳凤蝶

（二）中华宽尾凤蝶（*Agehana elwesi*）

分类地位： 昆虫纲，鳞翅目，凤蝶科。别名：宽尾凤蝶。

形态特征： 翅展116～131毫米，翅黑色，上面有黄色鳞片散生。前翅外缘呈深色，具有黑色宽带脉纹，各翅室有黑色条纹。后翅外缘红色，有5个红色新月形斑，外缘边凹陷，臀角有2个红色半环状斑。因后翅尾状突起特别宽大而名。具有两条翅脉是本种重要特点。有的个体后翅中室端半部白色，称白斑型。

习性与分布： 一年发生1～2代，以蛹越冬。成虫分别于4月和7月份出现，幼虫危害檫树、马褂木及厚朴等植物。秦岭地区分布于略阳、宁强、勉县。

资源价值与利用： 中华宽尾凤蝶外形美观，色彩鲜艳，比较容易饲养，是一种重要的观赏蝶类，也是陕西省省级重点保护野生昆虫，列入《国家保护的有益的或者有重要经济、科学研究价值的陆生野生动物名录》。

（三）金凤蝶（*Papilio machaon*）

分类地位：昆虫纲，鳞翅目，凤蝶科。别名：黄马连、黄凤蝶、黄纹凤蝶、茴香凤蝶、胡萝卜凤蝶。

形态特征：翅展90～120毫米。体黑色或黑褐色，胸部背面有两条"八"字形黑带。前翅基部黑色，外缘宽带中有8个黄色椭圆形斑，后翅外缘宽带中有6个黄色新月形斑，其内有略呈新月形的蓝斑，臀角有一个赭黄色斑。翅中间斑纹黄色或黄白色，反面斑纹与正面基本相同，但色较浅。

习性与分布：适应性强，可在多种环境中生存。在高寒地区每年通常发生2代，温带地区一年可发生3～4代。成虫将卵产在叶尖，每产1粒即行飞离。幼虫早期栖息于叶片主脉上，成长后则栖息于粗茎上，白天静伏不动，夜间取食，主要取食茴香、胡萝卜、芹菜等的花蕾、嫩叶和嫩芽梢，遇惊时可通过从第一节前侧伸出的臭丫腺放出臭气拒敌。成虫喜欢访花吸蜜，少数有吸水活动。秦岭地区分布于太白、西乡、宁强、略阳、南郑。

资源价值与利用：金凤蝶身体金黄色，较艳丽，被誉为"能飞的花朵"，具有一定观赏价值。金凤蝶分布广但个体数量不多，是陕西省省级重点保护野生昆虫。

金凤蝶

（四）玉带凤蝶（*Papilio polytes*）

分类地位：昆虫纲，鳞翅目，凤蝶科。别名：玉带美凤蝶。

形态特征：成虫雌雄异形，翅展95～111毫米，体、翅均为黑色。雄性个体前翅外缘有7个白色小斑，后翅中部有7个黄白色斑，反面沿外缘有6个黄白色新月形斑，臀角有一个红色或橙色半圆环。雌性个体颜色较淡，后翅正反面沿外缘都有红色新月形斑，中部的斑纹有几个为红色，臀角也有红色环状斑。

习性与分布：一年发生3代，以蛹越冬，至第二年春季陆续羽化。在阳光较强的中午活动频繁，喜欢在鲜花、草丛中飞翔，追逐交尾，然后寻找柑橘、柚、佛手等芸香科植物的嫩叶产卵，多产于叶背，散产，经一周左右孵化。幼虫是佛手等植物的主要害虫。秦岭地区分布于宁陕、石泉、宁强。

资源价值与利用：玉带凤蝶个体色彩艳丽，是一种观赏蝶

玉带凤蝶

类，是陕西省省级重点保护野生昆虫。

（五）冰清绢蝶（*Parnassius glacialis*）

分类地位：昆虫纲，鳞翅目，绢蝶科。别名：白绢蝶、黄毛白绢蝶。

形态特征：翅展60～70毫米，体黑色，翅白色，翅脉灰褐色。前翅外缘及亚外缘微呈现灰色横带。中室端和中室内显灰色斑。后翅后缘为一条纵的黑色宽带。反面与正面类似。

习性与分布：成虫出现在6～7月，多分布在低海拔地区，飞行缓慢。秦岭地区见于佛坪、周至、西乡、洋县、宁陕。

资源价值与利用：冰清绢蝶具有一定观赏价值，是陕西省省级重点保护野生昆虫，列入《国家保护的有益的或者有重要经济、科学研究价值的陆生野生动物名录》。

冰清绢蝶

（六）枯叶蛱蝶（*Kallima inachus*）

分类地位：昆虫纲，鳞翅目，蛱蝶科。别名：枯叶蝶。

形态特征：翅展50～60毫米，翅为褐色或紫褐色，具有藏青色光泽。前翅斜向外上方具有一个尖锐顶角，翅中部有一条宽阔的橙黄色斜带，两侧有白点，后翅第一、第二臀脉伸长成尾状。前后翅亚缘均具有一条深色波状线。翅反面呈枯叶色，静息时从前翅顶角到后翅臀角处有一条深褐色横线，再加上几条斜线，与叶脉结构非常相似。

习性与分布：多生活在山里树木茂盛的环境中，喜欢在悬崖峭壁下葱郁的混交林间活动。雄蝶常常飞栖于溪涧流水上空2米多高的阔叶树叶上，等候雌蝶追逐交尾，被打扰后会立即飞入丛林，栖止于藤蔓或树木枝干上。其栖息姿态是头向下，尾向上，常静止于无叶的粗干上。因其翅背面酷似枯叶，隐藏起来极难被发现。成虫主要发生于3～10月。其寄主植物主要是马蓝。秦岭地区分布于宁强、略阳等地，数量较少。

资源价值与利用：枯叶蛱蝶是世界上最著名的拟态高手之一，列入《国家保护的有益的或者有重要经济、科学研究价值的陆生野生动物名录》，为陕西省省级重点保护野生昆虫。

（七）双叉犀金龟（*Allomyrina dichotoma*）

分类地位：昆虫纲，鞘翅目，金龟子科。别名：独角仙。

形态特征：体栗褐色到深棕褐色，体长35～60毫米（不包括头上突出的角），体宽18～38毫米。雌雄个体形态差异较大。雄虫头顶具有一个强大而末端双分叉的角突，前胸背板中央具有一个末端单分叉的角突，背面有光泽；雌虫个体略小，头、胸均无角突，但头面中央隆起，具有3个横列小突，前胸背板前部中央有一"丁"字形凹沟，背面光泽差。足粗壮，末端均有一对利爪。

习性与分布：大量发生于6～8月，成虫将卵产于土内腐殖质层中。主要取食植物树干伤口处的汁液。秦岭地区分布于佛坪、西乡、宁陕、留坝、洋县、太白。

资源价值与利用：双叉犀金龟个体威猛，可作观赏，又具有一定药用价值，列入《国家保护的有益的或者有重要经济、科学研究价值的陆生野生动物名录》。

（八）苍鹭（*Ardea cinerea*）

分类地位：鸟纲，鹳形目，鹭科。别名：灰鹭、青庄。

形态特征：体长约92厘米。过眼纹、冠羽、飞羽、翼角及两道胸斑黑色，头、颈、胸及背白色，颈具黑色纵纹。幼鸟的头及颈灰色较重，但没有黑色。虹膜黄色，嘴黄绿色，脚偏黑色。

习性与分布：栖息于江河、溪流、湖泊、水塘等水域岸边及浅水处，也见于沼泽、稻田、山地、森林和平原荒漠上的浅水处和沼泽地上，单独、成对或小群活动。4～6月繁殖，繁殖期成群筑巢于树冠顶端，每窝产卵3～6枚，孵卵由雌雄亲鸟共同承担，孵化期25天左右。秦岭海拔1000米以下湿地均有分布。冬季大部分迁徙，小部分不迁徙。

资源价值与利用：秦岭南坡种群大、数量多，常见集大群栖息繁殖，成为秦岭南坡湿地一道靓丽的风景。

苍鹭

（九）白鹭（*Egretta garzetta*）

分类地位：鸟纲，鹳形目，鹭科。别名：白鹤、鹭鸶、小白鹭。

形态特征：体长约56厘米。全身羽毛白色，繁殖期间枕部垂有两条细长的饰羽，背和上胸部分披蓬松蓑羽，繁殖期结束后消失。喙细长，黑色。黑腿，黄脚掌。

习性与分布：在秦岭为繁殖鸟，繁殖期结束后大部分迁徙，部分为留鸟。常栖息于海拔1200米以下的湿地，单独、成对或

白鹭

集群活动，主要以鱼、虾、甲壳动物和昆虫为食。繁殖期为3～9月，在秦岭成群与夜鹭、牛背鹭、池鹭、苍鹭等一同筑巢于近水的针阔混交林内，用树枝简单筑巢。每窝产卵4～5枚，雌雄共同孵卵、育雏。秦岭南北两侧的沼泽、湿地、河谷均有分布。

资源价值与利用：观赏鸟类。分布广，种群大，数量多，其繁殖期在低海拔溪流、河谷、沼泽湿地随处可见。

（十）夜鹭（*Nycticorax nycticorax*）

分类地位：鸟纲，鹳形目，鹭科。别名：夜鹤、夜游鹤。

形态特征：头大而体壮的黑白色鹭，体长约61厘米，雌鸟体形较雄鸟小。顶冠黑色，颈及胸白色，颈背有两条白色丝状饰羽，背黑色，两翼及尾灰色。繁殖期腿及眼先红色。亚成鸟虹膜黄色，成鸟虹膜鲜红。亚成鸟具褐色纵纹及点斑。嘴黑色，脚污黄。

习性与分布：多夜间或晨昏成小群活动，白天常隐蔽在沼泽、灌丛或林间。主要捕食鱼、蛙、虾、水生昆虫等。繁殖期为4～7月，常成群在一起营群巢，巢筑于大的树杈，也常与其他鹭类一起成混合群营巢，每窝产卵3～5枚，孵化期21～22天。9～10月大部分开始迁徙。秦岭地区的夜鹭为夏候鸟，大部分迁徙，部分为留鸟。主要分布于秦岭南坡。

资源价值与利用：观赏鸟类。秦岭南坡洋县、城固等地数量多，春季和夏季常见。

夜鹭

（十一）池鹭（*Ardeola bacchus*）

分类地位：鸟纲，鹳形目，鹭科。别名：红毛鹭、田牛奴、中国池鹭。

形态特征：体长约47厘米。翼白色，身体具褐色纵纹。繁殖期头及颈深栗色，胸紫酱色。冬季站立时具褐色纵纹，飞行时体白而背部深褐。虹膜褐色，嘴黄色（冬季），腿及脚绿灰色。

习性与分布：栖息于稻田、池塘和沼泽地，喜单只或结小群在水田或沼泽地中觅食。以鱼类、蛙、昆虫为食。繁殖期营巢于树上或竹林间，巢呈浅圆盘状，巢内无其他铺垫物。5月上、中旬产卵，每窝产卵3～6枚。通常无声，争吵时发出低沉的呱呱叫声。秦岭广泛分布，以秦岭南坡低海拔农作区为主要分布区。夏

池鹭

候鸟，并在此繁殖。部分为留鸟。

资源价值与利用：观赏鸟类。数量多，常见。

（十二）牛背鹭（*Bubulcus ibis*）

分类地位：鸟纲，鹳形目，鹭科。别名：放牛郎、红头鹭、黄头鹭、黄头鹭鸶。

形态特征：体长约50厘米。繁殖期头、颈、胸橙黄色，虹膜、嘴、腿及眼先短期呈亮红色；非繁殖期仅部分鸟额部橙黄色。与其他鹭的区别在于体形较粗壮，颈较短而头圆，嘴较短厚。虹膜黄色，嘴黄色，脚暗黄至近黑。

习性与分布：唯一不食鱼而以昆虫为主食的鹭类，捕食蜘蛛、黄鳝、蚂蟥和蛙等小动物。与家牛关系亲密，常跟随在家畜后捕食被家畜从水草中惊飞的昆虫，也常在牛背上歇息，故名牛背鹭。繁殖期4～7月，营巢于树上或竹林上。常成群营群巢，也常与白鹭和夜鹭在一起营巢。每窝产卵4～9枚，雌雄亲鸟轮流孵卵，孵化期21～24天。分布于秦岭低海拔1000米以下农垦区，秦岭南坡分布最广。夏候鸟，于秦岭繁殖。部分为留鸟。

资源价值与利用：观赏鸟类。为秦岭的优势鸟种，秦岭南坡的水稻种植区繁殖期集群活动，随处可见。

牛背鹭

（十三）绿鹭（*Butorides striatus*）

分类地位：鸟纲，鹳形目，鹭科。

形态特征：体形较小的深灰色鹭。额、头顶、枕、羽冠和眼下纹绿黑色，羽冠从枕部一直延伸到后枕下部。上体呈灰绿色；下体两侧银灰色。两翼及尾青蓝色并具绿色光泽，羽缘黄色。腹部粉灰，颏白。背及两肩披有窄长的青铜绿色的矛状羽，向后直达尾部。虹膜金黄色，眼先裸露皮肤黄绿色，嘴缘褐色，脚和趾黄绿色。

习性与分布：常单独栖于有浓密树荫的枝杈，有时也栖息于浓密的灌丛中或树荫下的石头上。主要以鱼为食，也吃蛙、蟹、虾、水生昆虫和软体动物。觅食主要在清晨和黄昏，有时白天也觅食。通常站在水边等待过往鱼类到来，然后扎入水中捕食。夏季繁殖，秋季迁徙。营巢于耐水树木和灌丛隐蔽的枝杈上。每窝

绿鹭

产卵5枚，卵绿青色，孵卵期21天。夏候鸟，分布于秦岭海拔1200米以下的山间河流、小溪和池塘水库地带。

资源价值与利用：观赏鸟类。4～10月常见于低海拔溪流、河谷。秦岭南坡数量多于北坡，遇见率大于北坡。

（十四）大麻鳽（*Botaurus stellaris*）

分类地位：鸟纲，鹳形目，鹭科。别名：大麻鹭、蒲鸡。

形态特征：体长约75厘米。顶冠黑色，颏及喉白且边缘接明显的黑色颊纹。头侧金色，其余体羽多具黑色纵纹及杂斑。飞行时具褐色横斑的飞羽与金色的覆羽及背部成对比。虹膜黄色，嘴黄色，脚绿黄色。

习性与分布：栖息于山地丘陵和山脚平原地带的河流、湖泊、池塘边的芦苇丛。除繁殖期外常单独活动。多在黄昏和晚上活动，白天多隐蔽在水边芦苇丛和草丛中，有时亦见白天在沼泽草地上活动。主要以鱼、虾、蛙、蟹、螺、水生昆虫等动物性食物为食。候鸟，冬春季节常见于秦岭低海拔河谷湿地。

大麻鳽

资源价值与利用：观赏鸟类。秦岭南坡数量较多，溪流、河谷、沼泽地冬春季节常见。

（十五）鹮嘴鹬（*Ibidorhyncha struthersii*）

分类地位：鸟纲，鸻形目，反嘴鹬科。

形态特征：体长约40厘米。主要特征为腿及嘴红色，嘴长且下弯。一道黑白色的横带将灰色的上胸与其白色的下部隔开。翼下白色，翼上中心具大片白色斑，飞行时可见。

习性与分布：栖息于海拔1200米以下的大河及其支流的河谷地带，常单独或成3～5只的小群出入于河流两岸的砾石滩和沙滩上活动和觅食，并在此于春季繁殖。性机警，稍有声响，即隐伏不动。秦岭地区均有分布，秦岭南坡的汉中地区汉江流域为主要分布地。

鹮嘴鹬

资源价值与利用：秦岭南坡的汉江及其支流河谷地带常见，数量较多，每年吸引众多观鸟爱好者光临。

（十六）黑翅长脚鹬（*Himantopus himantopus*）

分类地位：鸟纲，鸻形目，反嘴鹬科。别名：红腿娘子、高跷鸻。

形态特征：体形高挑、修长（约37厘米）。细长的嘴黑色，两翼黑，长长的腿红色，体羽白。夏羽雄鸟额白色，头顶至后颈黑色，或白色而杂以黑色。雌鸟和雄鸟基本相似，但整个头、颈全为白色。

习性与分布：黑翅长脚鹬喜在江边、河边浅水处、小水塘和沼泽地带及水边泥地上觅食，常单独、成对或成小群在浅水中或沼泽地上活动。行走缓慢，步履稳健、轻盈，姿态优美，但奔跑和有风时显得笨拙。主要以软体动物、甲壳动物、环节动物、昆虫以及小鱼和蝌蚪等动物性食物为食。全球有4个亚种，中国1个，为黑翅长脚鹬指名亚种。4～5月迁徙期间经过秦岭的汉江流域和关中平原的渭河流域，在秦岭为候鸟。

资源价值与利用：观赏鸟类。迁徙期间秦岭南坡能见到，数量较少。

黑翅长脚鹬

（十七）凤头麦鸡（*Vanellus vanellus*）

分类地位：鸟纲，鸻形目，鸻科。别名：田凫。

形态特征：体长约30厘米。头顶具细长而稍向前弯的黑色冠羽，甚为醒目，上体具绿黑色金属光泽，尾白而具宽的黑色次端带；头顶色深，耳羽黑色，头侧及喉部污白，胸近黑，腹白。

习性与分布：常成群活动。善飞行，常在空中上下翻飞，飞行速度较慢，两翅迟缓地扇动，飞行高度不高。有时栖息于水边或草地上，当人接近时，伸颈注视，发现有危险则立即起飞。主要以昆虫为食，也吃虾、蜗牛、螺、蚯蚓等小型无脊椎动物和大量杂草种子及植物嫩叶。凤头麦鸡在中国30多个省均有分布，在秦岭为冬候鸟，冬春季主要分布于秦岭南坡的汉江流域及其支流浅滩。

资源价值与利用：观赏鸟类。在秦岭北坡数量较少，南坡较多。冬春季节在汉江谷地和低山区的河边滩地容易见到，每年初春吸引众多的鸟类爱好者光临秦岭南部汉江周边观赏、拍摄。

凤头麦鸡

（十八）金眶鸻（*Charadrius dubius*）

分类地位：鸟纲，鸻形目，鸻科。别名：黑领鸻。

形态特征：小型涉禽，体长约16厘米，有黑、灰、白三种颜色。嘴短，黄色眼圈明显，具黑或褐色的全胸带，翼上无横纹。腿黄色。成鸟黑色部分在亚成鸟为褐色。飞行时翼上无白色横纹。下体除黑色胸带外全为白色。

习性与分布：栖息于开阔平原和低山丘陵的湖泊、河流岸边及附近的沼泽、草地和农田地带。成小群活动觅食。4～5月于汉江、渭河及其支流边缘草地上做巢繁殖。以昆虫为主食，兼食植物种子、蠕虫等。金眶鸻有3个亚种，秦岭分布的为金眶鸻普通亚种，在秦岭为繁殖鸟。分布于秦岭南北的汉江、渭河及其支流滩地。

资源价值与利用：观赏鸟类。在秦岭汉江和渭河流域数量较多，分布范围广，冬春季节易看到。

金眶鸻

（十九）红嘴鸥（*Larus ridibundus*）

分类地位：鸟纲，鸥形目，鸥科。别名：赤嘴鸥、钓鱼郎、普通海鸥、水鸽子、笑鸥。

形态特征：体长约40厘米。眼后具黑色点斑（冬季），嘴及脚红色，褐色的头罩延伸至顶后，于繁殖期延至白色的后颈。翼前缘白色，翼尖的黑色并不长，翼尖无或微具白色点斑。嘴和脚鲜红色，嘴先端稍暗，爪黑色。

习性与分布：红嘴鸥喜栖息于平原和低山丘陵地带的湖泊、河流、水库、河口、鱼塘、沿江河沼泽地带。常成小群活动。冬季在越冬的江面上常集成近百只的大群，或在水面上空振翅飞翔，或荡漾于水面。休息时多站在水边岩石或沙滩上，也漂浮于水面休息。冬末春初在秦岭的汉江和渭河流域有广泛分布。

资源价值与利用：冬末春初在汉江和渭河流域平缓宽阔的水面、沙滩上极易见到，数量较多，是人们喜爱的观赏鸟。

红嘴鸥

（二十）白胸苦恶鸟（*Amaurornis phoenicurus*）

分类地位： 鸟纲，鹤形目，秧鸡科。别名：白脸秧鸡、白面鸡、白胸秧鸡、苦恶鸟。

形态特征： 体长约33厘米。成鸟两性相似，雌鸟稍小。头顶及上体暗石板灰色，脸、额、胸及上腹部白色，下腹及尾下棕色。虹膜红色，嘴黄绿色，上嘴基部橙红色，腿、脚黄褐色。

习性与分布： 白胸苦恶鸟通常单个活动，偶尔三两成群，栖息于长有芦苇或杂草的沼泽地、有灌木的蒿草丛、竹丛以及稻田、河流、湖泊、灌渠和池塘边。多在开阔地带行走觅食，也攀于灌丛及小树上。食性较杂，动物性食物有昆虫及其幼虫、软体动物、蜘蛛和小鱼等，植物性食物有草籽、水生植物的嫩茎和根。繁殖期4～7月，巢营于水域附近的灌木丛、草丛或灌水的稻田内，呈浅盘状或杯状，每窝产卵4～10枚，孵化期16～18天。繁殖季节有明显的领域性。全球有4个亚种，中国1个亚种。在秦岭为夏候鸟，分布广泛。

资源价值与利用： 观赏鸟类。繁殖季节在秦岭南部极易见到，数量较多。

白胸苦恶鸟

（二十一）黑水鸡（*Gallinula chloropus*）

分类地位： 鸟纲，鹤形目，秧鸡科。别名：红骨顶、红鸟。

形态特征： 体长约31厘米。额甲亮红，嘴短。体羽全青黑色，仅两胁有白色细纹而成的线条；尾下有两块白斑，尾上翘时此白斑尽显。虹膜红色，嘴暗绿色，嘴基红色，脚绿色。

习性与分布： 夏候鸟，栖息于低海拔河谷湿地、沼泽、湖泊、水库、苇塘、水渠和稻田中。游泳时身体露出水面较高，尾向上翘，善潜水。多成对活动，以水草、小鱼虾和水生昆虫等为食。繁殖期为4～7月，营巢于水边浅水处芦苇丛中或水草丛中，巢碗状。通常每窝产卵6～10枚，雌雄亲鸟轮流孵卵，孵化期19～22天。秦岭地区广泛分布。

资源价值与利用： 数量较多，繁殖期栖息地常见，具有较高的观赏价值。

黑水鸡

（二十二）骨顶鸡（*Fulica atra*）

分类地位：鸟纲，鹤形目，秧鸡科。别名：白骨顶。

形态特征：体长约40厘米。具显眼的白色嘴及额甲。整个体羽黑灰色，仅飞行时可见翼上狭窄近白色后缘。雌雄同色。

习性与分布：栖息于低山林地、丘陵区和平原草地的各类水域中，在距水面不高的密草丛中筑巢。繁殖期5～7月，每窝产卵7～12枚，常为8～10枚，孵化期24天。除繁殖期外，常成群活动，特别是迁徙季节，常成数十只甚至上百只的大群，偶尔亦见单只和小群活动，有时亦和鸳鸯等混群活动。善游泳和潜水，一天的大部时间都游弋在水中。杂食性，主要取食小鱼、虾、水生昆虫和水生植物嫩叶、幼芽、果实、种子及一些藻类。该物种在中国分布范围广，是中国较常见的水鸟。秦岭南北均有分布，为候鸟，部分为繁殖鸟。迁徙时也见于海拔2300米左右的针阔混交林，冬春季节常见于1200米以下的河谷地带。

资源价值与利用：观赏鸟类。冬春季节数量多，分布广。湖泊、水库、水塘、苇塘、河湾和深水沼泽地带最为常见。

骨顶鸡

（二十三）普通秋沙鸭（*Mergus merganser*）

分类地位：鸟纲，雁形目，鸭科。别名：黑头尖嘴鸭（雄）、棕头尖嘴鸭（雌）。

形态特征：体长约68厘米。细长的嘴具钩。繁殖期雄鸟头及背部绿黑，与光洁的乳白色胸部及下体成对比。枕部有短的黑褐色冠羽。飞行时翼白而外侧三级飞羽黑色。雌鸟及非繁殖期雄鸟上体深灰，下体浅灰，头棕褐色而颏白，冠羽短。

习性与分布：常成小群活动，秦岭地区也见数十只的大群。游泳时颈伸得很直，有时也将头浸入水中频频潜水。休息时多游荡在岸边或栖息于水边沙滩上。起飞时显得很笨拙，需要两翅在水面急速拍打并在水面助跑一阵才能飞起。通过潜水觅食，食物主要为小鱼，也大量捕食软体动物、甲壳类、石蚕等水生无脊椎动物，偶尔也吃少量植物性食物。冬候鸟，冬春季节广泛分布于秦岭海拔1200米以下的渭河、汉江及其支流。

资源价值与利用：观赏鸟类。渭河、汉江及其支流冬春季常见，数量较多。

普通秋沙鸭

（二十四）黄臀鹎（*Pycnonotus xanthorrhous*）

分类地位：鸟纲，雀形目，鹎科。别名：黄屁股冠雀、黑头翁。

形态特征：小型鸟类，体长19～19.5厘米，体重27～43克。头黑色，在近下嘴基部有一个红色小点斑；上体褐色，耳羽色略浅；喉白色；上胸具浅褐色横带；下体近白色；尾下覆羽深黄色，故有黄臀鹎之称。嘴和跗跖黑色。

习性与分布：栖息于山地疏林、草地、灌丛中，善鸣。以金龟子、叶甲等昆虫及黄泡果、蛇莓等野果为食。繁殖期4～7月，营巢于次生灌丛中，以禾本科植物叶片及蒿类花序筑成，呈杯状。每窝产卵4枚左右。广布于秦岭地区，如周至、太白、丹凤、佛坪、城固、洋县、宁强、南郑、石泉、汉阴及各自然保护区。

资源价值与利用：由于其鸣声悦耳，常被饲养为笼鸟观赏。

黄臀鹎

（二十五）小太平鸟（*Bombycilla japonica*）

分类地位：鸟纲，雀形目，太平鸟科。

形态特征：体形略小。尾端绯红色显著。与太平鸟的区别在于黑色的过眼纹绕过冠羽延伸至头后，臀绯红。次级飞羽端部无蜡样附着，但羽尖绯红。缺少黄色翼带。

习性与分布：秦岭为其迁徙和越冬地，其间成小群或大群在针叶林及高大的阔叶树上觅食，以植物果实及种子为主食，也兼食少量昆虫。性情活跃。秋冬季于秦岭海拔1200米以下的林缘地带分布。

资源价值与利用：观赏鸟类。秦岭南坡常见，栖息活动无规律。

小太平鸟

（二十六）虎纹伯劳（*Lanius tigrinus*）

分类地位：鸟纲，雀形目，伯劳科。别名：厚嘴伯劳、虎花伯劳。

形态特征：中等体形。背部棕色。雄鸟顶冠及颈背灰色；背、两翼及尾浓栗色而多具黑色横斑；过眼线宽且黑；下体白，

虎纹伯劳

两胁具褐色横斑。雌鸟似雄鸟，但眼先及眉纹色浅。

习性与分布：为林栖鸟类，于秦岭繁殖。喜在多林地带活动，性格凶猛，常停栖在固定场所，寻觅和抓捕猎物。主要以昆虫为食，繁殖期5～7月，满窝卵4～7枚，以4枚者较普遍。卵淡青色至淡粉红色，上具淡灰蓝及暗褐色斑点，孵卵由雌鸟负责，孵化期13～15天。分布于秦岭海拔1200米以下的平原至丘陵、山地的疏林边缘地带。

资源价值与利用：观赏鸟类。数量较多，繁殖期常见。

（二十七）棕背伯劳（*Lanius schach*）

分类地位：鸟纲，雀形目，伯劳科。别名：大红背伯劳。

形态特征：体形较大（约25厘米）。棕、黑及白色，长尾。成鸟额、眼纹、两翼及尾黑色，翼有一白色斑；头顶及颈背灰色或灰黑色；背、腰及体侧红褐色；颏、喉、胸及腹中心部位白色。

习性与分布：除繁殖期成对活动外，多单独活动，领域性强，常见在林旁、农田、果园、河谷、路旁和林缘地带的乔木上、灌丛及田间路边的电线上活动。性凶猛，主要以昆虫等动物性食物为食，也捕食小鸟、蛙和啮齿类。繁殖期4～7月，在树上筑碗状巢，产卵4～9枚，由雌鸟孵化约15天。在秦岭为留鸟，广泛分布于海拔2500米以下的各种生境。

资源价值与利用：观赏鸟类。数量较多，特别是秦岭南坡汉中地区常见。

棕背伯劳

（二十八）金胸雀鹛（*Alcippe chrysotis*）

分类地位：鸟纲，雀形目，鹛科。

形态特征：体长约11厘米，色彩鲜艳。下体黄色，喉色深，头偏黑，耳羽灰白，白色的顶纹延伸至上背；上体橄榄灰色，两翼及尾近黑，飞羽及尾羽有黄色羽缘，三级飞羽羽端白色。

习性与分布：留鸟。属典型的群栖型雀鹛，栖息于灌丛及常绿林，尤喜在巴山木竹林和秦岭箭竹林内成小群活动。4～6月份在竹林内筑巢繁殖。分布于海拔1200～2400米之间的巴山木竹林或秦岭箭竹林内。冬季最低可栖于海拔700米处。

资源价值与利用：秦岭南坡数量多，冬春季节易见。艳丽的

金胸雀鹛

色彩、活泼好动的身影，吸引众多观鸟爱好者光临秦岭山区观赏和拍摄。

（二十九）橙翅噪鹛（*Garrulax elliotii*）

分类地位：鸟纲，雀形目，鹛科。

形态特征：体长约26厘米，全身基本为灰褐色。上背及胸羽具深色及偏白色羽缘，成鳞状斑纹。脸色较深。臀及下腹部黄褐色。初级飞羽基部的羽缘偏黄、羽端蓝灰而形成拢翼上的斑纹。尾羽灰而端白，羽外侧偏黄。虹膜浅乳白色，嘴褐色。

习性与分布：留鸟，主要栖息于森林与灌丛之中。杂食性，以昆虫、植物果实与种子为食。除繁殖期间成对活动外，其他季节多成群活动。繁殖期4～7月。通常营巢于林下灌木丛中，巢多筑于灌木或幼树低枝上，巢呈碗状，每窝产卵2～3枚。中国有2个亚种，秦岭分布1个亚种，为指名亚种，海拔800米以上广泛分布。

资源价值与利用：橙翅噪鹛是中国特产鸟类，秦岭种群数量非常丰富，四季常见。清晨和傍晚鸣叫频繁，叫声响亮动听，是人们喜爱的观赏鸟种。

橙翅噪鹛

（三十）画眉（*Garrulax canorus*）

分类地位：鸟纲，雀形目，鹛科。别名：中国画眉。

形态特征：体长约22厘米，雌雄羽色相似，主要特征为白色的眼圈在眼后延伸成狭窄的眉纹。头顶至上背棕褐色，顶冠及颈背有偏黑色纵纹。颏、喉、上胸和胸侧棕黄色杂以黑褐色纵纹，其余下体亦为棕黄色。

习性与分布：画眉在秦岭为留鸟，主要栖息于低山、丘陵和山脚平原地带的矮树丛和灌木丛中，也栖于林缘、农田、旷野、村落和城镇附近小树丛、竹林及庭园内。生活区域相对固定，一般不会远距离迁徙。常单独活动，有时也成小群活动，常在密林中飞窜而行，或立于茂密的树梢枝杈间鸣叫，声音悦耳动听。食性较杂，食物以昆虫为主，且大多为农林害虫，也取食植物的种子、果实。繁殖季节为农历清明前后到夏至前后，一般筑巢于山丘茂密的较隐蔽的草丛、灌木丛中的地面或灌木枝上，以干草叶、枯草根和茎等编织而成。巢呈杯状或椭圆形的碟状。每

画眉

窝产卵3～5枚，卵呈椭圆形，浅蓝或天蓝色，具有褐色斑点，卵壳有光泽，晶莹美丽。孵化期一般为14～15天。画眉有2个亚种，秦岭画眉为指名亚种，并广泛分布，从东至西、从南到北均有大量分布。一般分布在海拔1500米以下的灌丛及次生林。

资源价值与利用：观赏鸟类。画眉为秦岭的优势鸟种，分布广、密度大、数量多，极其常见。

（三十一）白领凤鹛（*Yuhina diademata*）

分类地位：鸟纲，雀形目，鹟科。

形态特征：体长约17厘米。具蓬松的羽冠，颈后白色大斑块与白色宽眼圈及后眉线相接。额、鼻孔及眼先黑色。飞羽黑而羽缘近白，下腹部白色，颏和上喉黑褐色，下喉、胸和两胁土褐色或淡灰褐色。

习性与分布：白领凤鹛成对或结小群活动于海拔1500～3000米的山地阔叶林、针阔叶混交林、针叶林和竹林中灌丛及林缘，冬季下至海拔600米左右。常在树冠层枝叶间、林下幼树或高的灌木与竹丛上及林下草丛中活动和觅食。繁殖期5～8月，其间常站在灌木枝梢上长时间地鸣叫，鸣声洪亮多变，筑巢于秦岭箭竹林及灌丛、矮树枝杈上，巢呈杯状，每窝产卵2～3枚。白领凤鹛有2个亚种，秦岭为白领凤鹛指名亚种。为常见的山区留鸟，各种海拔高度均有分布。

资源价值与利用：观赏鸟类。秦岭山区优势鸟种，数量极多。

白领凤鹛

（三十二）棕颈钩嘴鹛（*Pomatorhinus ruficollis*）

分类地位：鸟纲，雀形目，鹟科。别名：小钩嘴嘈鹛、小钩嘴鹛、小钩嘴嘈杂鸟、小眉。

形态特征：为我国钩嘴鹛类中最小者。眉纹白色，头顶暗橄榄褐色，后颈栗红，背棕橄榄褐色。两翅表面与背略同，飞羽暗褐色，外缘污灰色；尾羽也是暗褐色，有少量更黑的横斑；羽基边缘略棕橄榄褐色。眼先黑色；耳区黑或黑褐，下部白而缀黑；喉白色。胸部中部和两侧白，有橄榄色粗纹，有时微带赭色；胸以下几乎为更淡的橄榄褐色，腹部中央白色。脚和趾铅褐色。

习性与分布：生活于丘陵、山地的常绿阔叶林、灌木丛或竹

棕颈钩嘴鹛

丛间。单独或结成小群在树枝间疾速穿飞、跳跃。杂食性，以豆天蛾、蜡象等昆虫及蜘蛛为主，兼食草籽。繁殖期4～6月，每窝产卵3～5枚，雌雄鸟轮流孵卵，孵卵期约14天。在秦岭地区见于周至、城固、洋县、佛坪、山阳、太白、宁强、南郑、汉台、石泉、汉阴及多个自然保护区。

资源价值与利用：棕颈钩嘴鹛体形矫健，玲珑活泼，鸣声轻扬动听，常被饲养为笼鸟观赏。喜欢捕食多种害虫，对农业生产有益。

（三十三）锈脸钩嘴鹛（*Pomatorhinus erythrogenys*）

分类地位：鸟纲，雀形目，鹛科。别名：大钩嘴鹛、大偃月嘴嘈杂鸟。

形态特征：体长约25厘米。嘴褐色，头顶及颈背红褐而具深橄榄褐色细纹；背、两翼及尾纯棕色；脸颊、两胁及尾下覆羽亮橙褐色；下体余部偏白，胸具灰色点斑及纵纹。脚褐色。

习性与分布：栖居于山丘茂密的灌丛、疏林、草丛中。喜单独或结成小群活动，常栖于叶丛，鸣声响亮。畏人，喜隐匿，具有应唱习性。杂食性，以枯叶、飞屑堆中昆虫为食，也食用一些植物种子。繁殖期3～6月，产卵2～4枚。秦岭地区分布于周至、华阴、佛坪、宁陕、太白、留坝、洋县、宁强、西乡等地。

锈脸钩嘴鹛

资源价值与利用：锈脸钩嘴鹛鸣声动听，可饲养作笼鸟观赏。其食物中有不少是害虫，故有益于农业生产。

（三十四）红嘴相思鸟（*Leiothrix lutea*）

分类地位：鸟纲，雀形目，鹛科。别名：红嘴鸟、红嘴玉、五彩相思。

形态特征：体长13～16厘米。额、头顶和枕部为带黄的橄榄绿色，背、腰及尾上覆羽暗灰的橄榄绿色，飞羽黑褐色。颊、喉黄色，嘴赤红色，脚、趾暗黄色。尾呈叉状。

习性与分布：栖息于海拔900～3300米的山地常绿阔叶林、常绿落叶混交林、竹林和林缘疏林灌丛地带，冬季多下到海拔1000米以下的低山、山脚、平原与河谷地带。多不怕人，在树上或林下灌木间穿梭、跳跃，偶尔也到地上活动和觅食。善鸣叫。主要以毛虫、甲虫、蚂蚁等昆虫为食，也吃植物果实、种子，偶尔也吃少量玉米等农作物。繁殖期为5～7月，每窝产卵3～4枚。雌雄形影不

红嘴相思鸟

离，一生厮守，被人们视为忠贞爱情的象征。秦岭地区分布于周至、太白、佛坪、宁陕、石泉、城固、洋县、宁强、南郑、汉阴、留坝、西乡等地。

资源价值与利用：其羽毛艳丽，歌声动听，是有名的观赏鸟类。

（三十五）金色林鸲（*Tarsiger chrysaeus*）

分类地位：鸟纲，雀形目，鸲科。

形态特征：体长约14厘米。雄鸟头顶及上背橄榄褐色；眉纹黄，宽黑色带由眼先过眼至脸颊；肩、背侧及腰艳丽橘黄，翼橄榄褐色；尾橘黄，中央尾羽及其余尾羽的羽端黑色；下体全橘黄。雌鸟上体橄榄色，近黄色的眉纹模糊，眼圈皮黄，下体赭黄。

金色林鸲

习性与分布：留鸟，栖息于竹林或常绿林下的灌丛中。性胆怯。6～7月繁殖，营巢于竹林灌丛，以竹叶草丝筑巢，巢呈杯状。主要以昆虫为食。分布于秦岭海拔1500米以上的针叶林、针阔混交林和灌丛。夏季于高海拔繁殖，冬春季活动下移。

资源价值与利用：秦岭南坡高海拔区数量较多，繁殖季节常见。艳丽的色彩使之成为秦岭知名的观赏林鸟。

（三十六）红喉歌鸲（*Luscinia calliope*）

分类地位：鸟纲，雀形目，鸲科。别名：红点颏、红脖。

形态特征：体长约16厘米。具醒目的白色眉纹和颊纹，尾褐色，两胁皮黄，腹部皮黄白。雌鸟胸带近褐，头部黑白色条纹独特。成年雄鸟的典型特征为喉红色。

红喉歌鸲

习性与分布：候鸟，部分迁徙、部分繁殖。栖息于近溪流处的森林密丛及次生植被。雄鸟羽色美丽，并善鸣叫，鸣声多韵而婉转，十分悦耳。常地面活动，以昆虫为食。5～7月繁殖，营巢于灌丛中的地面上。每窝产卵1～5枚，卵有光泽，呈蓝绿色，孵化期约为14天。秦岭南北海拔1000米以下均有分布。

资源价值与利用：数量较少，不易发现，是我国传统的观赏笼养鸟，过去在皇家宫廷中饲养。

（三十七）黑喉歌鸲（*Luscinia obscura*）

分类地位：鸟纲，雀形目，鸫科。

形态特征：体长约14厘米。腹部黄白，尾基部有白色闪斑；头顶、背、两翼及腰青石蓝色；脸、胸、尾上覆羽、尾中心及尾端均黑。雌鸟深橄榄褐，下体浅皮黄。虹膜深灰，嘴黑色，脚粉灰。

习性与分布：栖于近地面的竹林矮丛，常见尾不停地抽动。于地面活动觅食昆虫。5～7月份繁殖，营巢于地面土坎，以草丝筑巢，巢杯状，较隐蔽。每窝产卵3枚。分布于秦岭海拔2000米以上的针叶林和混交林下竹林灌丛。

资源价值与利用：过去由于对黑喉歌鸲研究较少，再加上其栖息环境所致不易发现，认为非常珍稀罕见。近年来通过对黑喉歌鸲的观察研究，发现其在秦岭分布数量较多，已引起了众多国内外观鸟爱好者的关注。

黑喉歌鸲

（三十八）蓝额红尾鸲（*Phoenicurus frontalis*）

分类地位：鸟纲，雀形，鸫科。

形态特征：体长约15厘米，色彩艳丽。雌雄两性的尾部均具特殊的"T"形图纹（雄鸟黑色，雌鸟褐色），中央尾羽端部及其他尾羽的羽端与亮棕色形成对比。雄鸟头、胸、颈背及上背深蓝；额及形短的眉纹钴蓝；两翼黑褐，羽缘褐色及皮黄色，无翼上白斑；腹部、臀、背及尾上覆羽橙褐。雌鸟褐色，眼圈皮黄，与相似的红尾鸲雌鸟的区别在尾端深色。

习性与分布：蓝额红尾鸲在秦岭为留鸟，具有明显的垂直迁移现象，秋冬春初在海拔1500米以下活动，6月末至8月初迁徙到2300～3000米的亚高山针叶林和灌丛草甸繁殖，以林缘多岩石的疏林地及灌丛区域较常见，通常营巢于倒木树洞、岩壁洞穴中。主要以昆虫为食，也吃少量植物果实与种子。常单独或成对活动在溪谷、林缘灌丛地带，不断地在灌木间窜来窜去或飞上飞下。停息时尾不断地上下摆动。除在地上觅食外，也常在空中捕食。主要分布于中国中部、青藏高原、喜马拉雅山脉，在秦岭高海拔山区均有广泛分布，冬季多迁徙于中低山和山脚地带。

资源价值与利用：观赏鸟类。在秦岭数量较多，冬春季在海拔1500米以下路边、农田、茶园和居民点附近的树丛与灌丛中比

蓝额红尾鸲

较常见。

（三十九）紫啸鸫（*Myophonus caeruleus*）

分类地位：鸟纲，雀形目，鸫科。别名：黑雀儿、山鸣鸡、乌精。

形态特征：体长约32厘米。通体蓝黑色，仅翼覆羽具少量的浅色点斑。翼及尾有紫色闪辉，头及颈部的羽尖具闪光小羽片。虹膜褐色，嘴黄色或黑色，脚黑色。

习性与分布：在秦岭为繁殖鸟，单独或成对活动。地栖性，主要以昆虫和昆虫幼虫为食。性活泼而机警。在地上和水边浅水处觅食。繁殖期4～7月，繁殖时雄鸟鸣啭动听。营巢于洞穴和岩石下。每窝产卵3～5枚，卵天蓝色。秦岭地区广泛分布于海拔2000米以下的山地森林溪流沿岸，尤以阔叶林和混交林中多岩的山涧溪流沿岸较常见。

资源价值与利用：观赏鸟类。数量多，沿河谷地带繁殖期常见。

紫啸鸫

（四十）蓝矶鸫（*Monticola solitarius*）

分类地位：鸟纲，雀形目，鸫科。别名：麻石青。

形态特征：体长约23厘米。雄鸟上体几乎纯蓝色，两翅和尾近黑色；雌鸟上体蓝灰色，翅和尾亦呈黑色；下体棕白，各羽缀有黑色波状斑。

习性与分布：栖息于近水的岩石山地和森林灌丛，单独或成对活动。多在地面觅食，也常见从栖息的高处直落地面捕猎，或突然飞出捕食空中活动的昆虫。繁殖期4～7月，其间善于鸣叫，鸣声富有音韵，十分动听。营巢于岩石和建筑物洞穴，每窝产卵4枚，淡蓝色，孵化期12～13天。主要为留鸟，部分夏季迁徙。世界有5个亚种，中国分布有2个。秦岭地区分布的为蓝矶鸫华南亚种。在秦岭为留鸟，常见分布于海拔2000米以下近水的林缘、灌丛地带。

资源价值与利用：观赏鸟类。数量较多，为秦岭南坡的常见种。

蓝矶鸫

（四十一）白冠燕尾（*Enicurus leschenaulti*）

分类地位：鸟纲，雀形目，鸫科。

形态特征：体长25厘米。雌雄羽色相似。前额和顶冠白（其羽有时耸起成小凤头状）；头余部、颈背及胸黑色；腹部、下背及腰白；两翼和尾黑色，尾叉甚长而羽端白色；两枚最外侧尾羽全白。

习性与分布： 性活跃好动，喜多岩石的湍急溪流及河流。停栖于岩石或在水边行走，寻找食物并不停地展开叉形长尾。近地面呈波状飞行，边飞边叫。性胆怯，平时多停息在水边或水中石头上，或在浅水中觅食，遇人或受到惊扰时则立刻起飞，沿水面低空飞行并发出"吱、吱、吱"的尖叫声。冬季也见于水流平缓的山脚平原河谷和村庄附近缺少树木隐蔽的溪流岸边。常单独或成对活动。以水生昆虫和昆虫幼虫为食。繁殖期4~6月，营巢于森林中水流湍急的山涧溪流沿岸岩石缝隙间，巢呈盘状或杯状，每窝产卵3~4枚。白冠燕尾共6个亚种，中国有1个亚种，主要分布于长江流域和长江流域以南的广大地区。在秦岭主要分布于南部丘陵区和低山区，为清澈山溪两旁的常见鸟，高可至海拔1400米，在秦岭南部为留鸟。

资源价值与利用： 观赏鸟类。在秦岭南坡800~1400米的山区多溪流的地方易见到，数量较多。

白冠燕尾

（四十二）白眉姬鹟（*Ficedula zanthopygia*）

分类地位： 鸟纲，雀形目，鹟科。别名：黄腰姬鹟、鸭蛋黄。

形态特征： 体长11~14厘米。雄鸟上体大部黑色，眉纹白色，在黑色的头上极为醒目。腰鲜黄色，两翅和尾黑色，翅上具白斑。下体鲜黄色。雌鸟上体暗褐，下体色较淡，腰暗黄。

习性与分布： 候鸟，秦岭为其繁殖地，繁殖期5~7月，秋季于9月上中旬开始南迁。在秦岭栖息于海拔1200米以下的低山丘陵和山脚地带的阔叶林、针阔叶混交林中。常单独或成对活动，多在树冠下层活动和觅食，主要以昆虫为食。巢多置于天然树洞，每窝产卵4~7枚，卵呈椭圆形，污白色、粉黄色或乳白色，具红褐色或橘红色斑点。秦岭南坡广泛分布，较常见。

白眉姬鹟

资源价值与利用： 观赏鸟类。

（四十三）方尾鹟（*Culicicapa ceylonensis*）

分类地位： 鸟纲，雀形目，鹟科。

形态特征： 体长约13厘米。头偏灰，略具冠羽，上体橄榄色，下体黄色。虹膜褐色；上嘴黑色，下嘴角质色；脚黄褐色。

习性与分布：喧闹活跃，在树枝间跳跃，不停追逐并捕食过往昆虫。常将尾散开。多栖于森林的底层或中层。常与其他鸟混群活动。鸣声为清晰甜美的哨音。于秦岭繁殖，常见于海拔800～2200米的针阔混交林和针叶林内。南北坡均有分布。

资源价值与利用：观赏鸟类。秦岭南坡分布及数量优于北坡，繁殖季节极易见到。

方尾鹟

（四十四）棕脸鹟莺（*Abroscopus albogularis*）

分类地位：鸟纲，雀形目，莺科。

形态特征：体长约10厘米，色彩亮丽。头栗色，具黑色侧冠纹。上体绿，腰黄色。下体白，颏及喉杂黑色点斑，上胸黄。

习性与分布：常栖息于常绿林及竹林密丛。冬春季节也与别的鸟混群。叫声为尖厉的吱吱声。在秦岭为常见留鸟，分布于海拔800～2100米的针叶林和针阔混交林内。

资源价值与利用：观赏鸟类。繁殖季节在海拔1700米左右的林缘易见到，数量较多。

棕脸鹟莺

（四十五）燕雀（*Fringilla montifringilla*）

分类地位：鸟纲，雀形目，燕雀科。

形态特征：体长约16厘米，斑纹分明。胸棕而腰白，成年雄鸟头及颈背黑色，背近黑；腹部白，两翼及叉形的尾黑色，有醒目的白色"肩"斑和棕色的翼斑，且初级飞羽基部具白色点斑。非繁殖期的雄鸟与繁殖期雌鸟相似，但头部图纹明显为褐、灰及近黑色。虹膜褐色，嘴黄色，嘴尖黑色，脚粉褐。

习性与分布：除繁殖期间成对活动外，其他季节多成群。冬春季在秦岭常集成大群，有时甚至集群多达数百只，晚上多在树上过夜，喜跳跃和波状飞行。于稻田荒地或树上取食，常栖息于阔叶林、针阔叶混交林和针叶林等各类森林中，主要以草籽、果食、种子等植物性食物为食。燕雀在秦岭为冬候鸟，冬春季主要分布于海拔1200米以下低山林区。

燕雀

资源价值与利用： 观赏鸟类。在秦岭冬末春初成大群，数量多，极易见到。

（四十六）普通朱雀（*Carpodacus erythrinus*）

分类地位： 鸟纲，雀形目，燕雀科。别名：红麻料、青麻料、朱雀。

形态特征： 体形较小，体长13～16厘米。雄鸟头顶、颏、喉及胸为有光泽的深红色。后颈、背、肩及翅内侧覆羽橄榄褐色。腰以下暗洋红色。下胸淡洋红色，腹部以下污白色。雌鸟头部、上体橄榄褐色，有暗色纵斑，下体近白色，两胁具暗色斑纹。嘴灰色，脚近黑色。

习性与分布： 栖于亚高山林带、高山草地、林间空地、灌丛及河谷、溪流沼泽、村舍周围、农田等处。单独、成对或结小群活动。以植物种子、浆果、幼嫩叶芽和昆虫为食。繁殖期5～7月，每窝产卵4～5枚。秦岭地区见于周至、太白、洋县、佛坪等地。

普通朱雀

资源价值与利用： 观赏鸟类，列入《国家保护的有益的或者有重要经济、科学研究价值的陆生野生动物名录》。

（四十七）灰头灰雀（*Pyrrhula erythaca*）

分类地位： 鸟纲，雀形目，燕雀科。别名：赤胸灰雀。

形态特征： 体长约17厘米。嘴厚略带钩。成鸟的头灰色，具黑色的眼罩，雄鸟胸及腹部深橘黄色，雌鸟下体及上背暖褐色。

习性与分布： 在秦岭为留鸟，常见栖息于海拔800～2500米的阔叶林、针阔混交林和草甸。冬春季节常见成小群活动于林缘、灌丛、草地。取食植物的种子和昆虫。秦岭地区广泛分布。

灰头灰雀

资源价值与利用： 数量较多，冬春季常见，为秦岭地区知名的观赏鸟种。

（四十八）红交嘴雀（*Loxia curvirostra*）

分类地位： 鸟纲，雀形目，燕雀科。别名：交喙鸟、青交嘴。

形态特征： 体长约16厘米。具粗大而尖端相交叉的嘴，秦岭

红交嘴雀

鸟类中仅该鸟上下嘴相侧交。雄鸟通体砖红色，上体较暗，腰鲜红色；翼和尾近黑色，头侧暗褐色；雌鸟暗橄榄绿或染灰色，腰较淡或鲜绿色；头侧灰色。

习性与分布：在秦岭为留鸟。喜集群活动，由几只到数十只不等。相交叉的嘴有利于剥食松果，主食落叶松种子。繁殖时成对活动，筑巢于高大针叶林树木侧枝，巢呈碗状，每窝产卵3～5枚，色污白而带浅绿，缀以斑点。雌鸟孵卵，孵卵期间，雄鸟饲喂雌鸟。孵化期17天。夏秋季分布于秦岭高海拔地区，冬春季节下移至较低海拔活动。

资源价值与利用：观赏鸟类。秦岭南坡数量较多，较常见。

（四十九）金翅雀（*Carduelis sinica*）

分类地位：鸟纲，雀形目，燕雀科。别名：金翅、绿雀、芦花黄雀、谷雀。

形态特征：体长约13厘米的黄、灰及褐色雀鸟，具宽阔的黄色翼斑。成体雄鸟顶冠及颈背灰色，背纯褐色，翼斑、外侧尾羽基部及臀黄。嘴缘直，形尖。体色主要为黄绿色，或呈纵纹状，并常具黄或红色斑。雌鸟色暗，幼鸟色淡且多纵纹。

习性与分布：常单独或成对活动，秋冬季节也成群，有时集群多达数十只甚至上百只。休息时多停栖在路边、农田、山地附近的树上，也停落在电线上长时间不动。多在树冠层枝叶间跳跃或飞来飞去，也到低矮的灌丛和地面活动觅食。飞翔迅速，3～8月为繁殖期，营巢于树杈竹丛中，1年繁殖2～3窝，每窝产卵4～5枚，卵呈椭圆形，颜色变化较大，孵化期13天。金翅雀全球有6个亚种，秦岭分布的为金翅雀指名亚种，留鸟，海拔400～1400米范围内广泛分布。

资源价值与利用：观赏鸟类，在关中平原和汉江盆地较为常见。

金翅雀

（五十）黄喉鹀（*Emberiza elegans*）

分类地位：鸟纲，雀形目，鹀科。别名：黄眉子、黄豆瓣。

形态特征：体长约16厘米。雄鸟眉纹、枕、颊和上喉灰黄色；下喉及颈侧白色；头顶黄色枕羽上覆有羽冠，羽冠、头侧和后颈均为黑色。背和肩棕栗色，具有黑色纵纹。腰灰色，尾上覆羽灰褐略带棕色。两翼黑褐色。大、中覆羽的羽端具有棕白色宽缘。中央尾羽灰褐色，外侧尾羽黑色。胸及腹部白色。雌鸟头顶

黄喉鹀

为黄褐色。眉纹、颏及上喉沙黄色。下喉和颈侧白色，胸斑黑褐色。

习性与分布：多栖息于山区阔叶林带、山溪沿岸疏林及草甸灌丛。多小群生活，生性畏人。以杂草籽、谷物、野果、昆虫等为食。每窝产卵4～5个，孵化期11天左右，雌雄均孵卵、育雏。遍布秦岭地区，如眉县、周至、城固、洋县、佛坪、山阳、丹凤、太白、宁强、南郑等。

资源价值与利用：观赏鸟类。

（五十一）寿带鸟（*Terpsiphone paradisi*）

分类地位：鸟纲，雀形目，鹟科。别名：绶带鸟、练鹊、长尾鹟、一枝花等。

形态特征：秦岭的寿带鸟有2种色型，雄鸟为白色型和栗色型，雌鸟则色型一致。雄鸟易辨，体长连尾羽约30厘米，中央两根尾羽长达身体的四五倍，形似绶带，故名。雄鸟头、颈和羽冠均具深蓝辉光，冠羽显著。白色型雄鸟身体其余部分白色而具黑色羽干纹，胸至尾下覆羽纯白色。栗色型雄鸟背、肩、腰和尾上覆羽等其余上体为带紫的深栗红色，胸和两胁灰色，往后逐渐变淡，到腹和尾下覆羽全为白色。雌鸟头、颈、颏、喉均与雄鸟相似，但辉亮差些，羽冠亦稍短，后颈暗紫灰色，眼圈淡蓝色，上体余部包括两翅和尾表面栗色，中央尾羽不延长。下体和栗色型雄鸟相似，但尾下覆羽微沾淡栗色。雌雄虹膜暗褐色，嘴钴蓝色或蓝色，脚钴蓝色或铅蓝色。口裂大，喙宽阔而扁平，一般较短，成三角形，张开以后，面积很大，上喙正中有棱嵴，先端微有缺刻；鼻孔覆羽；翅一般短圆，飞行灵便；腿较短，脚弱。

习性与分布：寿带鸟在秦岭为繁殖鸟，每年5月份营巢，6～7月份繁殖，8月份迁徙到广东、广西和香港或更南的地方越冬。主要栖息于海拔1200米以下的低山丘陵和山脚平原地带的阔叶林和次生阔叶林中，也出没于林缘疏林和竹林，尤其喜欢沟谷和溪流附近的阔叶林。常单独或成对活动在森林中下层茂密的树枝间，时而在树枝上跳来跳去，时而在枝间飞翔。飞行缓慢，长尾摇曳，如风筝飘带，异常优雅悦目。一般不作长距离飞行。捕食昆虫，如苍蝇、蜜蜂、蝶类和蛾类等。一般筑巢于阔叶树树干枝杈，巢小呈杯状。繁殖期间领域性很强，一旦有别的鸟侵入，立刻加以驱赶，直到赶走为止。寿带鸟共有14个亚种，中国有2个亚种，秦岭分布的为寿带鸟普通亚种，主要分布于秦岭南坡的汉中、安康、商洛，尤以汉中分布较广，汉中洋县密度最高、数量最多。

资源价值与利用：寿带鸟为秦岭地区著名的观赏鸟种，每年吸引众多的鸟类爱好者到洋县及周边观赏和拍摄。

寿带鸟

（五十二）红头长尾山雀（*Aegithalos concinnus*）

分类地位：鸟纲，雀形目，山雀科。别名：红白面只。

形态特征：体长约10厘米。雌雄羽色相似，头顶及颈背棕色，过眼纹宽而黑，颏及喉白且具黑色圆形胸兜，下体白而具不同程度的栗色。

习性与分布：在秦岭为留鸟。主要栖息于山地森林和灌木林间，也见于果园、茶园等人类居住地附近的小林内。生性活泼，冬季结群十余只或数十只成群活动，也常与其他种类混群，常从一棵树突然飞至另一树，不停地在枝叶间跳跃或来回飞翔觅食，边取食边不停地鸣叫。主要以鞘翅目和鳞翅目等昆虫为食。繁殖期2～6月，营巢在柏树上，巢为椭圆形，每窝产卵5～8枚，孵化期16天。红头长尾山雀有6个亚种，分布于秦岭的为红头长尾山雀指名亚种。主要分布于海拔2000米以下。

红头长尾山雀

资源价值与利用：观赏鸟类。

（五十三）银喉长尾山雀（*Aegithalos caudatus*）

分类地位：鸟纲，雀形目，山雀科。

形态特征：体长约16厘米。除头顶、背部、两翼和尾羽呈现黑色或灰色外，周身羽毛纯白色，喉区中央有一银灰色斑块。尾羽长度常长于头体长。虹膜深褐色；嘴黑色；脚深褐色。

习性与分布：生性活泼，结小群在树冠层及低矮树丛中找食昆虫及种子。夜宿时挤成一排。栖息于山地针叶林或针阔混交林中，繁殖期外结成小群至大群，常见于树冠或灌丛顶部，捕食空中的昆虫，3～4月开始繁殖，多营巢于落叶松的枝杈间，每窝产卵8枚左右。中国分布有3个亚种，在秦岭常见于海拔1200～2300米针阔混交林的林缘地带，属留鸟。

银喉长尾山雀

资源价值与利用：观赏鸟类。繁殖季节在海拔1200～1600米极易见到，数量较多。

（五十四）黄头鹡鸰（*Motacilla citreola*）

分类地位：鸟纲，雀形目，鹡鸰科。

形态特征：体长约17厘米。头及下体艳黄色。雄鸟头鲜黄色，背黑色或灰色，有的后颈在黄色下面还有一道窄的黑色领环，尾上覆羽和尾羽黑褐色，具两道白色翼斑。雌鸟头顶及脸颊灰色。

习性与分布：常成对或成小群活动，也有单独活动的，常和其他鹡鸰栖息在一起。常沿水边小跑追捕食物。栖息时尾常上下摆动。主要以昆虫为食，偶尔也吃少量植物性食物。繁殖期5～7月。通常营巢于土丘下面地上或草丛中。分布于秦岭海拔1200米以下的河谷地带的浅滩、湖畔、农田、草地、沼泽地中。在秦岭东部为候鸟，西部为繁殖鸟。

资源价值与利用：观赏鸟类。春季及夏初数量较多，栖息地常见，头及下体的艳丽黄色醒目可见。

黄头鹡鸰

（五十五）长尾山椒鸟（*Pericrocotus ethologus*）

分类地位：鸟纲，雀形目，山椒鸟科。

形态特征：体长约20厘米。雄鸟头、颈、背、肩黑色具金属光泽，下背、腰和尾上覆羽赤红色，两翅黑色，中央尾羽黑色，其余尾羽红色。雌鸟额基、眼先黄色，头顶、枕、后颈黑灰色或暗褐灰色。背稍浅而沾绿色，下背、腰和尾上覆羽绿黄色，下体柠檬黄色，中央尾羽黑色，其余尾羽先端黄色。两翅黑色，中部具黄色宽斑。

习性与分布：部分夏候鸟，部分留鸟。常见于多种植被类型的生境中，尤其喜欢栖息在乔木顶上，常成3～5只的小群活动，秋季集大群在开阔的高大树木及常绿林的树冠上空盘旋降落。叫声尖锐单调。主要以昆虫为食。通常营巢于海拔1000～2500米的森林中乔木上，也在山边树上营巢，巢精致呈杯状。繁殖期5～7月。每窝产卵2～4枚。秦岭分布较广，海拔600米以上各种生境均有分布。

长尾山椒鸟

资源价值与利用：体色鲜艳，格外醒目，经驯养入笼观赏。

（五十六）发冠卷尾（*Dicrurus hottentottus*）

分类地位：鸟纲，雀形目，卷尾科。别名：发形凤头卷尾、卷尾燕。

形态特征：体长约32厘米。头具细长羽冠，体羽斑点闪烁。尾长而分叉，外侧羽端钝而上翘形似竖琴。雌雄同色。虹膜红色或白色，嘴和脚为黑色。

习性与分布：夏候鸟，5～7月繁殖。喜森林开阔处，单独或成对活动，很少成群。主要在树冠层活动和觅食，飞行姿势优雅，常在空中飞行捕食。雄鸟善鸣叫，叫声噪杂而喧闹。主要以昆虫为食，偶尔也吃少量植物果实、种子、叶芽。营巢于乔木顶端枝杈，巢呈浅杯状或盘状，每窝产卵3～4枚，卵白色有斑点，孵化期16天。中国有2个亚种，秦岭分布为发冠卷尾普通亚种，秦岭南北两侧海拔1500米以下广泛分布。

发冠卷尾

资源价值与利用：数量较多，独特的体羽、叫声和捕食行为使之成为知名的观赏鸟。

（五十七）松鸦（*Garrulus glandarius*）

分类地位： 鸟纲，雀形目，鸦科。别名：塞皋、山和尚、屋鸟。

形态特征： 体长约35厘米。翼上具黑色及蓝色镶嵌图案，腰白。髭纹黑色，两翼黑色具白色块斑。前额、头顶、枕、头侧、后颈、颈侧红褐色或棕褐色。虹膜浅褐，嘴灰色，脚肉棕色。

习性与分布： 留鸟，常年栖息在针叶林、针阔叶混交林、阔叶林等森林中，有时也到林缘疏林和天然次生林内，偶尔可到林区居民点附近的耕地或路边丛林活动和觅食。性喧闹，食性较杂，食物组成随季节和环境而变化，昆虫、幼虫、蜘蛛、鸟卵、雏鸟、果实、尸体等都是其主要食物。除繁殖期多见成对活动外，其他季节多成3～5只的小群四处游荡，繁殖期4～7月。多营巢于近水的针叶林及针阔叶混交林中。全球有34个亚种，秦岭有1个，为松鸦普通亚种，分布于秦岭海拔2500米以下多种生境。

松鸦

资源价值与利用： 在秦岭山区数量很多，随处可见。松鸦羽色漂亮，具有较高的观赏价值。

（五十八）黑枕黄鹂（*Oriolus chinensis*）

分类地位： 鸟纲，雀形目，黄鹂科。别名：黄鹂鸟、黄莺、黄鸟。

形态特征： 体长约26厘米。雌雄羽色相似但雌羽较暗淡。通体金黄色，两翅和尾黑色，过眼纹及颈背黑色。

习性与分布： 一般每年5～8月在秦岭繁殖，9～10月后南迁。主要栖息于低山丘陵和山脚平原地带的天然次生阔叶林、混交林，也出入于农田、原野、村寨附近和城市公园的树上，尤其喜欢天然栋树林和杨木林。常单独或成对活动，也见3~5只的松散群。主要在高大乔木的树冠层活动，很少下到地面。繁殖期间喜欢隐藏在树冠层枝叶丛中鸣叫，鸣声清脆婉转，富有弹音，并且能变换腔调和模仿其他鸟的鸣叫。主要食物为昆虫，也取食少量植物果实与种子。营巢在阔叶林内高大乔木上，每窝产卵多3~5枚，卵粉红色，孵化期15天左右。秦岭地区广泛分布，为夏候鸟，也有部分为留鸟。

黑枕黄鹂

资源价值与利用： 观赏鸟类。夏季在低山和平原地区的树林中常常可听见其鸣叫。

（五十九）蓝喉太阳鸟（*Aethopyga gouldiae*）

分类地位： 鸟纲，雀形目，太阳鸟科。别名：桐花凤。

形态特征： 雄鸟体长约14厘米，头顶、耳后块斑、颏、喉蓝色而具金属光泽，眼先、颊、头侧黑色，颈侧和背暗红色。肩和下背橄榄绿色，腰鲜黄色。尾蓝色而具金属光泽，中央尾羽延长。雌鸟体形较小，上体橄榄色，下体绿黄，颏及喉烟橄榄色，腰浅黄色而有别于其他种类。

习性与分布： 主要生活于海拔1000~2500米的山地阔叶林和混交林，有时也见于竹林和灌丛。喜欢在花丛间活动。主要以花蜜为食，也吃昆虫等小动物。常单独或成对活动，也见3~5只或10多只成群活动。繁殖期4~6月。营巢于常绿阔叶林中，巢呈椭圆形或梨形，每窝产卵2~3枚，卵白色，多被有淡红褐色斑点。蓝喉太阳鸟在中国有2个亚种，秦岭分布的为蓝喉太阳鸟西南亚种。主要分布于秦岭南坡的汉中、安康等地，尤以佛坪、洋县、宁陕、留坝等地常见。

蓝喉太阳鸟

资源价值与利用： 声音清脆，外观很美，极具观赏价值，深受鸟类爱好者喜欢。

（六十）丝光椋鸟（*Sturnus sericeus*）

分类地位： 鸟纲，雀形目，椋鸟科。别名：丝毛椋鸟。

形态特征： 体长约24厘米。嘴红色，两翼及尾灰黑，飞行时初级飞羽的白斑明显，头具近白色丝状羽，上体余部灰色。虹膜黑色；嘴为红色，嘴端黑色；脚为暗橘黄色。

习性与分布： 留鸟，主要栖息于海拔1200米以下阔叶林、混交林、果园、农耕区及居民区园林。

常集群活动，有时成大群，鸣声清甜、响亮。取食植物果实、种子和昆虫。繁殖期5~7月，一般筑巢于树洞之中。秦岭的优势鸟种，主要分布于秦岭南坡洋县等地。

资源价值与利用： 会学说话和唱歌等，深受爱鸟者喜欢，为知名的观赏鸟类。

丝光椋鸟

（六十一）红翅旋壁雀（*Tichodroma muraria*）

分类地位： 鸟纲，雀形目，鸭科。别名：爬树鸟、石花儿、爬岩树。

形态特征： 体长约16厘米。尾短而嘴长，翼具醒目的绯红色斑纹。繁殖期雄鸟脸及喉黑色，雌鸟黑色较少。非繁殖期成鸟喉偏白，头顶及脸颊沾褐。飞羽黑色，外侧尾羽羽端白色显著，初级飞羽两排白色点斑飞行时成带状。虹膜深褐，嘴黑色，脚棕黑。

习性与分布： 在秦岭东部为冬候鸟，西部为留鸟。常在岩崖峭壁上攀爬，两翼轻展显露红色翼斑。冬季下至较低海拔，也于建筑物墙壁上攀爬取食。分布于秦岭海拔700米以上林中裸露的山坡石壁。

资源价值与利用： 数量较多，号称悬崖上蝴蝶，翅膀上的绯红色斑纹非常靓丽，为秦岭地区常见的观赏鸟种。

红翅旋壁雀

（六十二）暗绿绣眼鸟（*Zosterops japonicus*）

分类地位： 鸟纲，雀形目，绣眼鸟科。别名：绣眼儿、粉眼儿。

形态特征： 体长约10厘米的群栖性鸟。上体鲜亮绿橄榄色，具明显的白色眼圈和黄色的喉及臀部。胸及两胁灰，腹白。虹膜浅褐，嘴灰色，脚偏灰。

习性与分布： 主要栖息于阔叶林、以阔叶树为主的针阔叶混交林、竹林、次生林等各种类型森林中，也栖息于果园、林缘以及村寨和地边的大树，生性活泼而喧闹，常单独、成对或成小群活动，迁徙季节也成大群。以昆虫为食，也取食植物的果实和种子。春季迁徙至秦岭，4~7月在此繁殖，主要在阔叶树上营巢，巢小而精致，为吊篮式，每窝产卵3~4枚，卵淡蓝绿色或白色。在秦岭为繁殖鸟。常见于海拔1500米以下林地、林缘、公园及城

暗绿绣眼鸟

镇绿化区。

资源价值与利用： 繁殖季节在林缘、公园及村庄极易见到。鸣声婉转动听，羽色娇媚可人，是秦岭迷人的观赏鸟种。

（六十三）灰斑鸠（*Streptopelia decaocto*）

分类地位： 鸟纲，鸽形目，鸠鸽科。别名：斑鸠、野鸽子。

形态特征： 体长25～34厘米。额和头顶前端灰色，向后逐渐转为浅粉红灰色。后颈基处有一道较醒目的半月形黑色领环，其前后缘衬有灰白色或白色。背、腰、两肩和翅上小覆羽均为淡葡萄色，其余翅上覆羽淡灰色或蓝灰色，飞羽黑褐色，内侧初级飞羽沾灰。尾上覆羽也为淡葡萄灰褐色，较长的数枚尾上覆羽沾灰，中央尾羽葡萄灰褐色，外侧尾羽灰白色或白色，而羽基黑色。颏、喉白色，其余下体淡粉红灰色，胸更带粉红色，尾下覆羽和两胁蓝灰色，翼下覆羽白色。

习性与分布： 栖息于平原、山麓和低山丘陵地带树林中，也常出现于农田、耕地、果园、灌丛、城镇和村屯附近。群居物种，在谷类等食物充足的地方会形成相当大的群落，在人类的居住区周围经常能发现它们。筑巢于树上，在树枝编织的巢中产下白色的蛋。孵化需要14～18天，幼鸟在15～19天后会羽翼丰满。灰斑鸠可与环鸽交配并繁殖，被看作是家养环鸽的野生祖先之一。秦岭地区见于周至、华阴、洋县、太白、南郑等地。

资源价值与利用： 其鸣声柔和悠扬，富有节律，为生态旅游常见种类，具有一定观赏价值。

灰斑鸠

（六十四）冠鱼狗（*Ceryle rudis insignis*）

分类地位： 鸟纲，佛法僧目，翠鸟科。别名：花斑钓鱼郎。

形态特征： 体长约41厘米。冠羽发达，上体青黑并多具白色横斑和点斑，蓬起的冠羽也具白色横斑和点斑。大块的白斑由颊区延至颈侧，下有黑色髭纹。下体白色，具黑色的胸部斑纹，两胁具皮黄色横斑。雄鸟翼线白色，雌鸟黄棕色。嘴、脚黑色。

习性与分布： 栖息于海拔1500米以下的溪流、河谷和池塘水库地带，常停息在水边的岩石、树枝上伺机捕食水中鱼、虾、蟹、水生昆虫及蝌蚪，也常在空中飞翔俯视觅食。5～6月为繁殖

冠鱼狗

高峰期，于河流、小溪的堤岸挖掘洞穴为巢，每窝产卵4枚，每年1～2窝。卵圆形，壳坚固，白色具小斑点。孵化期22～24天。全球有4个亚种，中国有1个。冠鱼狗于秦岭广泛分布，南坡为其主要分布地。

资源价值与利用：秦岭南坡数量多于北坡，一年四季极易见到。冠鱼狗羽色优雅，为人们所喜爱，是知名的观赏鸟类之一。

（六十五）普通翠鸟（*Alcedo atthis*）

分类地位：鸟纲，佛法僧目，翠鸟科。别名：翠碧鸟、翠雀儿、鱼狗、钓鱼翁。

形态特征：体长约15厘米。上体金属浅蓝绿色，体羽艳丽而具光辉，头顶布满暗蓝绿色和艳翠蓝色细斑，颈侧具白色点斑；下体橙棕色，颏白。雄鸟上嘴黑色，下嘴红色，脚红色。

习性与分布：留鸟。常单独活动，一般多在河边树桩、岩石、树枝上停息，伺机迅速而凶猛地扎入水中捕食鱼、虾、蝲蛄等水生动物，有时亦鼓动两翼悬浮于空中伺机捕食；有时也沿水面低空直线快速飞行，边飞边叫。繁殖期4～7月，营巢于土崖壁上或田坎、小溪的堤坝上，用嘴挖掘隧道式的洞穴作巢，每窝产卵6～7枚。卵纯白，辉亮，稍具斑点，雌雄共同孵卵，孵化期约21天。秦岭地区广泛分布于海拔1500米以下的溪流、河谷、池塘和水库。

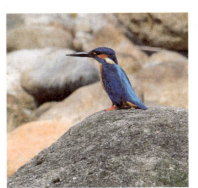

普通翠鸟

资源价值与利用：羽色华丽，观赏价值很高。数量多，极常见。

（六十六）蓝翡翠（*Halcyon pileata*）

分类地位：鸟纲，佛法僧目，翠鸟科。别名：蓝鱼狗、黑顶翠鸟、喜鹊翠。

形态特征：体长约30厘米。雌雄同色，头黑，翼上覆羽黑色，上体其余为亮丽华贵的蓝紫色，两胁及臀沾棕色，飞行时白色翼斑明显。嘴粗长似凿，基部较宽，嘴峰直，嘴为红色；脚亦为红色。

习性与分布：常单独或成对活动，多栖于河边树桩、岩石、树枝上伺机捕食水中鱼、虾、蟹、蛙和水生昆虫等水栖动物，也取食鞘翅目、鳞翅目昆虫及幼虫。有时也沿水面低空快速直线飞行，常边飞边叫。繁殖季节为5～7月。营巢于土崖壁上或河流的

蓝翡翠

堤坝上，以洞穴作巢，每窝产4～6枚纯白色的卵。孵化期19～21天。雏鸟23～30天即可离巢。秦岭地区广泛分布于海拔1200米以下的溪流、河谷、沼泽、池塘和水库地带。大多为留鸟，部分为夏候鸟。

资源价值与利用：羽色华丽，观赏价值很高。数量多、密度大，繁殖期常见。

（六十七）灰头绿啄木鸟（*Picus canus*）

分类地位：鸟纲，䴕形目，啄木鸟科。别名：绿啄木鸟、黑枕绿啄木鸟、花啄木。

形态特征：体长约27厘米。背和翅上覆羽橄榄绿色，腰及尾上覆羽绿黄色，下体全灰，颊及喉亦灰。雄鸟前顶冠猩红，眼先及狭窄颊纹黑色，枕及尾黑色。中央尾羽橄榄褐色。雌鸟额至头顶暗灰色，具黑色羽干纹和端斑，其余同雄鸟。虹膜红色，嘴灰黑色，脚和趾灰绿色或褐绿色。

习性与分布：主要栖息于低山阔叶林和混交林，也出现于次生林和林缘地带以及路旁、农田地边疏林和村庄附近小林内。主要以昆虫为食，觅食时常由树干基部螺旋上攀，能把树皮下或蛀食到树干木质部里的害虫用长舌粘钩出来，偶尔也吃植物果实和种子。常单独或成对活动。繁殖期4～6月，营巢于树洞，每窝产卵9～10枚，孵化期12～13天。中国分布有10个亚种，秦岭分布1个亚种。在秦岭广泛分布于海拔1500米以下各类林地或城市园林。

灰头绿啄木鸟

资源价值与利用：在秦岭山区很常见，数量较多，是观鸟爱好者喜欢的鸟种。

二、观赏植物资源

（一）泽泻（*Alisma plantago-aquatica*）

分类地位：泽泻科、泽泻属。

形态特征：多年生水生或沼生草本。块茎直径1～3.5厘米。叶常多数。沉水叶条形或披针形；挺水叶宽披针形、椭圆形至卵形，先端尖，基部宽楔形或浅心形，叶柄基部渐宽，边缘膜质。花葶高78～100厘米；花序长15～50厘米，具3～8轮分枝，每轮分枝3～9枚。花两性，白色、粉红色或浅紫色，广卵形外轮花被片边缘膜质，近圆形内轮花被远大于外轮，边缘具不规则粗齿；心皮17～23枚，排列整齐，花柱直立；花药椭圆形，黄色或淡绿色；花托平凸近圆形。瘦果椭圆形或近矩圆形，果喙自腹侧伸出，喙基部凸起，膜质。种子紫褐色，具凸起。花果期5～10月。

习性与分布：生长于湖泊、河湾、溪流、水塘、沼泽、沟渠及低洼湿地。

资源价值与利用：花大，花期长，是观赏价值很高的水生景观植物。块茎中含有多种三萜类化合物以及挥发油、有机酸、植物甾醇、植物甾醇苷、树脂、蛋白质及大量淀粉。入药主治肾炎水肿、肾盂肾炎、肠炎泄泻、小便不利等症。

泽泻

（二）卷丹（*Lilium lancifolium*）

分类地位：百合科、百合属。别名：倒垂莲、虎皮百合。

形态特征：株高80～150厘米。地下具白色近宽球形鳞茎，鳞片宽卵形。茎褐色，带紫色条纹，被白色绵毛。单叶互生，无柄，矩圆状披针形或披针形，两面近无毛，有5～7条脉，上部叶腋着生珠芽。花3～20朵，苞片叶状，卵状披针形，有白绵毛；花梗紫色，有白色绵毛；花下垂，花被片披针形，反卷，橙红色，内面具紫黑色斑点；内轮花被片稍宽，蜜腺两边有乳头状突起；雄蕊四面开张，花丝淡红色，花药紫色矩圆形；子房圆柱形，柱头稍膨大，3裂。蒴果狭长卵形。花期7～8月，果期9～10月。

卷丹

习性与分布：生长于山沟砾石地。产于秦岭南北坡，在渭南、商州、山阳、佛坪等地均常见。

资源价值与利用：卷丹鳞茎可露地自然越冬。花朵大，花期长，姿态美，香气宜人，是珍贵的观赏花卉。其耐寒性强，喜半阴，能耐强日照。适于园林中花坛、花境及庭院栽植，也是切花和盆栽的良好材料。鳞茎含有大量的淀粉和蛋白质，可以做蔬菜食用；也是贵重的中药材，有镇咳祛痰的功效。

中国是百合最主要的起源地，原产50多种，是百合属植物自然分布中心。百合的主要应用价值在于观赏，其球根含丰富淀粉质，部分品种可作为蔬菜食用，以食用价值著称于世的兰州百合就是其典型代表。秦岭分布有野百合、山丹、云南大百合、岷江百合、宜昌百合、绿花百合、川百合、宝兴百合等，资源价值与利用状况与卷丹类似，均极具观赏价值，不再逐一介绍。

（三）萱草（*Hemerocallis fulva*）

分类地位：百合科、萱草属。别名：忘忧草、鹿葱、川草花、丹棘等。

形态特征：多年生宿根草本。具短根状茎和粗壮的纺锤形肉质根。宽线形叶基生、两列。花葶细长坚挺，高60～100厘米，着花6～10朵，呈顶生聚伞花序。漏斗形大型花朵在初夏开放，花被裂片长圆形，下部合成花被筒，上部开展而反卷，边缘波状，橘红色至橘黄色，内花被裂片下部一般有彩斑。花期5～7月。

习性与分布：秦岭南坡海拔300～2500米生长，普遍栽培。

资源价值与利用：萱草在我国有悠久的栽培历史，花色鲜艳，栽培容易，且春季萌发早，绿叶成丛，极为美观。园林中多丛植或于花境、路旁栽植，又可做疏林地被植物。萱草的花有毒，不可直接食用。由于长期的栽培，萱草的类型极多，如叶的宽窄、质地，花的色泽，花被管的长短，花被裂片的宽窄等变异很大。

萱草

（四）紫玉簪（*Hosta albo-marginata*）

分类地位：百合科、玉簪属。别名：紫萼、山玉簪。

形态特征：多年生草本，高60～70厘米。根茎粗壮。叶基生成丛状，狭椭圆形或卵状椭圆形，具4～5对弧形侧脉，凸出而明显。上面深绿色有光泽，下面绿色；花葶由叶丛中抽出，高33～60厘米，具几朵至十几朵花；膜质苞片近宽披针形；紫色花

紫玉簪

单生，盛开时从花被管向上骤然作近漏斗状扩大；雄蕊稍伸出于花被管之外，完全离生。蒴果圆柱状，有三棱，花期8～9月。

习性与分布：生长在海拔500～2400米的林下、草坡或路旁。产于秦岭南坡宁陕、岚皋等县。

资源价值与利用：极具观赏价值和绿化功能，可盆栽于庭院，或地栽于小区、公园、林下空地等。此外，全草有治疗胃痛、跌打损伤、蛇咬伤等功效。

（五）麦冬（*Ophiopogon japonicus*）

分类地位：百合科、沿阶草属。别名：沿阶草、书带草、麦门冬、寸冬。

形态特征：常绿多年生草本。根中间或近末端常膨大成椭圆形或纺锤形的小块根。茎短。叶基生成丛，禾叶状，边缘具细锯齿。花葶长6～27厘米，总状花序，通常比叶短，具几朵至十几朵花；花单生或成对着生于苞片腋内；白色或淡紫色披针形的花被片常稍下垂而不展开；花药三角状披针形。种子球形。花期5～8月，果期8～9月。

习性与分布：多生长在海拔2000米以下的山坡阴湿处、林下或溪旁。秦岭太白山及南坡洋县、佛坪有分布。

资源价值与利用：麦冬叶四季常绿，多栽植于苗圃作绿化环境用。本种小块根是中药麦冬，有生津解渴、润肺止咳之效，栽培很广，历史悠久。该植物体态变化较大，例如叶丛的密疏，叶的宽狭、长短等有时有明显的不同；但其花的构造变化不大，是鉴别的主要特征。

麦冬

（六）鸢尾（*Iris tectorum*）

分类地位：鸢尾科、鸢尾属。别名：屋顶鸢尾、蓝蝴蝶、紫蝴蝶、扁竹花。

形态特征：多年生宿根、直立草本，高30～50厘米，植株基部围有老叶残留的膜质叶鞘及纤维。粗壮的根状茎二歧分枝。黄绿色叶基生，中部略宽，宽剑形，顶端尖，基部鞘状，有数条不明显的纵脉。花茎光滑，高20～40厘米。中、下部有1～2枚茎生叶；苞片2～3枚，绿色，草质，边缘膜质，色淡，披针形或长卵圆形，顶端渐尖或长渐尖，内包含有1～2朵花。蓝紫色或紫白色蝶形花直径约10厘米。外花被裂片圆形或宽卵形，顶端微凹，爪部狭楔形，中脉上一行鸡冠状白色带紫纹突起。内花被裂片椭圆

鸢尾

形，花盛开时向外平展，爪部突然变细。雄蕊与外轮花被对生，花药鲜黄色。花柱3歧，淡蓝色，扁平如花瓣状，覆盖着雄蕊。子房纺锤状圆柱形。蒴果长椭圆形或倒卵形，有6条明显的肋，成熟时自上而下3瓣裂。黑褐色种子梨形。花期4~5月，果期6~8月。

习性与分布：生长于海拔800~1800米的灌木林边缘，常成片生长。南五台、太白山及宁陕等地有分布。

资源价值与利用：春末夏初开花，花形大而美丽。根状茎治关节炎、跌打损伤、食积、肝炎等症。对氟化物敏感。该物种为中国植物图谱数据库收录的有毒植物，全草有毒，以根茎和种子毒性较大，尤以新鲜的根茎更甚。

（七）石蒜（*Lycoris radiate*）

分类地位：石蒜科、石蒜属。别名：蟑螂花、老鸦蒜、蒜头草、龙爪花、红花石蒜、山乌毒、平地一声雷。

形态特征：多年生草本。球形鳞茎直径1~3厘米。狭带状深绿色叶秋季末长出，顶端钝，中间有粉绿色带。花茎先叶抽出，高约30厘米；披针形总苞片2枚；伞形花序有花4~7朵，花鲜红色；花被裂片狭倒披针形，皱缩和反卷，花被筒绿色，上部6裂，裂片狭披针形；雄蕊显著伸出于花被外，比花被长1倍左右；子房下位，3室，花柱细长。蒴果背裂。种子多数。花期8~9月，果期10月。

习性与分布：生长于阴湿山地或丛林下。秦岭南北坡均有分布，也有栽培。

资源价值与利用：在中国有较长栽培历史。石蒜冬季叶色深绿。夏末秋初花茎破土而出，花朵明亮秀丽，雄蕊及花柱突出，非常美丽。园林中可做林下地被花卉、花境丛植或山石间自然式栽植。也可供盆栽、水养、切花等用。鳞茎含有石蒜碱等10多种生物碱，有解毒、祛痰、利尿、催吐、杀虫等功效，但有小毒；主治咽喉肿痛、痈肿疮毒、瘰疬、肾炎水肿、毒蛇咬伤等。石蒜碱具一定抗癌活性，并能抗炎、解热、镇静及催吐，为治疗小儿麻痹症的要药。同属植物忽地笑又称黄色石蒜，也具有很高的观赏价值。

石蒜

（八）香蒲（*Typha orientalis*）

分类地位：香蒲科、香蒲属。别名：甘蒲、蒲黄草、鬼蜡烛、水蜡烛、蒲草、蒲包草、毛蜡烛、芦烛等。

形态特征：多年生水生或沼生草本。根状茎乳白色。粗壮地上茎高1.3~2米。叶片条形，光滑无毛，海绵状；叶鞘抱茎。雌雄花序紧密连接；雄花序长2.7～9.2厘米，花序轴具白色弯曲柔毛，自基部向上具1～3枚叶状苞片，花后脱落；雌花序长4.5～15.2厘米，基部具1枚叶状苞片，花后脱落；雄花通常由3枚雄蕊组成，单体花粉粒；孕性雌花柱头匙形且外弯，子房纺锤形至披针形；不孕雌花子房近于圆锥形，先端呈圆形，不发育柱头宿存。小坚果椭圆形至长椭圆形；果皮具长形褐色斑点。褐色种子微弯。花果期5～8月。

习性与分布： 生长于海拔700～2100米的水边浅水处。秦岭南北坡均有分布。

资源价值与利用： 本种经济价值较高，花粉即蒲黄，可入药；叶片用于编织、造纸等；幼叶基部和根状茎先端可作蔬食；雌花序可作枕芯和坐垫的填充物，是重要的水生经济植物之一。本种叶片挺拔，花序粗壮，是极佳的水生观赏植物。同属植物水烛和小香蒲均具有很高的观赏价值，它们都常常成为湿地中的建群种植物，对于改善水质有重要作用。

香蒲

（九）菹草（*Potamogeton crispus*）

分类地位： 眼子菜科、眼子菜属。别名：虾藻。

形态特征： 多年生沉水植物。具近圆柱形的根茎，稍扁的茎分枝多，近基部常匍匐地面，节处生出须根。无柄条形叶先端钝圆，叶缘多少呈浅波状，具细锯齿；平行叶脉3～5条，中脉近基部两侧伴有通气组织形成的细纹；托叶薄膜质，早落；休眠芽腋生，略似松果；革质叶肥厚坚硬，左右二列密生，基部扩张，边缘具有细锯齿。顶生穗状花序具花2～4轮；花序梗棒状；有4枚淡绿色、很小的花被片，雌蕊4枚，基部合生。果实卵形。花果期4～7月。

习性与分布： 生长于池塘、水沟、稻田、灌渠及缓流河中，水体多呈微酸至中性。秦岭南北坡低山区沟渠、河流和池塘中普遍分布。

资源价值与利用： 本种是水生观赏植物，可有效净化和改善水质。为草食性鱼类良好的天然饵料，我国一些地区选其为囤水田养鱼草种。在秦岭分布的同属植物眼子菜和本种一样，均有良好的观赏价值。

菹草

（十）望春玉兰（*Magnolia biondii*）

分类地位：木兰科、木兰属。

形态特征：多年生落叶乔木，高达12米，胸径达1米。树皮淡灰色，光滑；无毛小枝细长，灰绿色；顶芽卵圆形或宽卵圆形，密被淡黄色展开长柔毛。叶互生，长椭圆状披针形或卵状披针形，边缘干膜质，下延至叶柄，表面暗绿色，背面浅绿色；冬季结蕾，每枝顶生1枚，外被灰色刚毛。花芳香，先叶开放；花梗顶端膨大，具3苞片脱落痕；花被9片，外轮3片紫红色，近狭倒卵状条形，中内两轮近匙形，白色，外面基部常紫红色，内轮的较狭小；雄蕊紫色。圆柱形聚合果稍扭曲。心形种子外种皮鲜红色，内种皮深黑色，花期3月，果期9月。

习性与分布：生长于海拔600～2100米的林间。秦岭南北坡均有分布，北坡多为人工栽培，南坡多野生。

资源价值与利用：该植物树干光滑，枝叶茂密，树形优美。早春开花，花瓣白色、素雅，气味浓郁芳香，花瓣基部紫红色，十分美观。夏季叶大浓绿，有特殊香气，可逼驱蚊蝇；仲秋时节，长达20厘米的聚合果由青变黄红，露出深红色的外种皮，令人喜爱；初冬时花蕾满树十分壮观，是美化环境、绿化庭院的优良树种，它的幼树还可作嫁接广玉兰、白玉兰和含笑花的砧木。其花蕾可入药称"辛夷"，是我国传统的珍贵中药材，能散风寒、通肺窍，有收敛、降压、镇痛、杀菌等作用。花提取的香料可做饮料和糕点的添加剂。提制的芳香浸膏，可供配制香皂、化妆品、香精。

秦岭分布的同属野生植物武当木兰和多花玉兰观赏价值也极高，均可作为优良的园林绿化树种。

（十一）铁线莲（*Clematis florida*）

分类地位：毛茛科、铁线莲属。

形态特征：草质藤本，长约1～2米，靠叶柄缠绕。棕色或紫红色茎具6条纵纹，节部膨大，被稀疏短柔毛。二回三出复叶；全缘小叶狭卵形至披针形，小叶柄清晰可见；花单生于叶腋；花梗在中下部生一对叶状苞片；苞片宽卵圆形或卵状三角形，基部无柄或具短柄，被黄色柔毛；开展的花直径约5厘米；6枚倒卵圆形或匙形白色花瓣状萼片；无花瓣；紫红色雄蕊，花丝宽线形，花药长方矩圆形侧生；狭卵形子房被淡黄色柔毛，花柱短，上部无毛，膨大柱头微2裂。瘦果倒卵形，扁平，边缘增厚，宿存花柱伸长成喙状，细瘦，下部有开展的短柔毛，上部无毛。花期1～2月。

铁线莲

习性与分布：生长于低山区的丘陵灌丛中及山谷、路旁、小溪边。秦岭南北坡均比较常见。

资源价值与利用：栽培供园林观赏用。全世界铁线莲属共300余种，我国有近一半的原生种，秦岭分布有21种、7变种。铁线莲的花型、花色丰富多样，花朵美丽繁茂，花期从早春可至晚秋（也有少数冬天开花的品种），具有很高的观赏价值。在国外，铁线莲早在一个世纪前就被人们大量栽培应用，并享有"藤本花卉皇后"之美称。经过几个世纪的育种，铁线莲园艺品种到目前为止已经超过3000种。虽然多数育种工作在欧洲、日本、新西兰、美国等地进行，但铁线莲园艺变种的主要亲本大都出自中国。

（十二）秦岭耧斗菜（*Aquilegia incurvata*）

分类地位：毛茛科、耧斗菜属。别名：灯笼草、银扁担。

形态特征：多年生草本，直立茎高40～60厘米。疏被白色细柔毛。基生叶二回三出复叶；中央小叶菱状倒卵形，3裂，中央裂片有3个圆齿；侧生小叶无柄，斜倒卵形，比中央小叶稍小，常2裂，无毛或基部有疏柔毛。聚伞花序具花2～5朵，基部具叶状总苞，苞片3裂。花紫色，无毛萼片紫色，椭圆形或卵形，顶端急尖；无毛花瓣紫色，瓣片长方形，末端向内螺旋状弯曲；花药长圆形，退化雄蕊披针形，有柔毛和腺毛。蓇葖长1.4～1.5厘米。花期5～6月。

习性与分布：生长于海拔1000～2800米的沟边草地或山坡草地上。秦岭南坡宁陕、山阳、佛坪等地有分布。

资源价值与利用：本种花叶美丽，花盛开时，像一只只停留在枝头的鸽子，顾盼生姿，常栽培供庭院绿化。同属植物无距耧斗菜和华北耧斗菜也具有很高的观赏价值。

秦岭耧斗菜

（十三）翠雀（*Delphinium grandiflorum*）

分类地位：毛茛科、翠雀花属。别名：鸽子花、百部草。

形态特征：多年生草本，高35～65厘米。茎与叶柄均被反曲而贴伏的短柔毛，上部有时变无毛，等距地生叶，分枝。叶互生，圆五角形，3全裂，中央全裂片近菱形，一至二回三裂近中脉，小裂片线状披针形至线形，边缘干时稍反卷，侧全裂片扇形，不等2深裂近基部，两面疏被短柔毛或近无毛；基生叶和茎下部叶具长柄，长为叶片的3～4倍，基部具短鞘。总状花序有3～15

翠雀

花；下部苞片叶状，其他苞片线形。具有5枚蓝色或紫蓝色花瓣状萼片，上面1片有距，先端常微凹，距钻形，直或末端稍向下弯曲；蓝色花瓣无毛，顶端圆形；2枚有距花瓣较小，距突伸于萼距内；2枚宽倒卵形微凹的退化雄蕊蓝色，有黄色髯毛；心皮3个，子房密被贴伏的短柔毛。聚生蓇葖果3个。花期8～9月。

习性与分布： 生长于海拔500～1600米的丘陵地带山坡草丛中。产于秦岭北坡，华山、南五台、楼观台、太白山及临潼、长安、户县、周至等地均有分布。

资源价值与利用： 翠雀的叶和花均很美观。特别是其花形别致，盛开时像一群蓝色小鸟从天而降，十分动人。可栽培供庭园绿化观赏。此外，秦岭还分布有川陕翠雀花、秦岭翠雀花等品种，均具有很好的观赏价值。

（十四）五脉绿绒蒿（*Meconopsis quintuplinervia* var. *quintuplinervia*）

分类地位： 罂粟科、绿绒蒿属。别名：野毛金莲、毛叶兔耳风、毛果七。

形态特征： 多年生草本，高30～50厘米。根须状。莲座状叶基生，叶片倒卵形至披针形，先端尖，基部渐狭并下延入叶柄，全缘，两面密被淡黄色或棕褐色、具多短分枝的硬毛，明显具3～5条纵脉。直立不分枝花葶1～3，从叶丛中抽出，被淡褐色硬毛。花单生于花葶上，花下垂。浅蓝或紫色花瓣4～6片，倒卵形或近圆形；雄蕊多数，花丝线形，与花瓣同色或白色。子房椭圆形，密被棕黄色或淡黄色具分枝的刚毛。花柱棒状，头状柱头3～6裂；长圆柱形蒴果直立。花果期6～9月。

习性与分布： 生长于海拔2300～4600米的阴坡灌丛中或高山草地。产于秦岭北坡太白山、宝鸡玉皇山等地。

资源价值与利用： 绿绒蒿是著名的观赏植物，以其花大、色泽艳丽、姿态优美而著称，是高山植物中最引人注目的花卉之一。

五脉绿绒蒿

（十五）青钱柳（*Cyclocarya paliurus*）

分类地位： 胡桃科、青钱柳属。别名：青钱李、山麻柳、山化树等。

形态特征： 大型落叶乔木，高达30米。灰色树皮具灰黄色皮孔，芽密被锈褐色盾状着生的腺体。奇数羽状复叶，7～9枚纸质小叶；侧生小叶长椭圆状卵形至阔披针形，基部阔楔形至近圆形。雄性葇荑花序长7～18厘米，总梗自一年生枝条的叶痕腋内生出；花序轴密被短柔毛及盾状着生的腺体。雄花具长约1毫米的花梗。雌性葇荑花序单独顶生，花序轴常密被短柔毛，老时毛常脱落而成无毛，在其下端不生雌花的部分常有一长约1厘米、被锈褐色毛的鳞片。果序轴无毛或被柔毛。果实扁球形，果梗密被短柔毛，果实中部围有水平方向的径达2.5～6厘米的革质圆盘状翅，顶端具4枚宿存的花被片及花柱，果实及果翅全部被有腺体，在基部及宿存的花柱上则被稀疏的短柔毛。花期4～5月，果期7～9月。

青钱柳

习性与分布：常生长在海拔500～2500米的山地湿润的森林中。仅在秦岭北坡的太白山、南坡的佛坪等地零星分布，资源量很少。

资源价值与利用：该种整体美观大方，果序独特，观赏价值较高。树皮鞣质，可提制栲胶，亦可做纤维原料；木材细致，可做家具及工业用材。

（十六）秦岭木姜子(*Litsea tsinlingensis*)

分类地位：樟科、木姜子属。

形态特征：落叶灌木或小乔木，高可达6米，有香味。幼枝红褐色，老枝灰绿色，均无毛。顶芽卵圆形，鳞片外面无毛或仅上部有柔毛。叶倒卵形或倒卵状椭圆形；互生；先端短渐尖或钝圆，基部渐狭；幼时两面被白色绒毛，老时沿叶脉有毛；叶脉在上面下陷，下面突起，老时网脉明显；叶柄幼时被白色绒毛，老后脱落渐稀疏或近于无毛。伞形花序常生于枝梢，花序总梗被灰色柔毛，每一花序有花10～11朵。黄色花先叶开放或与叶同时开放；花梗被灰黄色柔毛；花被裂片6枚，宽椭圆形，先端圆钝，外面有稀疏柔毛，内面仅基部有柔毛，具腺点；能育雄蕊9枚，花丝短，无毛，第3轮基部有黄色圆形腺体，雌花中退化雄蕊无毛；子房卵圆形，花柱粗短无毛，柱头头状。果球形，成熟时黑色；果梗细长，初时被灰黄色柔毛。花期4～5月，果期7～8月。

秦岭木姜子

习性与分布：生长于海拔1000～2400米的山坡或山沟灌丛中。秦岭南坡佛坪、洋县、留坝等地均有分布，较常见。

资源价值与利用：该种树形美观，黄色的花常先叶开放，是春季观花的优良树种。叶和果均可提取芳香油，为食用香精及化妆品原料。种子脂肪油含量高，供制肥皂及提取月桂酸等。

（十七）黄栌（*Cotinus coggygria*）

分类地位：漆树科、黄栌属。

形态特征：落叶灌木，高3～5米。叶柄短，全缘叶倒卵形或卵圆形，先端圆形或微凹，基部圆形或阔楔形，两面尤其叶背显著被灰色柔毛，侧脉6～11对，先端常叉开。圆锥花序被柔毛，花杂性。卵状三角形花萼裂片无毛；花瓣光滑，卵形或卵状披针形，较长；雄蕊5枚，花药卵形，与花丝等长，紫褐色花盘5裂；子房近球形，3个分离的花柱不等长。果肾形无毛。

黄栌

习性与分布：生长于海拔700～1620米的向阳山坡林中。秦岭南北坡均产，分布很广，较常见。

资源价值与利用：叶秋季变红，美观，即北京著名的"香山红叶"，是现代城市用来提升环境和景观的优良彩叶树种。木材黄色，古代做黄色染料。树皮和叶可提栲胶。叶含芳香油，为调香原料。嫩芽可炸食。

（十八）常春藤（*Hedera nepalensis var.sinensis*）

分类地位：五加科、常春藤属。别名：爬树藤、三角藤、爬崖藤。

形态特征：常绿攀援灌木。棕色茎长3～20米，有气生根，一年生枝疏生锈色鳞片。不育枝上叶片革质，为三角状卵形或三角状长圆形，先端短渐尖，基部截形，边缘全缘或3裂；花枝上的叶片通常为椭圆状卵形至椭圆状披针形，先端渐尖，基部楔形或阔楔形，上面深绿色有光泽，下面淡绿色或淡黄绿色，侧脉和网脉两面均明显。伞形花序单个顶生，或2～7个总状排列或伞房状排列成圆锥花序，有花5～40朵；总花梗具鳞片。苞片三角形；淡黄白色或淡绿白色花芳香；萼边缘密生棕色鳞片，近全缘；花瓣5枚，三角状卵形，外面有鳞片；雄蕊5枚，花药紫色；子房5室；黄色花盘隆起；花柱全部合生成柱状。果实球形，红色或黄色，直径7～13毫米；宿存花柱长1～1.5毫米。花期9～11月，果期次年3～5月。

习性与分布：常攀援于林缘树木、林下路旁、岩石和房屋墙壁上，庭园中也常栽培。秦岭南北坡均有分布，较常见。

资源价值与利用：常春藤叶色浓绿，茎上有许多气生根，容易吸附在岩石、墙壁和树干上生长，可作攀附或悬挂栽培，是室内外垂直绿化的理想植物。作为室内喜阴观叶植物盆栽，可长期在明亮的房间内栽培。室内绿化装饰时，作悬垂装饰，给人以自然洒脱之美感；小盆栽植，清秀典雅；作为柱状攀援栽植，富有立体感。常春藤全株供药用，有舒筋散风、活血、消肿之功效，可治痛疽或其他初起肿毒。茎叶含鞣酸，可提制栲胶。

（十九）辽东丁香（*Syringa wolfii*）

分类地位：木犀科、丁香属。

形态特征：落叶直立灌木。灰色枝粗壮无毛，疏生白色皮孔，当年生枝绿色，二年生枝灰黄色或灰褐色。叶片椭圆状长圆形、椭圆状披针形、椭圆形或倒卵状长圆形，先端尖，基部楔形、宽楔形至近圆形，叶缘具睫毛，上面深绿色，下面淡绿色或粉绿色，常沿叶脉被柔毛或须状柔毛。圆锥花序直立，由顶芽抽生；花序轴被柔毛或短柔毛，花梗、花萼被较密的柔毛或短柔毛。花芳香；花萼常截形；花冠紫色、淡紫色、紫红色或深红色，漏斗状，花冠管长1～1.4厘米，裂片近直立或开展，长圆状卵形至卵形，先端内弯呈兜状而具喙；花药黄色，位于距花冠管喉部0～1.5毫米处。果长圆形。花期6月，果期8月。

习性与分布：生长于山坡杂木林、灌丛、林缘或河边，也可生于针阔叶混交林中，海拔500～1600米。秦岭是丁香属在西北地区的重要分布区。

资源价值与利用：为庭院观赏植物，普遍用于园林观赏。因其具有独特的芳香、硕大繁茂的花序、优雅而调和的花色、丰满而秀丽的姿态，已成为园林中不可缺少的花木。对二氧化硫及氟化氢等多种有毒气体都有较强的抗性，故又是工矿区等绿化、美化的良好植物。还可收集丁香油及丁香的芬芳气味物质用于化妆工业。在秦岭分布的同属植物北京丁香、羽叶丁香等均具有很高的观赏价值。

辽东丁香

（二十）瓜木（*Alangium platanifolium*）

分类地位：八角枫科、八角枫属。别名：篠悬叶瓜木、八角枫。

形态特征：落叶灌木或小乔木，高3～5米。灰色或深灰色树皮平滑；圆柱形小枝纤细，常略呈"之"字形弯曲；冬芽圆锥状卵圆形，三角状卵形鳞片覆瓦状排列，外面有灰色短柔毛。纸质叶近圆形，顶端钝尖，基部近于心脏形或圆形，边缘呈波状或钝锯齿状；掌状主脉3～5条由基部生出，侧脉5～7对。聚伞花序生叶腋，通常有3～5花，花梗上有线形小苞片1枚，早落，外面有短柔毛。紫红色线形花瓣外面有短柔毛，近基部较密，基部粘合，上部开花时反卷；雄蕊6～7枚，较花瓣短，花丝略扁，微有短柔

瓜木

145

毛；光滑肥厚的花盘近球形，微现裂痕；子房1室，花柱粗壮，柱头扁平。核果，花萼宿存。种子1颗。花期3～7月，果期7～9月。

习性与分布：生长于海拔2000米以下土质较疏松肥沃的向阳山坡或疏林中。秦岭南北坡分布范围广泛，比较常见。

资源价值与利用：叶片形状较美，花期较长，可栽植于庭院做绿化树种。本种的树皮含鞣质，纤维可做人造棉，根叶药用，治风湿和跌打损伤等。

（二十一）三叶地锦（*Parthenocissus semicordata*）

分类地位：葡萄科、地锦属。别名：三叶爬山虎、三角风、三爪金龙。

形态特征：木质落叶藤本。圆柱形小枝嫩时被疏柔毛，后脱落。总状卷须4～6分枝，相隔2节间与叶对生，顶端嫩时尖细卷曲，后遇附着物扩大成吸盘。3小叶着生在短枝上，中央小叶倒卵椭圆形或倒卵圆形，顶端骤尾尖，基部楔形，边缘中部以上每侧有6～11个锯齿；侧生小叶卵椭圆形或长椭圆形，顶端短尾尖，基部不对称，近圆形，外侧边缘有7～15个锯齿，内侧边缘上半部有4～6个锯齿；侧脉4～7对。多歧聚伞花序着生在短枝上，花序基部分枝；椭圆形花蕾顶端圆形。萼碟形全缘，边缘无毛；花瓣卵椭圆形无毛；雄蕊的花药卵椭圆形；花盘不明显；子房扁球形，花柱短，柱头不扩大。果实近球形，有种子1～2颗。种子倒卵形，顶端圆形，基部急尖成短喙，种脐在背面中部呈圆形，腹部中棱脊突出，从基部向上斜展达种子顶端。花期5～7月，果期9～10月。

习性与分布：生长于海拔800～2200米山坡石壁或灌丛。秦岭南北坡均有分布，比较常见。

资源价值与利用：通常用作高大的建筑物、假山等的垂直绿化，是城市垂直绿化和高速公路边坡地被植物的首选物种。秦岭广泛分布的还有红三叶地锦，是该种植物的另一个变种，也有良好的观赏价值，是开展立体绿化不可多得的好材料。

三叶地锦

（二十二）柳兰（*Epilobium angustifolium*）

分类地位：柳叶菜科、柳叶菜属。

形态特征：多年生直立草本，茎粗壮。木质化根状茎广泛匍匐于表土层。圆柱状无毛茎高20～130厘米，粗2～10毫米，不分枝或上部分枝，表皮撕裂状脱落。叶无柄，螺旋状互生；茎下部叶褐色，近膜质，披针状长圆形至倒卵形，常枯萎；中上部叶近革质，线状披针形或狭披针形，两面无毛，边缘近全缘或有稀疏浅小齿，稍微反卷。总状花序直立无毛；下部苞片叶状，上部三角状披针形。花在芽期下垂，开放时直立展开；花蕾倒卵状；萼片长圆状披针形，紫红色，先端渐狭渐尖，被灰白柔毛；花冠粉红至紫红色，梢不等大，上面二枚较大，倒卵形或狭倒卵形；花药长圆形，初期红色，开裂时变紫红色，产生带蓝色的花粉；花柱开放时强烈反折，后恢复直立，下部被长柔毛；白色柱头4深裂，裂片长圆状披针形，上面密生小乳突。蒴果圆柱形，密被贴生的白灰色柔毛。种子褐色，狭倒卵状；灰白色种缨长10～17毫米，不易脱落。花期6～9月，果期8～10月。

习性与分布：生长于海拔500～3100米林缘、山坡或河岸及山谷的沼泽地，秦岭南北坡均有成片分布，较普遍。

资源价值与利用：柳兰花穗长，花色鲜艳，花多而大，花期长，是较为理想的夏花植物。其地下根茎生长能力极强，易形成大片群体，开花时十分壮观。植株较高，适宜做花境的背景，用作插花材料也很美。含鞣质可制栲胶，是良好的蜜源植物。种子毛可制人造棉。嫩叶可食。根状茎或全草入药，有小毒，能调经活血、消肿止痛，主治月经不调、骨折、关节扭伤。

柳兰

（二十三）顶花板凳果（*Pachysandra terminalis*）

分类地位：黄杨科、板凳果属。别名：粉蕊黄杨、顶蕊三角咪。

形态特征：常绿亚灌木，稍显粗壮的地上茎被极细毛，下部根茎长约30厘米，横卧、屈曲或斜上，布满长须状不定根，上部直立，高约30厘米，生叶。叶薄革质，在茎上每间隔2～4厘米，有4～6叶接近着生，似簇生状。叶片菱状倒卵形，上部边缘有齿牙，基部楔形，渐狭成长1～3厘米的叶柄。直立花序顶生，花白色，花序轴及苞片均无毛。雄花数超过15朵，几占花序轴的全部，无花梗；雌花1～2朵，生花序轴基部。雄花的苞片及萼片均阔卵形，苞片较小，具不育雌蕊。雌花苞片及萼片均卵形，覆瓦状排列，花柱受粉后伸出花外甚长，上端旋曲。果卵形，花柱宿存，粗而反曲。花期4～5月。

习性与分布：生长于山区海拔1000～2600米林下阴湿地。秦岭南北坡均有广泛分布，较常见。

资源价值与利用：极耐阴耐寒，在北方能露地过冬；繁殖快，植株低矮；耐盐碱能力强；夏季顶生白色花序，冬季碧叶覆地，最适合做林下地被。

顶花板凳果

147

（二十四）臭牡丹(*Clerodendrum bungei*)

分类地位： 马鞭草科、大青属。别名：臭枫草、大红袍、矮桐子、臭珠桐、臭八宝。

形态特征： 落叶灌木，高1～2米。小枝近圆形，皮孔显著，植株有臭味。花序轴、叶柄密被褐色、黄褐色或紫色脱落性柔毛。叶片纸质，宽卵形或卵形，顶端尖，基部宽楔形、截形或心形，边缘有锯齿，侧脉4～6对，基部脉腋有数个盘状腺体。伞房状聚伞花序顶生，密集；苞片披针形或卵状披针形，早落或花时不落，早落后在花序梗上残留凸起的痕迹，小苞片披针形。花萼钟状，被短柔毛及少数盘状腺体，萼齿三角形或狭三角形；花冠淡红色、红色或紫红色，倒卵形；雄蕊及花柱均突出花冠外；柱头2裂，子房4室。核果近球形，径0.6～1.2厘米，成熟时蓝黑色。花果期5～11月。

习性与分布： 生长于海拔2500米以下的山坡、林缘、沟谷、路旁灌丛湿润处。秦岭南北坡均有分布，也有栽培。

资源价值与利用： 叶色浓绿，花朵优美，花期长，是一种非常美丽的园林花卉。抗逆性强，适应性广，适宜栽于坡地、林下或树丛旁。它萌蘖生长密集，还可作为优良的水土保持植物，用于在护坡上保持水土。根、茎、叶入药，有祛风解毒、消毒止痛之效。

臭牡丹

（二十五）异叶榕（*Ficus heteromorpha*）

分类地位： 桑科、榕属。别名：野枇杷。

形态特征： 落叶灌木，高2～5米。树皮灰褐色；小枝红褐色，节短。叶多琴形、椭圆形、椭圆状披针形，全缘或微波状，基生侧脉较短，侧脉6～15对，红色；叶柄带红色；托叶红色，披针形。榕果成对生于当年生短枝叶腋，无总梗，球形或圆锥状球形，光滑，成熟时紫色或紫黑色。顶生苞片脐状，基生苞片3枚，卵圆形，雄花和虫瘿花生于同一榕果中；雄花散生内壁，花被片4～5片，匙形，雄蕊2～3枚；虫瘿花扁球形，花被片5～6片，子房光滑，花柱短；雌花花被片4～5片，包围子房，花柱侧生，柱头画笔状，被柔毛。瘦果光滑。花期4～5月，果期5～7月。

习性与分布： 生长于海拔500～1800米的山坡、路旁、沟边灌丛中。秦岭南北坡均产，南坡更易见到。

异叶榕

资源价值与利用： 该种叶形美丽，可做观赏树木。叶还可做饲料，茎皮纤维供造纸；果实入药，名为奶浆果。

（二十六）山梅花（*Philadelphus incanus*）

分类地位： 虎耳草科、山梅花属。别名：毛叶木通。

形态特征： 落叶灌木，高1.5～3.5米。当年生小枝浅褐色或紫红色，被微柔毛或有时无毛；二年生小枝灰褐色，表皮呈片状脱落。叶卵形或阔卵形。花枝上叶较小，边缘具疏锯齿，上面被刚毛，下面密被白色长粗毛，叶脉离基出3～5条。总状花序有花5～9朵，花乳白色，有香气。花萼外面密被紧贴糙伏毛，萼筒钟形；花冠盘状，裂片卵形，直径2.5～3厘米，花瓣卵形或近圆形；雄蕊30～35枚；花盘无毛；花柱无毛，近先端稍分裂，柱头棒形。蒴果倒卵形。花期5～6月，果期7～8月。

习性与分布： 生长于海拔1200～1700米的林缘灌丛中。秦岭南北坡均产，较常见。

资源价值与利用： 山梅花枝叶茂密，花乳白而清香，花朵聚集，花期长，常做庭园观赏植物，是北方初夏优良的赏花灌木。

山梅花

（二十七）东陵八仙花（*Hydrangea bretschneideri*）

分类地位： 虎耳草科、绣球属。别名：柏氏八仙花、铁杆花儿结子、光叶东陵绣球。

形态特征： 落叶直立灌木，高1～3米。当年生小枝栗红色至栗褐色或淡褐色；二年生小枝色稍淡，通常无皮孔。树皮较薄，常呈薄片状剥落。纸质叶对生，卵形或椭圆状卵形，边缘有锯齿；叶面深绿色，无毛或脉上疏柔毛；背面密生灰色柔毛；中脉在下面凸起，侧脉7～8对，较细，直斜向上，近边缘微弯。伞房状聚伞花序顶生，直径8～15厘米，边缘着不育花，初白色后变淡紫色，中间有浅黄色可孕花。不育花萼片4，广椭圆形、卵形、倒卵形或近圆形，钝头，全缘。孕性花萼筒杯状，萼齿三角形。花瓣卵状披针形或长圆形；雄蕊10枚，不等长，花药近圆形；子房略超过一半下位，花柱3，上部略尖，直立或稍扩展，基部连合，柱头近头状。蒴果近圆形，红色。花期6～7月，果期9～10月。

习性与分布： 生长于海拔1500～2000米的山坡、山谷林下或林缘。秦岭南北坡均产，在秦岭各地较常见。

资源价值与利用： 八仙花花大色美，形似绣球，是著名观赏

东陵八仙花

植物。园林绿化中普遍栽培，用于列植或植作花篱、花境等。此花已作为珍稀花卉载入《中国花卉大全》。八仙花花色受土壤酸碱度影响，酸性土花呈蓝色，碱性土花为红色。除东陵八仙花外，秦岭还分布有腊莲八仙花、蔓生八仙花、长柄八仙花、黄脉八仙花等种，均具有较高的观赏价值。

（二十八）大花溲疏（*Deutzia grandiflora*）

分类地位：虎耳草科、溲疏属。

形态特征：灌木，高约2米。小枝褐色或灰褐色，光滑；老枝紫褐色或灰褐色，表皮片状脱落。花枝开始极短，以后延长达4厘米，具2～4叶，黄褐色，被具中央长辐线星状毛。叶对生，叶柄长1～4毫米；叶纸质，卵状菱形或椭圆状卵形，被星状毛。聚伞花序，1～3朵花生于枝顶。花直径2～2.5厘米，萼筒浅杯状，裂片5，线状披针形，密被灰黄色星状毛；花瓣白色，长圆形或长圆状倒卵形，先端圆形，中部以下收狭，外面被星状毛，花蕾时内向镊合状排列；外轮雄蕊长，花丝先端2齿，齿平展或下弯成钩状，内轮雄蕊较短，形状与外轮相同；子房下位，花柱3个。花期4～6月，果期9～11月。

习性与分布：生长于海拔800～1800米的山谷、路旁石崖上或灌丛中。秦岭南北坡均产，如北坡华阴、长安、户县、周至、眉县，南坡商州、丹凤、山阳等地。

资源价值与利用：大花溲疏开花量大，花朵洁白素雅，是优良的园林观赏树种。初夏白花繁密，常丛植草坪一角、建筑旁；花枝可切花插瓶，果实入药。该种不仅做庭园观赏，还可做山坡地水土保持树种。同属植物异色溲疏、粉背溲疏、太白溲疏也具有良好的观赏价值。

大花溲疏

（二十九）陕甘花楸（*Sorbus koehneana*）

分类地位：蔷薇科、花楸属。

形态特征：小乔木或灌木，高达4米。圆柱形小枝暗灰色或黑灰色，无毛；长卵形冬芽先端急尖或稍钝，外被数枚红褐色鳞片。奇数羽状复叶，连叶柄共长10～16厘米；小叶片8～12对，长圆形至长圆披针形，先端圆钝或急尖，基部偏斜圆形；叶轴两面微具窄翅，上面有浅沟。复伞房花序多生在侧生短枝上，具多数花朵，总花梗和花梗有稀疏白色柔毛。钟状萼筒内外两面均无

陕甘花楸

毛；三角形萼片先端圆钝，外面无毛，内面微具柔毛；花瓣白色宽卵形，先端圆钝，内面微具柔毛或近无毛；雄蕊20枚，长约为花瓣的1/3；花柱5个，几与雄蕊等长。白色果实球形，先端具宿存闭合萼片。花期6月，果期9月。

习性与分布：常生长在海拔2300～4000米的溪谷、阴坡、山区杂木林内。秦岭南北坡均有分布，较常见。

资源价值与利用：典型的观叶观花观果落叶乔木。枝叶秀丽，秋季结白色果实，一团团洁白无瑕的果实独具特色。同属植物太白花楸、水榆花楸、北京花楸、石灰花楸、湖北花楸、黄脉花楸等在秦岭也有分布，均有良好的观赏价值，是优良的观果树种和城市秋季彩叶树种。

（三十）红柄白鹃梅（*Exochorda giraldii*）

分类地位：蔷薇科、白鹃梅属。别名：纪氏白鹃梅、白鹃梅、打刀木。

形态特征：落叶灌木，高3～5米。圆柱形无毛小枝细弱开展；幼时绿色，老时红褐色；红褐色冬芽卵形，先端钝，边缘微被短柔毛。叶片全缘，椭圆形或长椭圆形；叶柄常红色，无毛，不具托叶。总状花序，有花6～10朵，花梗短或近于无梗。苞片线状披针形，全缘；萼筒浅钟状，萼片全缘，短而宽，近于半圆形；花瓣白色，倒卵形或长圆倒卵形，基部有长爪；雄蕊25～30枚，着生在花盘边缘；心皮5个，花柱分离。蒴果倒圆锥形，具5脊，无毛。花期5月，果期7～8月。

红柄白鹃梅

习性与分布：生长于海拔1000～2000米的干山坡灌丛中。秦岭北坡华阴、长安、户县、周至、眉县，南坡略阳、山阳等地均有分布。

资源价值与利用：该种花朵繁茂，色形美丽飘逸，极具观赏价值，常栽培供庭园绿化用。

（三十一）水栒子（*Cotoneaster multiflorus*）

分类地位：蔷薇科、栒子属。别名：栒子木、红栒子、多花栒子、多花灰栒子、灰栒子、香李。

形态特征：落叶灌木，高达4米。无毛小枝圆柱形，红褐色或棕褐色。叶卵形或宽卵形，全缘，先端常钝圆，基部近圆形，幼时背面有柔毛，后变光滑，无毛。花多数，约5～21朵组成疏松的聚伞花序。花白色，直径1～1.2厘米；苞片线形，无毛或

水栒子

微具柔毛；萼筒钟状，内外两面均无毛，萼片三角形；花瓣平展，近圆形；雄蕊约20枚，稍短于花瓣；离生花柱通常2个，短于雄蕊，子房先端有柔毛。果实近球形或倒卵形，鲜红色。花期5～6月，果期8～9月。

习性与分布： 生长于海拔1200～3500米的山坡林缘或灌丛中。秦岭南北坡均产，很普遍。

资源价值与利用： 本种为高大灌木，生长旺盛，夏季密着白花，晚秋果实变红，美丽绚烂，经久不凋，多栽培于庭园作绿化用。在秦岭分布的同属植物均有良好的观赏价值。

（三十二）华北珍珠梅（*Sorbaria kirilowii*）

分类地位： 蔷薇科、珍珠梅属。别名：吉氏珍珠梅、珍珠梅。

形态特征： 灌木，高3米。羽状复叶，具有小叶片13～21枚。小叶对生，相距1.5～2厘米，披针形至长圆披针形。顶生大型密集圆锥花序，分枝斜出或稍直立，无毛，微被白粉。花白色，直径5～7毫米；萼筒浅钟状，内外两面均无毛，全缘萼片长圆形，与萼筒约等长；花瓣倒卵形或宽卵形；雄蕊20枚，与花瓣等长或稍短，着生在花盘边缘；花盘圆杯状；心皮5个，无毛，花柱稍短于雄蕊。花期6～7月。

习性与分布： 生长于海拔1500米的山坡丛林中。秦岭南北坡均普遍分布。

资源价值与利用： 珍珠梅盛开时，似珍珠的花蕾与梅花状的花朵镶嵌在一起，散发出洁白的光泽，非常美丽悦目。华北珍珠梅是我国北方常见的栽培花卉。

华北珍珠梅

（三十三）黄蔷薇（*Rosa hugonis*）

分类地位： 蔷薇科、蔷薇属。别名：大马茄子、红眼刺。

形态特征： 矮小灌木，高约2.5米。无毛小枝圆柱形，皮刺扁平，常混生细密针刺。小叶5～13枚，卵形、椭圆形或倒卵形，边缘有锐锯齿。花黄色，直径4～5.5厘米，单生于叶腋，无苞片；萼筒、萼片外面无毛，萼片披针形，全缘，有明显的中脉；瓣宽倒卵形，先端微凹，基部宽楔形；雄蕊多数，着生在坛状萼筒口的周围；花柱离生，被白色长柔毛，稍伸出萼筒口外面，比雄蕊短。花期5～6月，果期7～8月。

黄蔷薇

习性与分布：生长于海拔1000～2000米的向阳干燥山坡灌丛中。秦岭北坡华阴、南坡凤县等地均有分布。

资源价值与利用：黄蔷薇耐旱性强，是优良的园林观赏树种，具有较高的观赏价值和经济价值，可从中提取芳香油和香精。在秦岭分布的同属植物，如伞房蔷薇、陕西蔷薇、峨眉蔷薇、缫丝花、秦岭蔷薇、黄刺玫等，均有良好的观赏价值。野生蔷薇子和根还可入药。

（三十四）火棘（*Pyracantha fortuneana*）

分类地位：蔷薇科、火棘属。别名：救兵粮、红果子、火把果、救命粮、救军粮。

形态特征：常绿灌木，高1～2米。枝拱形下垂，幼枝外被锈色短柔毛，老枝暗褐色无毛。叶倒卵形或倒卵状长圆形，边缘有圆钝锯齿，基部渐狭而全缘，两面无毛。复伞房花序，有花10～22朵。花白色，直径1厘米；萼筒钟状，无毛，萼片三角状卵形；花瓣近圆形；雄蕊20枚，花药黄色；离生花柱5个，与雄蕊等长；子房上部密生白色柔毛。果近球形，直径5毫米，橘红色至深红色。花期4～5月，果期8～10月。

习性与分布：生长于海拔500～1500米的河岸、沟岸、滩地和山坡灌木林中。秦岭北坡太白山，南坡商州、山阳、宁陕、镇安、石泉、洋县、城固、勉县、留坝、略阳等地分布普遍。

资源价值与利用：该种植物枝繁叶茂，果实鲜红，深受人们喜爱。果实从9月底开始变红，经久不落，一直可保持到春节，是一种极好的观果植物。

火棘

（三十五）石楠（*Photinia serrulata*）

分类地位：蔷薇科、石楠属。别名：千年红、扇骨木、笔树、石眼树、山官木、凿木、将军梨、石楠柴、石纲、凿角等。

形态特征：常绿灌木或小乔木，高达12米。长椭圆形、长倒卵形或倒卵状椭圆形革质叶互生，先端尾尖，基部圆形或宽楔形，边缘微反卷，具腺状细锯齿，成熟后两面皆无毛，中脉显著。复伞房花序顶生，总花梗和花梗无毛。花密生，直径6～8毫米；萼筒杯状，萼片5片，阔三角形；花瓣5片，白色近圆形；雄蕊20枚，外轮较花瓣长，内轮较花瓣短，花药带紫色；花柱2或3个，基部合生，柱头头状。红色球形果实直径5～6毫米，成熟后

石楠

153

成褐紫色。花期4～5月，果期10月。

习性与分布：生长于海拔1000～2500米的山坡杂木林中。秦岭南坡旬阳、汉阴等县有分布。

资源价值与利用：本种枝条能自然发育成圆形树冠。枝叶浓密，早春幼枝嫩叶紫红色，夏季密生白色花朵，秋后鲜红果实缀满枝头，鲜艳夺目，是一种观赏价值极高的常绿阔叶乔木。叶和根可药用，具利尿、镇静、解热等功效。

（三十六）陕西绣线菊（*Spiraea wilsonii*）

分类地位：蔷薇科、绣线菊属。

形态特征：落叶灌木，高1.5～2.5米。圆柱形小枝拱形弯曲。叶片全缘，长圆形、倒卵形或椭圆长圆形，基部楔形，上面被稀疏柔毛，下面长柔毛沿叶脉较多。复伞房花序着生在侧枝顶端，被长柔毛。花直径6～7毫米；苞片全缘，椭圆长圆形或卵状披针形，两面被长柔毛；萼筒钟状，外面被长柔毛，内面被柔毛，萼片三角形，先端急尖；花瓣宽倒卵形至近圆形，宽几与长相等；雄蕊20枚，几与花瓣等长；花盘圆环形，具10个裂片，裂片先端有时微凹；子房密被柔毛，花柱生于背部顶端，稍倾斜开展，比雄蕊短。蓇葖果开张，密被短柔毛。花期5～7月，果期8～9月。

习性与分布：生长于海拔1000～3200米的山谷疏林、岩坡或田野路旁。秦岭南北坡各地分布较普遍。

资源价值与利用：枝繁叶茂，花序密集，花色洁白，5～7月盛开，非常美丽，是良好的园林观赏植物和蜜源植物。在秦岭分布的同属其他种，如高山绣线菊、中华绣线菊、华北绣线菊、蒙古绣线菊、南川绣线菊、川滇绣线菊等均有良好的观赏价值，成为现代城市绿篱的主力军。

陕西绣线菊

（三十七）小花香槐（*Cladrastis sinensis*）

分类地位：豆科、香槐属。

形态特征：大型落叶乔木，高达20米。幼枝叶被灰褐色或锈色柔毛。奇数羽状复叶长达20厘米，小叶4～7对，互生或近对生，卵状披针形或长圆状披针形，上面深绿色光滑，下面苍白色被灰白色柔毛，常沿中脉被锈色毛，侧脉10～15对，上平下隆起。顶生圆锥花序长15～30厘米，花多。钟状花萼密被灰褐色或锈色短柔毛，萼齿5个；花冠常白色或淡黄色，旗瓣倒卵形或近

小花香槐

圆形，先端微缺或倒心形，基部骤狭成柄，翼瓣箭形，比旗瓣稍长，龙骨瓣比翼瓣稍大，椭圆形，基部具1下垂圆耳；雄蕊分离，10枚；子房线形，被淡黄色疏柔毛，胚珠6～8粒。荚果椭圆形或长椭圆形，扁平，有种子1～5粒。种子卵形，褐色，种脐小。花期6～8月，果期8～10月。

习性与分布： 多生长于海拔1000～2500米较温暖的山区杂木林中。秦岭南北坡均有分布。

资源价值与利用： 常栽培做庭园观赏，亦做建筑用材和提取黄色染料。

（三十八）佛甲草（*Sedum lineare*）

分类地位： 景天科、景天属。别名：佛指甲、铁指甲、狗牙菜、金莿插。

形态特征： 多年生草本，无毛。茎高10～20厘米。3叶轮生，叶线形，先端钝尖，基部无柄，有短距。顶生聚伞状花序，宽4～8厘米，中央有一朵有短梗的花，另有2～3分枝，分枝常再2分枝，着生无梗花。萼片5枚，线状披针形，不等长，先端钝；花瓣5枚，黄色，披针形，先端急尖，基部稍狭；雄蕊10枚，较花瓣短；花柱短。蓇葖果叉开。种子小。花期4～5月，果期6～7月。

佛甲草

习性与分布： 常见于向阳的裸露石头上。秦岭各地普遍分布。

资源价值与利用： 抗逆性强，是进行屋顶绿化和立体绿化的优良种质资源。全草还可药用，有清热解毒、散瘀消肿、止血之效。

（三十九）青榨槭（*Acer davidii*）

分类地位： 槭树科、槭树属。别名：青虾蟆、大卫槭。

形态特征： 高大落叶乔木。树皮黑褐色或灰褐色，常纵裂成蛇皮状；圆柱形小枝细瘦无毛；当年生嫩枝紫绿色或绿褐色，具稀疏皮孔；多年生的老枝黄褐色或灰褐色；冬芽腋生，长卵圆形。叶纸质，长圆卵形或近于长圆形，边缘具不整齐的钝圆齿；上面深绿色无毛，下面淡绿色；嫩时沿叶脉被紫褐色的短柔毛；叶脉上面显著下面凸起。花黄绿色，杂性；雄花与两性花同株；总状花序下垂，顶生于着叶的嫩枝。雄花通常9～12朵成长4～7厘米的总状花序；两性花通常15～30朵成长7～12厘米的总状花序。萼片5片，椭圆形；花瓣5片，倒卵形；雄蕊8枚，无毛，在雄花中略长于花瓣，在两性花中不发育；花药

青榨槭

155

黄色，球形；花盘无毛，位于雄蕊内侧；子房被红褐色的短柔毛，在雄花中不发育；花柱无毛细瘦，柱头反卷。翅果嫩时淡绿色，成熟后黄褐色；翅宽约1～1.5厘米，连同小坚果共长2.5～3厘米，展开成钝角或几成水平。花期4月，果期9月。

习性与分布：常生长于海拔500～1500米的疏林中。秦岭南北坡均有分布。

资源价值与利用：青榨槭树皮绿色，并有墨绿色条纹，颜色独具一格，似竹而胜于竹，具有极佳的观赏效果。本种枝繁叶茂、树形优美，树皮绿色、枝条银白色，生长迅速，具有很高的绿化和观赏价值。秦岭的槭属植物资源非常丰富，有数十种：深灰槭、青皮槭、长尾槭、异色槭、重齿槭、毛花槭、房县槭、黄毛槭、血皮槭、葛萝槭、建始槭、庙台槭、色木槭、梣叶槭、毛果槭、飞蛾槭、杈叶槭、陕西槭、四蕊槭、元宝槭、秦岭槭等，它们在春秋常表现出红、黄、橙等不同的色彩，成为城市彩叶树种的珍贵资源。

（四十）陕西报春(山西报春)（*Primula handeliana*）

分类地位：报春花科、报春花属。别名：西北厚叶报春。

形态特征：多年生草本，全株无粉。根状茎短，具多数紫褐色纤维状长根。叶片矩圆形、椭圆形或卵圆形，先端稍锐尖或钝圆，基部阔楔形，边缘具小齿，上面绿色，下面灰绿色，中肋明显，侧脉纤细；叶柄与叶片近等长或长于叶片。伞形花序1～2轮，每轮3～15花；披针形苞片，花萼筒状，分裂达中部或略超过中部，裂片披针形或矩圆状披针形；黄色花冠高脚碟状，矩圆形裂片全缘；长花柱花：冠筒长12～13毫米，雄蕊着生处略高于萼筒，花柱长达冠筒口；短花柱花：冠筒长14～18毫米，雄蕊着生于冠筒上部，花药顶端接近筒口，花柱长稍短于花萼。蒴果长圆体状，稍长于花萼。花期5～7月，果期7～8月。

习性与分布：生长于海拔2500～3600米的山坡疏林下和岩石上。在秦岭的高山亚高山地区普遍分布。

资源价值与利用：报春花属植物的花冠鲜艳美丽，观赏价值极高，是世界著名的高山亚高山观赏植物类群之一。包括本种在内，秦岭的报春花属植物资源非常丰富：陕西羽叶报春、太白山紫穗报春、华山报春、阔萼粉报春、胭脂花、鄂报春、紫罗兰报春、藏报春等均有分布，是布置岩石园的理想材料。目前欧美庭院栽培的报春花种类中，许多皆引种自中国。

陕西报春(山西报春)

（四十一）盘叶忍冬（*Lonicera tragophylla*）

分类地位：忍冬科、忍冬属。别名：大叶银花、叶藏花、土银花、杜银花。

形态特征：落叶藤本。叶纸质；叶柄很短或不存在；矩圆形或卵状矩圆形，基部楔形；下面粉绿色，中脉基部有时带紫红色。花序下方1～2对叶连合成近圆形或圆卵形的盘，盘两端通常钝形或具短尖头；由3朵花组成的聚伞花序密集成头状花序生小枝顶端。萼筒壶形，萼齿三角形或卵形；花冠唇形，黄色至橙黄色，上部外面略带红色，外面无毛，筒稍弓弯，此唇瓣长2～3倍，内面疏生柔毛；雄蕊着生于唇瓣基部，长约与唇瓣等；花柱伸出。成熟果实深红色，近圆形，直径约1厘米。花期6～7月，果熟期9～10月。

习性与分布：生长于海拔700～3000米的林下、灌丛中或河滩旁岩缝中。秦岭南北坡均普遍分布。

资源价值与利用：盘叶忍冬绿叶金花，可用于棚架、栅栏边种植，是城市立体绿化的好材料。花蕾和带叶嫩枝供药用，有清热解毒的功效。

盘叶忍冬

（四十二）桦叶荚蒾（*Viburnum betulifolium*）

分类地位：忍冬科、荚蒾属。

形态特征：落叶灌木或小乔木，高可达7米。小枝紫褐色或黑褐色。叶厚纸质或略带革质，宽卵形至菱状卵形或宽倒卵形，干后变黑色；叶柄纤细，近基部常有1对钻形小托叶。复伞形聚伞花序顶生或生于具1对叶的侧生短枝上，通常被疏或密的黄褐色簇状短毛，总花梗初时长不到1厘米，后可达3.5厘米。萼筒有黄褐色腺点，萼齿宽卵状三角形；花冠白色，辐状，无毛，裂片圆卵形；雄蕊花药宽椭圆形，常高出花冠；柱头高出萼齿。果实红色近圆形，扁核有1～3条浅腹沟和2条深背沟。花期6～7月，果熟期9～10月。

习性与分布：生长于海拔1300～3100米的山谷林中或山坡灌丛中。秦岭南北坡均普遍分布，很常见。

资源价值与利用：以桦叶荚蒾为典型代表的荚蒾属植物大多枝叶繁茂、树形优美；花序多为聚伞花序，有的有大型不育花或全为不育花，极具观赏价值。核果成熟时鲜红色，维持时期很长，有的长达数月，又是观果佳品，极具园林推广应用价值。在秦岭还有该属的其他种植物：荚蒾、甘肃荚蒾、蒙古荚蒾、皱叶

桦叶荚蒾

荚蒾、陕西荚蒾、合轴荚蒾等，它们均有良好的观赏价值。

（四十三）藓生马先蒿（*Pedicularis muscicola*）

分类地位：玄参科、马先蒿属。

形态特征：多年生草本，干后多变黑。圆锥状根具分枝。丛生茎斜升或基部平卧上部斜升，被白色柔毛。叶椭圆形至披针形，羽状全裂，裂片常互生，卵状披针形或椭圆状披针形。花单生叶腋；花萼长管状，萼齿5；花冠玫瑰红色，花冠管细长，花冠近基部扭转，向左方扭折使其顶部向下，前端渐细且卷曲成"S"形的长喙，下唇极大，3裂，中裂片较小，侧裂片较大；雄蕊花丝无毛；花柱稍伸出于喙端。蒴果卵圆形，包藏于宿存花萼内。花期5～7月。

习性与分布：生长于海拔1750～2650米的杂林、冷杉林的苔藓层中，也见于其他阴湿处。秦岭南北坡均有分布，较常见。

资源价值与利用：马先蒿属植物生长茂盛，花期长，花的造型奇特诱人，艳丽华贵的色彩非常迷人，极具观赏价值，适合盆栽观赏或作为地被植物。藓生马先蒿为我国特有种，其根可药用，能生津安神、强心补气，主治气血虚损、虚痨多汗、虚脱衰竭。马先蒿属植物也是世界著名的高山亚高山观赏植物类群之一。在秦岭分布的同属其他种植物：中国马先蒿、河南马先蒿、条纹马先蒿、皱褶马先蒿、薄菜叶马先蒿、返顾马先蒿、拟鼻花马先蒿、山西马先蒿、穗花马先蒿、扭旋马先蒿、轮叶马先蒿等，也具有极高的观赏价值。

藓生马先蒿

（四十四）龙胆（*Gentiana scabra*）

分类地位：龙胆科、龙胆属。别名：龙胆草、胆草、草龙胆、山龙胆。

形态特征：多年生草本，高30～60厘米。根茎平卧或直立，具多数粗壮、略肉质的须根。叶对生；下部叶膜质，淡紫红色，鳞片形，先端分离；中部以下连合成筒状抱茎；中、上部叶近革质，无柄，卵形或卵状披针形至线状披针形，愈向茎上部叶愈小。花多数，簇生枝顶和叶腋；无花梗；花冠筒状钟形，蓝紫色；雄蕊5枚，花丝基部有宽翅；花柱短，柱头2裂。花果期5～11月。

龙胆

习性与分布：生长于海拔400～1700米的山坡草地、路边、河滩、灌丛、林缘及林下、草甸。

资源价值与利用：秋冬时节一片枯黄草丛中，龙胆花临风开放，一片片，一簇簇，随风摇曳，显出一种淡雅、素净的美，也是世界著名的高山亚高山观赏植物类群之一。19世纪，我国一种深蓝色的龙胆被引种到英国皇家植物园时，轰动一时，被誉为19世纪引种最有价值的观赏植物之一。在秦岭分布的同属植物，太白龙胆、肾叶龙胆、秦艽、陕南龙胆、假水生龙胆、红花龙胆、匙叶龙胆、笔龙胆、深红龙胆、鳞叶龙胆、矮茎龙胆、鄂西龙胆、大花龙胆等，均有很高的观赏价值。

（四十五）石竹（*Dianthus chinensis*）

分类地位：石竹科、石竹属。别名：野石竹、红接骨丹、银柴胡。

形态特征：多年生草本，高30～50厘米，全株无毛，带粉绿色。茎直立，有节，上部分枝。叶对生，条形或线状披针形，全缘或有细小齿，中脉较显。花单生枝端或数花集成聚伞花序，花下常具4苞片，苞片倒卵形；花萼圆筒形；花瓣片倒卵状三角形，先端齿裂，紫红色、粉红色、鲜红色或白色，单瓣5枚或重瓣，微具香气。雄蕊露出喉部外，花药蓝色；子房长圆形，花柱线形。蒴果圆筒形，包于宿存萼内，顶端4裂。花期5～6月。

石竹

习性与分布：生长于海拔1300～1600米的向阳山坡草地或岩石裂隙间。秦岭南北坡均产，极普遍。

资源价值与利用：本种花期持续时间长，花色种类多，已作为观赏植物广泛栽培，并培育出许多品种，是极好的观赏花卉。该种花含有芳香油，浸提的浸膏或精油可用以配制高级香精。根及全草还可入药，具有利尿通淋、破血通经的功效。

（四十六）太白杜鹃（*Rhododendron purdomii*）

分类地位：杜鹃花科、杜鹃花属。

形态特征：矮小平卧状灌木，高约20～30厘米。叶聚生于枝端，长圆状披针形或宽椭圆形。顶生总状伞形花序，具花10～15朵。花萼杯状；花冠钟状，淡粉红色或近白色，花期7～8月。

太白杜鹃

习性与分布：生长于秦岭高山坡及近山巅处，海拔1800～3500米的山坡林中。

资源价值与利用：杜鹃花是世界园林中著名的观赏植物和我

159

国的十大传统名花之一。其花繁叶茂，绮丽多姿，萌发力强，耐修剪，根桩奇特，具有极高的观赏价值和园林应用价值，也是优良的盆景材料。

秦岭共分布野生杜鹃花23种和1亚种，除太白杜鹃外，还有头花杜鹃、美容杜鹃、秦岭杜鹃、迎红杜鹃、秀雅杜鹃、烈香杜鹃、毛肋杜鹃、多鳞杜鹃、山光杜鹃、四川杜鹃、粉红杜鹃、麻花杜鹃、粉白杜鹃、汶川杜鹃、早春杜鹃、干净杜鹃、金背杜鹃、满山红等，形成了一个大家族，均具有很高的观赏价值。

杜鹃花不光花色艳丽无比，且开放时节常常成千上万亩连成一片，蔚为壮观，令人十分震撼。目前，秦岭杜鹃花比较大的集中分布区主要在太白山、镇安木王山、宁陕县平河梁、蓝田王顺山、佛坪县凉风垭、柞水县牛背梁、周至楼观台、商南金丝大峡谷等地，每年都吸引着大批游客前去观赏。

第二节　食用动植物资源——美食之乡

　　秦岭自然条件适宜，植物区系中蕴藏的营养食疗野果资源极为丰富，如蔷薇科的悬钩子属、蔷薇属、李属等均有较多的野果资源植物。这些广泛分布的丰富的野果资源植物，营养价值高，开发潜力巨大。植物区系中蕴藏的野菜植物资源也极为丰富，如刚竹、百合、野韭菜、鱼腥草、地肤、藜、苋、马齿苋、荠、委陵菜、野豌豆、水芹、蒲公英、莴苣、苦荬菜等等。与现代农业大规模生产的粮食和蔬果相比，这些来自大自然的天然食材味道鲜美，营养价值较高，因不受农药化肥的污染而更受人们青睐，成为秦岭当地人广泛使用的优质食材。智慧的山民们用自己勤劳的双手创造出丰富多彩的地方特色美食，仅当地人常吃的凉粉就有很多种，随手制作的食物都带有浓浓的大山的味道，成为充满诱惑的人间美味。

　　神仙凉粉是其中最具传奇色彩的，因为相传有神仙点化，人们用六道木的叶子制成了凉粉。六道木是一种属于忍冬科的落叶灌木，因它的茎天生有六条竖直的道道而得名。六道木质地致密，材质硬度和韧性俱佳，用它制作手杖具有天然雕琢的六道棱儿，用它打磨的佛珠也非常具有艺术韵味，非常受游客喜爱。它的果实可做药用，有祛风湿、消肿毒的作用，可治风湿筋骨痛、病毒红肿等症。最具特色的则是它的叶，富含淀粉和糖类，可以制作凉粉和豆腐。5～9月采新鲜叶子，80度开水烫浸后用木棍搅拌，直到叶子和热水成为糊状，然后过滤到盆中放置，浆汁里面加少量卤水或灰水凝固成形，再放进清水里漂洗，即成凉粉。凉粉倘若再压滤，就成了更加筋道的神仙豆腐。刚做成的神仙凉粉呈酱茶色，味道微苦，绵软细嫩，爽滑可口。它还能消炎祛火，化积清瘀，利肝明目。这种凉粉和豆腐凉吃时柔滑可口；豆腐还可与酸泡菜和瘦肉爆炒，吃起来味更香，让人难以忘怀。

橡子凉粉也深受秦岭当地人喜爱，它是用小橡子树的果实制作而成。橡树在秦岭很多山区的山坡上均有生长，它的叶子可以包粽子；枝干是种植木耳和香菇等特产的原材料之一；它的果实——橡子也是松鼠的最佳食粮，用它制成的凉粉咬劲十足，口感极佳，是不可不尝的经典小吃和特色美食。每年深秋时节，橡树果纷纷落下，滚进了草窝山沟。山民们不辞辛苦，把收回来的橡子晒干去壳后磨成橡子面，在大锅里添以山泉水煮沸，倒入过筛并搅拌均匀，等到变稠凝固后取出摊凉。研究资料显示：橡子自身所具有的生物功能因子，能够提高人体的免疫力，缓解和预防铅等重金属对人体的毒害，有利于儿童的智力发育。橡子可防止贫血，促进细胞代谢和骨骼生长，有利于生长发育。橡子也是一种难得的低糖低固醇的健康食品，很受糖尿病人欢迎。近年来对橡子的深度开发越来越多，已经不是"养在深闺人未识"了，用橡子做的粉丝和挂面等健康食品已经开始走向普通人的餐桌。

秦岭当地还有一种叫魔芋凉粉的美食也不得不提，它是用魔芋

的地下块茎加工而成的：将鲜魔芋洗净，去皮加适量水捣成浆，用
细纱布滤去渣，汁液放入锅内煮沸，小火煎熬后冷却即可凝成凝胶
状的魔芋凉粉。魔芋富含淀粉、膳食纤维，还有蛋白质以及多种维
生素和钾、磷、硒等丰富的矿物质元素。其所含人体所需要的葡萄
甘露聚糖达45%以上，通过有效吸附胆固醇和胆汁酸抑制肠道对其吸
收。魔芋凉粉和豆腐可凉拌、热炒、做汤，也可做馅。可以说魔芋
作为秦岭的一张名片已经名声大震，用魔芋制成的豆腐、挂面、面
包、肉片和果汁等多种食品已经在全国各地上市，并且已经通过网
络开始走向世界。

　　秦岭里单是几种独具特色的凉粉已经让人惊奇不已，其他美食更
是让人目不暇接：洋芋糍粑、蕨根粉丝、菜豆腐、热米皮、熏肉……
每到一处，当地人都会就地取材，变魔法似的创造出各种各样的美
食，让人由衷地佩服。这些朴素的地方小吃取材原生态，天然无污
染；美味营养，常具有独特的保健作用；价格不贵，贫富皆宜，任何
人都能消费得起。秦岭野果野菜资源极为丰富，相信将来会有更多的
美味佳肴走出大山，走上普通老百姓的餐桌。这些平凡的小吃可能没
有机会登上豪华宾馆和饭店的"大雅之堂"，它们永远带有一种大山
的味道、森林的味道、清泉的味道，从根本上讲就是一种原始和朴实
的味道。这种小吃究竟始于何时何事，没有人去考证，只知道当地人
离不了它；外来游客吃上一次，那就是难忘的味道，一旦时间长了，
心里总会想念的，想得越久，心会越慌。

一、食用动物资源

（一）东方蜜蜂中华亚种（*Apis cerana cerana*）

分类地位：昆虫纲，膜翅目，蜜蜂科。别名：中华蜜蜂、中蜂、土蜂。

形态特征：中华蜜蜂群体中有三种类型的个体，分别是：蜂王、工蜂和雄蜂。工蜂腹部颜色因地区不同而有差异，有的较黄，有的偏黑；吻长平均5毫米。蜂王有两种体色：一种是腹节有明显的褐黄环，整个腹部呈暗褐色；另一种是腹节无明显褐黄环，整个腹部呈黑色。雄蜂一般为黑色。南方蜂种一般比北方的小，工蜂体长10～13毫米，雄蜂体长约11～13.5毫米，蜂王体长13～16毫米。体躯较小，头胸部黑色，腹部黄黑色，全身被黄褐色绒毛。

习性与分布：工蜂飞行敏捷，嗅觉灵敏，耐寒性较强；出巢早，归巢迟，故每日外出采集的时间可比意大利蜂多2～3小时，并且善于采集种类多而零星分散的蜜粉源。抗蜂螨和美洲幼虫腐臭病能力强，但容易感染中蜂囊状幼虫病，易受蜡螟危害；喜欢迁飞，在缺蜜或受病敌害威胁时特别容易弃巢迁居；易发生自然分蜂和盗蜂；不采树胶，分泌蜂王浆的能力较差；蜂王日产卵量比西方蜜蜂少，群势小。中华蜜蜂在秦岭南北坡各地均有分布。

资源价值与利用：东方蜜蜂是一种重要的资源昆虫，可以为人类提供丰富的蜂产品，如蜂蜜、蜂王浆、蜂花粉、蜂毒、蜂胶、蜂蜡等，蜂产品多具有营养保健功效及药用功效，蜂蜡在化妆品制造业、医药工业、食品工业及农业与畜牧业等领域具有一定的应用。除此之外，其更重要的价值在于可以为众多植物传粉，是国家保护的有益的或者有重要经济、科学研究价值的陆生野生动物。但近年来，其资源受到了严重威胁，分布区域缩小了75%以上，种群数量减少了80%以上，在国内很多地区处于濒危状态。

（二）蚱蝉（*Cryptotympana atrata*）

分类地位：昆虫纲，同翅目，蝉科。别名：黑蚱。

形态特征：雄虫体长44～48毫米，翅展125毫米，体黑色，有光泽，被金色绒毛；复眼淡赤褐色，头部中央及颊上方有红黄色斑纹；中胸背板中央有"X"形隆起；前后翅基部黑色，前翅前缘淡黄褐色，后翅翅脉淡黄色及暗黑色；足淡黄褐色，胫节基部及端部黑色；腹部第1、2节有鸣器。雌虫体长38～44毫米，没有鸣器，有听器，产卵器显著。

习性与分布：4～5年一代，以卵和若虫分别在树枝木质部和根际土壤中越冬。成虫夜晚多群栖于大树上，雄成虫善鸣。寿命45～60天。秦岭南北坡均有较广泛的分布。

资源价值与利用：蚱蝉的若虫和成虫营养丰富、味道鲜美。同时，蝉蜕是一种传统的中药材，具有较大的开发和利用价值。

（三）中国圆田螺（*Cipangopaludina chinensis*）

分类地位：腹足纲，中腹足目，田螺科。别名：螺蛳、田螺、水螺、黄螺、大田螺。

形态特征：壳大，薄而坚固，成体壳高可达60毫米左右，壳宽40毫米左右。表面光滑无肋，生长线和缝合线明显。螺层6～7个，螺旋部高起呈圆锥形，其高度大于壳口高度，壳顶尖锐，体螺层膨大。壳口呈卵圆形，上方有1个锐角，周缘具有黑色框边，具有黄褐色卵圆形角质厣，厣上具有明显的同心圆生长线。壳面呈黄褐色或绿褐色。

习性与分布：生活在湖泊、水库、河沟、池塘及水田内，常以宽大的腹足在水底及水草上匍匐爬行，多在阴雨天和晚上活动，以水生植物的叶子及低等藻类植物为食料。卵胎生，一个成熟的雌性个体产螺数十至100余个不等。秦岭各地均有分布。

资源价值与利用：其肉可食用，具有较高的营养价值，也可作为禽畜的饲料及某些养殖鱼类的饵料。其壳及肉可药用。

（四）黄鳝（*Monopterus albus*）

分类地位：鱼纲，合鳃鱼目，合鳃鱼科。别名：鳝鱼。

形态特征：体长，呈蛇形，前端圆后端侧扁，尾尖细。头大，吻长。口大，呈端位，上颌突出于下颌，上下颌及口盖骨上具细齿。眼小，被一皮膜覆盖。左右鳃孔在腹面相连，呈"V"字形。鳃膜与鳃峡相连。体表无鳞，一般具有润滑液体。无胸鳍和腹鳍；背鳍和臀鳍退化形成皮褶，无软刺，与尾鳍相连。体呈黄褐、微黄或橙黄色，全身散布深灰色斑点，也有少许鳝鱼是白色，俗称"白鳝"。

习性与分布：为底栖鱼类，喜栖息于河道、湖泊、沟渠及稻田中，适应能力强。白天很少活动，夜间出穴觅食，肉食性，捕食各种小动物。可借助口腔及喉腔的内壁表皮作为呼吸的辅助器官，能直接呼吸空气。有性逆转现象，生殖季节约在5～8月。秦岭地区南北坡各地普遍分布。

资源价值与利用：黄鳝肉质鲜美，营养丰富。其肉、血、头、皮均有一定的药用价值。

二、食用植物资源

（一）方竹(*Chimonobambusa quadrangularis*)

分类地位：禾本科，寒竹属。别名：方苦竹、四方竹、四角竹。

形态特征：深绿色，直立杆高达3～8米，节间长8～22厘米，杆呈钝圆的四棱形。基部生有小疣状突起而略显粗糙；杆环基隆起，基部数节常具一圈刺瘤。光滑无毛厚纸质的箨鞘具多数紫色小斑点；箨叶极小，每节3枝，多枝簇生。叶2～5片着生小枝上，薄纸质，窄披针形。总状或圆锥状花序，基部宿存有数片逐渐增大的苞片，具稀疏排列的假小穗2～4枚；小穗含2～5朵小花，有时最下1或2朵花不孕；小穗轴节间平滑无毛；颖1～3片，披针形；绿色外稃纸质，披针形或卵状披针形，具5～7脉；内稃与外稃近等长；柱头2，羽毛状。

习性与分布：喜光和温暖湿润气候。适生于土质疏松肥厚、排水良好的沙壤土，低丘及平原均有栽培，秦岭南坡部分县市有分布。

资源价值及利用：可供庭园观赏。杆可作手杖。质地较脆，笋肉丰味美。

秦岭地区分布有多种竹类植物：慈竹、阔叶箬竹、秦岭箬竹、华桔竹、箭竹、花竹、刚竹、紫竹、淡竹等，都具有一定的资源价值，在此不一一介绍。

我国食用竹笋历史悠久。竹笋可分为冬笋、春笋、鞭笋三类。冬季藏在土中的为冬笋，色泽洁白，肉质细嫩，鲜美无比，有"笋中皇后"之誉。春天破土而出的叫春笋，笋体肥大，美味爽口。夏秋季生长在泥土中的嫩权头是鞭笋，状如马鞭，色白，质脆，味微苦而鲜。在夏秋季上市的笋，除鞭笋外，广笋、黄桔笋、卷笋、绿竹笋等也是笋中上品。唐代名医孙思邈在《千金方》中指出："竹笋性味甘寒无毒，主消渴、利水道、益气力，可久食。"明代药物学家李时珍在《本草纲目》中认为竹笋有"化热、消痰、爽胃"之功。清代养生学家王孟英《随息居饮食谱》中说："笋，甘凉、舒郁、降浊升清，开膈消痰，味冠素食。"竹笋还具有清胃热、肺热、安神之功效，能改善支气管炎痰多之症，因而在健康养生中广泛应用。竹笋中富含蛋白质、胡萝卜素、多种维生素及铁、磷、镁等无机盐和有益健康的18种氨基酸。竹笋中脂肪、淀粉含量少，纤维素含量多，是一类不可多得的绿色健康食品。

方竹

（二）茖葱（*Allium victorialis*）

分类地位： 百合科、葱属。别名：茖韭、格葱、山葱、隔葱、鹿耳葱。

形态特征： 鳞茎单生或2～3枚聚生，近圆柱状；鳞茎外被褐色纤维状或网状的鳞片叶。叶2～3枚，倒披针状椭圆形至椭圆形，基部楔形，沿叶柄稍下延，先端尖。花葶圆柱状；总苞2裂，宿存；伞形花序球状，具多而密集的小花；小花梗果期伸长，比花被片长2～4倍；内轮花被片椭圆状卵形，先端钝圆，常具小齿；外轮狭而短，先端钝圆；花丝比花被片长，基部合生并与花被片贴生，内轮的狭长三角形，外轮的锥形，基部比内轮的窄；子房具3圆棱，基部收狭成短柄，每室具1胚珠。花果期6～8月。

茖葱

习性与分布： 生长于海拔1000～2500米的阴湿坡山坡、林下、草地或沟边。秦岭南北坡广泛分布。

资源价值及利用： 嫩叶可供食用。具有散瘀、止血和解毒的功效，民间用于治疗跌打损伤、血瘀肿痛、衄血和疮痈。

（三）蕺菜（*Houttuynia cordata*）

分类地位： 三白草科、蕺菜属。别名：鱼腥草、狗腥草、蕺儿根。

形态特征： 植株高30～50厘米。茎下部伏地，节上轮生小根，有时带紫红色。叶薄纸质，卵形或阔卵形，顶端短渐尖，基部心形，两面一般均无毛，背面常呈紫红色；叶柄光滑；托叶膜质，顶端钝，有缘毛，基部扩大，略抱茎。总花梗无毛；总苞片长圆形或倒卵形，顶端钝圆；雄蕊长于子房，花丝长为花药的3倍。蒴果。花期4～7月。

蕺菜

习性与分布： 生长于海拔400～1880米的山坡草地、山谷湿地、稻田梗和阴湿林下。秦岭南北坡均产，甚普遍。

资源价值及利用： 嫩根状茎水浸后可供食用。其茎叶搓碎后，有鱼腥味，故别名鱼腥草。蕺菜中可溶性糖、粗脂肪和蛋白质的含量较高，并且含有丰富的矿质元素和维生素。蕺菜为民间常用草药之一，有清热、散毒、利尿之效，可治肠炎、痢疾、肾炎水肿及乳腺炎、中耳炎等，是一种营养价值很高的蔬菜或调味品。

（四）大叶碎米荠（*Cardamine macrophylla*）

分类地位：十字花科、碎米荠属。别名：石芥菜。

形态特征：多年生草本。顶生小叶与侧生小叶的形状及大小相似，椭圆形或卵状披针形，边缘具比较整齐的锯齿，顶生小叶基部楔形，无小叶柄，侧生小叶基部稍不等，最上部的1对小叶基部常下延。总状花序多花；外轮萼片淡红色，长椭圆形，边缘膜质，内轮萼片基部囊状；花瓣淡紫色、紫红色，少有白色，倒卵形，顶端圆或微凹，向基部渐狭成爪；四强雄蕊；子房柱状，花柱短。长角果扁平。种子椭圆形，褐色。花期5～6月，果期7～8月。

习性与分布：生长于海拔1000～3000米左右的山坡上或山谷林下潮湿处。秦岭南北坡均产，北坡见于陕西的太白山、玉皇山。

资源价值及利用：嫩茎叶用开水焯烫后可凉调或炒食，腌制后具有芥末味，故俗称石芥菜。大叶碎米荠质地鲜嫩，营养价值较高，含有丰富的蛋白质、脂肪、粗纤维，以及多种维生素和矿物质。

大叶碎米荠

（五）诸葛菜（*Orychophragmus violaceus*）

分类地位：十字花科、诸葛菜属。别名：二月兰、二月蓝。

形态特征：一般株高多为10～50厘米。茎直立且仅有单一茎。基生叶和下部茎生叶羽状深裂，叶基心形，叶缘有钝齿；上部茎生叶长圆形或窄卵形，叶基抱茎呈耳状，叶缘有不整齐的锯齿状结构。总状花序顶生，着生5～20朵；花瓣中有幼细的脉纹；花多为蓝紫色或淡红色，随着花期的延续，花色逐渐转淡，最终变为白色。花瓣4枚，长卵形，具长爪；四强雄蕊，花丝白色，花药黄色；花萼细长呈筒状，色蓝紫。圆柱形长角果，角果的顶端有细长的喙，具有4条棱。种子黑褐色，卵圆形。花期4～5月，果期5～6月。

习性与分布：生长在海拔1200米左右的山坡杂木林下；产于秦岭北坡。

资源价值及利用：嫩茎叶开水焯烫后放入冷水中浸泡，至无苦味时便可炒食。诸葛菜分枝多、角果多，种子含油量较高，特别是油分品质优异，油酸和亚油酸的含量远远高于亚麻酸和芥酸，是油菜优质育种的优异新种源，可作为油菜远缘杂交亲本，

诸葛菜

并可能选育出优质的新油料作物。

（六）香椿（*Toona sinensis*）

分类地位：楝科、椿属。别名：香椿头、香树、椿芽树头等。

形态特征：多年生落叶乔木，树皮粗糙，深褐色，片状脱落。叶具长柄，偶数羽状复叶长30～50厘米；小叶纸质，卵状披针形或长椭圆形；先端尾尖，基部不对称，全缘或有疏离的小锯齿；两面均无毛，无斑点；背面常呈粉绿色，略凸起。圆锥花序与叶等长或更长，小聚伞花序生于短的小枝上，多花；具短花梗；花萼5齿裂或浅波状，外面被柔毛，且有睫毛；5枚白色长圆形花瓣，先端钝；5枚雄蕊能育，5枚退化；近念珠状花盘无毛；圆锥形子房有5条细沟纹，每室有胚珠8颗，花柱长于子房，柱头盘状。深褐色蒴果狭椭圆形，有苍白色的皮孔，果瓣薄；种子基部常钝，上端有膜质长翅。花期6～8月，果期10～12月。

习性与分布：生长于海拔400～1500米间的山坡及村边。秦岭南北坡均产，多地均有栽培。

资源价值及利用：香椿为我国特产，其根、皮、种子均可入药，是我国著名的药食两用木本植物。香椿幼芽清香宜人，营养丰富。香椿叶厚芽嫩，绿叶红边，香味浓郁，营养之丰富远高于其他蔬菜，含有丰富的蛋白质、脂肪和纤维素，以及钾、钙、镁、铁、锌、硒、锰、磷等矿物质和多种维生素。香椿还含有多酚、黄酮、萜类和挥发油、皂苷、生物碱及不饱和脂肪酸等活性成分，具有较好的保健功能。香椿具有清热利湿、利尿解毒之功效，经常食用香椿有助于增强机体免疫功能，防止衰老，润泽肌肤，是养颜美容的良好食品。

香椿

（七）鸭儿芹（*Cryptotaenia japonica*）

分类地位：伞形科、鸭儿芹属。别名：六月寒、水蒲莲、鸭脚板。

形态特征：多年生草本，高20～100厘米。主根短，侧根发达。光滑直立茎有分枝。基生叶或上部叶有柄，叶鞘边缘膜质；通常3小叶，中间小叶片菱状倒卵形或心形，顶端短尖，基部楔形；两侧小叶片斜倒卵形至长卵形，小叶片边缘有不规则的尖锐重锯齿，两面叶脉隆起。最上部的茎生叶近无柄，小叶片呈卵状

鸭儿芹

披针形至窄披针形，边缘有锯齿。圆锥状复伞形花序，花序梗不等长，总苞片呈线形或钻形，不等长伞辐2～3，小总苞片1～3。小伞形花序有2～4花；三角形细小萼齿；花瓣白色，倒卵形，顶端有内折的小舌片；花丝短于花瓣，花药卵圆形；花柱短，基圆锥形，直立。分生果线状长圆形。花期4～5月，果期6～10月。

习性与分布： 生长于海拔600～3000米间的山坡阴湿处或山沟水边湿地。秦岭南北坡普遍分布。

资源价值及利用： 嫩苗及叶可供蔬食，鸭儿芹质地柔软、味道鲜美，营养丰富，有较高的营养价值和使用价值，嫩茎叶中含大量蛋白质、脂肪、碳水化合物、纤维素以及钙、磷、铁等矿物质及多种维生素。鸭儿芹具有较高的药用价值和保健功能。其内含有鸭儿烯、开加烯、开加醇等挥发油，具有消炎理气、活血化瘀、止痛止痒之功效，可调节虚弱劳累，消除无名肿痛，增强人体免疫力。

（八）短枝六道木（*Abelia engleriana*）

分类地位： 忍冬科、六道木属。别名：神仙菜、神仙叶子、鸡骨头。

形态特征： 灌木。叶片菱形、卵圆形、长圆形或披针形，先端渐尖或长渐尖，基部楔形或钝，缘具疏齿，有时近于全缘而具纤毛，两面被毛，背面基部叶脉密被白色毛。花生于侧生短枝顶端叶腋，组成聚伞花序，花萼筒细长；花冠红色，狭钟形，檐部5裂，略呈二唇形，上唇3裂，下唇2裂，花冠筒基部具浅囊；雄蕊着生于花冠筒中部，花药"丁"字形着生，纵裂，花丝白色，花柱与雄蕊等长，柱头稍伸出花冠喉部。果为瘦果状核果，长柱形，冠以宿存2萼裂片。花期5～6月，果期8～9月。

习性与分布： 生长于海拔800～1800米的山坡林下或灌丛中。秦岭南北坡均产。

资源价值及利用： 由于其嫩叶含有丰富胶质，用热水浸提可形成胶冻，陕南、关中地区人们称为"神仙凉粉"，该食品调味后味美可口，是当地有名的小吃。短枝六道木嫩叶的蛋白质、脂肪、果胶、粗多糖、钾、钙、铁、锌、硒、泛酸、β-胡萝卜素、烟酸含量均较高，还含有丰富的赖氨酸、苯丙氨酸、蛋氨酸、苏氨酸、异亮氨酸、亮氨酸、缬氨酸等7种必需氨基酸。凝胶提取物含量为20%以上，主要为粗多糖和高甲氧基果胶，具有良好的亲水和持水特性。其根、枝、叶、花和果实具有祛风湿、解热毒、消肿去痛等功效。

短枝六道木

（九）胡颓子（*Elaeagnus pungens*）

分类地位： 胡颓子科、胡颓子属。别名：牛奶子、羊奶子、麦桑子、蒲颓子、甜棒子、牛奶子根、石滚子、四枣、三月枣等。

形态特征：常绿直立灌木，高3～4米。幼枝微扁棱形，密被锈色鳞片，老枝鳞片脱落，黑色具光泽。革质叶长椭圆形或阔椭圆形，两端钝形或基部圆形，边缘微反卷或皱波状。上面幼时具银白色和少数褐色鳞片，成熟后脱落，具光泽，干燥后褐绿色或褐色，下面密被银白色和少数褐色鳞片。叶上面显著凸起，下面不甚明显，网状脉在上面明显。白色或淡白色花下垂且密被鳞片，1～3花生于叶腋锈色短小枝上；萼筒圆筒形或漏斗状圆筒形，在子房上骤收缩，裂片三角形或矩圆状三角形，顶端渐尖，内面疏生白色星状短柔毛；花丝极短，矩圆形花药长1.5毫米；直立无毛的花柱上端微弯曲。果实椭圆形，幼时被褐色鳞片，成熟时红色果核内面具白色丝状棉毛。花期9～12月，果期次年4～6月。

习性与分布：生长于海拔1000米以下的向阳山坡或路旁。秦岭南北坡均有分布。

资源价值及利用：常绿、落叶灌木或小乔木，其果实成熟期从4月下旬延续到10月中旬，浆果色泽艳丽，营养丰富，具有显著的医疗保健功能。种子、叶和根可入药。种子可止泻，叶治肺虚短气，根治吐血，煎汤洗疮疥有一定疗效。果实味甜，可生食，也可酿酒和熬糖。茎皮纤维可造纸和人造纤维板。

胡颓子

我国胡颓子属植物共有40种，分布于秦巴山区的有9个种和1变种：毛褶子为落叶乔木；常绿灌木有宜昌胡颓子、长叶胡颓子、披针叶胡颓子、绿叶胡颓子；落叶灌木有牛奶子、木半夏及窄叶木半夏。胡颓子类果实矿质元素含量很高，一般显著高于栽培果树，其中铁的含量比葡萄高20倍以上。

（十）山莓（*Rubus corchorifolius*）

分类地位：蔷薇科、悬钩子属。别名：树莓、山抛子、牛奶泡、撒秧泡、三月泡、四月泡、龙船泡、大麦泡、泡儿刺、刺葫芦、馒头菠、高脚菠。

形态特征：直立灌木。枝幼时被柔毛，皮刺发达。单叶卵形至卵状披针形，顶端渐尖，上面色较浅，沿叶脉有细柔毛，下面色稍深，幼时密被细柔毛，逐渐脱落至老时近无毛，沿中脉疏生小皮刺；花单生或少数生于短枝上；花梗具细柔毛；花萼无刺，外密被细柔毛；萼片卵形或三角状卵形，顶端尖；白色长圆形或椭圆形花瓣顶端圆钝；雌雄蕊多数，花丝宽扁，子房有柔毛。果实红色，近球形或卵球形，密被细柔毛；核具皱纹。花期2～3

山莓

月，果期4～6月。

习性与分布：普遍生长于海拔2200米以下的向阳山坡、溪边、山谷、荒地和疏密灌丛中。秦岭南北坡普遍分布。

资源价值及利用：悬钩子属植物在国外已有悠久的栽培历史。山莓果味甜美，氨基酸、维生素C、维生素E以及矿质营养的含量远远高于各种栽培果树，可供生食、制果酱及酿酒。果、根及叶入药，有活血、解毒、止血之效；根皮、茎皮、叶可提取栲胶。

秦巴山区分布的悬钩子属植物有50余种（含变种），占我国悬钩子种类总数的1/6，是悬钩子植物分布比较集中的地区之一，对研究开发和利用悬钩子资源具有重要意义。

（十一）缫丝花（*Rosa roxburghii*）

分类地位：蔷薇科、蔷薇属。别名：刺梨、文光果、茨梨、刺石榴、野石榴等。

形态特征：落叶灌木。灰褐色树皮成片状剥落；圆柱形小枝斜向上升，有基部稍扁而成对皮刺。小叶9～15片，椭圆形或长圆形，基部宽楔形，边缘有细锐锯齿，两面无毛，下面叶脉突起，网脉明显，叶轴和叶柄有散生小皮刺；托叶大部贴生于叶柄，离生部分呈钻形，边缘有腺毛。单生或2～3朵花生于短枝顶端，花梗短；2～3枚卵形小苞片边缘有腺毛；宽卵形萼片先端渐尖，有羽状裂片，内面密被绒毛，外面密被针刺；淡红色或粉红色花瓣重瓣至半重瓣，倒卵形，微香，外轮大，内轮小；雄蕊多数着生在杯状萼筒边缘；心皮多数，着生在花托底部；被毛离生花柱短于雄蕊。果实外面密生针刺；宿存萼片直立。花期5～7月，果期8～10月。

习性与分布：多生长于海拔500～2500米的向阳山坡、沟谷、路旁以及灌丛中。

资源价值及利用：刺梨果香味浓郁，维生素C含量远远高于苹果和猕猴桃，被誉为水果中的"维C之王"。果实中还含有胡萝卜素，维生素B1、B2、E、K，刺梨苷，刺梨酸，谷甾醇，矿质元素及超氧化物歧化酶等多种生物活性物质，已被广泛用于饮料、食品、医药等领域。根煮水治痢疾。花朵美丽，栽培供观赏用。枝干多刺可以为绿篱。

缫丝花

（十二）黄毛草莓（*Fragaria nilgerrensis*）

分类地位：蔷薇科、草莓属。

形态特征：多年生草本。茎密被开展黄色柔毛。三出复叶，质地厚，倒卵形或菱形小叶具短柄，顶端圆钝，基部阔楔形，侧生小叶基部偏斜，边缘具缺刻状急尖锯齿，上面深绿色，下面淡绿色；叶柄密被开展黄色柔毛。5～15朵花组成聚伞花序；花两性，白色；萼片卵形；花瓣近圆形或倒卵椭圆形，基部具不显的爪；不等长雄蕊20枚；雌蕊极多。聚合果鲜红色，宿存萼片紧贴果实；瘦果光滑，尖卵形。花期4～5月，果期6～7月。

习性与分布：生长于海拔800～2700米的山坡草地、沟谷、灌丛及林缘。秦岭南北坡均有分布。

资源价值及利用：我国是草莓的原产地之一，但栽培品种多从国外引进。野生草莓的口感与日常栽培品种不同，具有独特的香味。野生草莓一般表现出产量低、个头小的特点，但其营养成分丰富，含有多种维生素、酶类、矿物质及黄酮类物质，对人体的健康有益。

黄毛草莓

秦巴山区野生草莓主要有四个种，即黄毛草莓、细弱草莓、伞房草莓和五叶草莓。其中黄毛草莓分布最广，其果实分红色和白色两个类型，可溶性固形物含量高，香味极浓，鲜食风味良好，钙、钾、铁的含量远远超过栽培草莓和现有的其他水果。

（十三）桑叶葡萄（*Vitis heyneana* subsp. *ficifolia*）

分类地位：葡萄科、葡萄属。别名：毛葡萄、绒毛葡萄、五角叶葡萄、野葡萄。

形态特征：木质落叶藤本。圆柱形小枝有纵棱纹，被灰色或褐色蛛丝状绒毛。叶卵圆形、长卵椭圆形或卵状五角形，顶端尖，基部心形，边缘每侧有9～19个尖锐锯齿，上面绿色，初时疏被蛛丝状绒毛，以后脱落无毛，下面密被灰色或褐色绒毛；叶柄密被蛛丝状绒毛；托叶全缘，膜质，卵状披针形，无毛。花杂性，雌雄异株；疏散的圆锥花序与叶对生，分枝发达；花序梗被灰色或褐色蛛丝状绒毛；花梗无毛；倒卵圆形或椭圆形花蕾顶端圆形；碟形萼边缘近全缘；花瓣和雄蕊均5枚；雄花花丝丝状，花药黄色，椭圆形或阔椭圆形，雌花内雄蕊短小而败育；发达花盘5裂；单一雌蕊具卵圆形子房，花柱短，柱头微扩大。圆球形果实成熟时紫黑色；倒卵形种子顶端圆形，基部有短喙，种脐在背面中部呈圆形，腹面中棱脊突起。花期4～6月，果期6～10月。

习性与分布：生长于海拔100～3200米的山坡、沟谷灌丛、林缘或林中。秦岭南北坡均有分布。

资源价值及利用：葡萄适应性强，营养丰富，既可生食，又是酿酒佳品。

桑叶葡萄

秦岭地区的野生葡萄资源有：秋葡萄、毛葡萄、刺葡萄、葛藟、复叶葡萄、少毛葡萄、桦叶葡萄，资源价值和开发利用价值与桑叶葡萄类似，不再逐一介绍。

（十四）甘露子（*Stachys sieboldii*）

分类地位：唇形科、水苏属。别名：宝塔菜、地蚕、草石蚕、土人参、地轱辘、螺丝菜。

形态特征：多年生草本。茎基部数节密生须根及横走根茎；根茎白色，在节上有鳞状叶及须根，顶端有念珠状或螺狮形的肥大块茎。茎四棱，具槽，在棱及节上有平展的硬毛。茎生叶卵圆形，先端尖，边缘有规则的圆齿状锯齿，内面贴生硬毛；苞叶苞片状，卵圆状披针形，先端渐尖，基部近圆形。轮伞花序通常6花；小苞片线形，被微柔毛。花萼狭钟形，外被具腺柔毛，先端具刺尖头。花冠粉红至紫红色，下唇有紫斑，冠筒筒状，前面在毛环上方略呈囊状膨大。雄蕊4，花丝丝状，扁平，先端略膨大，被微柔毛，花药卵圆形，2室纵裂。花柱丝状，略超出雄蕊，先端近相等2浅裂。小坚果卵珠形，黑褐色，具小瘤。花期7～8月，果期9月。

习性与分布：生长于湿润地及积水处，海拔可达3200米。秦岭南北坡分布普遍，各地也有栽培。

资源价值及利用：地下肥大块茎供食用，形状珍奇，脆嫩无纤维，最宜做酱菜或泡菜，因味甘甜叫"甘露子"，又因外形似蚕蛹故名"草石蚕"。民间全草入药，用于治疗肺炎和风热感冒。

甘露子

（十五）青荚叶（*Helwingia japonica*）

分类地位：山茱萸科、青荚叶属。别名：叶上珠。

形态特征：灌木。树皮深褐色或淡黑色；绿色枝条纤细无毛，叶痕显著。叶薄纸质，卵形或倒卵状椭圆形，顶端渐尖，基部阔楔形或圆形，边缘具细锯齿，齿端成芒刺状。花小，淡绿色；花萼三角状卵形，花瓣3～5片，镊合状排列；雄花10～12朵，呈伞形；雄蕊3～5枚，短于花瓣；花丝纤细，花药卵圆形，着生于花盘内；雌花常单生，稀2～3朵；子房卵圆形或近球形，柱头3或4～5裂。果实黑色，具5棱，着生于叶面的基部；长圆形具网纹种子3～5粒。花期4～5月，果期7～9月。

习性与分布：常生长于海拔3300米以下的林中，喜阴湿及肥沃的土壤。

资源价值及利用：嫩叶可食。全株药用，有清热、解毒、活血、消肿的疗效。

青荚叶

第三节　药用动植物资源——药物王国

　　勤劳聪慧的古代劳动人民在战胜病魔的长期实践中，对一些药用动植物和矿物的性味、归经、功能主治等进行了系统的研究和总结，并将这些中药载入药典，成就了灿烂辉煌的中国传统中药学文化。秦岭历来是古今名医的圣地，神农氏曾以秦岭太白山为药圃"尝百草"，医救黎民；伏羲、黄帝也曾在太白山及周边地区活动，发现药物，创始医学。孙思邈在秦岭太白山采药炼丹，行医治病，由于妙手回春，医道高明，被人称作"药王"。他们是千千万万古代劳动人民中的杰出代表。

　　中国传统医药学应用动物药防治疾病的历史悠久，远在几千年前，人们就知道利用动物的各种器官、组织及代谢产物防病治病。《神农本草经》已有牛黄、犀角、鹿茸、阿胶等多种动物药的记载。当前中医临床常用的动物药有200多种，其中比较珍贵的羚羊角、鹿茸、熊胆、麝香、猴枣、蛇胆等所对应的动物资源在秦岭均有分布。秦岭资源比较丰富的药用动物，如环毛蚓、日本医蛭、少棘蜈蚣、东亚钳蝎、中华地鳖、中华豆芫菁、三星龙虱、林蛙、无蹼壁虎、中华大蟾蜍、乌梢蛇、王锦蛇、黑眉锦蛇、环颈雉、岩鸽、原鸽、山麻雀、刺猬、蝙蝠、鼯鼠、豪猪等都是医护人员治病救人的神器。动物药一般毒性低、副作用少、容易被人体吸收，常具有独特的疗效，早已成为中国医药学宝库中的重要组成部分。

秦岭的中药植物资源更加丰富。例如：具有"夺关斩将之功，犁庭扫穴之能"、号称"将军"、广泛应用于妇幼老青各类人群的大黄；补气固表、排毒托脓、利尿生肌，为补药之长的黄芪；"功同五芝，力倍五参"的滋补佳品天麻；滋补壮阳的淫羊藿；能补肾阳、强筋骨、安胎、降血压的杜仲；解肌退热，现代广泛用于治疗心脑血管疾病的葛根；上行头顶，下行血海，为血中气药，只要疼痛无所不治的川芎；气血双补的党参……都是传统药典中的上品。

"秦岭无闲草，遍地都是宝。"秦岭还分布有大量药典未载或性味、归经、功能主治不明确，但已为民间广泛使用的植物类草药。秦岭的珍稀草药主要有太白贝母、太白米、凤尾草、枇杷芋、延龄草、祖师麻、桃儿七、太白美花草、手儿参等。太白贝母属于国家保护药材，用于肺热咳嗽、支气管炎、咳痰不利等症。太白米的球状小鳞茎主治风寒咳嗽、劳伤、腹痛胃痛。凤尾草是益智补虚劳的重要草药。枇杷芋可破气利膈，主治腹胀、胃痛、疝气、劳伤咳嗽。延龄草主治腰疼腿痛、妇女血症诸病、肾虚腰痛，可去瘀止血。祖师麻主治打伤和诸痛，农谚有"打得地上爬，离不了祖师麻"。"草药之王"桃儿七专治劳伤，调和百药，解毒效好，现已成为合成抗癌药物的重要原料药。清热解毒的太白美花草配伍春不见、太白黄连，主治小儿肺炎。草药珍品手儿参又名（手）掌参、佛手参等，对久病体虚、咳嗽气喘、久泻、带下、出血、乳少、跌打损伤、瘀血肿痛及神经衰弱、慢性肝炎等症有奇效，民间认为该药"同人参之功，功独雄伟，胜人参也"。 秦岭的民间草药疗效显著且毒副作用较小，独特的理论体系，巧妙的复方配伍，是珍贵的民族文化遗产。目前，现代医学从民间草药中寻找新药是非常有效而切实可行的途径。例如从苦木中寻找降压成分，从穿龙薯蓣中提取舒筋活络成分，从太白米中研究健脾化湿的有效成分，从朱砂七中研究抗菌消炎活性成分，从索骨丹中寻找治疗子宫脱垂的活性成分等，成为现代医学研究最为活跃的领域。

秦岭"七药"更加具有传奇色彩，其功能概括起来大致有七：一活血，二止痛，三止血，四消肿，五解毒，六除痹，七祛瘀疗伤。其治有七：一治诸般出血，尤善治金刃、箭伤、跌打损伤之出血；二治气血瘀滞、外伤、痈疽疔毒等所致的疼痛；三治外伤瘀肿、疮疡诸肿；四治虫兽咬伤；五治蛇、蝎、蜈蚣等毒伤及疮痈肿毒；六治风湿诸般痹痛；七治五劳七伤(五劳指五脏受损，七伤指伤气、伤血、伤筋、伤骨、伤形、伤肉、伤志)，在民间享有很高的声誉。

秦岭拥有药用动植物种类多达千余种，作为天然药材的宝库，无愧于"药物王国"之称号，也成为老百姓心目中的"药山"和"神山"。

一、药用动物资源

（一）环毛蚓（*Pheretima tschiliensis*）

分类地位：寡毛纲，后孔寡毛目，巨蚓科。别名：地龙、曲蟮。

形态特征：体长230～245毫米，体宽7～12毫米。身体背面呈紫红色或紫灰色，体上具环生的刚毛。自第12节与第13节间开始可以见到背孔。环带位于第14～16节，其上无刚毛。雌雄同体，腹面具有雌性生殖孔、雄性生殖孔和受精囊孔。

习性与分布：蚯蚓多生活于菜园、耕地、沟渠边潮湿而多腐殖质的泥土中。体色会因环境不同而不同，一般有棕、紫、红、绿等色。每年8～10月间进行繁殖，互相交配以交换精子，卵成熟后完成受精，受精卵随蚓茧脱落后在其内发育成小蚯蚓而出茧生活。蚯蚓具有很强的再生能力。分布很广，秦岭各地均可见。

资源价值与利用：环毛蚓的干燥全体或去内脏的干燥全体称为地龙，有利尿通淋、清热解毒、活血通经、平喘、定惊、降压的功能。中医用来医治热结、尿闭、慢性肾炎、高热烦躁、抽搐、疹毒内攻、经闭、半身不遂、咳嗽喘急、小儿急慢惊风、癫、狂、痫、口眼歪斜、高血压、痹症等。外用治烫火伤及疮毒等症。

（二）日本医蛭（*Hirudo nipponica*）

分类地位：蛭纲，无吻蛭目，医蛭科。别名：蚂蟥、线蚂蟥、水蛭、医用蛭。

形态特征：体长30～50毫米，体宽4～6毫米，略呈圆柱状，背面呈黄绿或黄褐色，上有5条黄白色的纵纹，中间一条纵纹最长，延伸至后吸盘上。腹面暗灰色，无斑纹。身体有103体环，雄性和雌性的生殖孔分别位于31/32、36/37环沟。眼5对，在前端背侧排列成弧形。前吸盘较大，口内有3个颚。后吸盘呈碗状，朝向腹面。

习性与分布：栖息于水田、沟渠中。可用前吸盘吸着于人畜的皮肤上，用颚上的细齿刺破皮肤吸血。因其吸血时能分泌一种扩张血管的类组织胺化合物和抗凝血的蛭素，使得伤口流血不止，并使吸入的血液不会在蛭体消化道内凝集，以方便其一次能吸入大量血液，甚至每半年吸血一次，也能正常生活。雌雄同体，异体受精，交配后约一个月产出卵茧，卵茧产在湿润松软的土壤中，经一个月孵出幼蛭。医蛭冬季在土中越冬。秦岭地区水

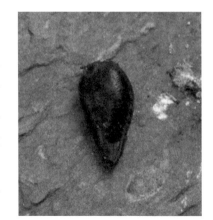

日本医蛭

田及沼泽区域广泛分布。

资源价值与利用： 其分泌的蛭素有抗凝血作用，延迟、阻碍体内外血液凝结，并能缓解动脉壁的痉挛，减低血液的粘着力，所以能够显著减轻高血压的症状。其干燥全体有破血通经、消积散症、消肿解毒的作用，中医用来医治经闭腹痛、产后恶露不尽、症瘕积聚、痔疮肿痛、跌打损伤、无名肿毒、肝硬化等症。

（三）少棘蜈蚣（*Scolopendra mutilans*）

分类地位： 多足纲，蜈蚣目，蜈蚣科。别名：金头蜈蚣、百足虫、千足虫等。

形态特征： 体长110～130毫米。头板和第1背板呈金红色，与墨绿色或黑色的其余背板显著不同；头板的后缘覆盖着第1背板的前缘。步足为黄色，但最末步足多为赤褐色，无跗刺但有爪刺。基侧板突起末端常有2个小棘。雄性生殖区前生殖节胸板两侧有生殖肢。

习性与分布： 喜欢栖息于潮湿阴暗的环境，如腐木、石隙间和阴湿的草地等处。昼伏夜出，主要捕食昆虫，也捕食其他小型动物。一般在10月以后，天气转冷时钻入泥土中越冬。次年随着天气转暖，出洞觅食。蜈蚣在春、夏之间产卵，卵数多在15～35个之间。雌性产卵时，身体呈"S"形，卵粒由身体末端的生殖孔排出，并在第8、9体节的背板上粘结成团，具有将卵团环抱起来进行孵化的习性。幼虫与成虫的步足数目相同。雌雄两性肛生殖节异形。分布较广，秦岭地区各地均可见。

资源价值与利用： 少棘蜈蚣为中国传统药材之一，《本草纲目》中有记载。有熄风解痉、消肿解毒的功能，主治小儿惊风、破伤风、抽搐、口眼歪斜、淋巴结结核、肿毒疮疡等。

（四）东亚钳蝎（*Buthus martensii*）

分类地位： 蛛形纲，蝎目，钳蝎科。别名：马氏钳蝎、荆蝎、链蝎、全蝎等。

形态特征： 体长5～6厘米，体重1～1.3克，孕蝎达2克。体背和尾部第5节及毒针末端黑褐色，腹面为浅黄色。分为头胸部和腹部两部分，腹部又分为前腹部和后腹部两部分，头胸部和前腹部组成长椭圆形的躯干，后腹部细长上翘如尾巴状。头胸部由分节不十分明显的6节组成，每个体节上一对附肢；前腹部较宽，由分节比较明显的7节组成；后腹部5节，末端具有毒针。

习性与分布： 喜在潮湿场所活动，栖息于干燥的窝穴。对弱光有正趋性，对强光有负趋性。喜食昆虫、蜘蛛、蜈蚣等。卵胎生。较常见，秦岭各地均可见。

资源价值与利用： 其干燥虫体入药，称"全蝎"或"全虫"，是常用中药之一。有祛风、止痉、通络、解毒的功效，主治惊风抽搐、癫痫、中风、半身不遂、口眼歪斜、偏头痛、风湿痹痛、瘰疬、风疹瘙肿以及破伤风等。

（五）中华地鳖（*Eupolyphaga sinensis*）

分类地位：昆虫纲，蜚蠊目，鳖蠊科。别名：地鳖虫、土元、地乌龟。

形态特征：体长30～35毫米，体宽26～30毫米。雌雄异形，雄有翅而雌无翅。雌成虫身体扁平，椭圆形，背部隆起似锅盖。身体背面常呈黑褐色并有灰蓝色光泽，腹面为红棕色。足的胫节多刺，附节的末端有1对爪。两个复眼相距较近；腹部生殖板后缘直，中间有一小切缝。雄成虫有2对发达的翅，前翅革质，脉纹清晰，后翅膜质，脉翅黄褐色，身体呈浅褐色，身上无光泽，披有纤毛。

习性与分布：生活于人类住宅、灶脚、柴草堆、禽畜舍、粮仓、面店等场所的阴湿之处。以卵、若虫、雌成虫在土下越冬，每年4月中下旬，气温上升到10℃时，越冬的成虫、若虫开始出土觅食。到11月中下旬，气温降至10℃时，便潜入土中冬眠。雌成虫全年活动期均可产卵，5～8月中旬之前产的卵，按产期先后于7月上旬至11月中旬以前孵化，而8月下旬至雌成虫越冬之前产下的卵，则要待次年6月下旬至7月中旬陆续孵化。秦岭地区见于太白、宁陕、留坝、周至等地。

资源价值与利用：中华地鳖的雌虫经干燥后入药，称为土鳖虫，为次常用中药，有破瘀血、续筋骨、通月经的功效，用于治疗妇女血瘀闭经、血积症瘕以及跌打损伤、瘀血肿痛等症。

（六）中华豆芫菁（*Epicauta chinensis*）

分类地位：昆虫纲，鞘翅目，芫菁科。别名：中国芫菁。

形态特征：体长14～25毫米。体色乌黑，头部额中央两复眼之间有一红色斑纹，头后方两侧为红色。前胸背板两侧和中央的一条纵纹、鞘翅侧缘和端缘、胸部腹面的大部分、各腹节的后缘和足的一部分都披有白色长毛。头向下伸，与体垂直，略呈方形，两个后角钝圆，密被细刻点和黑色短毛。触角11节，雌虫的丝状，雄虫的栉齿状，在触角基部各有一个黑色、光亮而稍隆起的"瘤"，雄虫的明显。鞘翅端部较宽于基部，密被细小刻点和黑色短毛。腹部末端常突出于鞘翅之外。前足腿节和胫节内侧端部凹入，从生紧密的淡金黄色毛。

习性与分布：一般一年发生1代，6～7月为成虫盛发期，群集食甜菜、马铃薯、蔬菜和苜蓿等，也危害玉米、瓜类、向日葵等，蚕食叶片和花。秦岭地区见于太白、宁陕、留坝、周至等地。

资源价值与利用：其干燥成虫可入药，有祛瘀散结、攻毒功能。主治症瘕积聚，外用治疥癣、恶疮、淋巴结结核等。

（七）三星龙虱（*Cybister tripunctatus*）

分类地位：昆虫纲，鞘翅目，龙虱科。别名：东方龙虱、水鳖虫、水龟子、东方潜龙虱。

形态特征：体长24～28毫米，长圆形，前狭后宽。背面黑绿色，腹面黑色或黑红色，有时部分棕黄色，体翅周边有黄带。头近扁平，中央微隆起，两侧有浅凹陷及小点刻。触角黄褐色。复眼突出，黑色。前胸背板横阔，有细纵沟。鞘翅有3行不明显点线。腹下第3～5节两侧各有横斑1个。足黄褐色，生有金色长毛；后足胫节短阔，胫端两侧生刺。雄虫前足跗节基部3节膨大成吸盘。

习性与分布：生长于池沼、水田、河湖或水沟多水草处。幼虫能捕食鱼苗，名水老虎。分布较广，秦岭地区在佛坪、宁陕、太白等地有分布。

资源价值与利用：其干燥成虫可入药。春、夏、秋三季均可捕捉，用沸水烫死，晒干或烘干备用。有滋补、活血、缩尿等功能。主治小儿疳积、老人夜尿频繁等。

（八）山溪鲵（*Batrachuperus pinchonii*）

分类地位：两栖纲，有尾目，小鲵科。别名：羌活鱼、白龙、杉木鱼。

形态特征：雄鲵体长18～20厘米，雌鲵体长15～19厘米；头部略扁平；躯干圆柱状，皮肤光滑；尾粗壮，圆柱形，向后逐渐侧扁。

习性与分布：生活在海拔1500～3600米的中高山区溪流和湖泊内，以藻类、草籽、水生昆虫等为食。3～4月为繁殖盛期，体外受精。秦岭地区见于留坝、宁陕、南郑等地。

资源价值与利用：山溪鲵为传统中药材之一，入药可治关节痛、风湿痛及胃出血等病，列入《国家保护的有益的或者有重要经济、科学研究价值的陆生野生动物名录》。

山溪鲵

（九）棘腹蛙（*Rana boulengeri*）

分类地位：两栖纲，无尾目，蛙科。别名：简棒、石坑、山蚂拐、石板蛙、石鸡、石蛙、梆梆鱼、石蹦。

形态特征：体大而肥壮。体长78～110毫米，雄蛙较小。皮肤较粗糙，背面有若干成行排列的窄长疣，趾间全蹼。雄性前肢特别粗壮，胸腹部满布大小黑刺疣。成体背面多为土棕色或浅酱色。上下颌有显著的深棕色或黑色纵纹。两眼间常有一黑横纹。背部有不规则的黑斑。四肢背面有黑色横纹。咽喉部棕色花斑较多。瞳孔菱形，深酱色。

习性与分布：生活在水流平缓的山溪里或流溪旁的静水塘内。白天匿居溪底石块下或洞内，天黑时出穴活动。繁殖季节在5～8月，产卵于小山溪瀑布下水坑内，粘附在石上或植物根上。棘腹蛙是中国的特有物种，秦岭地区见于佛坪。

资源价值与利用：药用。可清热解毒、滋补强身，民间还将其用于治疗小儿虚瘦、病后及产后虚弱等症。据《本草纲目》记载：石蛙主治"小儿疬瘦、疳瘦最良"。

（十）中国林蛙（*Rana chensinensis*）

分类地位：两栖纲，无尾目，蛙科。别名：红肚田鸡、哈士蟆、黄哈蟆、油哈蟆、雪蛤。

形态特征：雌蛙体长可达90毫米，雄蛙较小。头宽接近于头长，甚至略宽于头长；吻端钝圆，略突出于下颌，吻棱明显；鼻孔位于吻眼之间，鼻间距大于眼间距；鼓膜显著，明显大于眼径之半。前肢较短壮，指端圆，指较细长，关节下瘤、指基下瘤及内外掌突均较显著。后肢长。皮肤上细小痣粒颇多。两眼间深色横纹及鼓膜处三角斑清晰，背面与体侧有分散的黑斑点，一般都在疣粒上。四肢横斑清晰，腹面灰色斑点颇多，有的甚至自咽至腹后都有斑纹。雄蛙前肢较粗壮，第1指上灰色婚垫极发达，有1对声囊。

习性与分布：多生活于海拔200～2100米的森林间水塘或山沟附近，活动范围不远离水源。主要食物为昆虫。冬季于深水区冬眠，每年4月前后产卵，卵块团状。在秦岭地区分布于太白、商南、山阳、柞水、佛坪、留坝、宁强等地。

资源价值与利用：中国林蛙为中国特有种，是一种传统药用动物，雌蛙输卵管干制品称为"哈士蟆"，中医用作滋补品。

中国林蛙

（十一）中华大蟾蜍（*Bufo gargarizans*）

分类地位：两栖纲，无尾目，蟾蜍科。别名：大蟾蜍、癞肚子、癞蛤蟆。

形态特征：体长100毫米左右，雄性较小。皮肤极粗糙，全身多布有大小不等的疣粒。头宽大，口阔，舌分叉，可随时翻出嘴外，自如地把食物卷入口中。近吻端有小形鼻孔1对。眼大而突出，对活动着的物体较敏感，对静止的物体迟钝。眼后方有圆形鼓膜，头顶部两侧有大而长的耳后腺1个。在繁殖季节，雄蟾背面多为黑绿色，体侧有浅色斑纹；雌蟾背面斑纹较浅，瘰疣乳黄色，有棕色或黑色的细花斑。四肢粗壮，前肢短、后肢长，趾端无蹼，步行缓慢。雄蟾前肢内侧3指（趾）有黑色婚垫，无声囊。

习性与分布：白天多栖息于河边、草丛、砖石孔等阴暗潮湿的地方，傍晚到清晨常在塘边、沟沿、河岸、田边、菜园、路旁或房屋周围觅食，夜间和雨后最为活跃，主要以蜗牛、蛞蝓、蚂蚁、蚊子、孑孓、蝗虫、土蚕、金龟子、蝼蛄等为食。具有冬眠习性。雌雄异体，体外受精，蝌蚪在水中生活，成体主要在陆地生活。繁殖季节大多在春天，当水温达12℃以上，在静水或流动不大的溪边水草间交配产卵。卵呈黑色，双行排列于卵袋里。分布较广，秦岭地区见于太白、宁陕、留坝、洋县、西乡、宁强、周至等地。

资源价值与利用：蟾酥和蟾衣都是极其珍贵的中药材。蟾酥就是蟾蜍耳后腺所分泌的白色浆液；蟾衣是蟾蜍的角质层表皮。蟾蜍具有解毒散结、消积利水、杀虫消疳的功效。现代医学证明蟾蜍还有局麻、强心、升压、抗肿瘤等多方面的作用。

（十二）无蹼壁虎（*Gekko swinhonis*）

分类地位：爬行纲，有鳞目，壁虎科。

形态特征：成体长150毫米左右。头长52～67.5毫米，小于尾长。瞳孔直立。体背灰棕色，具浅黑色的不规则横纹，腹面乳黄或乳白色。四肢常具暗斑，指、趾间无蹼。体背粒鳞较大，头部无大型对称鳞片，耳孔前方具一簇小疣鳞。背鳞粒状，背部无疣鳞或只具有扁圆的疣鳞，枕及颈背上无疣鳞。腹鳞六边形，后缘略圆，肛前窝6～9个，大多为8个。

习性与分布：栖息于建筑物或岩石的缝隙、树上。主要在夜间活动，以蚊、蝇和蛾类等为食。每年6～7月繁殖。秦岭地区分布于周至、眉县、华阴等地。

资源价值与利用：无蹼壁虎不但是农林害虫的捕食者，而且是一种中药材，具有补肺益肾、消咳等功效，应对其进行保护，并合理地开发利用。列入《国家保护的有益的或者有重要经济、科学研究价值的陆生野生动物名录》。

（十三）乌梢蛇（*Zoacys dhumnades*）

分类地位：爬行纲，有鳞目，游蛇科。别名：乌蛇、乌风蛇。

形态特征：体长可达2.5米以上。体背绿褐色或棕黑色及棕褐色；背部正中有一条黄色的纵纹；体侧各有两条黑色纵纹，至少在前段明显，至体后部消失。头颈区别显著；吻鳞自头背可见，宽大于高；鼻间鳞为前额鳞长的2/3；顶鳞后有两枚稍大的鳞片。

习性与分布：生活在海拔1600米以下中低山地带平原、丘陵地带或低山地区。行动迅速，反应敏捷，善于逃跑。性温顺，不主动攻击人。主要以蛙类为食，同时捕食蜥蜴、鱼类、鼠类等。7～8月间产卵，每次产7～14枚。在秦岭地区分布较广，见于周至、太白、宁陕、佛坪、留坝、洋县、西乡、宁强等地。

乌梢蛇

资源价值与利用：可入药，具有祛风、通络、止痉等功效，可治疗风湿顽痹、麻木拘挛、中风口眼歪斜、半身不遂、抽搐痉挛、破伤风、麻风疥癣及瘰疬恶疮等症。

（十四）王锦蛇（*Elaphe carinata*）

分类地位：爬行纲，有鳞目，游蛇科。别名：臭王蛇、黄喉蛇、黄颔蛇、王蛇、锦蛇、大王蛇、菜花蛇等。

形态特征：体长约20米。背黑色，有黄色花斑，头背鳞缝黑色，显"王"字斑纹；腹面黄色，腹鳞后缘有黑斑。瞳孔圆形；吻鳞头背可见；鼻间鳞长宽几相等；前额鳞与鼻间鳞等长。

习性与分布：生活于平原、丘陵和山地。垂直分布范围为海拔300～2300米。比较凶猛，行动迅速，捕食蛙类、蜥蜴、鸟类等。秦岭地区广泛分布于太白、周至、长安、洋县、城固、佛坪、南郑、宁陕、石泉、汉阴等地。

王锦蛇

资源价值与利用：具有一定的药用价值，中医上用于惊痫、喉痹、诸疮痈肿、瘰疬、目翳、疥癣等症。列入《国家保护的有益的或者有重要经济、科学研究价值的陆生野生动物名录》。

（十五）黑眉锦蛇（*Elaphe taeniura*）

分类地位：爬行纲，有鳞目，游蛇科。别名：眉蛇、家蛇、锦蛇、菜花蛇、黄长虫、慈鳗蛇、秤星蛇、花广蛇。

形态特征：黑眉锦蛇的主要特征是眼后有2条明显的黑色斑纹延伸至颈部，状如黑眉，所以有"黑眉锦蛇"之称。背面呈棕灰色或土黄色，体中段开始两侧有明显的黑色纵带直至末端为止，体后具有4条黑色纹延至尾梢。腹部灰白色，体长约1.7米以上，个别个体可以突破2.5米。

习性与分布：喜食鼠类，被人们誉为"捕鼠大王"，年捕鼠量多达150～200只。无毒，但当其受到惊扰时，常能竖起头颈，作随时攻击之势。秦岭地区见于眉县、太白、柞水、佛坪、洋县、城固、南郑、宁陕、留坝、宁强、汉阴、石泉等地。

黑眉锦蛇

资源价值与利用：制备蛇酒，供药用；蛇蜕也供药用；善于捕食鼠类，对灭鼠害有利。列入《国家保护的有益的或者有重要经济、科学研究价值的陆生野生动物名录》。

（十六）环颈雉（*Phasianus colchicus*）

分类地位：鸟纲，鸡形目，雉科。别名：雉鸡、山鸡、野鸡、项圈野鸡。

形态特征：体形比家鸡略小。雄鸟羽色华丽，颈部金属绿色，具有白色颈圈；尾羽长而有横斑。雌鸟羽色暗淡，多为褐色和棕黄色，杂以黑斑；尾羽较短。

习性与分布：善于奔跑及藏匿，飞行速度也较快，但一般飞行不持久，飞行距离不远。杂食性，主要以各种植物的嫩芽、嫩枝、叶以及草茎、草籽和部分昆虫为食，也会到耕地扒食谷籽与禾苗。环颈雉是中国的特有物种，秦岭地区分布于眉县、周至、华阴、城固、洋县、佛坪、山阳、丹凤、太白、宁强、南郑等地。

资源价值与利用：其肉可补中益气，肝可健脾消积，尾羽可解毒疗疮，头、脑等也可入药。

环颈雉

（十七）岩鸽（*Columba rupestris*）

分类地位：鸟纲，鸽形目，鸠鸽科。别名：野鸽子、山鸽子。

形态特征：体长29～35厘米，体重180～305克。头、颈和上胸灰色，颈和上胸有绿紫色金属光泽；上背和两翅为灰色，翼上具两道不完全的黑色横斑；下背白色；腰和尾上覆羽为灰色，尾羽基部灰白色，端部黑色，中段有宽阔的白色横带，但中央尾羽的横带呈灰白色；下体自上胸以下为蓝灰色，至腹渐变为灰白色。雌雄鸟羽色相似。

习性与分布：一般集群活动，栖息于山区的悬崖峭壁上，常到田间寻食。繁殖期4～7月，每窝产卵2枚，卵白色。孵化期为18天。雌雄亲鸟轮流孵卵。秦岭地区见于华阴、城固、洋县、佛坪、山阳、丹凤、宁强、南郑、石泉等地。

资源价值与利用：药用鸟类，可益肾气、祛风解毒，主治虚羸、消渴、久疟、妇女血虚经闭、恶疮疥癣等。

（十八）原鸽（*Columba livia*）

分类地位：鸟纲，鸽形目，鸠鸽科。别名：野鸽子、野鸽、野鹁鸽。

形态特征：体长29～35厘米，体重194～347克。头、颈、前胸和上背均灰色；颈部、上背、前胸有紫色金属光泽；次级飞羽中部有一道黑色横斑，初级飞羽和次级飞羽末端黑褐色；尾上覆羽和尾羽为灰色，尾羽末端具有宽的黑色横斑。雌鸟羽色与雄鸟相似。

习性与分布：多栖息于高大建筑物或较高的岩石峭壁上，常成群活动于栖息地与取食地之间，主要取食农作物。繁殖期4～8月，每窝产卵2枚，孵化期17～18天，雌雄亲鸟轮流孵卵。秦岭南北坡山区常见种类，如周至、华阴、佛坪、山阳、宁强、石泉、汉阴等地均有分布，常与岩鸽混群活动。

资源价值与利用：可药用，具有补肝肾、益精血、祛风解毒等功效。列入《国家保护的有益的或者有重要经济、科学研究价值的陆生野生动物名录》。

（十九）山麻雀（*Passer rutilans*）

分类地位：鸟纲，雀形目，文鸟科。别名：麻雀。

形态特征：体长13～14厘米。雄鸟上体从额、头顶、后颈一直到背和腰为栗红色，背部具有黑色条纹。两翅暗褐色，尾上覆羽黄褐色。眼先和眼后黑色，颊、耳羽、头侧白色或淡灰白色。额和喉部中央黑色，喉侧、颈侧和下体灰白色，有时微沾黄色。雌鸟上体橄榄褐色或沙褐色，上背满杂以棕褐与黑色斑纹，腰栗红色，眼先和贯眼纹褐色，一直向后延伸至颈侧。眉纹皮黄白色或土黄色，长而宽阔。颊、头侧、颏、喉皮黄色或皮黄白色，下体淡灰棕色。

习性与分布：栖息于海拔1500米以下的低山丘陵和山脚平原地带的各类森林和灌丛中。性喜结群，除繁殖期间单独或成对活动外，其他季节多呈小群，在树枝或灌丛间活动，飞行力较其他麻雀强，活动范围亦较其他麻雀大。冬季常随气候变化移至山麓草坡、耕地和村落附近活动。杂食性，主要以植物性食物和昆虫为食。分布于秦岭各地，如周至、华阴、洋县、佛坪、太白、石泉、汉阴等。

山麻雀

资源价值与利用：其粪便、肉可药用。

（二十）麻雀（*Passer montanus*）

分类地位：鸟纲，雀形目，文鸟科。别名：树麻雀、霍雀、嘉宾、瓦雀、琉雀、家雀、老家子、老家贼、照夜、麻谷、南麻雀、禾雀、宾雀、厝鸟。

形态特征：体长约为14厘米，雌雄形、色接近。喙黑色，呈圆锥状；头、颈处栗色较深，背部栗色较浅，饰以黑色条纹。脸颊部左右各一块黑色大斑，这是麻雀最易辨认的特征之一。肩羽有两条白色的带状纹。尾呈小叉状，浅褐色。幼鸟喉部为灰色，随着鸟龄的增大此处颜色会越来越深直到呈黑色。雄鸟肩羽为褐红，雌鸟肩羽为橄榄褐色。

习性与分布：多活动在有人类居住的地方，性极活泼，胆大易近人，但警惕性却非常高，好奇心较强。在地面活动时双脚跳跃前进。翅短圆，不耐远飞，鸣声喧噪。杂食性，主要以谷物为食，繁殖期食部分昆虫，并以昆虫育雏。繁殖力强，每次产卵6枚左右，孵化期约14天，雌雄轮流孵卵。

资源价值与利用：古人将麻雀的肉、血、脑髓、卵等都做药用。

麻雀

（二十一）刺猬（*Erinaceus europaeus*）

分类地位：哺乳纲，食虫目，猬科。别名：刺球子。

形态特征：全身如刺球。头宽，吻尖。耳短，22～25毫米，不超过周围棘刺。自头顶向后至尾基部覆棘刺，头顶棘刺向左右两侧分列。四肢和尾短，爪较发达。乳头5对。全身棘刺由两类不同颜色组成，一类纯白色，较多；另一类从基部向外分为几段不同颜色。棘刺表面光滑，没有纵长沟和结节状突起。头部、体侧及四肢均被覆细刚毛，除脸部和前后足的毛为灰棕色外，其余部分均为灰白色。

习性与分布：栖息在山地森林、草原、荒地、灌丛等各种生境中。主要以昆虫及其幼虫、蚯蚓、小型脊椎动物为食，并兼食橡子和野果等植物性食物。有冬眠习性。春季交配，妊娠期7周左右，6月下旬产崽，每胎3～6只。遇到天敌时，可将身体蜷缩成一圆刺球状。天敌有狼、狐、貂、獾及大型猛禽。秦岭地区见于太白、宁陕、留坝、西乡、宁强等地。

资源价值与利用：药用，其皮、肉、胆、脂、心肝等均可入药。其中猬皮炼油，用于治疗烧伤。刺猬消灭有害昆虫及其幼虫，也食一些有害小兽，如鼠类，对农林业有极大益处。列入《国家保护的有益的或者有重要经济、科学研究价值的陆生野生动物名录》。

刺猬

（二十二）秦岭短棘猬（*Hemiechinus hughi*）

分类地位：哺乳纲，食虫目，猬科。别名：刺猬、侯氏短棘猬、侯氏猬。

形态特征：体长平均178毫米。耳较短，平均23.2毫米，其长不超过周围棘刺之长。体背具棘刺，头宽而吻尖，爪较发达。体背毛色暗黑褐色。体被棘刺由两种颜色组成，一种为纯白色，为数极少；另一种为基部纯白或灰褐色，其后为黑色，第3段为淡白色或淡褐色，尖端为黑褐色。一般头部、前胸部、下颌部、腹部、体侧及前后肢的毛色为赤褐色或棕灰色，仅少数个体为灰白色或白色（约25%）。耳覆短毛，呈淡白或灰白色。

习性与分布：栖息于海拔1400～2100米的山地森林中。夜行性，如遇到天敌，立即蜷缩成刺球状。食性基本与普通刺猬相似。该种为我国的特有种。秦岭地区分布于留坝、太白、佛坪、宁陕、柞水、山阳、洛南、商南、镇巴等地。

资源价值与利用：其肉有医治反胃的功效。皮也是常用而效果较佳的中药之一。捕食大量有害昆虫及其幼虫，对农林业有极大益处。列入《国家保护的有益的或者有重要经济、科学研究价值的陆生野生动物名录》。

（二十三）东方蝙蝠（*Vespertilio sinensis*）

分类地位：哺乳纲，翼手目，蝙蝠科。别名：双色蝙蝠。

形态特征：前臂44～59毫米。耳短而宽，略呈三角形，耳屏尖端较圆钝。尾发达，突出股间膜不超过3～4毫米。翼膜由趾基部起，距缘膜较狭，呈小弧形。后足等于胫长之半。乳头1对。

习性与分布：喜栖居于各类建筑物内，匍匐或倒挂在棚顶栋梁的空隙间。每日晨昏各活动1次。在旷野、树冠间觅食，主要以双翅目昆虫为食，在1分钟内可捕食昆虫14只。繁殖期间，雄雌分别栖息，6月底至7月初生2崽。秦岭地区见于柞水。

资源价值与利用：其粪便加工后称作夜明砂，具有散血消积、清肝明目等功效。捕食昆虫，对农林及卫生有益。

（二十四）褐长耳蝠（*Plecotus auritus*）

分类地位：哺乳纲，翼手目，蝙蝠科。别名：鬼蝠、长耳蝠、普通长耳蝠。

形态特征：平均体长是10厘米，前臂长约4厘米。耳明显较大，长度近于前臂，椭圆形，两耳内缘基部相连，飞行时耳倒向后方。尾长47毫米，包在股间膜内。体背面淡灰褐色，腹毛灰黄色，毛的基部黑褐色。

习性与分布：喜爱群居，多栖息于洞穴、废墟墙缝、深的岩石裂缝以及老矿井等处。捕食昆虫等动物性食物。冬眠时不食不动。6月产崽，每胎产1～2只。秦岭地区见于户县、眉县等地。

资源价值与利用：其粪便可入药。捕食害虫，对农业有益。

（二十五）马铁菊头蝠（*Rhinolophus ferrumequinum*）

分类地位：哺乳纲，翼手目，菊头蝠科。别名：大菊头蝠。

形态特征：鼻叶宽大，鼻叶两侧及下方为马蹄形的肉叶，中央有一向前突起的鞍状叶。全身被细毛，背、腹毛烟灰棕色，背部两侧较深，腹部较浅。

习性与分布：居岩洞，冬季则冬眠于山洞深处。以昆虫和昆虫幼虫为食。秦岭地区分布于宁陕、柞水、旬阳、西乡等地。

资源价值与利用：其粪便可入药。捕食昆虫，有利于农业。

（二十六）红白鼯鼠（*Petaurista alborufus*）

分类地位：哺乳纲，啮齿目，鼯鼠科。别名：催生子、飞生虫、飞鼠。

形态特征：体长一般大于50厘米。体背面赤褐色，背中有一大型污白色斑块。腹面淡橙棕色，中央有一不太显著的白色纵带区。尾长接近或超过体长，尾毛长而蓬松，尾部为赤褐色，尾基部背面有一白色的半环。后肢长约75毫米，后足内侧具密毛，外侧无毛，具掌垫，前后足背赤褐黑色，但其内缘及指（趾）部为黑色或黑褐色，爪呈黑灰色。

习性与分布：栖息在海拔1000～3000米的针阔叶混交林中，典型的树栖动物。昼伏夜出，以晨昏活动最频繁，一般是单独活动。滑翔能力极强，其攀爬能力较弱。主要采食栎类、核桃、板栗、松子等果实，亦吃树的嫩枝、幼芽。冬季不蛰眠。每年繁殖1次，每胎产1～3崽。其主要的天敌是鼬科、猫科动物以及大型猛禽。秦岭地区分布于镇坪、宁陕、柞水、镇安、商州等地。

红白鼯鼠

资源价值与利用：其粪便为"五灵脂"，可入中药。其毛皮色泽艳丽，美观大方，皮板经加固后可作装饰皮用。列入《国家保护的有益的或者有重要经济、科学研究价值的陆生野生动物名录》。

（二十七）豪猪（*Hystrix hodgsoni*）

分类地位：哺乳纲，啮齿目，豪猪科。别名：箭猪、刺猪。

形态特征：体长约70厘米。头圆耳小。通体披有纺锤状棘刺，臀部硬刺发达，四肢和身体腹面的棘刺短而软。尾长约9厘米，隐于硬刺中。全身棕褐色，体背长刺棕色，体后半部的棘刺除中间1/3段为淡褐色外，其余为白色。全身硬刺之下，覆以基部淡褐色、微卷曲的白色长毛。

习性与分布：栖息在海拔800～1500米的低山地林木繁茂之处，特别喜欢生活在农作物附近的山地草坡或浓密的林灌地区。巢穴固定，常利用天然石洞、石缝，亦有自行挖掘的土洞。夜行性，常循一定的路线进行觅食。主要食物是植物的根茎、树皮、果实和种子，也盗食玉米、薯类、瓜果类、白菜、小麦等农作物。每年秋冬季节交配，妊娠期约4个月，翌年春季产崽，每胎产2～4崽，多2崽。秦岭地区是其分布的北限，见于南郑、镇巴、平利、镇坪、旬阳、白河、宁陕、石泉、汉阴、丹凤、佛坪、太白等县。

豪猪

资源价值与利用：药用，其肉利大便；其针刺可行气，止心气痛；其体背的硬刺可制造各种装饰品，可在工艺品上应用。列入《国家保护的有益的或者有重要经济、科学研究价值的陆生野生动物名录》。

（二十八）藏鼠兔（*Ochotona thibetana*）

分类地位：哺乳纲，兔形目，鼠兔科。别名：西藏鼠兔、啼鼠、鸣声鼠、兔鼠子。

形态特征：体长一般不超过16厘米。体毛暗褐色或棕褐色。耳短圆，通常不及23毫米，具明显的白色边缘。后肢略长于前肢，前足5趾，后足4趾，均裸露或略隐于短毛中。尾极短，隐于被毛之中。整个躯体的被毛，毛基均为深灰色，但毛尖色调背腹部各异。背面呈棕褐色或暗棕褐色，毛基深灰色，毛尖黑褐色。耳背黑褐色，白色耳边显著。耳基前具浅色长毛，耳后颈背具一淡黄色斑块。腹面灰黑色，胸部和腹部中央为淡黄褐色。四肢外侧毛色与背部相同，内侧与腹部相同。

习性与分布：栖息在秦岭地区海拔2000米以上的高山地带的草甸、灌丛及林区中。穴居生活，筑洞在草根或灌丛的苔藓层下和土壤层中，洞道内部结构复杂。植食性，主要以莎草科、禾本科和菊科的植物为食。每年5月开始繁殖，每胎产崽3～5只。食肉类动物和猛禽是藏鼠兔的天敌。秦岭地区见于太白、凤县、眉县、柞水、镇安、宁陕、石泉、商南。

藏鼠兔

资源价值与利用：其干燥粪便称作草灵脂，药用，具有通经祛淤的功能，主治月经不调、产后腹痛、跌打损伤等症。

（二十九）野猪（*Sus scrofa*）

分类地位：哺乳纲，偶蹄目，猪科。别名：山猪。

形态特征：形态与家猪相似，只是头形较细长，吻部较尖而突出。双耳较小，呈竖立状。四肢较短，尾较细。体被硬直针毛，背脊有发达的鬃毛，而腹部被毛稀疏。雌雄个体毛色相似，一般通体棕黑色，但个体变异较大。雄猪犬齿发达，其下犬齿呈獠牙状露出唇外，雌猪獠牙小。

习性与分布：栖息环境随季节不同而有所变化。群居性动物，除早春和寒冷的冬季多在白天活动外，通常在夜间活动。为杂食性动物，食物包括绿色植物的叶、茎、花和部分果实，以及昆虫、蚂蚁、蚯蚓、鼠类等，经常盗食成熟的农作物，如玉米、大豆、马铃薯、红薯、南瓜、白菜、萝卜、甘蓝等。野猪特别机警，听觉和嗅觉均很发达，但视觉不甚发达。怀孕期4个月，每窝可产崽4～8只，多时可达12～14只。分布较广，秦岭地区各县均有分布。

资源价值与利用：野猪的胆有解毒功能，主治疮肿、瘰疬、烫火伤。此外，其肉、头骨、骨髓、血、粪等均可入药。皮可制革，毛可制刷。可通过驯养野猪，有计划地获得野味；又可将其与家猪杂交，改良品种，提高经济效益。已列入《国家保护的有益的或者有重要经济、科学研究价值的陆生野生动物名录》。

二、药用植物资源

（一）太白米（*Notholirion hyacinthinum*）

分类地位：百合科、假百合属。别名：假百合。

形态特征：多年生草本，高可达1米。鳞茎卵圆形，无鳞片，具黑褐色膜被；须根多数，其上着生多数米粒状的小鳞茎；小鳞茎卵圆形，两头尖，未熟时白色，熟后外壳变为褐色，内面有数层肉质鳞片紧抱。茎粗大，直立，干后下部红褐色，上部带绿色。叶基生或茎生，均无柄，窄带状，先端渐尖，基部抱茎。总状花序顶生，花多数；苞片条形，由下向上渐小，花梗长7～20毫米，中部以上弯曲而下垂；花被淡红紫色，裂片6。蒴果椭圆形，有种子多数。花期7月。

习性与分布：生长于海拔3000米左右的山坡草丛中。分布于秦岭太白山。

资源价值与利用：鳞茎药用，8月采挖，阴干，去壳生用或蜜炙用。含甾体生物碱、太白米苷、皂苷、黄酮、强心苷、内酯及香豆素、萜类及甾体、有机酸、挥发油、鞣质、氨基酸、多肽、糖类等物质。味辛，性温。能行气止痛，温中止呕，化痰止咳。用于气滞寒凝，痰结；寒湿困脾，脾胃虚寒，胃气上逆；多种咳嗽。

太白米

（二）太白贝母（*Fritillaria taipaiensis*）

分类地位：百合科、贝母属。别名：太贝。

形态特征：多年生草本，高40～50厘米。鳞茎扁球形，肥厚，直径达2.5厘米。茎直立，中部以上生叶；在最下部的二片叶对生，在花下方的3片叶常轮生；叶片线形或线状披针形，长7～13厘米，先端渐尖而微弯，全缘。花单一，顶生，下垂；花被钟状，黄绿色，上部边缘有紫色斑点；裂片6片，卵状长圆形；雄蕊6枚。蒴果长圆形。

习性与分布：生长于海拔2500～3700米的山坡草丛中。少见。分布于秦岭太白山。

资源价值与利用：鳞茎药用，5月采挖，于麦麸中阴干，用硫

太白贝母

黄熏制用。含大量生物碱。性味：苦甘，微寒。能润肺、化痰、止咳，用于多种咳嗽。农谚云："太贝、知母、款冬花，娃娃咳嗽一把抓。"

（三）土茯苓（*Smilax glabra*）

分类地位：百合科、菝葜属。别名：禹余粮、刺猪苓、过山龙。

形态特征：攀援灌木。根状茎粗厚，块状，常由匍匐茎相连接，粗2～5厘米。茎长1～4米，枝条光滑，无刺。叶薄革质，狭椭圆状披针形至狭卵状披针形，先端渐尖，下面通常绿色；叶柄中部常有卷须1对，中脉3条。花单性，白色，雌雄异株，腋生伞形花序，几无总梗或极短；小花梗细，基部有宿存三角形小苞片。浆果熟时紫黑色，具粉霜。花期7～11月，果期11月～次年4月。

习性与分布：生长于海拔2000米以下的林下、灌丛或山坡阴处。分布于秦岭山区。

资源价值与利用：根茎药用，夏、秋二季采挖，除去须根，洗净后干燥、入药；或趁鲜切成薄片后干燥、入药。含皂苷、鞣质、树脂等，具有抗肿瘤、解毒、食疗等作用。临床上主要用于湿热疮毒，常与白藓皮、地肤子、苦参等配伍同用，还可治梅毒。近年来医学研究表明，土茯苓对预防肝癌有一定的实用价值，是中医喜爱的珍贵药材。味甘、淡，性平。有除湿、解毒、清热、利关节的功效。用于治疗筋骨拘挛疼痛、疮疡。

（四）延龄草（*Trillium tschonoskii*）

分类地位：百合科、延龄草属。别名：芋儿七、尸儿七、佛手七、头顶一颗珠、黄花三七、鱼儿七、狮儿七。

形态特征：多年生草本，高8～35厘米，全株光滑无毛。根茎短而粗壮，匍匐状。茎直立，1～3条，不分枝，圆柱形，无节，表面有纵纹。叶3片，轮生于茎顶，无柄；叶片菱状卵形或宽菱状卵形，通常长度稍大于宽度，有时长宽近相等，先端渐尖或锐尖，基部楔形；主脉3～5条，基出。花梗由叶丛中抽出，单一花顶生；花被6片，外列3片绿色，卵形至长卵形，内列3片通常白色，有时为淡紫色，卵形；雄蕊6枚，花丝扁平，花药矩形；雌蕊1枚，与雄蕊等长或稍长，子房3室，表面具6棱，花柱3裂。浆果卵球形，径约2厘米，花柱宿存。卵形褐色种子多数。花期5～6月，果期7～8月。

延龄草

习性与分布：生长于海拔1300～2200米的山坡或林下阴湿处。分布于秦岭太白山、佛坪、凤县等地。

资源价值与利用：根及根茎药用，夏秋采挖，洗净，晒干。

含甾体皂苷延龄草苷和延龄草二葡萄糖苷，分别为薯蓣皂苷元的葡萄糖苷和二葡萄糖苷，还含有昆虫变态甾体杯苋甾酮和蜕皮甾酮。其煎剂及醇提出物对麻醉猫及兔均有急性降压作用。味甘，微辛。性温。功能为祛风、舒肝、活血、止血。用于高血压、头昏头痛、跌打骨折、腰腿疼痛、外伤出血。

（五）开口箭（*Tupistra chinensis*）

分类地位：百合科、开口箭属。别名：竹根七、竹节七、竹根参、吉祥草。

形态特征：多年生草本。根状茎粗壮，圆柱形，节明显，节上着生许多须根。叶丛生，无柄；叶片倒披针形或条状披针形，先端渐尖，基部渐狭。花葶自叶丛抽出，直立，连花穗长不过5厘米；穗状花序，密生多花；花被筒短钟形，黄色或黄绿色；雄蕊6枚，着生于花冠中部，花丝短，不外露。浆果球形，熟时暗红色。种子近圆形，稍压扁，深褐色。花期6～7月。

习性与分布：生长于海拔2000米左右的山地林下或山谷阴湿处。分布于秦岭和大巴山区。

资源价值与利用：根茎药用，秋季采挖，晒干。含多种皂苷、苦苷、糖苷等生物活性物质。味甘，微苦。性凉。有毒。具有除风湿、清热泻火、镇痛、止血、调经活血、滋阴补虚的功能。用于风湿性关节炎、腰腿疼痛、跌打损伤、劳伤、月经不调、骨蒸劳热等症。

开口箭

（六）鹿药（*Smilacina japonca*）

分类地位：百合科、鹿药属。别名：偏头七、九层楼、螃蟹七、白窝儿七。

形态特征：多年生草本，高可达40厘米。根状茎横走，肥厚稍肉质，节明显，节上着生多数须根。茎直立，单一，上部常倾斜。叶互生，具短柄；叶片窄长圆形至椭圆形，先端短尖，基部圆形，两面尤其背面有粗毛。圆锥花序顶生，花小，白色；花被片6片，椭圆形；雄蕊6枚，短于花被片；花柱与子房等长。浆果球形，成熟时红色或淡黄色。花期5～6月，果期8月。

习性与分布：生长于山坡林下阴湿腐殖土处。分布于秦岭和大巴山区。

资源价值与利用：根及根茎药用，秋季采挖，洗净，晒干。

鹿药

含皂苷、挥发油、氨基酸、蛋白质及多糖皂苷。味甘，微辛。性温。能补气益肾，祛风止痛。用于气血不足、体倦无力、腰膝酸软、阳痿、气血不足所致的偏头痛、头晕、月经不调、痛经、风湿痹症。

（七）天南星（*Arisaema consangaineum*）

分类地位：天南星科、天南星属。别名：南星、天星一把伞。

形态特征：多年生草本，高40～90厘米。块茎近球形，直径2.5～6厘米。单叶，叶为鸟趾状全裂，裂片9～17片，通常约13片，长圆形、倒披针形或长圆状倒卵形，全缘，先端渐尖，延伸为丝状，中央裂片最小。叶柄圆柱形，肉质。7～8月开花，雌雄异株，肉穗花序低于叶，佛焰苞筒状，绿色，花序轴顶端附属物鼠尾状，伸出佛焰苞外很长，长约15厘米左右。浆果红色。

习性与分布：生长于阴湿林下或山谷草丛中。分布于秦岭和大巴山区。

资源价值与利用：块茎药用，秋季采挖，除去残茎、须根及外皮，晒干。天南星化学成分复杂，主要包括生物碱类、苷类、氨基酸类、脂肪酸、甾醇类、黄酮类等。具有镇痛、镇静、抗惊厥、抗心律失常、抗肿瘤、抗凝血、抗氧化、祛痰等药理活性。味苦、辛，性温，有毒。能祛风定惊，化痰散结。用于治疗面神经麻痹、半身不遂、小儿惊风、破伤风、癫痫、疔疮肿毒、毒蛇咬伤等症。

天南星

（八）半夏（*Pinellia ternata*）

分类地位：天南星科、半夏属。别名：三步跳、麻芋子。

形态特征：多年生草本，高15～30厘米。地下块茎球形或扁球形，直径1～2厘米，下部生多数须根。叶从块茎顶端生出，幼苗时常具单叶，卵状心形；老株的叶为3小叶的复叶，小叶椭圆形至披针形，中间一片比较大，两边的比较小，先端锐尖，基部楔形，有短柄，叶脉微羽状网脉，侧脉在近边缘处联合；叶柄下部内侧面生1白色珠芽，有时叶端也有1枚，卵形。5～7月间开花，花葶高出于叶，长约30厘米；佛焰苞下部细管状，绿色，内部黑紫色，上部片状，呈椭圆形；肉穗花序基部一侧与佛焰苞贴生，上生雄花，下生雌花，花序轴先端附属物延伸呈鼠尾状。浆果红色。

半夏

习性与分布： 生长于山坡、溪边草丛或沙质土耕上。分布于陕西省各地。

资源价值与利用： 块茎药用，夏秋采挖，除去秧苗、须根及外皮，晒干。含挥发油、少量脂肪、淀粉、烟碱、粘液质、天门冬氨酸、谷氨酸、精氨酸、β-氨基丁酸、胆碱、二羟基苯甲醛、生物碱等化学成分。具有镇咳、抑制腺体分泌、镇吐、抗生育、抑制胰蛋白酶、降压凝血等药理作用。味辛，性温，有毒。具有燥湿化痰、降逆止呕、消痞散结的功能。用于治咳嗽痰多、胸闷胀满、恶心呕吐等症；生用治疖肿、蛇伤。

（九）独角莲（*Typhonium giganteum*）

分类地位： 天南星科、犁头尖属。别名：麻芋、禹白附。

形态特征： 多年生草本，植株常较高大。地下块茎似"芋头"状，卵形至卵状椭圆形，外被暗褐色小鳞片。叶1～4片；叶柄肥大肉质，下部常呈淡粉红色或紫色条斑；叶片三角状卵形、戟状箭形或卵状宽椭圆形，初发时向内卷曲如角状，后即开展，先端渐尖。花梗自块茎抽出，绿色间有紫红色斑块；佛焰苞紫红色，管部圆筒形或长圆状卵形，顶端渐尖而弯曲，檐部卵形；肉穗花序位于佛焰苞内；雌花序和中性花序各长3厘米左右；雄花序长约2厘米；附属器圆柱形，直立，长约6厘米，紫色，不伸出佛焰苞外；雄花金黄色，雄蕊有2花药，药室顶孔开裂；中性花线形，下垂，淡黄色；雌花棕红色。浆果熟时红色。花期6～8月，果期7～10月。

习性与分布： 生长于阴湿的林下或山谷两旁草地内。分布于秦岭南北坡。

资源价值与利用： 块茎药用，9～10月间采挖，除去须根及外皮，晒干。或不去外皮，切斜片，以姜汁浸煮后晒干用。块茎含甾醇、糖苷、内消旋肌醇、胆碱、尿嘧啶、琥珀酸、氨基酸、棕榈酸、亚油酸、油酸和甘油酯等化学成分。块茎入药，中药称白附子，是面部美容常用药物，具有润肤白面、灭瘢除黑的作用，可用于美白及祛汗斑、瘢痕疙瘩、粉刺，也常常被用于美容添加剂或防腐剂及护肤品中。味辛、甘，性温。有毒。具有祛风痰、通经络、解毒镇痛的功能。用于治疗中风痰壅、口眼歪斜、偏头痛、破伤风、毒蛇咬伤、瘰疬痰核、痈肿等症。

独角莲

（十）天麻（*Gastrodia elata*）

分类地位： 兰科、天麻属。别名：赤箭、定风草。

形态特征： 多年生共生植物。块茎横生，椭圆形或卵圆形，肉质。有均匀的环节，节上有膜质鳞叶。茎单一，直立，圆柱形，高30～150厘米，黄褐色。叶鳞片状，膜质，互生，下部鞘状抱茎。总状花序顶生，长5～30厘米；苞片膜质，披针形；花淡黄色、蓝绿色或橙黄色，萼片与花瓣合生，呈壶状，口部偏斜，顶端5裂；唇瓣白色，先端3裂；合蕊柱长5～6毫米，子房下位，倒卵形，子房柄扭转，柱头3裂。蒴果长圆形或倒卵形。种子多而极细小，呈粉末状。花期6～7月，果期7～8月。

习性与分布：生长于林下较湿润的肥沃土壤中。分布于秦岭南北坡。陕南有栽培。

资源价值与利用：块茎药用，春秋采挖，洗净立即除去粗皮，用清水或白矾水稍浸后放沸水中煮透，捞出经针刺放水，捏实，晒干，切片备用。天麻中主要有效成分：香荚兰醇、香荚兰醛、天麻苷、多糖、维生素A类物质、粘液质。其药理作用广泛，有明显的镇痛、降压、镇静、抗惊厥作用，还有缓解平滑肌痉挛、缓解心绞痛与胆绞痛、明目、增智等作用。近几年来，国内外开发天麻食品、天麻饮品、天麻保健品和天麻药膳品以及天麻药剂的厂家日渐增多。天麻性平，味甘，具有平肝息风止痉的功效。用于治疗头痛眩晕、肢体麻木、小儿惊风、癫痫抽搐、破伤风等症状。

天麻

（十一）手参（*Gymnadenia conopseal*）

分类地位：兰科、手参属。别名：手掌参、掌参、佛手参。

形态特征：茎直立，高20～60厘米。块根肉质，下端5～6分枝，乍看很像手掌，故名手参。叶互生，长披针形，先端渐尖或稍钝，基部收狭成抱茎的鞘。顶生穗状花序，花紫红色。花期6～8月。

习性与分布：生长于海拔2650米以上的山坡林下、草地或砾石滩草丛中。分布于秦岭太白山。

资源价值与利用：块根药用，春秋采挖，去须根，晒干备用。手参是老年人延年益寿滋补佳品，含有糠醛、糖苷、皂苷和果糖等多种生物活性物质。味甘，微苦。性凉，微寒。能补肾益精，理气止痛。用于病后体弱、神经衰弱、咳嗽、阳痿、久泻、白带、跌打损伤、瘀血肿痛等症。

手参

（十二）华细辛（*Asarum sieboldii*）

分类地位：马兜铃科、细辛属。别名：白细辛。

形态特征： 多年生草本，高约30厘米。根茎较长，横走，生有多数细长的根，节间短。叶1～2片，叶片肾状心形，顶端锐尖至长锐尖，基部深心形，边缘粗糙刺毛，两面疏生短柔毛。花单生于叶腋。花被筒质厚，筒部扁球形，顶端3裂，裂片平展；雄蕊12枚，花丝长于花药；子房下位，花柱6个。蒴果肉质，近球形。花期4～5月，果期6～7月。

习性与分布： 生长于山谷、溪边、山坡林下阴湿处。分布于陕西，野生资源少。目前，宁强县山区已人工栽植成功，有效保护了华细辛种质资源。

资源价值与利用： 根药用，夏秋采掘后，去泥，阴干即成。根有一定的镇痛作用，还有抗炎、改善呼吸、抑制平滑肌收缩、强心、抗休克、降温、催眠、抑菌、调节血压等作用。味辛。性温。能祛风散寒，通窍止痛，温肺化饮。用于风寒感冒、头痛、牙痛、鼻塞、风湿痹痛、痰饮喘咳等症。

华细辛

（十三）太白乌头(*Aconitum taipeicum*)

分类地位： 毛茛科、乌头属。别名：金牛七。

形态特征： 多年生草本。块根圆锥状，具须根，外皮黑褐色，常2个并生。茎直立，单一，紫色，高35～60厘米，不分枝或中部以上分枝，上部略呈"之"形弯曲，被细柔毛。叶互生，具长柄；叶片轮廓五角形，3～5掌状深裂；裂片倒卵状菱形，基部楔形，复3裂，小裂片再羽状深裂，两面被短柔毛。总状花序顶生，具2～4朵花，花序轴及花梗被白色反曲短柔毛；花蓝紫色；下垂，上方萼片盔状，基部微有爪，下方萼片长圆状卵形；雄蕊多数，无毛。蓇葖果长约8毫米。花期8～9月，果期9月。

习性与分布： 生长于海拔2600～3300米的山坡草地。分布于秦岭太白山、户县光头山及佛坪等地。

资源价值与利用： 块根药用，夏秋采挖，去须根，童便浸泡3天，晒干用；或童便浸后炒用；甘草水浸炒亦可。根含有新乌头碱、乌头碱及次乌头碱等化学成分，主治风湿性关节炎、跌打损伤等症。茎、叶有消肿败毒作用，捣碎外敷治无名肿毒。晒干研粉，投厕所可杀蛆蛹。味辛，微苦。性温。根有大毒。能祛风止痛，散瘀消肿。用于风寒湿痹病情严重者，可治跌打损伤、无名肿痛、痈肿疔毒。

太白乌头

（十四）长果升麻（*Souliea vaginata*）

分类地位： 毛茛科、长果升麻属。别名：黄三七、太白黄连、土黄连。

形态特征： 多年生草本，高30～80厘米。根茎粗壮，长20厘米，分枝，鲜黄色，生多数须根。茎直立，有纵槽和疏柔毛。叶互生，二回三出复叶；小叶5片，狭长圆形或卵状长圆形，先端尾状渐尖，基部偏斜或近圆形，边缘具不规则齿牙状锯齿，背面密被短硬毛。总状花序顶生；花瓣白色，狭长圆形，先端圆，基部渐狭成爪。长角果线形，不开裂，被疏毛。种子长圆形，扁平，深褐色。花期5月，果期7月。

习性与分布： 生长于海拔1000～2000米的山坡，山谷下或河边等潮湿处多见。分布于秦岭太白山。

资源价值与利用： 根茎及全草药用，夏秋采挖，根茎带土晒干，去净泥土；全草阴干。长果升麻含黄三七碱、环菠萝蜜烷型三萜皂苷等化学成分。味苦。性凉。能清热燥湿，泻火解毒，消疳退蒸。用于湿热所致的腹泻、痢疾、黄疸；火热炽盛引起的心烦不眠、癫痫躁狂、目赤肿痛、消渴、口舌生疮及痈肿疮毒；小儿疳积所引起的发热、消瘦、腹胀、纳差、腹泻。

长果升麻

（十五）太白美花草（*Callianthemum taipaicum*）

分类地位： 毛茛科、美花草属。别名：重叶莲。

形态特征： 多年生小草本，高5～10厘米，全株无毛。根茎粗壮，长1～2厘米，径约4毫米，暗褐色，密生须根。茎1～4条，基部粗约3毫米。叶为奇数羽状复叶；基生叶3～5片，叶柄基部扩大成鞘状，叶片轮廓狭卵形至卵形；茎生叶具鞘状短柄，形似基生叶而较小，单花顶生，花径约2.5厘米；萼片5片，带蓝紫色，椭圆形；花瓣9～13片，白色，倒卵形，先端近截形；基部有短爪，橘红色；雄蕊多数，花药长圆形，黄色。瘦果具短喙，常具皱纹。花期6月。

习性与分布： 生长于海拔3400～3600米的山坡草丛。分布于秦岭太白山。

资源价值与利用： 全草药用，夏季采收，阴干用。味苦，微辛。性凉。能清热泻火。用于小儿咳嗽、感冒发热和小儿肺炎。

太白美花草

（十六）毛叶草芍药（*Paeonia obovata* var.*willmottiae*）

分类地位：毛茛科、芍药属。别名：白芍。

形态特征：多年生草本，高30～60厘米。根肥大，圆柱形或纺锤形，分叉，红褐色。二回三出复叶，互生，有长柄；小叶片全缘，具短柄，长椭圆形或椭圆形，叶的背面密被长柔毛与短绒毛。花单生于茎顶，乳白色，直径约7厘米，花瓣通常6～8片。蓇葖果2～3枚，长圆形，长约4厘米，稍弯曲。花期6月，果期7～8月。

习性与分布：生长于山坡林下或山谷中。分布于秦岭太白山、华阴、商州、佛坪、宁陕、凤县等地。

资源价值与利用：根药用，春秋采挖，洗净，切片，晒干用。所含芍药苷具有扩张血管、镇痛镇静、抗炎抗溃疡、解热解痉、利尿等药理作用。性微寒。味苦。能清热凉血，散瘀止痛。用于经闭腹痛、月经不调、冠心病心绞痛、疮痈肿毒、血热引起的斑疹、吐血、衄血。

毛叶草芍药

（十七）铁筷子（*Helleborus thibetanus*）

分类地位：毛茛科、铁筷子属。别名：黑毛七、小山桃儿七、小桃儿七、九百棒、九龙丹、见春花、九莲灯、九朵云。

形态特征：多年生草本，高30～50厘米，全株无毛。根茎短，有多数暗褐色须根。茎直立，基部具膜质鳞片，上部少分枝。基生叶1～2片，具长柄，叶片轮廓心形，鸟足状3全裂，裂片具短柄，中央裂片3全裂，小叶片倒披针形，侧生裂片为不等2全裂；茎生叶具鞘状短柄或几无柄，叶片较基生叶为小，3全裂。花粉红色，单生，有时2朵生于枝端；萼片5片，椭圆形，宿存；雄蕊多数。蓇葖果扁长圆形，具明显横脉。花期4月，果期5月。

习性与分布：生长于海拔1100～3100米的山坡林下腐殖土中。分布于秦岭及大巴山区。

资源价值与利用：根药用，秋季采挖，洗净，晒干用或鲜用。也有用浆水或醋泡制去毒后用。本品具有强心和抗肿瘤作用。味苦。性凉。有小毒。能清热解毒、活血散瘀、消肿止痛。用于膀胱炎、尿道炎、疮疖肿毒、跌打损伤、劳伤。服药后两小时内忌食热物及荞面。

铁筷子

（十八）丁座草（*Boschniakia himalaica*）

分类地位：列当科、草苁蓉属。别名：枇杷芋、枇杷玉、千斤坠。

形态特征：寄生草本，高15～30厘米，近无毛。根茎球形或近球形，直径2～5厘米，常仅有一条直立的茎。茎不分枝，肉质，圆柱状，褐色。单叶互生，鳞片状；无柄，先端钝尖；叶宽三角形、三角状卵形至卵形。总状花序，长8～20厘米，长为茎的一半或更长，花多密集，紫黑色或暗紫红色；花近无梗，花萼浅杯状，有5不规则裂片，花冠2唇形，雄蕊突出于花冠外。蒴果近圆球形或卵状长圆形，常3瓣开裂。种子不规则球形。花期7～8月，果期9～10月。

习性与分布：生长于海拔1800～3300米的金背枇杷林下，常寄生于杜鹃花属植物的根上。分布于秦岭太白山放羊寺及南天门一带和秦岭南坡略阳县。

资源价值与利用：根茎药用，初夏发苗时采挖，晒干用。含熊果酸、右旋松脂素、右旋松脂素单葡萄糖苷、胡萝卜素。所含熊果酸类成分是内皮素受体抑制剂，用于治疗高血压、心脑血管疾病、肾脏疾病和哮喘。味涩，微苦。性温。有小毒。能温肾、消胀、止痛。用于腹胀、胃痛、疝气、劳伤咳嗽、血吸虫病。

丁座草

（十九）三叶木通（*Akebia trifoliata*）

分类地位：木通科、木通属。别名：八月炸、八月瓜。

形态特征：落叶木质藤本，长6米左右。茎缠绕，小枝灰褐色，具细纹和稀疏皮孔。掌状复叶簇生于短枝端，具长柄；小叶3片，卵形或卵状三角形，先端凹，常有小尖头，基部近圆形，边缘具波状齿或全缘。花单性，雌雄同株，总状花序腋生；雄花多数，生于花序上部，淡紫色；雌花1～3朵，生于花序下部，暗紫色。果实长圆形，浆果状，肉质，淡紫色。种子黑褐色，扁圆形。花期5月，果期8～9月。

习性与分布：生长于海拔2000米以下的山坡林下灌丛中，喜阴湿，较耐寒。多见于秦岭及大巴山区。

资源价值与利用：果实药用，夏季果实尚未裂开时采收，切片，晒干。果实中含有17种氨基酸，7种人体必需氨基酸，其中赖氨酸含量最高。其微量元素的含量均高于苹果和梨，维生素C含量高，并含丰富的脂肪、糖及豆甾醇、谷甾醇和葡萄糖等物质；含7

三叶木通

种木通皂苷；另含油酸甘油酯、亚麻酸甘油酯等。有明显的利尿作用。枝叶有毒。根中苷类提取物有抗炎作用。味甘，微酸。性温。能舒肝止痛、健脾和胃、补肾涩精、利水通淋。用于肝气不舒所致的胸胁满痛、疝气疼痛、睾丸肿痛、月经不调、痛经；肝胃不和或脾胃虚弱所致的食呆、胃脘疼痛；水肿、小便不利、虚淋、石淋、膏淋等偏于气虚弱者。

（二十）猫屎瓜（*Dccaisnea fargesii*）

分类地位：木通科、猫儿屎属。别名：猫儿屎、鬼指头、猫屎筒。

形态特征：落叶灌木，高3～5米，光滑无毛。奇数羽状复叶长50～80厘米；小叶13～35枚，具短柄，卵形至卵状长圆形，背面灰白色。圆锥花序下垂，长20～50厘米；花淡绿色，花被片6片，外轮较内轮稍长。果实圆柱形，微拱曲，长5～10厘米，直径1～2厘米，蓝紫色，具白粉，富含糊状白瓤。种子卵形，扁平，长约1厘米，黑色，有光泽。花期5～6月，果期9～10月。

习性与分布：生长于海拔900～2200米的谷坡灌丛或深山沟旁阴湿处；分布于太白山、南五台、光头山、青峰山等山区。

资源价值与利用：根及果实药用。根四季可挖，鲜用或干用；果实秋季成熟时采摘，晒干用。根用于肺痨咳嗽、风湿关节痛，对心脑血管疾病、胆囊炎、胆结石、消化不良、骨质疏松、脑萎缩疾病有辅助疗效。其果实味甘，性凉，能清热解毒、润燥，用于皮肤皲裂及肛裂、阴痒。

猫屎瓜

（二十一）大血藤（*Sargentodoxa cuneata*）

分类地位：木通科、大血藤属。别名：红（皮）藤、大活血、活血藤。

形态特征：落叶木质藤本，长达10米。茎褐色，粗达9厘米，全株无毛，有纵条纹，当年枝条暗红色，老树皮有时纵裂。叶互生，掌状三出复叶；小叶革质，顶生小叶近菱状倒卵圆形，先端急尖，基部渐狭成短柄，全缘；侧生小叶斜卵形，先端急尖，基部内面楔形，外面截形或圆形，上面绿色，下面淡绿色，干时常变为红褐色，比顶生小叶略大，无小叶柄。花黄色，有香气，单性花，雌雄异株。总状花序长6～12厘米，腋生，下垂。每一浆

大血藤

果近球形，直径约1厘米，成熟时黑蓝色。种子卵球形，长约5毫米，基部截形；种皮黑色，光亮，平滑；种脐显著。花期4～5月，果期6～9月。

习性与分布：生长于较阴湿的山坡疏林下、沟谷或路边灌丛。分布于陕西省安康、汉中等地区。

资源价值与利用：藤茎药用，秋、冬二季采收，除去侧枝，截段，干燥。含有蒽醌、三萜、甾醇及木脂素类化合物等，蒽醌类化合物具有抗菌作用。味苦。性平。归大肠、肝经。能清热解毒、活血，祛风。用于肠痈腹痛、经闭、痛经、风湿痹痛、跌扑肿痛。

（二十二）红毛七（*Caulophyllum robustum*）

分类地位：小檗科、红毛七属。别名：金丝七、红毛三七、葳严仙、海椒七、鸡骨升麻。

形态特征：多年生草本，高40～50厘米，全体无毛。根茎粗短，暗褐色，肥厚，密生多数紫红色须根，味苦麻辣。基部叶二至三回三出复叶，小叶长圆形，全缘或2～3裂，形似牡丹叶。花顶生，黄色，甚小，圆锥花序；浆果球形，蓝色。花期5～6月，果期7～8月。

习性与分布：生长于海拔950～3000米山坡林下或山沟阴湿处。多见于秦岭太白山和大巴山区。

资源价值与利用：根及根茎药用，夏秋采挖，洗净，晒干。含木兰花碱、塔斯品碱、甲基金雀花碱、d-羽扇豆碱等生物碱。又含多种三萜皂苷，有威岩仙皂苷A、B、C、D、E几种。根浸剂或酊剂毒性很小，能收缩子宫和血管。味苦，辛。性温。有小毒。能活血化瘀，祛风通络。用于血滞闭经、痛经、月经不畅、产后恶露不尽及症瘕、风寒湿痹、周身疼痛、筋骨拘挛、肢体麻木、半身不遂等。可解草乌中毒。

红毛七

（二十三）陕西小檗（*Berberis shensiana*）

分类地位：小檗科、小檗属。别名：三颗针。

形态特征：落叶灌木，高0.5～1.5米。当年生枝细瘦，灰黄色或略带红色；刺3叉，长5～10毫米。叶狭卵形，先端急尖，基部楔形或下延成柄(柄长2～10毫米)，边缘生多数稍展开的刺状锯齿，两面无毛，脉开放或略成网状。伞房状总状花序长1.5～2厘米，具花5～10朵；萼片及花瓣均为6片。浆果长圆体形至倒卵状长圆体形，鲜红色，有种子2粒。花期4～5月，果期8～9月。

习性与分布：生长于海拔800～1800米山坡、山谷林下或路旁。分布于秦岭和大巴山区等。

资源价值与利用：茎皮及根药用。春秋采挖，晒干，生用或盐炒黑。含小檗碱等生物活性成分，有降压的药理作用。味苦。性寒。能清热燥湿，解毒。用于急性肠炎、痢疾、黄疸、白带、关节肿痛、阴虚发热、骨蒸盗汗、痈肿疮疡、口疮、咽炎、结膜炎、黄水疮。可代黄柏用。

（二十四）淫羊藿（*Epimedium sagittatum*）

分类地位：小檗科、淫羊藿属。别名：心叶淫羊藿、野蔓莲。

形态特征：多年生草本，高25～45厘米。根状茎横走，呈不规律结节状，直径1～1.5厘米，质坚硬，有多数须状根，长可达20厘米以上。茎直立，圆形，光滑，略有棱，基部与根状茎着生处有棕色膜质鳞叶。茎生叶2片，生于茎顶，二回三出复叶，小叶片宽卵形或近圆形，先端短锐尖，基部深心形，侧生小叶不对称；边缘有纤细小锯齿，叶下面疏生毛茸，叶片膜质、纸质或近革质。聚伞状圆锥花序顶生，花序轴及花梗密被黄色腺毛；花梗基部有苞片，披针形，膜质；花两性，白色，有时略带淡黄色，直径0.8～1厘米，萼片8片，卵状长圆形或卵形，花瓣4片，有距，雄蕊，与花瓣对生，雌蕊子房上位，1室；花柱长，宿存，柱头扩大，蓇葖果纺锤形，成熟时两裂，种子1～2粒，深棕色至褐色。花期5月，果期7～9月。

习性与分布：生长于山坡灌丛下，或山沟及阴湿沟边。秦岭南北坡均有分布。

资源价值与利用：全草药用，夏秋采收，晒干或阴干。含黄酮类化合物、木脂素、生物碱、挥发油等化学成分，具体有蜡醇、植物甾醇、棕榈酸、硬脂酸、油酸、亚油酸、亚麻酸、银杏醇、木兰碱等。味辛，甘。性温。能温肾壮阳，祛风除湿。用于阳痿早泄、腰酸腿痛、四肢麻木、半身不遂、神经衰弱、健忘、耳鸣、目眩及更年期高血压等症。

淫羊藿

（二十五）红升麻（*Astilbe chinensis*）

分类地位：虎耳草科、落新妇属。别名：金毛三七、金毛狗。

形态特征：多年生草本，高40～100厘米。根状茎肥厚，具多数须根。茎直立，被棕褐色长毛或腺毛。基生叶为二至三回三出复叶，具长柄，小叶片椭圆形或卵状长圆形，先端尖，基部圆形或宽楔形，表面近无毛或散生锈色伏毛。背面脉上密被褐色长毛，边缘具重锯齿；茎生叶与基生叶相似，唯叶柄较短。圆锥花序顶生，长达30厘米，总花梗密被棕色长绵毛；浅杯状花萼5裂；紫色线形花瓣5片；离生雄蕊10枚，花丝长约2.5毫米，花药碧蓝色。蒴果长约3毫米。种子纺锤形，褐色，两端尖锐。花期6～7月，果期9月。

习性与分布：生长于海拔1200～2800米的山谷湿润腐殖土中或阴湿流水沟边。多见于秦岭太白山、华山、长安南五台等山区。

资源价值与利用：根药用，春秋采挖，去须根，切片，晒干用。味辛、苦。性平。能祛风解表、止咳、散瘀止痛。用于感冒、咳嗽、跌打损伤、关节筋骨拘挛、手术后等瘀血阻滞引起的疼痛。

（二十六）秦岭岩白菜（*Bergenia scopulosa*）

分类地位：虎耳草科、岩白菜属。别名：（大）盘龙七。

形态特征：多年生草本，无毛。茎高10～25厘米。根茎粗壮，延伸，直径2.5～4厘米，沿石壁缝隙匍生，半暴露，密被栗褐色鳞片和叶柄鞘的残余。叶圆形或宽卵状圆形，直径10～25厘米，基部圆或偶略作楔形，边缘有时呈波状，几为全缘，两面均无毛，背面有下陷的小洼点；叶柄基部宽展半包茎。花茎长10～20厘米，光滑，中部以上具1披针形苞叶；花序为聚伞花序，分枝；花淡紫红色；花萼浅杯形，5深裂，萼裂片卵形，顶端平截，稀钝圆；萼片革质，卵状椭圆形或匙形，有深紫色脉纹，先端钝，基部有爪，边缘有啮蚀状细齿；雄蕊10枚，基部稍宽展；子房无毛。未成熟蒴果偏向一边排列。花期4月，果期5～6月。

习性与分布：生长于海拔2500～2800米的湿润的峭壁石崖缝隙中。分布于秦岭太白山、柞水县、户县太平森林公园等地。

资源价值与利用：根茎药用，秋季采挖，去须根，晒干或麸炒后用。根茎含岩白菜素。具有镇痛、镇静、止咳、催眠及安定等作用。味涩、微苦。性平。能补脾健胃、收涩固肠、除湿利水、活血。用于急慢性肠胃炎、浮肿、崩漏、白带、淋症、痢疾、黄水疮、秃疮、疥癣。临床主要用于治疗慢性气管炎和慢性胃炎，对胃和十二指肠溃疡等也有效。

秦岭岩白菜

（二十七）索骨丹（*Rodgersia aesculifolia*）

分类地位：虎耳草科、鬼灯檠属。别名：秤杆七、鬼灯檠、老蛇盘。

形态特征：多年生草本，高0.8～1.2米。根状茎粗壮，横走，老时延长分叉，顶端常暴露土表。叶基生及茎生，均为掌状复叶；基生叶柄长达40厘米，茎生叶柄较短，基部抱茎；小叶3～7片，倒卵形或宽倒披针形，先端短渐尖或急尖，基部楔形，边缘具不整齐的锯齿，上面无毛，下面沿脉生短柔毛。花多数，白色，密集；萼片5片，宽卵形，宿存。蒴果卵形，具缘。种子多数，褐色，纺锤形。花期6～7月，果期9～10月。

习性与分布：生长于海拔1200～2600米的山坡林下或山谷岩石上，喜腐殖土深厚处。秦岭、大巴山较为常见。

资源价值与利用：根茎药用，秋季采挖，去须根泥土，切片，晒干用。味涩，苦，微甘。性平。能健脾燥湿、收敛固涩、止血、止泻、止带。用于湿阻健脾、运化失司所致的食呆、腹胀、腹泻、白带；外伤出血、衄血、吐血、崩漏、久泻、久痢、肾虚带下、遗精、滑精、脱肛、子宫脱垂。尤善治痢疾、子宫脱垂、阴道壁脱垂。鬼灯檠软膏外敷治各种湿疹、脱肛、痔疮。

索骨丹

（二十八）杜仲（*Eucommia ulmoides*）

分类地位：杜仲科、杜仲属，本科仅1属1种。别名：木绵、丝绵树、丝绵皮。

形态特征：乔木，高达15米。树皮灰色；小枝无毛，淡褐色或黄褐色；树皮及小枝折断有具弹性的银白色的细丝相连。叶互生，卵状椭圆形或长圆状卵形，先端锐尖，基部宽楔形或圆形，表面无毛，背面脉上有长柔毛，侧脉6～9对，边缘具细锯齿。花单生，先叶开放或与叶同时开放，雌雄异株，无花被。翅果扁平，卵状长圆形，先端有凹口，内含1颗种子。花期4～5月，果期9～10月。

习性与分布：生长于海拔400～1500米的川地或山地。关中、陕南有栽培。

资源价值与利用：树皮药用，春季发芽后剥皮，晒干闷透切丝备用。树皮含杜仲胶、糖苷、生物碱、果胶、脂肪、树脂、有机酸、酮糖、醛糖、绿原酸、维生素C、维生素E、维生素B及β胡萝卜素等，还含有很多人体必需的微量元素。最新研究表明，杜仲可以提高机体胶原蛋白的新陈代谢，因此具有减肥和美容的作用。杜仲茶是以杜仲初春芽叶为原料，经专业加工而成的一种茶疗珍品，是中国名贵保健药材，具有降血压、强筋骨、补肝肾的功效，同时对降脂、降糖、减肥、通便排毒、促进睡眠效果明显。杜仲还可治疗小儿麻痹后遗症。味甘，微辛。性温。能补肝肾、强筋骨、安胎。用于高血压病、头晕目眩、腰膝酸痛、筋骨痿软、肾虚尿频、妊娠胎漏、胎动不安。

杜仲

（二十九）路边青（*Geum aleppicum*）

分类地位：蔷薇科、路边青属（原水杨梅属）。别名：追风七、见肿消、追风草、乌金丹。

形态特征：多年生草本，高40～100厘米，全株被长刚毛。主根略呈块状，具支根及细须根。叶大基生，羽状全裂或近羽状复叶；顶叶片较大，菱状卵形至圆形，3裂或具缺刻，先端略尖，边缘具大锯齿，两面疏生长刚毛；侧生叶片小，1～3对，宽卵形；茎生叶互生，3～5片，卵形，3浅裂或羽状分裂；托叶卵形，边缘有粗齿牙。花单生于茎顶或茎上部叉状分枝上，黄色。瘦果聚合成球形，直径约1.5厘米，宿存花柱先端有长钩刺。花期6月，果期8～9月。

习性与分布：生长于海拔700～3000米的山林阴湿地带，或田野、路旁、河边草丛中。秦岭大部分地区有产，较普遍。

资源价值与利用：全草药用，夏季采掘，洗净晒干，切碎备用。全草含水杨梅苷等成分，具有较强的利尿作用。现代临床主要用于治疗月经不调、不育、子宫癌、小儿慢惊风、痈疖肿痛、咽喉肿痛。味甘，辛。性平。能祛风除湿，活血消肿。用于腰腿痹痛、痢疾、崩漏白带、跌打损伤、痈疽疮疡、咽痛、瘰疬。

路边青

（三十）龙芽草（*Agrimonia pilosa*）

分类地位：蔷薇科、龙芽草属。别名：仙鹤草、路边黄、瓜香草。

形态特征：多年生草本，高50～100厘米，全体被淡褐色长柔毛。茎直立，绿色单生。叶互生，奇数羽状复叶，小叶有大小两种，间隔排列，托叶小，卵形。花金黄色集于枝顶，总状花序，很像"黄牛尾"。花萼杯状，边缘有钩刺。瘦果有刺毛，易粘人衣物。花期5～7月，果期8～9月。

习性与分布：生长于海拔380～2500米的山坡草地、林边、山沟阴湿处。分布于秦岭大部分地区。

资源价值与利用：全草药用，夏秋采割，晒干，切碎备用。全草含仙鹤草酚、仙鹤草内酯，并含木犀草苷、仙鹤草甲、乙、丙素，赛仙鹤草酚A～E，另含鞣质、甾醇、皂苷及挥发油。可制成止血粉，用于外伤出血、内脏手术时出血或渗血。性平。味苦，涩。能收敛止血、消炎止痢。用于咳血、吐血、尿血、便血、功能性子宫出血、胃肠炎、痢疾。

龙芽草

（三十一）翻白草（*Potentilla disscolor*）

分类地位：蔷薇科、委陵菜属。别名：鸡腿根、翻白委陵菜。

形态特征：多年生草本，高15～30厘米，常具纺锤形块根。茎、叶均被白色绵毛。叶为羽状复叶，基生叶具长柄，小叶5～9个；小叶片无柄，长圆形或长椭圆形，长2～5厘米，背面被白色绵毛；茎生叶小，常具小叶3片。聚伞花序具多数花朵；花瓣5片，黄色。聚合瘦果卵形，瘦果无毛。

花期5～7月。

习性与分布：生长于低山坡、丘陵或路旁。分布于秦岭南北坡和大巴山区。

资源价值与利用：带根全草药用，夏秋开花前采挖，去净泥土，晒干用或鲜用。根含可水解鞣质及缩合鞣质，并含黄酮类。全草含延胡索酸、没食子酸、原儿茶酸、槲皮素、柚皮素、山柰酚、间苯二酸、抗坏血酸，对福氏和志贺氏痢疾杆菌具有抑菌作用，尤以没食子酸和槲皮素活性最强。翻百草与灵芝搭配有治疗糖尿病的作用，主要有降血糖、治疗失眠、防治并发症等作用。味微苦，涩。性平。能清热解毒、止血。用于肠炎、细菌性痢疾、阿米巴痢疾、吐血、衄血、便血、白带；外用治创伤、痈疖肿毒。

（三十二）华西银腊梅（*Potentilla arbuscula* var. *veitchii*）

分类地位：蔷薇科、委陵菜属。别名：药王茶、观音茶、茶婆子。

形态特征：灌木，高1～1.5米。叶具柄长约1.5～3厘米，叶背面披白色长柔毛。花冠白色，多单生于顶枝，雄蕊约20枚，长约3毫米；花柱棒状或线形，无毛，柱头头状；子房密被长毛。花期7～8月，果期8～9月。

习性与分布：生长于海拔2000～3400米的高山灌丛或草地中。分布于太白山、户县、眉县、佛坪等地区。

华西银腊梅

资源价值与利用：叶和花药用，夏季7～8月采集，晾干。本品含黄酮类化合物与十几种微量元素。味甘。性平。归心、脾、肝经。能清暑热、健胃化湿、益脑清心、明目、调经。用于暑热、眩晕、两目不清、胃气不和、食滞、泄泻、消渴、月经不调。现代多用于高血脂、高血压、糖尿病、失眠、心烦及软化血管等，可长期代茶饮。

（三十三）葛（*Pueraria lobata*）

分类地位：豆科、葛藤属。别名：葛藤、葛麻姆。

形态特征：多年生草质藤本，植株全体密生棕色粗毛。块根圆柱状，肥厚，外皮灰黄色，内部粉质，纤维性很强。茎基部粗壮，上部多分枝，长达数米。叶互生，有长柄，托叶盾状，小托叶针形；小叶3片，顶端小叶较大，菱状卵形，先端渐尖，基部圆形，边缘有时3波状深裂，侧生小叶1对较小，斜卵形，两边不相等，背面白色，两面均被白色伏生短柔毛。总状花序顶生或腋生；花密，小苞片卵形或披针形；萼钟形，萼齿5，披针形，上面2齿合生，下面1齿较长，内外面均有黄色柔毛，萼齿约与萼管等长；花冠蝶形，紫红色。荚果条形，扁平，密生黄色长硬毛。种子扁圆形，赤褐色，有光泽。花期7～9月，果期10月。

习性与分布：生长于海拔700～1500米间温暖湿润的山坡草丛、灌木丛、路旁、沟岸或疏林中。分布于秦岭、大巴山区。

资源价值与利用：根药用，春秋采挖，洗净，刮去外皮，切片晒干或烘干生用，亦可煨熟用或磨粉用。葛根提取物含多种黄酮类成分，主要活性成分葛根素有助于降低血压和血胆固醇，调节血糖。葛根具有滋身健体、抗衰老、降压、降糖、降脂、增加皮肤弹性、润肤等功效。葛根中所含异黄酮可以滋润皮肤，还有助于钙质的吸收，减少钙丢失，增加骨密度并阻止骨骼的中空消溶，从而远离骨质疏松。葛根中的活性成分能够预防心脑血管等疾病以及有效缓解更年期综合症，又能延年益寿、增进健康，是中年女性日常保健、提高生活质量的理想选择。葛根能很好地增加脑和冠状动脉血流，改善脑微循环，增强免疫功能。葛根对上火引起的牙痛、咽喉炎、消脂、降血压有直接疗效。葛粉用于解酒。茎皮纤维供织布和造纸用。古代应用甚广，葛衣、葛巾均为平民服饰，葛纸、葛绳应用也很久。

葛

味甘，辛。性平。有解肌退热和生津止渴的功能。用于感冒发热、口渴、头痛项强、疹出不透、急性肠胃炎、小儿腹泻、肠梗阻、痢疾、高血压引起的颈项强直和疼痛、心绞痛、突发性耳聋。

（三十四）太白岩黄芪（*Hedysarum taipeicum*）

分类地位：豆科、岩黄芪属。别名：红芪。

形态特征：多年生草本，高30～40厘米。根近圆锥状，稍肥厚。根茎向上分枝，形成多数丛生的地上茎。茎直立，被灰白色短柔毛，上部分枝。托叶披针形，棕褐色干膜质，合生至中部以上；无明显的叶柄；小叶15～27片，小叶片长卵形、卵状长圆形或椭圆形，先端圆形，具短尖头，基部圆形，上面无毛，下面被短柔毛。总状花序腋生，等于或稍超出叶，花序轴被灰白色短柔毛；花多数，平展或外倾；苞片狭披针形，与花梗近等长；萼钟状，密被灰白色短柔毛，萼齿披针形，侧萼齿和上萼齿与萼筒近等长，下萼齿长为上萼齿的1.5～2倍。花冠淡黄色，旗瓣倒长卵形，先端截平状圆形，微凹，翼瓣宽条形，等于或稍长于旗瓣，龙骨瓣长于旗瓣。荚果2～5节，节荚倒卵形或圆形，两侧扁平，无毛，具细网纹，边缘具狭翅。花期6～7月，果期7～8月。

习性与分布：生长于海拔1500～3300米的砾石质山坡和分水岭草地。分布于秦岭山区。

资源价值与利用：根药用，春秋采挖，去泥，晒干，润透切片备用。味甘。性温。归脾、肺、心经。能补气固表、托毒、利尿、生肌。用于气短心悸、乏力、虚脱、自汗盗汗、久泻脱肛、子宫脱垂、气血不足、气虚失运、水湿停聚、水肿。

（三十五）白鲜（*Dictamnus dasycarpus*）

分类地位：芸香科、白鲜属。别名：白鲜皮、八股牛、山牡丹、羊蹄草。

形态特征：多年生草本，光滑无毛，基部木质，高达1米。全株有特异的香味。根肉质，多侧根，皮很厚，色黄白。奇数羽状复叶互生；叶轴有狭翼，无叶柄；小叶9～13片，叶片卵形至椭圆形，先端锐尖，基部楔形，边缘具细锯齿，上面深绿色，密布腺点，下面白绿色，腺点较稀。总状花序顶生，长达30厘米，花轴及花柄混生白色柔毛及黑色腺毛；花柄基部有线形苞片1枚；萼片5片，卵状披针形，基部愈合；花瓣5片，色淡红而有紫红色线条，倒披针形或长圆形，基部渐细呈柄状；雄蕊10枚；子房上位，5室。蒴果，密被腺毛，每瓣片先端有一针尖，形似八角茴香，成熟时5裂。种子2～3颗，近球形，直径约3毫米，先端短尖，黑色，有光泽。花期5～7月，果期7～8月。

习性与分布：生长于海拔1800米以下山地灌木丛中及林下，山坡阳坡；喜温暖湿润，耐寒，怕旱，怕涝。分布于秦岭南北坡。

资源价值与利用：根皮药用，春秋采掘后洗净，去木心，切段，晒干备用。白鲜地上部分含补骨脂素、花椒毒素、东莨菪素、槲皮素、异槲皮素，根含白鲜碱、γ-崖椒碱、前茵芋碱、茵芋碱、胆碱、吴茱萸苦素、白鲜醇、娠烯酸酮、秦皮酮。白鲜对多种致病真菌均有不同程度的抑制作用，对Ⅰ型变态反应有抑制作用，具有较显著的局部止痒效果，表现出良好的抗过敏作用。味苦，咸。性寒。能清热燥湿、祛风止痒、解毒。用于风热湿毒所致的风疹、湿疹、疥癣、黄疸、湿热痹。

白鲜

（三十六）苦树（*Picrasma quassioides*）

分类地位：苦木科，苦树属。别名：苦木、苦木皮。

形态特征：落叶小乔木或灌木，高可达10米。树皮紫褐色，有灰色斑纹和皮孔，有极苦味；小枝青绿色至红褐色，有明显的黄色皮孔。奇数羽状复叶互生，长20～30厘米；小叶9～15片，近对生，无柄，叶片狭卵形或长圆状卵形，先端尖，基部宽楔形，偏斜，边缘有不整齐的钝锯齿。聚伞花序腋生，总花梗较长；花杂性异株，黄绿色；萼片4～5片，卵形，被毛；花瓣4～5片，倒卵形，雄蕊较花瓣长，着生于花冠基部。核果倒卵形，3～4个并生，蓝色至红色。花期5～6月，果期9月。

习性与分布：生长于海拔1500米以下的山坡、山谷的路旁或灌丛中。多见于秦岭南北坡。

资源价值与利用：树皮及根皮药用，春夏之交剥皮，晒干闷透切丝备用。树皮及根皮极苦，含苦楝树苷与苦木胺，有毒，入药能泻湿热、杀虫治疗；亦用于驱除蔬菜害虫。具有抗蛇毒、降压、抗菌等作用，是一味在治疗高血压、高血压合并冠心病及抗菌消炎方面很有前景的药物。能清热燥湿、解毒杀虫。用于湿热痢疾及黄疸、痈疖肿毒、疥癣、湿疹、烧伤、毒蛇咬伤。

苦树

（三十七）泽漆（*Euphorbia helioscopia*）

分类地位：大戟科、大戟属。别名：五朵云、五凤草。

形态特征：一年生草本，高30厘米，全体略带肉质，富含乳汁。茎直立，丛生，基部斜生，呈紫红色，上部淡绿色，幼时常被疏毛。叶互生，无柄，倒卵形或匙形，先端钝圆或微凹，基部广生或突生狭窄而成短柄状，边缘在中部以上有细锯齿；下部叶小，开花后逐渐脱落。多歧杯状聚伞花序顶生，伞梗5个，每个伞梗再生2～3个小伞梗；杯状花序钟形，黄绿色，总苞顶端4浅裂；雄花10余朵，每花雄蕊1枚，下有短柄；雌花1朵，位于雄花中央，子房有长柄，花柱3个，柱头2裂。蒴果球形，3裂，光滑。种子卵形，褐色，表面有凸起的网纹。花期4～5月，果期5～8月。

习性与分布：生长于低山或平川的路旁、田野及沟边草丛中。多见于秦岭南北坡。

资源价值与利用：全草药用，4～5月开花时采收，晒干。本品主要含泽漆皂苷、槲皮素-3,5-二半乳糖苷、泽漆醇及苹果酸钙。有镇咳作用和抗癌活性。味辛，苦。性微寒。有毒。能逐水消肿、化痰止咳、散结解毒。用于腹部胀满、四肢面目浮肿、肺热咳嗽、痰饮喘咳。同属植物乳浆大戟、甘遂等也有类似功效。

泽漆

（三十八）大叶三七（*Panax pseudoginseng* var. *Japonicus*）

分类地位：五加科、人参属。别名：钮子七、珠儿参、扣子七。

形态特征：多年生草本，高约40厘米。根茎细长，横走，节膨大，呈球形或纺锤形。茎直立，圆柱形，表面无毛，有纵条纹。掌状复叶，3～5枚轮生于茎顶；叶柄较细；小叶通常5片，薄膜质，椭圆形至椭圆状卵形，先端渐尖，基部楔形、圆形或近心形，边缘具细锯齿或重锯齿，两面疏生灰白色刚毛。伞形花序单一，顶生；总花梗细柔，小花多数，具细柄；花萼倒圆锥形，先端有5个三角形的齿；花瓣5片，淡黄绿色；雄蕊5枚，花丝短。浆果状核果球形，熟时红色。花期5～6月，果期7～8月。

习性与分布：生长于海拔1500～2500米的山坡林下阴湿处。分布于秦岭太白山、长安南五台、大巴山区。

资源价值与利用：根茎药用，夏秋采挖，阴干用。根茎含人参皂苷、黄酮苷、黄酮等化合物。对癌细胞具有明显的抗转移作用，可配合手术服用，增强手术后伤口的愈合及体力的恢复。具有兴奋中枢神经，抗疲劳，改善记忆与学习能力，促进DNA、RNA合成的作用。味苦，微甘。性平。能清热熄风、补肝肾、强筋骨、化痰止咳。用于热盛风动所致的惊厥、抽搐；肝肾不足、久痹所致的关节疼痛、屈伸不利；风热燥火所致的咳嗽。

大叶三七

（三十九）楤木（*Aralia chinensis*）

分类地位：五加科、楤木属。别名：飞天蜈蚣七、飞天七、刺龙苞、雀不站。

形态特征：落叶灌木或小乔木，高达8米。茎直立，有不规则散生的角状刺，小枝密生褐色茸毛和针刺。叶互生，有短柄，二至三回奇数羽状复叶，长40～100厘米；小叶近革质，卵形至宽卵形，先端尖，基部狭圆形，不对称，边缘具锯齿，上面绿色，疏生糙伏毛，下面灰白色，沿叶脉密被短柔毛。伞形花序集成顶生大圆锥花丛，长可达45厘米，花序轴密被褐色短柔毛；苞片小，膜质；萼钟状，先端5齿裂；花瓣5片，白色，三角状卵形。浆果状核果近球形，熟时紫黑色。花期7～8月，果期9～10月。

习性与分布：生长于低山坡林缘或林下。多见于秦岭、大巴山区。

资源价值与利用：根皮药用，四季可挖，去粗皮，晒干或鲜用。含齐墩果酸、刺囊酸、常春藤皂苷元以及谷甾醇、豆甾醇、菜油甾醇、马栗树皮素二甲酯。具有镇静、镇痛、抗实验性胃溃疡作用，有一定的抑制癌细胞增殖的作用，可提高机体免疫功能。味甘，辛，微苦。性平。能健脾利水、活血散瘀、排脓生肌、祛风除湿。用于脾虚水肿、小便不利、白带、身疲无力、不

楤木

耐劳力；人畜跌打损伤之瘀血疼痛、骨折及骨髓炎。

（四十）山茱萸（*Cornus officinalis*）

分类地位： 山茱萸科、山茱萸属。别名：枣皮、药枣山。

形态特征： 落叶灌木或小乔木，高4～10米。树皮灰褐色，片状剥落。小枝细圆柱形，无毛或稀被贴生短柔毛，冬芽顶生及腋生。叶对生，卵形至披针形，被黄褐色短柔毛。伞形花序着生短枝端，具花20～30朵，花黄绿色，先叶开放。核果狭长椭圆形，红色至紫红色，长约12毫米，有几条不整齐的肋纹。花期3～4月，果期9～10月。

习性与分布： 生长于疏林内或灌木丛中，或开阔多石的山坡及平原草地上。陕西太白山有野生，佛坪、洋县、宁陕、丹凤、太白县有栽培。佛坪、洋县和丹凤县被列入陕西省山茱萸商品生产基地。

资源价值与利用： 果肉药用，霜降到立冬之间进行采收，择净果梗，蒸透去核，晒干用。含有山茱萸苷、皂苷、有机酸、糖类、氨基酸、蛋白质、树脂、酚类、鞣质、黄酮体、蒽醌、香豆素、萜类内脂化合物、维生素A、维生素C（维生素C含量是苹果的21倍），还含有23种微量元素，具有人体必需的钙、钾、钠、硅、镁、磷、铁、锰、铬、锌、铜、锢、钒、镍等矿物元素。

山茱萸有抗糖尿病的作用，还能抑制金黄色葡萄球菌的生长。山茱萸注射液可迅速升高血压，临床用于失血性休克的抢救，抑制血小板聚集，在体外可杀死腹水癌细胞。味酸、涩。性微温。能滋补肝肾，涩精止汗。用于眩晕耳鸣、腰膝酸痛、阳痿遗精、遗尿尿频、崩漏带下、大汗虚脱、内热消渴。

山茱萸

（四十一）连翘（*Forsythia suspensa*）

分类地位： 木犀科、连翘属。

形态特征： 落叶灌木，高1～3米。枝条细长开展或下垂，小枝浅棕色，梢四棱，节间中空无髓。单叶对生，具柄；叶片完整或3全裂，卵形至长圆卵形，先端尖，基部宽楔形或圆形，边缘具不整齐锯齿。春季先叶开花，花1～3朵簇生叶腋；花萼绿色，4深裂，裂片长椭圆形；花冠黄色，具4长圆形裂片，基部联合成筒，花冠管内有橘红色条纹；雄蕊2枚，着生于花冠的基部，花丝极短；花柱细长，柱头2裂。蒴果木质，有明显皮孔，卵圆形，顶端

连翘

尖，成熟2裂。种子多数，有翅。花期3月下旬到5月上旬，果期7～8月。

习性与分布：生长于低山灌丛或林缘，也有人工栽培。分布于秦岭和陕北。

资源价值与利用：果壳药用，白露前采摘初熟果实，蒸熟，晒干，名青翘；寒露前采摘熟透果实，去杂质，晒干，名黄翘。药用以青翘为优。连翘含连翘酚、连翘苷、齐墩果酸、白桦脂酸、熊果酸、松脂素、甾醇化合物、龙脑、芳樟醇、去甲拉帕醇等化学成分，具有抗菌、强心、利尿、镇吐、解热等药理作用。连翘早春先叶开花，花开香气淡艳，满枝金黄，艳丽可爱，是早春优良观花灌木。连翘的花及未熟的果实，有良好的杀菌、杀螨、养颜护肤作用，可消除面部的黄褐斑、蝴蝶斑，减少痤疮和皱纹。味苦。性微寒。能清热解毒，消痈散结。用于外伤风热、咽喉肿痛、痈肿疮疖。

（四十二）鸡矢藤（*Paederia scandens*）

分类地位：茜草科、鸡矢藤属。别名：臭藤、臭老婆蔓、牛皮冻、女青、解暑藤、鸡屎藤。

形态特征：多年生缠绕草本，基部常木质化，茎长3～5米，无毛或近无毛。叶对生，纸质或近革质，形状变化很大，卵形、卵状长圆形至披针形，顶端急尖或渐尖，基部楔形或近圆或截平，有时浅心形，两面无毛或近无毛，有时下面脉腋内有束毛；侧脉每边4～6条，纤细；托叶无毛。圆锥花序式的聚伞花序腋生和顶生，扩展，分枝对生，末次分枝上着生的花常呈蝎尾状排列；小苞片披针形；花具短梗或无；萼管陀螺形，萼檐裂片5，裂片三角形；花冠浅紫色，管长7～10毫米，外面被粉末状柔毛，里面被绒毛，顶部5裂，顶端急尖而直，花药背着，花丝长短不齐。果球形，成熟时近黄色，有光泽，平滑，直径5～7毫米，顶冠以宿存的萼檐裂片和花盘。种子浅黑色。花期6～7月，果期8～9月。

习性与分布：生长于山地的路旁、田埂、沟边草丛中。分布于秦岭和大巴山区。

资源价值与利用：根或全草药用，夏秋采挖，晒干用或鲜用。全株含环烯醚萜苷类、蹄纹天竺素和摁贝素。叶中含熊果酚苷、挥发油和脱镁叶绿素。果实含熊果酚苷、齐墩果酸、三十烷、氢醌以及酚、萜醛、丁醛、乙酸、丙酸等挥发性成分。水煎馏液有明显镇痛作用。其醇制剂有降压作用，并对甲醛性关节炎有抑制作用。味甘，酸。性平。能祛风活血，止痛解毒。用于风湿筋骨痛、跌打损伤、外伤性疼痛、肝胆及胃肠绞痛、黄疸型肝炎、肠炎、痢疾、消化不良、小儿疳积、肺结核咯血、支气管炎、放射反应引起的白细胞减少症、农药中毒；外用治皮炎、湿疹、疮疡肿毒。

鸡矢藤

（四十三）接骨木（*Sambucus williamsii*）

分类地位：忍冬科、接骨木属。别名：白马桑、大接骨丹。

形态特征：落叶灌木，高4～8米。树皮灰褐色，枝条具纵棱线，髓部黄棕色。奇数羽状复叶对生，托叶退化成带蓝色的突起，小叶片2～3对，具柄；侧生小叶片长圆状卵形或长圆形，顶端小叶较大，先端长渐尖，基部楔形，边缘有明显锯齿。夏季开花，聚伞圆锥花序顶生，疏散；花小，白色或黄白色；花冠辐射状，具5卵形裂片；雄蕊5枚，较花冠短。浆果球形，熟时黑紫色；种子有皱纹。花期4～5月，果期6～10月。

习性与分布：生长于山坡灌丛中。分布于秦岭和大巴山区。

资源价值与利用：茎皮、根皮及叶药用，夏秋采收，晒干用。接骨木含花色素苷、花色素葡萄糖苷等化学成分，具有抑制真菌的作用，可用来防治霜霉病或者黑斑病，还可用于预防感冒，治疗丝虫病、类风湿性关节炎，治疗各种炎症性疾患如肺炎、急性阑尾炎、急性胃肠炎、细菌性痢疾、脓肿等。接骨木也可以灭鼠，它散发的一种只有老鼠才能闻到的香味对老鼠来说是一种致命的毒气，会让老鼠头昏脑涨致死。味甘，苦。性平。有接骨续筋、活血止痛、祛风利湿的功能。用于骨折、跌打损伤、风湿性关节炎、痛风、大骨节病、急慢性肾炎。

接骨木

（四十四）莛子藨（*Triosteum pinnatifidum*）

分类地位：忍冬科、莛子藨属。别名：天王七、白果七、四大天王、鸡爪七、五转七。

形态特征：多年生草本，高30～70厘米，全株被白色粗毛。根圆锥形，粗壮分叉，具多数须根。直立茎不分枝。叶对生，常4片叶近轮生于茎顶；叶片长卵圆形或倒卵形，羽状深裂，先端渐尖，基部楔形。穗状花序顶生，花3～4轮，每轮有6花；萼齿5，微小，宿存；花冠窄管状钟形，白色或黄绿色，先端5裂，裂片不等大。浆果近球形，乳白色。种子3粒，扁椭圆形，平滑。花期5～6月，果期8～9月。

习性与分布：生长于海拔2000～3000米的山坡林下阴湿处。分布于秦岭南北坡。

资源价值与利用：根药用，秋季采挖，洗净，晒干用。主要

莛子藨

成分为绿原酸，有明显的降压作用，还具有抗肿瘤、补肾、抗氧化、抗衰老、抗菌、抗病毒、利尿、利胆、降血脂、保胎等作用。味苦，微涩。性寒。能祛风除湿，健脾止带。用于风湿痹痛、关节不利、脾胃虚弱所致的食少、纳呆、白带、月经不调。

（四十五）华蟹甲草（*Sinacalia tangutica*）

分类地位：菊科、蟹甲草属。别名：水葫芦七、登云鞋、猪肚子。

形态特征：多年生草本，高50～90厘米，全株被短毛。块根长圆形，密生多数须根。叶互生，具长柄；叶片宽三角状卵形，羽状深裂，裂片边缘具不规则粗齿。头状花序多数，呈圆锥状；总苞片5个，条形；花黄色，舌状花2～3朵，雌性，中央的管状花两性。瘦果长圆柱形，具白色冠毛。花期8月。

习性与分布：生长于海拔1500米左右的山沟路旁阴湿处。分布于秦岭太白山及山阳、长安、凤县、西乡等地。

资源价值与利用：块根药用，夏秋采挖，晒干用。含硬酯酸、正十六酸、常春皂苷、吡喃阿拉伯糖苷、β-谷甾醇、β-谷甾醇苷等化学成分。具有降低胆固醇、降血脂、止咳、抗癌等作用，还有抗慢性乙酸型胃溃疡的活性作用。用于慢性气管炎、高血脂等症。在治疗宫颈癌、皮肤癌及皮肤溃疡等方面均取得较好效果。味辛，微苦。性凉。能化痰止咳。用于多种咳嗽，尤以肺痨、肺燥咳嗽多用。

华蟹甲草

（四十六）兔儿伞（*Syneilesis aconitifolia*）

分类地位：菊科、兔儿伞属。别名：一把伞、贴骨伞、七里麻、南天扇、伞把草、破阳伞、铁凉伞、雨伞草、雨伞菜、帽头菜。

形态特征：多年生草本，高70～120厘米。根状茎横走，具多数须根。茎直立，单一，无毛。基生叶1片，具长柄，花后脱落；茎生叶通常2片互生，下部叶较大，圆盾形，直径20～30厘米，掌状深裂或全裂，裂片7～9，每裂片又2～3深裂，边缘具不规则锐齿。头状花序多数，成顶生的复伞房状；总苞片长椭圆形，边缘膜质；花全为管状，两性，檐部5裂，淡紫红色。瘦果长椭圆形；冠毛灰白色或带红色。花期6～8月，果期7～10月。

习性与分布：生长于海拔800～1800米的山坡林下及路旁。分布于秦岭北坡。

资源价值与利用：根药用，秋季采挖，洗净，晒干用或鲜用。含松油醇、吡喃葡萄糖苷、当归酸酯、芳樟醇和大牻牛儿烯。味苦，辛。性微温，有小毒。具有祛风除湿、解毒活血、消肿止痛的功能。用于风湿麻木、关节疼痛、痈疽疮肿、跌打损伤。

（四十七）前胡（*Peucedanum praeruptorum*）

分类地位：伞形科、前胡属。别名：石防风。

形态特征：多年生草本，高1米左右。根锥状圆柱形。茎单生直立，带紫色，上部分枝和花序被短毛。叶2～3回三出羽状全裂，基生叶轮廓三角状卵形，近无柄，最终裂片菱状倒卵形至披针形，缘具缺刻状锐齿，上部叶逐渐简化成叶鞘。花白色，复伞形花序顶生，较疏松；伞幅多数，长1～5.5厘米，花梗长1～4毫米。双悬果卵状椭圆形，疏被短毛。花期8～9月，果期9～10月。

习性与分布：生长于海拔600～2600米的山谷或山坡草地。分布于秦岭南北坡。

前胡

资源价值与利用：根药用，春秋采挖，洗净，晒干，切片备用。根含多种香豆精类，主要含呋喃香豆精类、前胡苷、海绵甾醇、甘露醇、挥发油等成分。用麻醉猫收集气管黏液分泌的方法，证明口服前胡煎剂能显著增加呼吸道黏液的分泌，故有祛痰作用。前胡苷元具有抗菌、抗真菌作用。味辛、苦。性微寒。能宣散风热，降气祛痰。用于风热郁肺、咳嗽痰喘、痰稠而黏、胸膈不利。

（四十八）川芎（*Ligusticum sinense*）

分类地位：伞形科、藁本属。别名：芎䓖。

形态特征：多年生草本，高40～70厘米，全株有香气。根茎呈不整齐结节状拳形团块，具浓香气，有苦味，下端有多数须根。中空直立茎丛生，表面有纵沟，茎基节膨大呈盘状，中部以上的节不膨大。二至三回羽状复叶互生，叶柄基部鞘状抱茎，叶背绿色，小叶3～5对，卵状三角形，不整齐羽状全裂或深裂，裂片细小，末端裂片先端尖，脉上有柔毛。复伞形花序顶生，总苞片3～6，伞幅7～20；小总苞片线形，花梗10～24；花白色；双悬果卵形。花期7～8月，果期8～9月。

川芎

习性与分布：生长于海拔800米以上的山区。秦岭地区多栽培。

资源价值与利用： 根茎药用，采挖后晒干，润透切片，生用或炒用。含藁本内酯、3-丁酰内酯、香桧烯、丁烯酞内酯、川芎内酯、新蛇床内酯、4-羟基-3-丁酰内酯、川芎酚、双藁本内酯。性温。味辛。功能活血行气，祛风止痛。用于月经不调、经闭痛经、产后瘀滞腹痛、胸胁刺痛、跌打肿痛、头痛、风湿痹痛。

（四十九）秦岭柴胡（*Bupleurum longicaule* var. *giraldii*）

分类地位： 伞形科、柴胡属。别名：金柴胡、黄花草、蛇头王、满山草、百根草、粘糊菜、破布叶、一枝箭、小柴胡、金边菊。

形态特征： 一二年生草本，高20～40厘米，无毛。根细圆柱形。茎数个丛生，自基部发出，直立，有分枝，中空。基生叶有柄，叶片狭椭圆形或倒披针形，先端钝尖，有5～7脉；茎中部以上叶无柄，叶处狭卵形，基部耳状抱茎。复伞形花序顶生和侧生，总苞片常2片，宽卵形；伞幅不等长；小苞片5片，椭圆状披针形或宽卵形至近圆形；小伞形花序着花9～15朵，花黄色。果实长圆形，分果棱具狭翅。花期7～8月，果期8～9月。

习性与分布： 生长于海拔3000米左右的山坡草地或疏林下。分布于秦岭太白山、光头山。

秦岭柴胡

资源价值与利用： 带根全草药用，夏季采挖，晒干。根部主要含柴胡皂苷、挥发油、植物甾醇和有机酸等；茎叶、地上部分含有黄酮类化合物，如槲皮素、芸香苷、水仙苷、异鼠李素等成分。味苦，辛，甘。性寒。能透表泄热，疏肝解郁。用于外感风邪侵袭少阳半表半里所致的寒热往来、胸胁苦满、头晕、目眩、肝气郁结而见胸肋胀痛及月经不调。同属植物黑柴胡和太白柴胡也有类似的功效。

（五十）秦岭当归（*Angelica tsinlingensis*）

分类地位： 伞形科、当归属。

形态特征： 根圆锥状。茎直立，高60～130厘米，中空，淡绿色，近无毛，上部分枝。基生叶有长柄，三出全裂或羽状三小叶；中间小叶菱状倒卵形，有短柄；侧小叶宽卵形，常有1～2浅裂，先端有短渐尖头，基部截形、短楔形或浅心形，有柄或无柄，缘有不整齐粗锯齿；茎生叶有柄，三出至二回三出，羽片有

秦岭当归

柄，小叶与基生叶同形；茎上部叶简化为3深裂或仅有狭长圆筒状叶鞘。复伞形花序顶生及侧生；总花梗长6～12厘米；伞幅20～25，极不等长，果期长达8厘米，前部略下弯；小总苞片6～8片，披针状线形；花梗25～35，纤细，果期达1.8厘米；萼齿细小；花瓣宽倒卵形，外缘的略大，凹陷处有内折小舌片；花柱基短圆锥形，长是花柱的1/3。果实长圆形或近圆形；分果背棱有极狭翅，每棱槽中有油管2～3条，合生面4条。花期8～9月，果期9～10月。

习性与分布： 生长于海拔1200～2300米的山谷疏林下及山坡灌丛中。分布于秦岭北坡。

资源价值与利用： 根药用，秋季采挖，晒干。含挥发性油、维生素B1、水溶性不挥发性生物碱、糖分、香精等。其中，丁烯基苯酞和正戊酰苯邻羧酸等具有抑制和兴奋作用，能增加肝组织的耗氧量，促进新陈代谢。其次，糖分、醇剂、维生素B12对痢疾杆菌、溶血性链球菌有抗抑作用。味甘、辛。性温。具有补血活血、调经止痛、润肠通便的功能。用于血虚诸症、月经不调、经闭、痛经、症瘕结聚、崩漏、虚寒腹痛、痿痹、肌肤麻木、肠燥便难、赤痢后重、痈疽疮疡、跌扑损伤。

（五十一）岩风（*Libanotis buchtormensis*）

分类地位： 伞形科、岩风属。别名：长春七、长虫七、长虫子、石长春。

形态特征： 多年生草本，高30～60厘米。根状茎较长，露出地面，顶部残存叶柄纤维。茎直立，上部分枝，无毛。基生叶丛生，有较长叶柄，二至三回羽状复叶，轮廓三角状卵形；下部小叶片有柄；上部的则无柄，最终小叶片5～7，近卵形，无柄，脉上有乳头状柔毛，边缘具4～6个锐裂，裂片有小细尖。复伞形花序多数，无总苞片；伞辐10～25，不等长；小伞形花序有多数花；小苞片披针形，有缘毛；花白色；萼齿明显。双悬果狭倒卵形，密被刚毛。花期7～8月，果期8～9月。

习性与分布： 生长于海拔1000～2600米的山谷河岸或山坡石缝中。多见于秦岭太白山。

资源价值与利用： 根药用，夏秋采挖，晒干用。根和叶中均含有香豆精类物质：镰叶芹酮、异欧前胡内酯、花椒毒素、异环氧飞龙掌血内酯等。岩风中的中性油和酚酸具有镇痛、镇静作用，中性油具有一定的解热和抗关节炎作用。味辛，甘。性温。具有辛温解表、祛风除湿、止痛的功能。用于感冒风寒、风邪偏胜之风湿痹症、四肢麻木、牙痛、跌打损伤疼痛。

（五十二）犁头草（*Viola cordifolia*）

分类地位： 堇菜科、堇菜属。别名：犁头菜、铧头草、犁铧尖、犁铧草、三角草。

形态特征： 多年生草本。主根粗短，白色。茎短缩。叶基生，叶片长卵形或三角状卵形，两面及叶柄稍有毛或无毛，先端钝，基部心形，边缘具钝锯齿，下面稍带紫色；托叶白色，长渐尖，有疏浅齿。花梗中上部有2线形苞片；萼片5片，披针形；紫色花瓣5片，倒卵状椭圆形，矩管状；雄蕊5枚，花药贴合；子房上位，1室。蒴果长圆形，裂瓣有棱沟，长7～13毫米。种子小，球形。花期4月，果期5～8月。

习性与分布：生长于海拔600～1400米的山坡林下、路旁或荒地。分布于秦岭南北坡。

资源价值与利用：带根全草药用，春秋采挖，除去杂质，晒干。味苦，辛。性寒。具有清热解毒、消肿排脓的功能。为民间常用药，常用来治疗跌打损伤、外伤出血、风湿性关节炎、白喉、角膜实质炎及匐行性角膜溃疡、扁桃体炎、肺炎、盆腔炎、乳痈及疔疮等。

（五十三）银线草（*Chloranthus japonicus*）

分类地位：金粟兰科、金粟兰属。别名：拐拐细辛、四大天王、四代草、四叶七、四块瓦。

形态特征：多年生草本，高20～40厘米，全体无毛。根状茎分歧，生多数须根，具特异气味。茎直立，单生或数枚丛生，不分枝，下部节上对生2鳞片状叶。叶4片，生茎顶，成轮生状，倒卵形或椭圆形，先端急尖，基部宽楔形，边缘具尖锐的锯齿；鳞状叶膜质，正三角形或椭圆状正三角形。花序单一，顶生，连总花梗长2.5～4厘米，果时伸长。花白色，无花梗；苞片近正三角形或近半圆形；雄蕊3枚，花丝基部合生，着生子房外侧；药隔突出，线形，近等长，乳白色，水平开展，外侧2枚雄蕊各具1个1室的花药，中央雄蕊无花药；子房卵形，柱头平截。核果倒卵圆形，绿色。花期4～5月，果期7月。

习性与分布：生长于海拔1300～2300米的山坡或山谷腐殖质土层及疏松、阴湿而排水良好的杂木林下。分布于秦岭和大巴山区。

资源价值与利用：根及根茎药用，春秋采挖，洗净，晒干用或鲜用。根中主要含有金粟兰内酯A、C，异莪术呋喃二烯和银线草呋喃醇等。花和根状茎可提取芳香油，鲜花极香，常用于熏茶叶。金粟兰属植物多具有抗菌、抗肿瘤、增强免疫、抗病毒、抗溃疡、镇痛、抗血小板聚集、促进子宫收缩等作用。银线草药用历史悠久，民间应用广泛。味辛，苦。性温。有毒。有祛湿散寒、理气活血的功能。用于劳伤腰腿痛、跌打损伤、感冒、白带。

银线草

（五十四）轮叶景天（*Sedum chauveaudii*）

分类地位：景天科、景天属。别名：一代宗、还魂草。

形态特征：多年生肉质草本，高30～70厘米，全体无毛。茎直立，淡绿色，不分枝，较纤细。叶3～5片轮生，稀兼互生，无或具假柄，卵形、宽披针形或长圆形，先端略钝，基部突狭或近圆形，边缘具浅锯齿。花序伞房形，着花多数，颇密集，常从上部叶腋分枝成复聚伞形。花为不等的五基数；萼片三角状卵形，先端稍锐；花瓣淡绿白色。种子卵形，淡褐色。花期5～6月，果期9月。

习性与分布：生长于海拔1400～1800米的山谷阴湿沟旁。分布于秦岭太白山。

资源价值与利用：全草药用，全年可采，多鲜用。景天主要含谷甾醇、二十六烷酸、没子酸、槲皮素、胡萝卜苷、红景天苷等有效成分。味酸，苦。性平。能祛风清热、活血化瘀、止血止痛。用于喉炎、荨麻疹、吐血、小儿丹毒、乳腺炎；外用治疗疮痈肿、跌打损伤、鸡眼、烧烫伤、毒蛇咬伤、带状疱疹、脚癣。

（五十五）白三七（*Rhodiola henryi*）

分类地位：景天科、红景天属。别名：打不死、还阳参、三面七、接骨丹、三步接骨丹、三匹七。

形态特征：多年生草本，高30～35厘米，全体无毛。根状茎圆锥形，肉质，肥厚。茎直立，单一或丛生，少分枝。叶3片轮生，无柄；叶片宽卵形或菱形，先端钝尖，基部宽楔形，边缘具不规则钝齿。聚伞花序顶生，具多数花，花梗纤细；花单生，雌雄异株；萼片4片，条状披针形；雄蕊8枚，较花瓣短；雌花心皮4个，分离。蓇葖果上部展开，呈十字形。种子多数，细小，黑色。

习性与分布：生长于海拔1000～3000米山地林下岩石上的腐殖土或石隙中。分布于秦岭太白山和大巴山区。

资源价值与利用：全草药用，夏秋采收，晒干用或鲜用。白三七主含三萜类化合物、有机酸、酯类、黄酮类等成分。具有改善学习记忆、抗缺氧、抗疲劳、保护心肌损伤等药理作用。味涩。性平。能止血、镇痛、强筋、长骨。用于鼻衄、咳血、跌打损伤、骨折。

白三七

（五十六）费菜（*Sedum aizoon*）

分类地位：景天科、景天属。别名：景天三七、石菜兰、六月淋、收丹皮、九莲花、土三七。

形态特征：多年生肉质草本，高25～40厘米，全体无毛。根茎肥厚，稍木质化。茎直立，不分枝，圆柱形，粗壮，基部常为紫褐色。叶互生，宽卵形，披针形或倒披针形，先端钝尖，基部楔形，无柄，边缘上部具细齿，下部全缘。聚伞花序顶生，密生

费菜

多数花；花小，有极短梗；萼片绿色，线形及狭卵状线形，花瓣黄色，长圆形或卵状披针形。蓇葖果黄色或红色。种子8～10枚，长圆形，有光泽。花期6～7月，果期8～9月。

习性与分布：生长于向阳山坡的岩石上或草地中。多见于秦岭南北坡。

资源价值与利用：带根全草药用，夏秋采挖，晒干用或鲜用。根含齐墩果酸、β-谷甾醇、熊果酸、熊果酚苷、氢醌和消旋甲基异石榴皮碱、左旋景天宁、消旋景天胺。全草含有景天庚糖、蔗糖、果糖、杨梅树皮素3-葡萄糖、半乳糖苷等多种物质。具有加速血液凝固、收缩血管、兴奋心脏、镇静、降压、镇痛等药理作用。味酸、微甘。性平。功能为止血、散瘀、安神。用于鼻衄、咳血、尿血、崩漏、便血、皮衄等；用于跌打损伤，骨折所致的红肿疼痛；用于心悸、失眠、烦躁。

它还是一种保健蔬菜，鲜食部位含蛋白质、碳水化合物、脂肪、粗纤维、胡萝卜素、维生素B1、维生素B2、维生素C、钙、磷、铁、齐墩果酸、谷甾醇、生物碱、景天庚糖、黄酮类、有机酸等多种成分。它无苦味，口感好，可炒、可炖、可烧汤、可凉拌等，是21世纪家庭餐桌上的一道美味佳肴，常食可增强人体免疫力，有很好的食疗保健作用。

（五十七）太白蓼（*Polygonum taipaishanense*）

分类地位：蓼科、蓼属。别名：大红粉。

形态特征：多年生草本，高25～50厘米。根状茎粗壮、肥厚，具残留老叶。茎直立，不分枝，具条纹。基生叶具长柄，叶片革质，卵状披针形或线状长圆形，先端尖或钝，基部截形或近圆形，边缘反卷，上部具狭翅；茎生叶3～4片，具短柄或近无柄，较小，披针形至线状披针形。穗状花序顶生，圆柱形，长2～4厘米，花排列紧密；苞片膜质，褐色，内含2～3朵花；花被红色，5深裂，裂长圆状椭圆形；雄蕊8枚，线形，比花被长。瘦果三棱形，黄褐色，有光泽。花果期7～8月。

习性与分布：生长于海拔2800～3200米的高山草地。分布于秦岭太白山、太白县的大洞沟、佛坪等地。

资源价值与利用：根茎药用，夏秋采挖，去须根，洗净，切片，晒干用。含甲基环己烷、2-庚醇、苯乙醇、α-紫罗兰酮等挥发性成分，还含有β-谷甾醇、大黄素、儿茶素、表儿茶素、没食子儿茶素和绿原酸等化学成分。具有抗菌、抗病毒等药理作用。味苦，涩。性凉。能收敛止血、止泻、止带。用于痢疾、腹泻、肠风下血、崩漏、白带、吐血、外伤出血。

太白蓼

（五十八）朱砂七（*Polygoum ciliinerve*）

分类地位：蓼科、蓼属。别名：黄药子、荞馒头、朱砂莲、红药子、雄黄连、猴血七、血三七、毛葫芦。

形态特征：多年生草本，长达1米。根膨大成块状；块根呈卵形，外表褐色，生多数须根，块根断面黄红色，鲜时色如朱砂，故名"朱砂七"，干时变黄。茎细长，近直立，中空，绿紫色，分枝少。叶互生，具柄，长卵形。圆锥花序顶生或腋生。花白色。瘦果外包具翅的宿存花被。花期6～7月，果期8～9月。

习性与分布：生长于海拔600～1800米的山坡林下草丛中。分布于秦岭和大巴山。

资源价值与利用：药用块根，四季可采。除去须根，洗净，生用或制后用。含有大黄素苷等结合性蒽醌、朱砂莲甲素、朱砂莲乙素、土大黄苷及鞣质，还含有大黄素葡萄糖苷、大黄酚和大黄酸等化学成分。具有抗菌、抗病毒、抗炎、抗溃疡、抗肿瘤等药理作用。对金黄色葡萄球菌、大肠杆菌、绿脓杆菌、弗氏痢疾杆菌有抑制作用；对多种呼吸道及肠道病毒有广谱的抗病毒作用。

朱砂七

味苦，微涩。性凉。有小毒。能活血止血、理气止痛、清热解毒。用于咳血、咯血、呕血、衄血、尿血、便血、崩漏、月经不调、痛经、经闭、产后腹痛、脘腹胀痛、痧胀腹痛、热毒血痢、水泻、关节痛、跌打肿痛、疮疖、带状疱疹、外伤出血。

（五十九）大黄（*Rheum officinal*）

分类地位：蓼科、大黄属。

形态特征：高大草本，高1.5～2米。根及根状茎粗壮，内部黄色。茎粗壮，基部直径2～4厘米，中空，具细沟棱，被白色短毛，上部及节部较密。基生叶大型，叶片近圆形，或长稍大于宽，顶端近急尖形，基部近心形，掌状浅裂，裂片大齿状三角形，基出脉5～7条，叶上面光滑无毛，偶在脉上有疏短毛，下面具淡棕色短毛；叶柄粗圆柱状，与叶片等长或稍短，具棱线，被短毛；茎生叶向上逐渐变小，上部叶腋具花序分枝；托叶鞘宽大，长可达15厘米，初时抱茎，后开裂，内面光滑无毛，外面

大黄

密被短毛。大型圆锥花序，分枝开展，花4~10朵成簇互生，绿色到黄白色；花梗细长，关节在中下部；花被片6片，内外轮近等大，椭圆形或稍窄椭圆形，边缘稍不整齐；雄蕊9枚，不外露；花盘薄，瓣状；子房卵形或卵圆形，花柱反曲，柱头圆头状。瘦果长圆状三棱形，棕色，有翅。顶端圆，中央微下凹，基部浅心形，翅宽约3毫米，纵脉靠近翅的边缘。种子宽卵形。花期6~7月，果期7~8月。

习性与分布：生长于海拔1200米以上的山沟或林下。分布于秦岭太白山和大巴山区。陕南有栽培。

资源价值与利用：根及根茎药用，秋季采挖，洗净，切片，晒干用。大黄致泻作用的主要成分是蒽醌类化合物即蒽醌苷及双蒽酮苷，抗菌抗病毒成分主要是游离蒽醌，具有止泻作用的是大黄鞣酸及其相关物质，大黄还含有脂肪酸、草酸钙、葡萄糖、果糖和淀粉。大黄主要有调节胃肠功能、抗炎和抗病原微生物、保护心脑血管、抗肿瘤、保肝利胆及抗衰老等药理作用。大黄含苦味质，服用小剂量粉剂可促进胃液分泌而有健胃助消化作用。性寒。味苦。能泻热通肠、凉血解毒、逐瘀通经。用于实热便秘、积滞腹痛、湿热黄疸、瘀血经闭、急性阑尾炎、痈肿疔疮、烫伤。

（六十）珠芽蓼（*Polygonum viviparum*）

分类地位：蓼科、蓼属。别名：蝎子七。

形态特征：多年生草本，高10~40厘米。根茎粗壮，紫棕色。茎直立，节部膨大。基生叶具长柄，叶片窄披针形或披针形，先端急尖或渐尖，基部近圆形，边缘具细纹而略反卷，下面被柔毛，茎生叶有短柄或近无柄，基部略抱茎，托叶鞘膜质，筒状。秋季开白色或紫红色花，穗状花序顶生，花絮中下部通常生有多数珠芽，苞片宽卵形，膜质，花被5深裂，裂片椭圆形；雄蕊常8枚。瘦果卵形，有三棱，深棕色，光滑。花期5~6月，果期7~8月。

习性与分布：生长于1900~2700米的山坡草丛中和林荫下。分布于秦岭各山区。

资源价值与利用：根茎药用，夏秋采挖，去须根，洗净，切片，晒干用。含阿魏酸、紫丁香苷、甲氧基双氢黄酮、异鼠李素、槲皮素－0－鼠李素。醇提取物有较强的抗菌作用。其根茎是抗轮状病毒的有效药物，用于治疗婴幼儿秋季腹泻。味苦，涩。性凉。具有解毒、散瘀止血的功能。用于扁桃体炎、咽喉炎、肠炎、痢疾、白带、崩漏、便血、咽喉肿痛，外用治跌打损伤、痈疖肿毒、外伤出血。

珠芽蓼

（六十一）赤地利（*Agopyrum cymosum*）

分类地位：蓼科、荞麦属。别名：金荞麦、荞麦七。

形态特征：多年生草本，高50～150厘米。块根粗状，成结节状，红褐色。茎直立，红色，中空，多分枝。叶互生，具长柄，戟状三角形，宽与长几相等，如荞麦叶；叶上面色深绿，下面色较浅，上面叶脉常呈赤色。茎上部叶片渐小，具短柄或无柄；托叶鞘管状，抱茎。花序伞房状，自茎梢开出白色或淡红色小花，排列成短穗状。花后结三棱形黑褐色瘦果。花果期10～11月。

习性与分布：生长于低山区的林缘、沟边阴湿处。分布于秦岭南坡和大巴山区。

赤地利

资源价值与利用：块根药用，春秋采挖，洗净，晒干用。主要成分为多酚类、甾体类、三萜类化合物。含少量蒽醌，主要为大黄素及大黄素甲醇的游离型蒽醌，并含有较多的鞣质。具有抗菌、镇咳、祛痰、抗炎、抗肿瘤、抗氧化、增强免疫功能、H1受体阻断作用等多方面作用。味涩，微苦。性凉。具有解毒、软坚散结、调经止血、祛风湿的功能。用于瘰疬、扁桃体炎、痔疮、月经不调、腰痛、劳伤。

（六十二）秃疮花（*Icranostigma lepfopodum*）

分类地位：罂粟科、秃疮花属。别名：秃子花、勒马回。

形态特征：多年生草本，高25～80厘米。全体含淡黄色液汁，被短柔毛，稀无毛。主根圆柱形。茎丛生，被长毛，上部具多数等高的分枝。基生叶丛生，叶片狭倒披针形，羽状深裂，裂片4～6对，再次羽状深裂或浅裂，小裂片先端渐尖，顶端小裂片3浅裂；表面绿色，背面灰绿色，疏被白色短柔毛；叶柄条形，疏被白色短柔毛，具数条纵纹；茎生叶少数，生于茎上部，羽状深裂、浅裂或二回羽状深裂，裂片具疏齿，先端三角状渐尖；无柄。花1～5朵于茎和分枝先端排列成聚伞花序；花梗无毛；具苞片。花芽宽卵形；萼片卵形，先端渐尖成距，距末明显扩大成匙形，无毛或被短柔毛；花瓣倒卵形至圆形，黄色；雄蕊多数，花丝丝状，花药长圆形，黄色；子房狭圆柱形，绿色，密被疣状短毛，花柱短，柱头2裂，直立。蒴果线形，绿色，无毛，2瓣自顶端开裂至近基部。种子卵圆形，红棕色，具网

秃疮花

225

纹。花期3~5月，果期6~7月。

习性与分布：生长于海拔400~2900米的草坡或路旁，田埂、墙头、屋顶也常见。陕西秦岭北坡有分布。

资源价值与利用：带根全草药用，春季开花期采挖，阴干或鲜用。全草含10 - 二十九烷醇和多种生物碱，对淋巴结核、肺结核、骨结核及窦道溃疡总有效率达90%以上。味苦，涩。性凉。能清热解毒、消肿、止痛、杀虫。用于扁桃体炎、牙痛、咽喉痛、淋巴结结核、秃疮、老鼠疮、顽癣、痈疽等。

（六十三）小果博落回（*Acleya microcarpa*）

分类地位：罂粟科、博落回属。别名：泡桐杆、黄婆娘、野麻子、吹火筒等。

形态特征：多年生直立草本，基部木质化，具乳黄色浆汁。茎高1~4米，绿色，光滑，多白粉，中空，上部多分枝。叶片宽卵形或近圆形，先端急尖、渐尖、钝或圆形，通常7或9深裂或浅裂，裂片半圆形、方形、三角形或其他，边缘波状、缺刻状、粗齿或多细齿；表面绿色，无毛，背面多白粉，被易脱落的细绒毛；基出脉通常5，侧脉2对，稀3对，细脉网状，常呈淡红色；叶柄上面具浅沟槽。大型圆锥花序多花，顶生和腋生；苞片狭披针形。花芽棒状，近白色；萼片倒卵状长圆形，舟状，黄白色；花瓣无；雄蕊24~30，花丝丝状，花药条形，与花丝等长；子房倒卵形至狭倒卵形，先端圆，基部渐狭，柱头2裂，下延于花柱上。蒴果狭倒卵形或倒披针形，先端圆或钝，基部渐狭，无毛。种子4~6枚，卵圆形，生于缝线两侧，无柄，种皮具排成行的整齐的蜂窝状孔穴，有狭的种阜。花果期6~11月。

习性与分布：博落回生长于海拔150~900米的丘陵或低山林中、灌丛中或草丛间。分布于秦岭南北坡。

资源价值与利用：带根全草药用，秋、冬季采收，根与茎叶分开，晒干。博落回的根、全草、果实及地上部分含各种生物碱，这些生物碱具有抗菌、杀虫、抗肿瘤等药理活性。山区农民常将其投入粪池或粪堆中防治蚊蝇蛆等害虫。味辛，苦。性温。有毒。能消肿、解毒、杀虫。用于指疗、脓肿、急性扁桃体炎、中耳炎、滴虫性阴道炎、下肢溃疡、烫伤、顽癣。

小果博落回

（六十四）荷青花（*Ylomecon japonica*）

分类地位：罂粟科、荷青花属。别名：拐枣七、刀豆七、大叶老鼠七。

形态特征：多年生草本，高15～25厘米。根肥厚，扭曲，深褐色。茎直立，散生卷曲柔毛。基生叶为奇数羽状复叶，具长柄，小叶3～7片，宽披针形、长倒卵形或菱状卵形，先端尖，基部渐狭，边缘具不整齐的重锯齿；茎生叶2片，具短柄。聚伞花序或单花1～2朵由顶部之叶腋抽出，具较长花梗；萼片2片，狭卵形，绿色；花瓣4片，金黄色，近圆形，基部具短爪。蒴果细圆柱形，成熟时由基部向上2瓣裂。种子多数，扁卵形。花期4～5月，果期5～6月。

习性与分布：生长于海拔1400～1800米的山坡林下阴湿处。分布于秦岭各地。

资源价值与利用：根药用，夏秋采挖，阴干。含多种生物碱，对某些真菌、细菌和病毒有抑制作用，但对神经、心脏等有毒害，可引起麻痹、心脏抑制，甚至导致死亡。味苦，辛。性平。具有除湿、舒筋通络、散瘀止痛的功能。用于风湿痹痛，关节屈伸不利，瘀血阻滞所致的月经不调、痛经、经闭及跌打损伤。

荷青花

（六十五）野罂粟（*Apaver nudicaule* subsp. *rubroaurantiacum*）

分类地位：罂粟科、罂粟属。别名：山大烟。

形态特征：多年生草本，高5～30厘米，全体被粗硬毛，具白色乳汁。叶全部基生，柄长达12厘米；叶片卵形或狭卵形，羽状分裂，裂片长圆形，先端钝或尖，基部楔形，边缘具粗齿或分裂。花橙黄色或黄色，稍下垂，有香气，直径2～5厘米，单生于花茎上；萼片2片，卵形，外面被粗硬毛，早落；花瓣4，倒卵形，边缘微波状；雄蕊多数，离生。蒴果倒卵形，疏生粗硬毛。种子小，多数，肾形，褐色。花期8月，果期9～10月。

习性与分布：生长于海拔3000～3600米的高山草地，多见。分布于秦岭太白山。

资源价值与利用：果实及全草药用，夏、秋季采收带花全草，除去杂质，晒干备用。含吗啡烷类生物碱、黑龙辛、黑龙辛甲醚、瑞美热米定、海罂粟胺、丽春花宁、丽春花定等化合物。具有明显的镇咳、镇静和镇痛作用。味涩，微苦。性平。能敛肺止咳、止痛。用于久咳久喘而痰量不多之症及久泻、久痢、胃痛、腹痛、头痛、痛经。

野罂粟

（六十六）白屈菜（*Chelidonium majun*）

分类地位：罂粟科、白屈菜属。别名：小人血七、小野人血草、雄黄草。

形态特征：多年生草本，高30～80厘米，含黄色乳汁。主根粗壮，圆锥形，暗褐色，密生须根。茎直立，嫩绿色，多分枝，具白色细长柔毛。叶互生，1～2回奇数羽状分裂，裂片倒卵形，先端钝，边缘具不整齐的钝齿，表面绿色，背面带粉白色。伞形花序顶生或腋生；萼片2片，椭圆形，疏生柔毛，早落；花冠黄色，花瓣4片，倒卵形或长圆状倒卵形；雄蕊多数。蒴果细圆柱形，成熟时由基部向上开裂。种子细小，卵形，暗褐色。花期4～5月，果期5～7月。

习性与分布：生长于海拔500～2000米潮湿的山谷、林边草地。分布于秦岭各地山区。

资源价值与利用：带根全草药用，夏秋采收，晒干备用，或制浸膏用。新鲜植株有浓橙黄色的乳液，乳液中含多种生物碱。对肝癌细胞具有杀伤作用。所含小檗碱、黄连碱对艾氏腹水癌及实体淋巴瘤具有抑制作用。味苦。性寒。有毒。能清热解毒、止痛、止咳。用于痈肿疮疖、毒虫咬伤、胃痛、腹痛及跌打损伤、痈肿等所引起的多种疼痛，是镇痛良药，对胆囊炎、胆石症有特效。

白屈菜

（六十七）夏枯草（*Prunella vulgaris*）

分类地位：唇形科、夏枯草属。别名：麦穗夏枯草、铁色草。

形态特征：多年生草本，高20～30厘米。茎四棱形，直立或斜上，表面暗红褐色，全株密被白色细毛。叶对生，下部叶有柄，上部叶无柄，叶片椭圆状披针形，全缘或有疏齿。花为轮伞花序密集组成顶生的假穗状花序，花萼呈钟状，二唇形，上端带紫色，果时花萼闭合；花冠唇形，紫色、蓝色或红紫色，花丝无毛略为扁平，长过花药，花柱无毛，花盘平顶，子房无毛。果为小坚果，黄褐色。花期4～6月，果期7～10月。

习性与分布：生长于海拔750～3000米的山坡草丛、向阳荒地及路旁。分布于秦岭南北坡。

资源价值与利用：果穗药用，6～7月间当果穗半枯时采收，晒干，去柄，筛去泥土即得。夏枯草为清肝、护肝"圣药"。专治目珠夜痛、头目眩晕。夏枯草主要含有三萜及其苷类、甾醇及其苷类、黄酮类、香豆素、苯丙素、有机酸、挥发油及糖类等成

夏枯草

分，含维生素B1、维生素C、维生素K、胡萝卜素、树脂、苦味质、鞣质、挥发油、生物碱及氯化钾等无机盐。现代药理研究表明，夏枯草具有降压、降糖、抗菌、抗炎、抗过敏及抗毒素等作用。味苦，辛。性寒。具有明目、散结消肿的功能。用于目赤肿痛、头痛眩晕、瘿瘤、乳痈肿痛、甲状腺肿大、淋巴结结核、乳腺增生、高血压。

（六十八）薄荷（*Mentha haplocalyx*）

分类地位：唇形科、薄荷属。别名：野薄荷、夜息香。

形态特征：多年生草本，高10～80厘米，全株有香气。茎直立，方形，有倒向微柔毛和腺鳞。叶对生，叶片卵形或长圆形，先端稍尖，基部楔形，边缘具细锯齿，两面有疏柔毛和黄色腺鳞。轮伞花序腋生；萼钟形，先端5齿裂，裂片三角形；花冠淡红紫色，近辐射对称，冠檐4裂，上裂片较大，顶端微2裂；雄蕊4枚；子房4裂，花柱着生近子房底部。小坚果卵球形。花期8～10月，果期9～11月。

习性与分布：生长于海拔400～3500米水旁潮湿地。分布于秦岭南北坡。

资源价值与利用：地上部分药用，野生品夏秋采收，切段，阴干。栽培品一年分两次采收。第一次于7月上旬，第二次可在9～10月间。晴天用镰刀收割，切段，阴干。薄荷鲜叶主成分为左旋薄荷醇，还含左旋薄荷酮、异薄荷酮、乙酸癸酯。薄荷应用广泛：其一，可制成食品添加剂，在一些食品、糕点、糖果、酒类、饮料中加入微量的薄荷香精，即具有明显的芳香宜人的清凉气味，能够促进消化、增进食欲；其二，可制成日化加香杀菌剂，牙膏、牙粉、漱口水等口腔清洁用品中普遍添加，在洁面乳、洗发水、沐浴露、防晒霜等护肤化妆品和洗涤用品中也有应用，空气清新剂、卫生杀菌杀虫剂、面巾以及除臭杀菌的鞋垫和保健内衣等家庭卫生用品中加入后，既清凉芳香，又杀菌消毒。

薄荷性凉。味辛。具有抗病毒、镇痛止痒、抗刺激、止咳、杀菌、抗着床、抗早孕等作用。用于风热感冒、风温初起、头痛、目赤、喉痛、口疮、风疹、麻疹、胸肋胀闷。

（六十九）益母草（*Leonurus artemisia*）

分类地位：唇形科、益母草属。别名：茺蔚、坤草、益母蒿。

形态特征：一年生或二年生草本，高达1.2米。茎四棱形，不分枝或有分枝。叶对生，基生叶近圆形，边缘5～9浅裂，具极长叶柄；茎下部叶常深裂，各裂片的中裂常再3裂，两面具毛；茎上部叶羽状深裂或浅裂。花8～15朵，在叶腋集成轮伞花序；花冠唇形，淡红色或紫红色，具长绒毛。萼内4小坚果长圆状三棱形，顶

益母草

端截平而略宽大，基部楔形，黑褐色，光滑。花期6～9月，果期9～10月。

习性与分布：生长于河滩草地或山沟草丛中。普遍分布于秦岭南北坡。

资源价值与利用：地上部分药用，夏秋盛花期采收，晒干或鲜用。主要含有生物碱类、黄酮类、二萜类、脂肪酸类、挥发油类等化合物。具有调经止血、保护心肌缺血再灌注损伤、抗血小板聚集、降低血液黏度等作用。在临床上常用来治疗流产后出血、冠心病、心肌缺血、高黏血症、痛经等疾病。性微寒。味辛，苦。能活血调经、利尿消肿。用于月经不调、痛经、经闭、恶露不尽、水肿尿少、急性肾炎水肿。

（七十）桔梗（*Platycodon grandiflorus*）

分类地位：桔梗科、桔梗属。别名：包袱花、和尚花、土人参。

形态特征：多年生草本，高30～100厘米，有白色乳汁。根长圆锥形或长纺锤形，少分枝。茎直立，无毛。茎下部及中部的叶对生或3～4叶轮生，上部的叶互生，无柄或柄极短；叶片卵形或卵状披针形，边缘有不整齐锯齿。花单生茎顶或集成假总状花序；花萼钟状，裂片5片；花冠阔钟状，蓝色或蓝紫色，裂片5片，三角形；雄蕊5枚；子房下位，蒴果倒卵圆形，熟时先端5瓣裂，具宿萼。种子多数，褐色。花期7～9月，果期8～10月。

习性与分布：生长于山坡、坝界、沟旁等地。分布于秦岭太白山。

资源价值与利用：根药用，春秋二季采其根，洗净，晒干。根中主要含三萜皂苷、黄酮类化合物、酚类化合物、聚炔类化合物、脂肪酸类、无机元素、挥发油等成分。桔梗是我国销量最大的40种传统中药材之一，作为药食同源的传统中药，桔梗因其含有丰富的营养而被用于各种保健食品和化妆品中。桔梗具有免疫调节、抗炎、祛痰、保肝、降血脂、抗氧化等药理作用。其味苦，辛。性平。具有宣肺、利咽、祛痰、排脓的功能。用于咳嗽痰多、胸闷不畅、咽痛、音哑、肺痈吐脓、疮疡脓成不溃。

桔梗

（七十一）秦岭党参（*Codonopsis tsinlingensis*）

分类地位：桔梗科、党参属。别名：大头党参。

形态特征：根圆柱形，直径达1厘米，外皮淡黄色。茎近直立或基部倾斜，高25～40厘米，下部具数条不育的纤细分枝，被白色长硬毛。茎生叶少，互生；分枝上叶多，互生或对生，被长硬毛；叶片稍厚，卵圆形，先端钝或急尖，基部圆形或浅心形，边缘反卷；表面绿色，背面淡绿色，两面均被硬毛，叶脉羽状，侧脉不达叶缘。花单生于茎端，稍俯垂；花萼半上位，萼筒被长硬毛，萼片披针形，全缘，先端钝，两面疏被柔毛；花冠蓝紫色，宽钟形，长约27毫米，内面被长柔毛，裂片三角形；花丝无毛；子房半下位，3室；花柱无毛，柱头3裂，裂瓣宽，半圆形。果实卵状球形，先端3瓣裂。种子椭圆形，褐色。花期7～8月，果期9～10月。

习性与分布：生长于海拔2100～3600米的山坡草地或灌丛中。分布于秦岭太白山。

资源价值与利用：根及全草药用，夏秋挖根，洗净，晒干备用。秦岭党参主要含党参多糖等化学成分，具有调整胃肠运动、增强机体免疫、增强造血、提高机体对有害刺激的抵抗能力、强心、抗休克、降压等作用，此外还可益智、镇静、催眠、抗惊厥，是一味医用价值很高的药材。其味甘。性平。具有补中益气、生津止渴的功能。用于脾胃虚弱、食欲不振、气虚体弱、慢性腹泻、贫血等。

秦岭党参

（七十二）沙参（*Adenophora stricta*）

分类地位：桔梗科、沙参属。别名：南沙参、泡参。

形态特征：根圆柱形，长约20厘米，直径约1厘米，具环状皱纹，淡黄色。茎不分枝，被白色短柔毛。基部叶花期枯萎；中部叶互生，无柄或具极短的柄；叶片长圆状卵形、卵圆形或菱状狭卵形，先端渐尖或急尖，基部宽楔形，边缘具不整齐锯齿，两面均被白色短柔毛，叶脉羽状。花序狭长，不分枝，呈总状，稀下部具极短分枝，呈圆锥状；花梗短，密被白色短柔毛；花萼筒倒圆锥形，密被白色短柔毛，裂片狭三角形，先端渐尖，全缘，外面疏被白色短柔毛；花冠蓝色，裂片宽三角形；花盘宽圆柱形，无毛；花柱棍棒状，与花冠近等长，被微柔毛。果实卵圆形，先端具宿存萼片。种子椭圆形，黄褐色。花期8～9月，果期9～10月。

习性与分布：沙参生长于海拔700～2100米间的山坡草地或疏林下。分布于秦岭南北坡。南坡见于商南、山阳、宁陕、佛坪、洋县、凤县、留坝等地，北坡见于蓝田、长安、户县、周至、眉县、太白等地。

资源价值与利用：根药用，春秋采挖，洗净，晒干。沙参的膳食纤维、钙、胡萝卜素、碳水化合物、磷、烟酸、维生素A、维生素C与同类食物相比高于平均值。具有提高免疫功能、祛痰、抗

沙参

真菌、强心等药理作用。最新研究表明，沙参具有抗鼻癌、咽喉癌的作用，可以减轻放化疗之后的副作用，配合放化疗用于肿瘤患者，尤其是对晚期肿瘤病人血枯阴亏、肺阴虚之肺癌、消化道肿瘤术后气阴两虚或因放疗而伤阴引起的津枯液燥具有较好的疗效。味甘。性寒。具有清热养阴、润肺止咳的功能。用于气管炎、百日咳、肺热咳嗽。

（七十三）圆叶鹿蹄草（*Pyrola rotundifolia*）

分类地位： 鹿蹄草科、鹿蹄草属。别名：鹿蹄草、鹿寿茶。

形态特征： 多年生常绿草本。根状茎细长而横生，斜生，连同花葶高15～30厘米，褐色，每节具1棕色小鳞片和多数须根。基生叶互生或簇生，有长柄；叶片草质，圆形至椭圆形，先端圆或微凹，基部圆，中央微下延，背面及叶柄常带紫红色，全缘或有浅齿。总状花序，花多数密生；花瓣白色，外面微带粉红色，花具梗，略下垂，花梗基部有1披针形小苞片。蒴果扁球形，具多数细小种子。花期5～7月，果期7～10月。

习性与分布： 在海拔1000～3700米的山坡林下多见。分布于秦岭南北坡。

资源价值与利用： 全草药用，四季可采，洗净，晒干用或鲜用。全草含熊果酚苷、鞣质及肾叶鹿蹄草苷、挥发油，还含蔗糖、蔗糖酶、苦杏仁酶等。干叶含高熊果酚苷、异高熊果酚苷。具有抗菌、抗孕、免疫促进等药理作用。味甘，苦。性平。具有养心安神、补肝肾、强筋骨、止血的功能。临床用于咯血、衄血、子宫功能性出血、产后瘀滞腹痛、风湿性关节炎、慢性痢疾、过敏性皮炎和稻田皮炎等。对心气虚弱或心血虚所引起的心悸怔忡及肝肾不足导致的筋骨不健、腰腿酸痛、下肢痿弱有疗效。

圆叶鹿蹄草

（七十四）过路黄（*Lysimachia christinae*）

分类地位： 报春花科、珍珠菜属。别名：金钱草、爬地黄、黄花藤、对月草、对坐草。

形态特征： 多年生草本，全体被短柔毛或近无毛。茎细柔，匍匐，长30～60厘米，淡绿微带红色。叶、花萼、花冠均具黑色腺条。单叶对生，具短柄，宽卵形或心形，先端钝尖或圆钝，基部心形或近圆形，全缘，主脉1条。花成对腋生，花梗较叶柄

过路黄

稍长；花萼5深裂，裂片披针形；花冠黄色，5裂，裂片椭圆形；雄蕊5枚，与花瓣对生，花丝上部分离，基部连合呈筒状，子房上位，卵圆形。蒴果球形，表面有黑色短腺条。花期5～7月，果期7～10月。

习性与分布： 生长于海拔600～2300米的山坡荒地、路旁或沟旁等湿处。秦岭和大巴山区各地多见。

资源价值与利用： 全草药用，夏秋采收，晒干用或鲜用。含黄酮类成分：槲皮素、异槲皮苷、山奈酚、三叶豆苷。还含对羟基苯甲酸、尿嘧啶、环腺苷酸、环鸟苷酸等。味淡，微咸。性微寒。具有除湿退黄、利水通淋、清热解毒的功能。用于湿热黄疸、石淋、热淋、恶疮肿毒、毒蛇咬伤。全草具有很强的排石功能，能利胆排石和利尿排石。

（七十五）黄瑞香（*Daphne giraldii*）

分类地位： 瑞香科、瑞香属。别名：祖师麻、大救驾。

形态特征： 直立落叶小灌木，高50厘米左右，全株光滑无毛。根红黄色，纤维性。幼枝浅绿而带紫色，老枝黄灰色。单叶互生，常集生于小枝顶部，近无柄；叶片倒披针形，先端尖或圆，有凸尖，基部楔形，全缘，稍反卷，上面绿色，下面灰白色。花黄色，常3～8朵丛生于小枝顶端，略呈头状花序；花被管状，裂片4片，长三角状披针形；雄蕊8枚，2轮，内藏。核果卵圆形，鲜红色。花期6月，果期7月。

习性与分布： 生长于海拔2800米以下的山地灌丛中。分布于秦岭和大巴山区。

资源价值与利用： 根皮和茎皮药用，7月份采收，去粗皮，晒干用。主要含二萜和香豆素。味辛，苦。性温，有毒。具有止痛、祛风通络、温中散寒的功能。用于风寒湿痹、筋骨疼痛、跌打损伤、寒凝腹痛及胃脘疼痛。由于黄瑞香外用对皮肤黏膜有穿透力，可改善局部血液循环，起到活血祛瘀、疏通血脉的作用，用于治疗风湿性关节炎。

黄瑞香

（七十六）贯叶连翘（*Hypericum perforatum*）

分类地位： 藤黄科、金丝桃属。别名：女儿茶、千层楼、小(叶)刘寄奴。

形态特征： 多年生草本。茎直立，多分枝，茎或枝两侧各有凸起纵脉一条。叶较密，椭圆形至线形，基部抱茎，全缘，上面满布透明腺点。花较大，黄色，成聚伞花序；萼片披针形，边缘疏布黑色腺点；花瓣较萼片长，花瓣边缘及花药上有黑色腺点；花柱3裂。蒴果长圆形，具有水泡状突起。花期5～6月，果期7～8月。

习性与分布：生长于海拔1000～2500米的山坡林下或草地。分布于秦岭山区。

资源价值与利用：全草药用，5～6月花期采收，割下后取下部较粗部分，晒干备用。贯叶连翘有多种活性成分，其中主要有：苯并二蒽酮类、黄酮类、间苯三酚类、挥发油类、香豆素类、原花青素、多种氨基酸、环氧叶黄素等。具有抗抑郁、治疗创伤、抗病毒、抗细菌、抗真菌及抗癌等药理活性。味苦，涩。性平。具有清心明目、调经活血、止血生肌、解毒消炎的功能。用于咯血、吐血、肠风下血、崩漏、外伤出血、月经不调、乳妇乳汁不下、黄疸、咽喉疼痛、目赤肿痛、尿路感染、口鼻生疮、痈疖肿毒、烫火伤。

贯叶连翘

（七十七）鸭跖草（*Commelina communis*）

分类地位：鸭跖草科、鸭跖草属。别名：竹叶青、竹叶草、蓝天鹅、淡竹叶、竹叶兰。

形态特征：一年生草本，高30～60厘米。茎圆柱形，多分枝，下部匍匐，有明显的节，节上生不定根，上部近直立，表面绿色或暗紫色。叶互生，披针形或卵状披针形，先端渐尖，具叶鞘，鞘口疏生长毛，边缘有纤毛。聚伞花序顶生，包于心状卵形的佛焰苞状总苞片内，萼片3片，卵形；花瓣3片，深蓝色，其中1枚卵形，较小，另两枚近圆形，较大；雄蕊6枚，其中3枚可育，3枚不育；子房上位。蒴果椭圆形，稍扁平，成熟时2瓣开裂。种子4枚，灰褐色，具不规则的孔窝。花期7～9月，果期9～10月。

习性与分布：生长于田埂、山沟及林缘阴湿处。秦岭南北坡多见。

资源价值与利用：药用全草，夏季采收，阴干用或鲜用。鸭跖草中含飞燕草苷，花含蓝鸭跖草苷、鸭跖黄酮苷、鸭跖草花色苷等成分。其嫩茎、叶可炒食，也可做饲料，是一种具有保健功能的新型天然食品。鸭跖草含有丰富的抗氧化物质，用于食品工业前景广阔。味甘，苦。性平。具有清热解毒、利尿的功能。用于外感发热、湿热病发热不退、咽喉肿痛、痈肿疮疖、毒蛇咬伤、热淋、小便不利。

鸭跖草

（七十八）太白龙胆（*Gentina apiata*）

分类地位： 龙胆科、龙胆属。别名：茱苓草。

形态特征： 多年生草本，高30厘米左右。根茎斜生，淡黄褐色，具不明显的节。茎直立，细瘦，圆柱形，黄绿色。单叶对生，4～5对，疏生茎上；叶片线状披针形，先端钝尖，基部略狭而抱茎，叶面绿色，主脉明显。聚伞花序顶生或腋生，常2～3花，稀单生；花萼基部连成筒状，先端5浅裂，裂片披针形，略反曲；花冠黄色，杂有绿色小点，钟状折叠，先端5齿裂，裂片间只1浅齿副裂片；雄蕊5枚；子房上位。蒴果卵形，开裂为2果瓣。种子细小，多数，浅棕色，密生茸毛。花期7～8月，果期8～9月。

习性与分布： 生长于海拔1900～3400米的山坡山顶。特产于秦岭太白山。

资源价值与利用： 全草药用，夏秋花期采收，晒干用。含有糖及其苷类、酚性成分，生物碱、甾体、萜类成分，黄酮及其苷类、内酯，香豆素及其苷类、鞣质等化合物。大多具有较强的生理活性：所含马钱苷酸有提高皮肤机能、促进毛发生长、抑制中枢神经、镇痛和抗炎等作用；所含龙胆苦苷有促进胃液分泌和抗炎作用。民间多以单味或复方用于治疗消化道及妇科病。味苦。性平。能调经活血、清热明目、利小便。用于月经不调、痛经、头晕失眠、小便不利、淋症、崩漏、白带、痢疾、腹痛。

太白龙胆

（七十九）美观马先蒿（*Pedicularis decora*）

分类地位： 玄参科、马先蒿属。别名：黑洋参、太白(洋)参。

形态特征： 多年生草本，高达100厘米，干时稍变为黑色，多毛。根茎粗状肉质，地表的根茎上生有稠密的须状根。茎多单生或有时上部分枝，中空，有白色疏长毛。基生叶早枯，较小，中部者最大，向上渐变小而为苞片状；茎生叶互生，线状披针形至狭披针形，先端渐尖，基部抱茎，羽状深裂，裂片达20对，长圆状披针形，缘有重锯齿，齿具胼胝，两面近无毛，背面碎冰状网纹明显。花序穗状，下部的花稀疏，上部较密，密生腺毛；苞片叶状，向上渐小，卵形，全缘；花萼小，先端裂片小，三角形，锯齿不明显或近全缘，密被腺毛；花黄色，冠筒有毛，盔舟形，与下唇等长，下缘具长须

美观马先蒿

毛,下唇裂片卵形,先端钝,具缘毛,中裂较大;花柱自喙端伸出。蒴果卵圆形,稍扁,两室相等,先端有刺尖。花期6～7月,果期8～9月。

习性与分布:生长于海拔1700～3500米间的荒草坡及疏林中。分布于秦岭南北坡,北坡见于华山、户县、太白山,南坡见于佛坪、宁陕、凤县等地。

资源价值与利用:根药用,夏秋间采挖,洗净,与麦麸同炒至充分干燥(火力不宜太大)或晒干。除主含环烯醚萜苷外,尚有苯丙素苷、酚苷、酚类化合物及氨基酸等成分。美观马先蒿中含有人体需要的15种氨基酸,其中精氨酸的含量相当高,含有7种人体必需的微量元素,5种人体必需的宏量元素。它类似西洋参的功效,但此药能补气滋阴、健脾和胃,同时还有消炎、止痛的作用。美观马先蒿可以有效地清除自由基,防止自由基所引起的肝脏组织损伤,防止生物膜氧化破坏的作用,提高机体的抗氧化能力和抗疲劳能力,对提高机体的抗病能力、延缓机体的衰老具有一定的意义。味甘,微苦。性温。具有滋阴补肾、益气健脾的功能。用于脾肾两虚、骨蒸潮热、关节疼痛、不思饮食等症。

(八十)蝙蝠葛(*Menispermum dauricum*)

分类地位:防己科、蝙蝠葛属。别名:黄条香、野豆根。

形态特征:多年生缠绕落叶草质藤本,长2～3米,全体近无毛。茎嫩时绿色,老时木质化,小枝有细纵条纹。叶互生,有长柄,盾形,直径7～10厘米,叶片圆肾形或卵圆形,先端尖,基部浅心形或近于截形,边缘近全缘或3～7浅裂,掌状脉5～7。花小,单性异株,花序短圆锥状腋生;雄花萼片6片,花瓣6～9片,黄绿色,较萼片小;雄蕊10～20枚,花药球形;雌花心皮3个。核果肾圆形,熟时黑紫色。花期6～7月,果期7～8月。

习性与分布:生长于山地灌丛中或攀援于岩石上。分布于秦岭南北坡。

资源价值与利用:根药用,秋季采挖,洗净,晒干。根含山豆根碱、蝙蝠葛碱、汉防己碱等多种生物碱,蝙蝠葛酚性碱有抗缺血性心律失常、抗高血压、抗动脉粥样硬化、抑制血小板黏附及聚集、抗血栓形成、抗脑缺血、抗氧化等作用。另外,根中所含生物碱具有良好的抗肿瘤活性,对多种肿瘤具有明显的抑制效应。蝙蝠葛的提取物临床上常用于治疗咽喉炎,对高血压和心律失常有较好的治疗作用,临床应用前景好。味苦。性寒。有小毒。具有清热解毒、祛风止痛的功能。用于咽喉肿痛、肠炎痢疾、风湿痹痛。

(八十一)赤瓟(*Thladiantha dubia*)

分类地位:葫芦科、赤瓟儿属。别名:赤包(子)、土瓜、野丝瓜、野甜瓜。

形态特征:多年生攀援草质藤本。全株被黄白色长柔毛状硬毛。块根黄色或黄褐色。茎少分枝,

具纵棱；卷须单一，与叶对生。单叶对生，叶片膜质，宽卵状心形，先端尖，基部弯缺，边缘具不等大小牙齿，基部1对侧脉沿叶基弯缺处向外展开。花腋生，单一，雌雄异株；雄花的花梗长而细，雌花的花梗短而粗；萼短钟形，裂片5，线状披针形，反折；花冠黄色，钟形，5深裂，花瓣狭卵形，被短毛；雄花的雄蕊5枚，不育雄蕊线形，花丝有毛；雌花有短的退化雄蕊，子房下位，长圆形，柱头3裂，肾形。瓠果长圆形或长椭圆形，基部稍狭，具10条不明显纵纹，橙红色，疏被长柔毛。种子卵形，黑色。花期7~8月。果期8~10月。

习性与分布：生长于海拔1200~3100米间的山坡林下或草丛中。分布于秦岭南北坡。

资源价值与利用：果实药用，果实成熟后连柄摘下，防止果实破裂，用线将果柄串起，挂于日光下或通风处晒干为止。置通风干燥处，防止潮湿霉烂及虫蛀。含有黄酮类、三萜类、葫芦素、槲皮素、山奈酚和异鼠李素化合物等。味酸，苦。性平。具有理气、活血、祛痰、利湿的功能。用于反胃吐酸、肺痨咳血、黄疸、痢疾、胸肋疼痛、闭经。赤瓟有较高的药用价值和药用潜力，在临床上有广泛用途，如用作胃肠动力中药，治疗高血脂和乙肝，用作抗氧化剂、降血脂、降血糖、提高机体免疫功能、抗肿瘤抑制胃癌细胞等，是一种具有很大开发及利用前景的药材。

赤瓟

第四节　工业动植物资源——财富之源

　　秦岭的工业动物资源十分丰富，是发展食品、轻纺、医药等工业的重要原料。例如，中华蜜蜂不光可以生产蜂蜜等食品和保健品，还可以生产蜂蜡等多种工业产品；貉、狗獾、猪獾、赤狐、果子狸是经济价值很高的特种经济动物，有些已经人工养殖成功，其生产的毛皮是皮革工业的上等原料；家蚕和柞蚕的蚕丝也是纺织工业的战略资源。

　　秦岭更是工业植物资源的宝库。植物性工业原料是现代工业赖以生存的最基本条件，在秦岭分布的工业植物资源主要有木材类、树脂树胶类、鞣料类、淀粉类、纤维类、油料类等。

　　秦岭的野生木材类植物可分为针叶树材和阔叶树材两大类，资源极为丰富，松科、杉科、桦木科、杨柳科、木犀科、榆科等树种的木材都是优质的建筑和装饰材料，广泛用于建造房屋、制作家具和现代居室的装修。

　　秦岭的野生天然树脂资源广泛分布在松科、漆树科、壳斗科、桦木科、蓼科、豆科等植物类群中。天然树脂的重要产品有松脂、枫脂、生漆、紫胶等，可以作为原料加工成各类型的涂料和油漆。在秦岭广泛分布的杜仲科的杜仲、木通科的猫屎瓜、卫矛科的各种卫矛等植物都含有丰富的橡胶。

　　秦岭的野生鞣料植物资源极为丰富，特别是漆树科、壳斗科、桦木科、胡桃科、蔷薇科、蓼科等植物类群鞣料含量较高，它们含有的单宁（又称鞣质，其提取物在商业上称作栲胶）具有广泛的用途：在制革工业中做鞣皮的药剂无可替代；做锅炉用水的软化剂，对锅炉除垢、提高热效率、延长锅炉使用寿命等有显著效果；在医药上可做止泻剂；在印染工业上可做媒染剂，用途广泛。

秦岭野生淀粉植物资源与人们的生活密切相关，特别是壳斗科、豆科、百合科、薯蓣科、蓼科、蔷薇科、银杏科等类群植物中富含淀粉的种类较多，分布在果实、种子以及块根（茎）和鳞茎中。淀粉是人类生活和工业方面的重要物质，可直接利用或作为工业原料加工成各种工业产品，如糖浆、葡萄糖、糊精等等。

秦岭纤维植物种类多，分布广，亚麻科、荨麻科、榆科、桑科、椴树科、锦葵科、槭树科、瑞香科等类群植物中的纤维都很发达。纤维的用途非常广泛：在纺织工业方面，棉和麻类纤维制造的衣物很受人们欢迎；野生纤维植物应用最广的是造纸业，我国是世界上最早发明造纸技术的国家，早在公元105年，东汉时期的蔡伦就用树皮、麻头等原料制造出纸浆和纸，直到现在纤维植物仍然是造纸工业的基本原料；还可以用纤维编织各种生活用品和工艺品以提高产品的附加值。

秦岭油脂植物资源主要分布在大戟科、胡桃科、漆树科、卫矛科、豆科等类群中。工业油脂是重要的工业原料，在许多领域都有重要的作用，如油漆、印染、日化、塑料、橡胶、医药等许多行业都有广泛的用途。

稻田桑蚕午子茶，秦岭深处有人家。大山深处的人们世代代居住在这里，他们因地制宜地发展地方特色经济，这些珍贵的动植物资源就是一座巨取之不尽、用之不竭的绿色宝库，成为他们生活的依靠和滚滚财源。

一、工业动物资源

（一）白蜡虫（*Ericerus pela*）

分类地位：昆虫纲，同翅目，蜡蚧科。别名：蜡虫。

形态特征：白蜡虫的雌、雄个体形态及变态过程差别显著。雄虫有翅，体节明显，发育经卵、幼虫、蛹、成虫等时期，为完全变态类型；雌虫无翅，呈球形，体节区分不明显，发育经卵、若虫、成虫等时期，为不完全变态类型。白蜡虫很小，靠口针插入植物叶或枝吸取养分，其所分泌白蜡为管状腺泌出的新陈代谢产物。

习性与分布：每年发生一代，3～4月份雌成虫产卵，产卵量约7000粒。4～5月份卵孵化为幼虫，雌幼虫分散栖附在叶片上面，雄幼虫群栖在叶片下面，经过20天后，蜕皮变成2龄幼虫。雄幼虫2龄时期便可分泌蜡质，8月份化蛹，9月上旬蛹羽化为雄成虫，交配后5～10天即死亡。在8月份2龄雌幼虫变为成虫，交配后，虫体逐渐长大，越冬后到翌年产卵，不久死亡。分布较广，秦岭地区见于各地。

资源价值与利用：白蜡虫的寄主植物主要有白蜡树和女贞树。其分泌的白蜡为高级动物蜡，具有熔点高（80～85℃）、质地硬、颜色洁白、透明度好、理化性能稳定、凝结力强、无臭、无味、润滑等优点，广泛用于化工、工业、医药等行业。秦岭地区汉阴、南郑等地是重要的产蜡区。

（二）角倍蚜（*Schlechtendalia chinensis*）

分类地位：昆虫纲，同翅目，瘿绵蚜科。别名：倍蚜、五倍子蚜。

形态特征：有翅型体长约1.5毫米，无翅型体长约1.1毫米，淡黄褐色至暗绿色。具有发达的蜡板，体被白色蜡粉。秋季有翅型触角5节，第3节最长，第5节稍短于第3节，第3～5节具有宽阔的环形感觉圈，其数分别为10、5、10；春季有翅型的感觉圈数略多。翅透明，翅痣长，呈镰刀状弯曲。前翅中脉不分枝，基部消失。后翅脉正常。跗节为1节。无腹管，具有一个小的半圆形尾片。

习性与分布：翌春3～4月间，羽化为有翅的春季迁移蚜迁到盐肤木上生活。在盐肤木嫩芽上胎生少量性蚜，雌雄性蚜在芽上取食生长后交配，雌性蚜只产1卵，卵很快孵化为干母。秦岭地区见于宁陕等地。

资源价值与利用：角倍蚜在盐肤木上寄生后所形成的虫瘿称作"五倍子"，可应用于纺织印染、矿冶、化工、机械、国防、

角倍蚜

轻工业、塑料、食品、医药等多种行业。

（三）桑蚕（*Bombyx mori*）

分类地位：昆虫纲，鳞翅目，蚕蛾科。别名：家蚕、蚕。

形态特征：幼虫长圆筒形，由头、胸、腹3部分构成；头部外包灰褐色骨质头壳，胸部3节各有1对胸足；腹部10节上有4对腹足和1对尾足，第8腹节背面中央有1个尾角；第1胸节和第1～8腹节体侧各有1对气门。成虫全身被覆白色鳞片，头部两侧有1对复眼及1对具有触觉和嗅觉功能的双栉状触角，口器退化；胸部3节，各节腹面均有1对胸足，中胸和后胸背面各有1对翅；腹部雌蛾7节，雄蛾8节；雄蛾外生殖器是由幼虫的第9、10腹节变成的，而雌蛾的外生殖器是由第8、9、10腹节变成的。

习性与分布：桑蚕为寡食性昆虫，喜食植物叶片，尤其是桑叶，也吃柘叶、榆叶、鸦葱、蒲公英和莴苣叶等。幼虫食桑叶后，生长迅速，在适温条件下，桑蚕自孵化至吐丝结茧，共需约24～32天，其中大约6～9天蜕一次皮，一般蜕皮4次。桑蚕是完全变态昆虫，即在一个世代中，历经卵、幼虫、蛹、成虫4个发育阶段。桑蚕能正常发育的温度范围为20～30℃，随发育时期而不同。秦岭地区可见于各地。

资源价值与利用：蚕自古以来便是一种具有很高经济价值的昆虫，其形成的茧可缫丝，丝主要用于织绸，在军工、交电等方面也有广泛用途。蚕的蛹、蛾和蚕粪也可以综合利用，是多种化工和医药工业的原料，也可以做植物的养料。

（四）草兔（*Lepus capensis*）

分类地位：哺乳纲，兔形目，兔科。别名：野兔、草兔、兔子。

形态特征：体长约450毫米。尾可达体长的1/5，尾背中央有一长而宽的黑色条斑，而条斑周围及尾腹面毛色为纯白色。耳贴头向前折可达鼻的前端，明显超过颅全长。草兔体毛多因栖居环境不同而有较大变化，如沙黄、深褐等色。冬毛背部毛基浅棕灰色，毛尖黑色。夏毛比冬毛暗，针毛较少。

习性与分布：一般栖息在山坡低凹处、河谷、坟地、灌丛、林缘、农田等附近。其听觉、嗅觉都很敏锐，能及时感知周围惊扰，遇危险时能迅速跳跃和奔跑。植食性，以禾苗、种子、蔬菜、树皮、嫩叶及杂草等为食。春季开始繁殖，每年繁殖2～3窝，每窝产2～6崽。天敌主要有狼、狐狸及鹰、雕类猛禽。在秦岭地区遍布各地，有3个亚种分布，分别是蒙古亚种（*L. c.*

草兔

tolai）、中原亚种（*L. c. swinhoei*）和费氏亚种（*L. c. filchneri*）。

资源价值与利用：草兔分布较广，数量较多。其毛皮轻柔，具有较好的保温性能。冬毛可做皮衣、帽、手套及衣边饰皮，有一定的利用价值。已被列入《国家保护的有益的或者有重要经济、科学研究价值的陆生野生动物名录》。但草兔多以农作物为食，常大量盗食牧草，有时又啃食树皮，对畜牧业、林业有害。同时，它又是一些自然疫源性病原体的宿主，对人类有一定的危害。

（五）复齿鼯鼠（*Trogopterus xanthipes*）

分类地位：哺乳纲，啮齿目，鼯鼠科。别名：黄足复齿鼯鼠。

形态特征：体背自耳基后至尾基棕黄色，腹部淡白色略带淡褐色，靠近白色膜缘部分为棕黄色。尾色基本同背色，但尾端色较为深暗。头顶部棕黄，眼周具黑褐色眼圈，口鼻周围锈棕色。耳壳较大，耳内侧基部具长黑色毛丛，耳前毛比较短。耳内面暗棕色，外面黑棕色，耳外侧基部前后毛丛黑色。喉部灰白色。肩部、前后足棕褐色。从腕部起，沿飞膜两侧为赤黄褐色，膜缘灰白色。冬夏毛色基本相似，但夏毛色较深。尾扁圆，接近于体长或略大于体长。前足4趾，后足5趾。

习性与分布：为我国特产属种，栖息于海拔1200米左右的针阔混交林。在高大乔木上或陡峭岩壁裂隙石穴筑巢。夜行性，但晨曦和黄昏活动最频繁。植食性，特别喜食侧柏、松类的果实和枝、叶。滑翔能力极强，但攀爬动作缓慢。多单独活动。无冬眠习性。每年繁殖1次，每胎产1～3崽。天敌主要有食肉类猫科和鼬科动物以及猛禽类。为秦岭地区鼯鼠类中分布最广、数量最大的一种，见于商州、商南、洛南、柞水、宁陕、太白、石泉、山阳、汉阴、平利、镇坪。

资源价值与利用：是一种有待开发的、经济意义较大的毛皮和药用动物，在秦岭地区的一些山区农村，已开始大量的人工饲养，发展前途广阔。毛皮色泽美观，可做饰皮。其粪便为传统中药"五灵脂"，具活血、化瘀、止痛的功效。列入《国家保护的有益的或者有重要经济、科学研究价值的陆生野生动物名录》。

（六）中华竹鼠（*Rhizomys sinensis*）

分类地位：哺乳纲，啮齿目，竹鼠科。别名：普通竹鼠、竹溜子、竹溜、猊子。

形态特征：形似鼢鼠，但成体较鼢鼠大。颈短粗，吻短而钝，眼小，耳隐于毛内。四肢粗短，爪强健，扁平；前肢较后肢细小，爪亦稍短，背面观呈指甲状，正面观则呈铲状；后肢爪尖长，腹侧面具深沟。尾短小，均匀被稀疏短毛。体毛密而柔软。

中华竹鼠

背毛棕灰色，毛无白色毛尖。从吻至额及颊部毛基为白色，末端为棕色；向后至背部和体侧，毛基为灰黑色，毛尖为浅棕色，而体侧的棕色更浅。臀部毛基为灰白色，毛尖为棕色。颏部及下颈毛白色；腹部毛较背部稀疏，毛基灰色，毛尖棕白色；会阴及肛周围毛棕色；足背及尾毛为棕白色。

习性与分布：多栖于山坡，在秦岭地区常栖于海拔1000米以上的中山阔叶林、针阔混交林带，林下多生有竹类植物，或直接栖于竹林。食物主要为竹类根茎，对竹林的危害相当严重。秦岭地区分布于南坡，如留坝、佛坪、城固、南郑、太白、宁陕、柞水、石泉、镇巴、紫阳、平利、镇坪。

资源价值与利用：具有较大的经济价值，其皮张较大，体背和体侧毛软绒厚，皮板质量亦佳，可用以制裘。肉可入药，有益气养阳、解毒、补中益气、治痨疬、止消渴、益肺胃气、化痰等功效。竹鼠油有解毒、生肌、止痛等功能。外用涂抹患处，可以治烧伤、烫伤等。列入《国家保护的有益的或者有重要经济、科学研究价值的陆生野生动物名录》。

（七）黄鼬（*Mustela sibirica*）

分类地位：哺乳纲，食肉目，鼬科。别名：黄狼、黄鼠狼、鼠狼子。

形态特征：中等体形，体细长，约305～440毫米，尾长约为体长一半。四肢短，头细颈长，耳壳短小，外侧后缘为双层，稍突出于毛丛。足部毛长而硬，四肢具5趾，趾间具微皮膜。鼻及两眼周围暗褐色，上下唇白色。体毛黄褐色、褐色至暗褐色，背腹毛色相近或腹部毛色稍浅。冬季尾毛长而蓬松；夏秋毛绒短而稀，尾毛不蓬松。肛门腺发达。

习性与分布：喜欢栖居于河谷、土坡、荒漠、草地、小草丛、灌丛及针阔林地带，也见于平原中的河套、沟沿、耕作区、农舍、村镇和城市中的僻静区等。多独居生活，为夜行性动物，白天偶尔可见。性情凶猛，视觉敏锐，善于疾走。遇到危险时，借助从肛门腺释放出恶臭气味而逃遁。小型食肉动物，食物包括鼠类、两栖类和昆虫等，有时会盗食家禽，偶尔采食植物。每年繁殖1次，每次少则产2～4崽，多则7～8崽。秦岭地区见于宁陕、石泉、汉阴、紫阳、岚皋、平利、镇坪、旬阳、白河、佛坪、洋县、城固、勉县、留坝、略阳、宁强、南郑、西乡、镇巴、柞水、镇安、商南、长安、太白、周至。

资源价值与利用：黄鼬是经济毛皮兽之一，在我国野生裘皮原料中，年产量居首位。其毛皮是制作裘皮的上等原料；其尾毛为我国传统的毛笔原料，称"狼毫"，也是我国传统的出口商品。同时，黄鼬大量捕食鼠类，是老鼠的天敌。在自然界中数量较多，分布广泛，对农、林、牧等方面有益。因此，控制种群密度，在科学研究的基础上，保护、驯养和合理利用黄鼬资源，不

黄鼬

仅能维持生态平衡，还具有一定的产业价值。

（八）狗獾（*Meles meles*）

分类地位：哺乳纲，食肉目，鼬科。别名：獾、狟子、獾子。

形态特征：体长450～670毫米，体重6～10千克，最大者可达15千克。颈部短，喉部黑褐色，吻鼻部长，鼻端粗钝。耳壳短圆，眼小。四肢短健，前后足趾均具粗短的黄褐色爪，尾短。肛门附近的腺囊可分泌臭液，这种臭液是异性求偶的媒介物。头顶有3条白色纵纹，体背以白色、黄白色和褐色毛相混杂，从头顶至尾部被有粗而硬的针毛，白色毛尖混杂于黑褐色毛之间，就像芝麻粒一样，所以有"芝麻獾"之称。

习性与分布：栖息在森林、山坡、灌丛、田野、坟堆、荒地、水渠及河谷溪流等各种生境。具有很强的领域性，多群居。活动以春、秋两季最活跃。有半冬眠习性，冬眠时，多数是一个家族集中在一起。狗獾性情凶猛，但不主动攻击家畜和人。嗅觉灵敏，取食时，往往先以鼻闻食物，而后采食。食性杂，以蚯蚓、蛞蝓、昆虫、小鱼、青蛙、沙蜥及小型哺乳类和植物的根、茎、果实等为食，在作物播种期和成熟期取食玉米、花生、薯类、瓜果及豆类等。每年繁殖1次，每胎产1～5崽，幼崽死亡率超过50%。秦岭地区见于镇安。

资源价值与利用：其毛是制刷的原材料，其背部的三色针毛可制成胡刷。毛尖柔软坚挺，又是制作油画笔的好材料。狗獾皮可做褥垫用，獾绒可制皮帽、皮衣和皮手套里子等。其肉主治风湿引起的关节痛、腰痛、腿痛；油脂熬炼后入药，能去寒气、消肌肉肿。民间常用狗獾油治疗火伤及烫伤，疗效显著。其资源潜力较大，对这项资源应有计划地开发利用。狗獾对农业生产有一定的危害。另外，狗獾往往在江河堤坝上打洞穴居，影响堤坝的防水、防洪能力，易对水利工程带来危害。

（九）猪獾（*Arctonyx collaris*）

分类地位：哺乳纲，食肉目，鼬科。别名：沙獾、猪鼻獾、獋、拱猪、川猪、狟。

形态特征：外形与狗獾相似，区别主要是猪獾的鼻垫与上唇之间裸露无毛，喉部白色，爪黄白色。体长400～860毫米，体重1.37～15.5千克。鼻吻端狭长而圆，酷似猪鼻；眼小，耳壳短圆。四肢粗短结实，趾间具毛，爪淡黄色，长而弯曲，前脚爪强而锐利，达25毫米。尾较长，150～185毫米。个体之间体色差异较大，有的后颈毛色纯白，有的背腰部毛色纯白，有的臀部针毛

猪獾

为黑褐色。

习性与分布：猪獾栖息于多种生境，如林缘荒坡、有溪流的山谷斜坡、灌丛或树林中，海拔多为1500～2400米。性情凶猛，穴居，昼伏夜出，有冬眠习性。视觉差，嗅觉灵敏。可借助于前肢爪掘土，寻找地下的植物根茎食用。发情期多在立春前后，多见雌雄成对活动，雌兽追逐雄兽，4～5月进行交配，翌年2月下旬至3月下旬开始产崽。每胎产2～6崽，哺乳期3～4个月，约2岁性成熟，寿命可达10年。猪獾在秦岭地区分布较广，尤其在秦岭南坡，见于宁强、南郑、西乡、镇巴、佛坪、洋县、城固、勉县、略阳、石泉、汉阴、紫阳、岚皋、平利、镇坪、旬阳、白河、宁陕、柞水、山阳。

资源价值与利用：猪獾皮可制裘，做褥垫。毛硬而富有弹性，尤其针毛具有刚硬直挺的特点，是制刷和画笔的好材料。猪獾油不仅是治疗烫伤的特效良药，而且对子宫脱垂、疥癣、痔疮、冻疮和火伤等病有一定疗效。但猪獾也危害农作物。适时猎捕，可控制獾害，化害为益。

（十）豹猫（*Felis bengalensis*）

分类地位：哺乳纲，食肉目，猫科。别名：狸子、狸猫、鸡豹子。

形态特征：体长450～650毫米，体重2～3千克，为猫类中的小型种类，形似家猫但较家猫稍大。体橙黄或杏黄色，遍布棕黑色斑点、棕黑斑或长而中空的圈状类似豹纹。自头顶至肩部有由隐约可见的斑块组成的4条棕黑色纵纹，中间有2条断续地延伸到尾基。肩部和体侧有几行大而不规则的褐色、红棕或棕黑色斑点，腰、臀部斑点较大，四肢的斑点较小。尾粗，且具棕黑色斑点组成的半环状纹，尖端棕黑色。

习性与分布：栖息于山地林区或灌丛，居住地多靠近水源，单独或雌雄同栖。行动敏捷，能在树木细枝上攀缘。晨昏或夜间出来活动，捕食鱼、蛙、爬行动物、鸟类、鼠类、兔等，有时也窃食家禽，还可能袭击幼小的麂类。2～6月繁殖。发情期雌雄豹猫常发出强大的吼叫声，在两个或多个雄性在场的情况下会发生争斗。妊娠期2个月，每胎产2～3崽。秦岭各地较为常见，见于石泉、宁陕、紫阳、岚皋、旬阳、白河、汉阴、平利、镇坪、佛坪、南郑、勉县、城固、西乡、镇巴、柞水、镇安。

资源价值与利用：豹猫皮张质地柔软，纹斑美丽，为制作皮衣、皮领及皮帽的原料，也可作为袖口、手套、服装镶边的装饰品。在野生细毛皮中，豹猫皮产量最大，而售价也较低。

（十一）赤狐（*Vulpes vulpes*）

分类地位：哺乳纲，食肉目，犬科。别名：狐、狐狸、红

豹猫

狐、南狐、草狐。

形态特征：在国产狐属各种中个体最大。体细长，成体长约700毫米。颜面狭，吻尖而长，吻部两侧具黑褐色毛区。耳较高且尖，直立，耳背上端黑或棕黑。背部毛呈棕黄、棕红或棕白色，毛尖灰白变异较大，从头顶至背中央一带栗褐色明显。尾长而粗，略超过身体的一半；尾毛长而蓬松，红褐而略带黑色；尾端白色，尾下面呈棕白色。喉、前胸及腹部毛呈污白色。四肢较短。

习性与分布：多生活在高山、丘陵、平原、森林、草原、荒漠等环境，常栖居于土穴、树洞、石隙或旧獾洞中，多夜晚出外活动觅食。食性很杂，以肉食为主，主要为鼠类，故赤狐是鼠类的主要天敌之一；也常捕食雉鸡、野兔、蛙、蜥蜴、鱼、昆虫及蠕虫等动物，有时也吃野果。赤狐交配期一般在早春，此时雄狐为争夺雌狐而斗争激烈。每年产崽1窝，每窝产3～5崽。秦岭地区分布于商南、山阳、柞水、洛南、佛坪、长安。

资源价值与利用：赤狐是重要毛皮兽之一，狐皮经济价值高。冬皮可供制裘服、皮帽、围巾等。我国有条件的地方已建立人工养狐场，增加狐皮产量。此外，赤狐还能消灭大量的鼠类，有益于农林业。可药用，如其肺晾干、研细，主治肺结核、肺脓肿等；其肉和内脏煮炙食，可补虚损、治恶疮等。已列入《国家保护的有益的或者有重要经济、科学研究价值的陆生野生动物名录》。

（十二）貉（*Nyctereutes procyonoides*）

分类地位：哺乳纲，食肉目，犬科。别名：狸、土狗、毛狗、椿尾巴。

形态特征：体形近似赤狐，但较粗壮肥胖，四肢和尾短，吻尖。周身及尾部覆乌棕色蓬松的长毛，具黑褐色大块眼斑及界限不清的黑色背纹。两颊有横生淡色长毛，突出于头的两侧，四肢乌褐色。吻部、眼上、腮部、颈侧至躯体背面和侧面均为浅黄褐色或杏黄色，两颊连同眼周毛色黑褐，形成明显的"八"字形黑纹，常向后延伸至耳下方或略后。背脊一带针毛多具黑色毛尖，形成一条界限不清的黑色纵纹，向后延伸至尾的背面，尾末梢黑色加重。体侧毛色淡，呈灰黄或棕黄色，腹面毛色更淡。

习性与分布：见于平原、草原、丘陵及部分山地。多栖息于近水的丛林中。穴居，常栖居于其他动物的废弃洞、石隙或树洞中。昼伏夜出，行动较迟钝。一般独居，有时也5～6只成群。食性杂，主要吃鼠类、小鸟、蛙、鱼、蟹及昆虫等，也吃浆果、真菌、植物的根茎及种子。2～3月为交配期，孕期60天左右，到5～6月产崽。一雄配多雌，每胎产5～12崽，多为6～8崽。天敌主要是狼、猞猁等。秦岭地区见于石泉、柞水、洛南。

资源价值与利用：貉是重要的毛皮兽。貉皮轻而暖，针毛拔去后称"貉绒"，是上好的制裘原料皮。其针毛富于弹性，可用于制作画笔、胡刷及化妆用刷等。其肉甘温，无毒，可治元脏虚痨及女子虚惫。已列入《国家保护的有益的或者有重要经济、科学研究价值的陆生野生动物名录》。人工养貉是一项新兴的产业，具有设备简单、饲料成本低、繁殖快、易于管理等有利条件，值得提倡推广。

（十三）狼（*Canis lupus*）

分类地位：哺乳纲，食肉目，犬科。别名：野狼、灰狼、豺狼。

形态特征：外形和大型家犬相似，体长大于1米。吻部较尖；耳直立，几乎裸出无毛，向前折可达眼部；四肢强健；尾较短粗，不及体长的1/3，尾巴从不卷起，永远低垂。吻部、颊部、腮部、下颌及喉部的毛呈浅灰棕或污白色，上下唇几呈黑色。耳浅棕色。头部、躯干背面及四肢外侧的毛均呈浅黄灰或棕黄色，背部及体侧之长毛均具黑色毛尖，故呈灰黑色调，尤以后背及尾基部明显。尾背面毛色与体背相似。腹面及四肢内侧毛色浅棕或棕白。口须黑色。

习性与分布：栖息于山地、丘陵、平原、森林、草地、荒漠等地带，在秦岭地区多单只或2～3只活动于低山丘陵地带，多夜间活动。其听觉、嗅觉和视觉都非常敏锐，机警并善于奔跑。食性杂，以中小型兽类为主，有时也危害家畜。狼每年繁殖1次，孕期60余天，每胎产崽多为5～7只，哺乳期4～6周，雌雄狼共同抚育幼崽。在秦岭地区分布于商南、佛坪、山阳、柞水、洛南、留坝、长安。

资源价值与利用：狼皮和狗皮一样，可制作垫褥。其肉、舌、胃等可药用。狼是广泛分布的动物，但由于人类经济活动加强，农药被广泛使用，致使狼的种群数量不断下降，现今在自然界数量稀少。已列入《国家保护的有益的或者有重要经济、科学研究价值的陆生野生动物名录》，需加强保护。

（十四）果子狸（*Paguma larvata*）

分类地位：哺乳纲，食肉目，灵猫科。别名：花面狸、青猺、白鼻狗、花猸子、牛尾狸等。

形态特征：体长530～650毫米，体重6～12千克。四肢粗短，各具5趾。前后足第1趾较发达，但小于其他趾。掌垫均分为4个小叶，宽于腕垫，但腕垫长，分为内外两叶。肛腺、包皮腺发达。从颜面至额顶、颈背有一条宽阔的白色斑纹。整个躯体没有纵纹和斑点，尾无色环。头颈部、四肢下半部和尾的下半部多为黑色。头、耳、颈、颏多为黑色或黑褐色。喉灰白或灰褐色。体背、体侧和四肢上外侧一般为棕黄、棕褐、灰褐或灰黄、灰蓝、苍白色。胸部灰褐或灰白色，腹部灰黄或灰白色。四肢及尾的下半部和足为黑色，尾的上半部同体色。但有的毛色因个体和季节不同而有差异。

习性与分布：多栖息在山川、沟壑、丘陵、浅中山的落叶阔叶林、针叶林和长有灌丛的缓坡及干燥裸岩地。巢窝多在陡崖上或灌丛之中，隐蔽程度较好。夜行性，多在黄昏、夜间、拂晓活动和觅食。秦岭地区分布在凤县、太白、留坝、略阳、勉县、洋县、佛坪、眉县、周至、户县、长安、蓝田、临潼、华县、华阴、洛南、商州、商南、柞水、山阳、镇安、丹凤、宁陕、石泉、汉阴、旬阳、白河。

资源价值与利用：其绒毛细密而长，保暖性较强，可制作皮衣、皮领、皮帽、皮褥、手套等。针毛是制高级仪器刷、胡刷和画笔的原料。其油能消炎生肌，治疗烧伤效果很好。现在果子狸已经成为一种新的饲养动物，以满足人类对其资源的需求。已列入《国家保护的有益的或者有重要经济、科学研究价值的陆生野生动物名录》。

（十五）小麂（*Muntiacus reevesi*）

分类地位：哺乳纲，偶蹄目，鹿科。别名：黄麂、麂子。

形态特征：麂类中体形最小的一种，体长约700～850毫米。雄兽具角，犬齿呈獠牙状；雌兽无角，犬齿短小，不呈獠牙状。脸部较宽，尾较长，四肢细弱，蹄小。通体棕褐色或黄褐色，鼻垫后缘至角基部暗棕褐色或黄褐色，从额腺后外缘至角基各有1条黑色宽纹。吻侧、面颊、耳基部为黄褐色。耳背面黄褐色或暗棕色，耳内面具稀疏的白毛。体背面棕褐色，毛基淡白色或淡褐色，其后为褐毛，尖端赭黄色。下唇经颔、喉、胸及腹部淡白色或浅黄白色。鼠蹊部和四肢上部内侧后缘及肛周纯白色。四肢前方毛色与体背相同，但蹄的附近为暗黑褐色。尾背面黄褐色，腹面白色。

习性与分布：多栖息于1500米以下的低山丘陵灌丛，特别是林间或林缘灌丛。多夜间活动，以清晨和傍晚最活跃。胆小，机警，听觉敏捷，受惊时常迅速地钻进茂密的树丛。繁殖无明显季节性，在全年任何月份都能发情和产崽。主要以植物的幼叶、嫩芽和多种草本植物为食。小麂为我国特有种，秦岭地区是其分布的最北界限，见于佛坪、洋县、镇巴、宁陕、石泉、汉阴、平利、镇坪、镇安、太白。

资源价值与利用：其皮细腻柔软，制革加工后，可做高档麂皮衣、皮包、皮鞋、手套等，麂绒皮用于擦拭镜头和光学仪器，是我国传统的出口商品，其产量仅次于松鼠皮和草兔皮。已列入《国家保护的有益的或者有重要经济、科学研究价值的陆生野生动物名录》。

小麂

（十六）毛冠鹿（*Elaphodus cephalophus*）

分类地位：哺乳纲，偶蹄目，鹿科。别名：麂子、青麂子、黑麂。

形态特征：体呈黑褐色。眼较小，眶下腺十分显著，没有额腺。耳阔圆被厚毛。尾短，四肢较纤弱。因其额部有一簇马蹄形黑色长毛，故名毛冠鹿。耳壳内具成纵行白毛，耳外面黑褐色。唇缘苍白色，前后肢背侧黑褐色，尾背面黑色，前肢腋部、腹部、鼠蹊部及尾的腹面纯白色。雄性具有獠牙状犬齿，露出唇外，头顶上有1对短小而不分叉的角。

习性与分布：多活动于山地或丘陵地带的林缘灌木丛及耕作区附近。白天隐居，晨昏时活动、觅食。喜食冷杉树和栎树的嫩枝、幼芽、叶及蔷薇科、百合科、豆科、蓼科等植物的茎、枝、叶，有时也会盗食玉米、大豆、豌豆、油菜等农作物。天敌主要有豺、豹和云豹。在秦岭地区分布于宁强、南郑、西乡、镇巴、佛坪、洋县、城固、留坝、勉县、略阳、宁强、石泉、平利、镇坪、白河、旬阳、柞水等地，数量不多，其分布以秦岭为北限。

毛冠鹿

资源价值与利用：毛冠鹿皮可制革，也是一种珍贵的观赏动物。已被列入《国家保护的有益的或者有重要经济、科学研究价值的陆生野生动物名录》。

二、工业植物资源

（一）油松（*Pinus tabulaeformis*）

分类地位：松科、松属。别名：红皮松、短叶松、短叶马尾松。

形态特征：常绿高大乔木。树皮灰褐色，呈不规则鳞片状开裂；老枝平展或斜向上，针叶暗绿色粗硬，两针一束。橙黄色雄球花呈圆柱形，聚生于新枝基部呈穗状；绿紫色雌球花呈圆球形，单生或数个生于新枝顶端。当年生幼球果绿色，成熟后黄褐色开裂。褐色种子具翅。花期4～5月，球果第二年10月成熟。

习性与分布：在海拔1000～2800米的山坡上普遍生长。为我国特有树种，在我国高山地带分布广泛。秦岭南北坡均有分布。

资源价值与利用：木材优良，坚固耐用，因富含松脂而耐腐，适做建筑、家具、枕木、矿柱、电杆、人造纤维等；树干分泌松脂，是生产松香和松节油的原料，也是产松脂的植物资源之一；树皮可提取栲胶；种子含油率达42.5%，是油料植物资源；松节（即松树枝干的结节）、松针（即叶）及花粉有祛风活血、明目安神、解热镇痛、抗菌抗病毒、降血脂和延缓衰老的作用。此外，油松果多糖为近年来新发现的具有抗癌、抗艾滋病等生理活性的植物提取物，其药理作用引人注目。油松四季常绿，根系发

油松

达，适应性强，有良好的保持水土和美化环境的功能，适用于园林绿化，也是中国北方广大地区最主要的造林树种之一。

华山松、白皮松等同属其他树种的资源价值与利用状况与本种基本相同，不再逐一介绍。

（二）云杉（*Picea asperata*）

分类地位：松科、云杉属。别名：茂县云杉、大果云杉、异鳞云杉。

形态特征：常绿乔木。树冠塔形，树皮灰褐色，裂成不规则鳞片或稍厚的块片脱落。枝平展，叶四棱状条形，四面均有气孔线。球果圆柱状，上端渐窄，成熟前绿色，熟时淡褐色，倒卵圆形的种子具有翅。花期4～5月，球果9～10月成熟。

习性与分布：耐寒，有一定的耐阴性，喜凉爽湿润的气候和肥沃深厚、排水良好的微酸性沙质土壤，生长缓慢，属浅根性树种，对干旱环境有一定抗性。多生长于海拔2000～2500米的北向山坡，中国特有树种，产于秦岭陕西凤县辛家山。

资源价值与利用：木材通直质坚，可做电杆、枕木、建筑、桥梁用材。树干可取松脂，树皮含单宁，可提取栲胶；茎皮纤维可制人造棉、绳索和纸。针叶可提取挥发油，松节（即其枝干的结节）、松针（即叶）等入药，可活血止痛、发表解毒、明目安神。树姿端庄，适应性强，抗风力强，耐烟尘，是很好的绿化树种。

云杉

同属的青杆等其他树种的资源价值与利用状况与本种基本相同，不再逐一介绍。

（三）巴山冷杉（*Abies fargesii*）

分类地位：松科、冷杉属。别名：太白冷杉、鄂西冷杉。

形态特征：常绿乔木。树皮暗灰褐色，常剥裂成近方形块片，小枝光滑，红褐色；叶通常排列较密呈梳状，密集四射，叶条形，背面有2条白色气孔带。雌雄同株，雄球花下垂，单生于叶腋，雌球花直立，单生于叶腋。长圆柱形球果直立，熟时紫黑色，种子具有膜质翅。花期6～7月。

习性与分布：耐阴性强，喜气候温凉湿润及石英岩等母质发育的酸性棕色森林土，生长慢，常生长于海拔2000米以上的高山

巴山冷杉

地带。中国特有种，秦岭南北坡均有分布，陕西佛坪、宁陕、户县、长安、周至、太白、眉县等地均常见。

资源价值与利用：木材质轻，易于加工，可供建筑和做家具用，但质地不如松、铁杉及云杉类木材耐久。果实药用，有调经活血、安神的效果。

（四）铁杉（*Tsuga chinensis*）

分类地位：松科、铁杉属。别名：华铁杉、仙柏、南方铁杉。

形态特征：常绿乔木。树冠塔形，直立高大，树皮褐灰色片状剥落，大枝平展，枝梢下垂；叶线形全缘，在枝上螺旋状排列，基部扭转排成2列，叶长短参差不齐着生在小枝上。雌雄同株，球状雄球花单生于叶腋，由多数小孢子叶组成；雌球花单生枝顶。亮黄绿色的球果较小，呈卵形，种子具翅。花期4～5月，10月间球果成熟。

习性与分布：温带及寒带的耐阴树种，性喜多雨多雾、酸性肥沃深厚土壤，深根性，生长较慢，寿命长。多生长于海拔600～2100米排水良好的山区，我国特有树种，秦岭南北坡均产，陕西佛坪、石泉、宁陕、户县、周至等地常见。

铁杉

资源价值与利用：木材坚实，纹理细致均匀，强度和冲击韧性适中，抗腐力强，尤耐水湿，是优良木材，可供建筑、舟车、家具等用材，又可做胶合板、木桶、枕木、坑木，其原木可制造纸浆，木纤维是优良的纤维工业原料。树干可割树脂，树皮可提栲胶；种子含油达52.2%，可制肥皂、润滑油及其他工业用油。

（五）侧柏（*Platycladus orientalis*）

分类地位：柏科、侧柏属。别名：黄柏、香柏、扁柏。

形态特征：常绿乔木或灌木状。树皮老时灰褐色，常纵裂成条片，小枝侧扁，排成一平面，鳞形叶小型，交互对生。雌雄同株，雄球花黄色呈卵圆形；雌球花蓝绿色近球形且被白粉。卵圆形球果小型，成熟前呈蓝绿色并被白粉，近肉质，成熟后红褐色并木质化且开裂；栗褐色种子呈卵圆形。花期3～4月，球果10～11月成熟。

侧柏

习性与分布：阳性树种，抗性强，对土壤要求不严，喜生于湿润肥沃排水良好的钙质土壤，浅根性，侧根发达，适应性极强，寿命长。多生长于海拔600～1500米之间，我国特产，秦岭南北坡均产，分布广，是秦岭北坡低山丘陵区的主要树种。

资源价值与利用：木材淡黄褐色，因富含树脂而具芳香，材质细密坚实，耐腐蚀力强，可供建筑、器具、家具、农具及文具等用材。果和枝、叶、根等均可入药，种子可榨油。能抗烟尘，抗二氧化硫、氯化氢等有害气体，是良好的园林绿化树种。

（六）山杨（*Populus davidiana*）

分类地位：杨柳科、杨属。

形态特征：落叶大乔木。树皮光滑呈灰绿色或灰白色；单叶互生，叶片近似三角形且先端尖，叶边缘具齿，叶柄侧扁。花单性，雌雄异株，柔荑花序下垂；棕褐色的雄花序长5～9厘米，雄花苞片棕褐色，具有雄蕊5～12枚；雌花序长4～7厘米，雌花的子房圆锥形，柱头红色。果序长达12厘米，果实为蒴果且具有短柄，种子极小具有白色长毛。花期3～4月，果期4～5月。

习性与分布：喜光，为强阳性树种，对土壤要求不严，根萌蘖能力强，天然更新能力强，多生长于海拔650～2000米的林区坡地、山脊和沟谷地带。秦岭南北坡分布较普遍。

资源价值与利用：木材白色，轻软而富弹性，供造纸、火柴杆及民房建筑等用；木材可产生机制纤维，木材和树皮可做造纸原料，树皮纤维含量为48.62%。树皮含鞣质5.16%，可提取栲胶；枝条可编筐，幼枝及叶为动物饲料。幼叶红艳、美观，可做观赏树，是绿化荒山、保持水土的优良树种。

山杨

太白杨、小叶杨、青杨等同属其他树种的资源价值与利用状况与本种基本相同，不再逐一介绍。

（七）榆树（*Ulmus pumila*）

分类地位：榆科、榆属。别名：榆、家榆、白榆。

形态特征：落叶乔木。树皮粗糙暗灰色，具不规则深纵裂。单叶互生，叶片近似椭圆形，叶边缘具锯齿。紫褐色花簇生，有短梗，花被片4～5片，雄蕊4～5枚，子房扁平。圆形翅果光滑，径1.2～2厘米，成熟前绿色，后白黄色，果梗短，种子位于翅果中部。花期3～4月，果期4～5月。

榆树

习性与分布：喜光耐寒，深根性，侧根发达，抗风保土力强，对烟尘及氟化氢等有毒气体的抗性较强。生长于海拔1000～2500米以下，秦岭南北坡均有分布，也普遍栽培。

资源价值与利用：榆木坚韧，纹理清晰，硬度与强度适中，坚实耐用，供家具、车辆、农具、器具、桥梁、建筑等用，也可制作精美的雕漆工艺品，和榉木有"北榆南榉"的美称。树皮含纤维率高，可代麻制绳索、麻袋或人造棉，也可做造纸原料；榆皮内含淀粉，可食用或做制醋原料；种子含油量高，供食用和制肥皂；果、树皮和叶入药，能安神，利小便，治神经衰弱、失眠及身体浮肿等症；嫩果和幼叶食用或做饲料；榆树还是重要的蜜源植物。榆树树干通直高大，绿荫较浓，适应性强，生长快，是城市绿化的重要树种。在林业上也是营造防风林、水土保持林和盐碱地造林的主要树种之一。目前自然种质资源受到严重破坏，数量锐减。

（八）红桦（*Betula albosinensis*）

分类地位：桦木科、桦木属。别名：纸皮桦。

形态特征：落叶乔木。树皮淡红褐色，具有光泽和白粉，呈纸片状剥落；小枝紫红色，老枝条暗紫红色，具有灰白色皮孔。叶片卵形，叶边缘具重锯齿，叶背面密生腺点。雄花序圆柱形，长3～6厘米，苞片紫红色，边缘具纤毛。果序长圆柱形，单生或同时具有2～4枚排成总状，长约4厘米，果苞淡黄褐色，小坚果卵形具有膜质翅。花期6月，果期10月。

习性与分布：较耐阴且耐寒冷，喜湿润空气，生长速度中等，自然更新好，多生长于海拔2200米以上的山坡杂木林中。秦岭南北坡均有分布，宁陕、佛坪、勉县、华阴、户县、周至、眉县、太白等地均有分布。

资源价值与利用：木材质地坚硬，结构细密，为细木工、家具、枪托、飞机螺旋桨、砧板等优良用材，也可做胶合板。树皮可做雨帽或包装用；树皮干馏制得桦皮焦油即桦皮油，可使皮革柔软、耐腐、牢固，并可做木材防腐剂和杀虫剂，也是医药上用于部分外伤和皮肤病的治疗剂，还可用以制造消毒药皂。红桦树冠美丽，橘红色且光滑，观赏价值高，可应用于园林绿化。

红桦

白桦、坚桦等同属其他树种的资源价值与利用状况与本种基本相同，不再逐一介绍。

（九）千金榆（*Carpinus cordata*）

分类地位：桦木科、鹅耳枥属。别名：千金鹅耳枥、穗子榆。

形态特征：落叶乔木。树皮灰褐色具明显皮孔；单叶互生，卵状椭圆形叶片先端尖，边缘具重锯齿。花单性，雌雄同株，雄柔荑花序下垂生于枝的基部，长5～6厘米，雄花雄蕊10余枚，苞片紫红色；雌柔荑花序着生于当年生枝顶，长2厘米；果穗圆筒状，长5～10厘米，具有多数绿色叶状果苞，小坚果棕褐色，生于果苞基部。花期5月，果期9～10月。

习性与分布：喜光，耐旱耐热，适应多种土壤，最喜排水好的湿润肥沃土壤。多生长于海拔500～2500米的山坡和山谷杂木林中，秦岭南北坡均普遍分布。

资源价值与利用：木材淡黄白色，材质致密坚固，可做农具、工具及家具等用材。树皮含鞣质，可提制栲胶；种子可榨油，含油量高，供制作肥皂等工业原料及滑润油。冠形优美，枝叶非常紧密，春季叶深绿色，秋季黄或金黄色，落叶迟，可做行道树和庭院树种。

千金榆

鹅耳枥等同属其他树种的资源价值与利用状况与本种基本相同，不再逐一介绍。

（十）楝（*Melia azedarach*）

分类地位：楝科、楝属。别名：苦楝、楝树。

形态特征：落叶乔木。叶为2～3回奇数羽状复叶，小叶对生，披针形叶片先端尖，边缘有锯齿。圆锥花序长20～40厘米，花淡紫色具花梗，芳香，花萼5裂，花瓣5片，雄蕊管紫色，花药10枚；子房近球形。淡黄色核果椭圆形，长1～2厘米，宽0.8～1.5厘米；种子椭圆形。花期4～5月，果期9～10月。

习性与分布：阳性树种，喜生于湿润肥沃的土壤，一般生长于海拔100～800米的山坡杂木林和疏林内或平坝、丘陵地带湿润处，常栽培于村子附近或公路边。秦岭南北坡均有分布，北坡见于华县、蓝田、眉县，南坡见于丹凤、旬阳、石泉、城固、留坝等地。

资源价值与利用：木材材质好，心材紫褐色至红色，比较耐腐，易加工，是家具、建筑、农具、舟车、乐器等良好用材。种子榨油可供制油漆、润滑油和肥皂；花可蒸馏提取芳香油；茎、根皮、果实含川楝素、生物碱、山茶酚、树脂、鞣质等，在农村广泛用作农药，也可入药。对二氧化硫的抗性较强，可在二氧化硫污染较严重的地区栽培。

楝

（十一）重阳木（*Bischofia polycarpa*）

分类地位：大戟科、秋枫属。别名：乌杨、红桐。

形态特征：落叶乔木。树皮褐色纵裂；三出复叶，顶生小叶较两侧的大，卵形小叶片纸质，顶端尖，边缘具齿，托叶小，早落。花单性淡绿色，雌雄异株，总状花序下垂；雄花序长8～13厘米，雄花萼片5片，雄蕊5枚，雌蕊退化；雌花序3～12厘米，雌花萼片5片，子房3～4室。果实球形，红褐色至蓝紫色。花期4～5月，果期10～11月。

习性与分布：暖温带阳性喜光树种；耐旱耐瘠薄和水湿，在酸碱性土中皆可生长，根系发达，生长快。生长于海拔300～1000米的低山区，秦岭南坡的安康、北坡的武功均有栽培。

重阳木

资源价值与利用：心材鲜红色，边材淡红色，对比明显且美观，是优良的建筑、造船、车辆、家具等珍贵用材，常替代紫檀木制作贵重木器家具。重阳木全身是宝，种子含油量高，油有香味，可供食用，也可做润滑油和肥皂油，或作为能源树种开发。果肉可酿酒，枝叶对二氧化硫有一定抗性。其根、叶可入药，能行气活血、消肿解毒。重阳木树姿优美，是良好的庭荫树和行道树。

（十二）枫香树（*Liquidambar formosana*）

分类地位：金缕梅科、枫香树属。别名：鸡爪枫、大叶枫、三角枫。

形态特征：落叶乔木。灰褐色树皮方块状剥落，树液芳香。单叶互生，叶片掌状3裂。花单性，雌雄同株，雄花排列成总状花序，淡黄绿色，无花瓣，雄蕊多而密集；雌花集成球形头状花序，由24～43朵小花组成。果序球形下垂，蒴果木质化，包于球形果序内，成熟时顶端开裂，果实内1～2粒具翅种子成熟，其余无翅的为未发育种子。花期4～5月，果期10月。

习性与分布：喜光喜温暖湿润气候，主根粗长，抗风力强，对一些有毒气体有较强的抗性。分布在海拔400～1500米的丘陵及平原，秦岭南坡的略阳、宁强、勉县、洋县、城固等地有分布。

枫香树

资源价值与利用：枫香树的树脂称枫脂，可制香料或药用。经过加工后可得枫香浸膏或芸香油，可用于香精的调和，有很强的定香力；药用能活血、生肌、止痛、解毒。枫脂可为苏合香的代用品，做祛痰剂。枫香树的根、叶及果均可入药，有祛风除湿、通络活血的功效。果实称路路通，为镇痛剂及通经利尿药，叶为止血良药。树皮和叶含鞣质，可提取栲胶；叶可饲养天蚕；木材材质软硬适中，可做建筑及器具等材料。枫香树具有较强的耐火性，可做林区防火树种及行道树种，还是优良的秋天观叶树种，适宜在秦岭南坡低山和丘陵地区种植。

（十三）漆树（*Toxicodendron vernicifluum*）

分类地位：漆树科、漆属。别名：大木漆、小木漆、山漆。

形态特征：落叶乔木。幼时树皮灰白色平滑，老时变深灰色粗糙，呈不规则的纵裂。奇数羽状复叶互生，小叶9～15枚，椭圆状长圆形叶片，先端尖，全缘。圆锥花序腋生，长15～25厘米；花小黄绿色，杂性，雄花萼片和花瓣各5片，雄蕊5枚着生于环状花盘的边缘；雌花萼片及花瓣各5片，子房卵圆形。棕黄色核果呈扁圆形，直径6～8毫米。花期5～6月，10月果成熟。

习性与分布：喜光及温暖湿润气候，侧根发达，萌芽力较强，以向阳、避风的山坡、山谷处生长为好。生长于海拔770～1640米间的山坡杂木林内，秦岭南北坡均分布普遍。

资源价值与利用：漆树是我国的主要采漆树种，它不断地向人类提供大量的生物质材料——生漆，一种不可替代的工业原料，为当地人创造财富。我国有着悠久的栽培和利用漆树资源的历史，生漆作为漆树的次生代谢产物，伴随人类走过7000多年的历程，形成了中华民族特有的生漆文明，成为世界文明史、科学技术史和工艺美术史上的一朵奇葩。生漆是将漆树韧皮部割伤流出的乳白色黏稠液体，是我国特产的一种天然树脂涂料。生漆与空气接触后被氧化，颜色逐渐变黑，浮在器物上干燥后结成光亮坚硬的漆膜，漆膜不仅坚硬而且富有光泽，并具有耐久、耐磨、耐油、耐有机溶剂、耐水、绝缘等优良性能，可用以涂饰海底电缆、机器、车船、建筑、家具及工艺品等，是优良的天然树脂涂料和防腐剂，素有"涂料之王"的美誉。种子含油量高，可榨油，用于制造香皂、油墨、蜡烛，也可食用；果皮可取蜡；叶含鞣质可提取栲胶；木材坚实，可做家具及装饰品用材。为天然涂料、油料和木材兼用树种。漆树的根、皮、叶、花、种子、生漆、干漆等均可入药，能治疗多种疾病。

漆树

（十四）卫矛（*Euonymus alatus*）

分类地位：卫矛科、卫矛属。别名：鬼箭羽。

形态特征：落叶灌木。小枝具有2～4排木栓质的阔翅。单叶对生，早春初发时及初秋霜后变紫红色，叶片倒卵形。聚伞花序腋生，着生1～3朵花，两性花小，淡黄绿色，花萼片绿色4片，宿存，花瓣4片，雄蕊4枚着生于近花盘的边缘，花盘扁平，子房4室。蒴果棕紫色，4深裂；种子褐色卵圆形，外有橙红色的假种皮。花期5～6月，果期9～10月。

习性与分布：喜光，对气候和土壤适应性强；萌芽力强，耐修剪，对二氧化硫有较强的抗性。生长于海拔1800米以下的山间杂木林下、林缘或灌丛中，秦岭南北坡普遍分布。

资源价值与利用：根茎皮含硬橡胶；茎和叶含鞣质，可提取栲胶；白色木材材质致密坚韧；根和带翅的枝及叶均可入药，有行血通经、散瘀止痛等功效，为妇科通经活血药；还具有驱虫、泻下及治疗漆性皮炎的作用；卫矛中的黄酮类化合物可有效治疗心绞痛和冠心病。种子含有丰富的油脂和昆虫拒食活性成分，可作为无公害农药研究的重要资源。种子含油量大，可作为工业用油或汽车用的生物燃料。卫矛枝翅奇特，秋叶红艳耀目，果裂亦红，是品质较好的彩叶树种。

卫矛

大果卫矛等同属其他树种的资源价值与利用状况与本种基本相同，不再逐一介绍。

（十五）盐肤木（*Rhus chinensis*）

分类地位：漆树科、盐肤木属。别名：五倍子树、五倍子、肤杨树、盐肤子。

形态特征：落叶小乔木或灌木。奇数羽状复叶，小叶7～13片，叶轴具有宽的叶状翅，椭圆状卵形的小叶片纸质，叶缘具有粗锯齿，小叶无柄。圆锥花序顶生，多分枝。花小，杂性；雄花花萼5片，雄蕊5枚；两性花花萼和花瓣各5片，雄蕊5枚，子房卵形。果序直立，红色核果近球形，小型。花期8～9月，果期10～11月。

习性与分布：适应性强，不择土壤，喜生于阳光充足的海拔530～1650米间的山坡疏林、灌丛中或荒地上及山谷和溪边潮湿的地方，秦岭南北坡分布普遍。

资源价值与利用：枝叶由五倍子蚜虫寄生而形成富含鞣质的虫瘿称"五倍子"，是著名的工业原料和中药。五倍子可提取单宁、没食子酸和焦性没食子酸。盐肤木为五倍子蚜虫主要寄主植物，五倍子是重要的工业原料。花入药为"盐麸木花"，治鼻疮、痈毒溃烂；果实入药为"盐麸子"，有生津润肺、降火化痰、敛汗、止痢的功用；叶有化痰止咳、收敛解毒等功用；根、根皮入药，有消炎、利尿作用。"五倍子"还可制黑色染料；种

盐肤木

子可榨油，制肥皂及工业用。盐肤木秋季叶变为鲜红色，果实成熟时也呈橘红色，是品质良好的彩叶树种。

（十六）青麸杨（*Rhus potaninii*）

分类地位：漆树科、盐肤木属。别名：五倍子树、倍子树。

形态特征：落叶小乔木。树皮灰褐色，粗糙有裂缝，小枝平滑。奇数羽状复叶互生，叶轴无翅，小叶7～9片，卵状长圆形叶片先端尖，全缘，小叶具短柄。圆锥花序长10～20厘米，花小白色，花萼、花瓣各5片，雄蕊5枚，雌蕊1枚，子房球形。红色核果下垂，小型近球形且密被柔毛。花期5～6月，果期8～9月。

生境与分布：生长于海拔800～2000米的向阳山坡疏林或灌木中。秦岭南北坡均产，分布普遍。

资源价值与利用：树叶上五倍子蚜的虫瘿即五倍子，用途见盐肤木。茎皮和叶可提取栲胶，种子榨油可制肥皂及润滑油。其根辛、热，祛风解毒。叶上虫瘿用于久咳、久泻、消渴；外治盗汗、手足多汗症、湿疹、外伤出血、疮疡肿毒、口腔溃疡。

青麸杨

（十七）化香树（*Platycarya strobilacea*）

分类地位：胡桃科、化香树属。别名：化香柳。

形态特征：落叶小乔木。树皮黑褐色不规则纵裂。奇数羽状复叶互生，纸质小叶片卵状披针形，叶缘有锯齿。花单性，黄绿色，雌雄同株；雄花序为柔荑花序直立，长4～10厘米，苞片披针形，雄蕊8枚；雌花序长约2厘米，苞片宽卵形，雌蕊与两小苞片合生成翅。果序顶生，幼时黄绿色，成熟时褐色，苞片木质化宿存，果实小坚果状且两侧具狭翅；黄褐色种子卵形。花期5～6月，果期10月。

习性与分布：喜光和温暖气候，耐干旱瘠薄，对土壤要求不严，常生长在海拔600～1300米、有时达2200米的向阳山坡及杂木林中，在低山丘陵次生林中为常见树种。产于秦岭南坡的商南、镇安、宁陕、石泉、洋县、勉县、略阳等地。

资源价值与利用：化香树树皮、根皮、叶及果序富单宁，为提取栲胶的好原料，是我国重要的鞣料植物。化香树树皮纤维含量大，能代替麻供纺织或搓绳用；种子含油较高，可供制肥皂；果序可做天然黑色染料；叶可做农药，捣烂加水过滤出的汁液对

化香树

防治棉蚜、红蜘蛛、菜青虫、地老虎等有效；叶又可供药用，具有止痒、杀虫的功效，用于疮疖肿毒、阴囊湿疹、顽癣。化香树羽状复叶，穗状花序，果序呈球果状，直立枝端经久不落，具有特殊的观赏价值。

（十八）杠板归（*Polygonum perfoliatum*）

分类地位：蓼科、蓼属。别名：刺黎头、贯叶蓼、长虫草。

形态特征：一年生攀援草本。四棱茎常暗红色，具倒生钩刺。单叶互生，叶片正三角形，托叶鞘近圆形且穿茎。花序短穗状顶生或生于上部叶腋，常包于叶鞘内，卵形苞片内含2～4朵花，花白色或粉红色，花被5深裂，雄蕊8枚，雌蕊1枚。黑色果实球形，包于蓝色肉质的花被内。花期6～8月，果期8～9月。

习性与分布：生长于海拔700～1300米的沟岸、路边。产于秦岭南坡的山阳、宁陕、石泉、洋县、佛坪、宁强等地。

资源价值与利用：根皮鞣质含量高，可提取栲胶；叶可制取靛蓝，用于印染方面及墨水、油漆、靛蓝衍生物的制造。全草可入药，为止痛消肿、清热解毒剂，用于百日咳治疗效果较显著，也能止泻痢及治疗疮疖肿毒、带状疱疹、痔疮等，还可治疗蛇咬伤。全草还可做农药使用，对防治蔬菜害虫效果良好。

（十九）羊蹄（*Rumex japonicus*）

分类地位：蓼科、酸模属。别名：土大黄、皱叶酸模。

形态特征：多年生草本。根粗大肥厚，断面黄色，茎单生直立，叶片披针形，先端渐尖，叶缘皱波状，茎上部的叶片渐小，具有膜质托叶鞘。花两性，簇生的花朵组成狭圆锥状花序，花被片6片，2轮排列，外轮3片花后不增大，内轮3片花后增大，雄蕊6枚，子房1室。果实褐色，卵状三棱形，包于增大的内轮花被片内。花果期6～8月。

习性与分布：阳性草本植物，耐旱，生长于海拔700～2000米的山野、沟谷、田边路旁、河滩、沟边湿地。产于秦岭北坡眉县及南坡的商州、石泉、宁陕等地。

资源价值与利用：根皮和叶鞣质含量高，可提取栲胶；种子含油量大，可供工业用；根含淀粉，可酿酒；嫩叶可做蔬菜及绿肥。羊蹄既是很好的鞣料植物资源，又是很好的油料植物资源，具有较高的开发利用价值。根、叶可入药，性寒，味苦，有清热解毒的功效，还具有消炎、杀虫、通便等作用。

（二十）铜钱树（*Paliurus hemsleyanus*）

分类地位：鼠李科、马甲子属。别名：鸟不宿。

形态特征：落叶乔木。树皮暗灰色，呈剥裂状，单叶互生，卵圆形叶片先端尖。聚伞花序顶生或腋生，花黄绿色，萼片卵状三角形，花瓣匙形，雄蕊长于花瓣，花盘五边形且5浅裂，子房埋藏于花盘中。红褐色或紫褐色核果，近圆形且周围具木栓质宽翅。花期4～6月，果期7～9月。

习性与分布：生长于海拔1000米以下的山坡或山谷丛林中。产于秦岭北坡的户县、眉县，南坡的商南、山阳、宁陕、洋县、城固、勉县、略阳等地。

资源价值与利用：树皮含鞣质，可提制栲胶。根皮入药，煎水服可催奶。果实生得十分别致，有两个弯月形的膜翅相互连结，中央包围着种子，远远望去，树上仿佛吊着一串串的铜钱，风一吹，哗哗作响，因此得名"铜钱树"。庭园中常有栽培，观赏或做绿篱。

铜钱树

（二十一）粗根老鹳草（*Geranium dahuricum*）

分类地位：牻牛儿苗科、老鹳草属。

形态特征：多年生草本。具纺锤形粗根；茎直立，茎的下部叶具长柄，茎的上部叶具短柄，最上部叶无柄；叶片肾圆形，掌状7裂几达基部，裂片不规则羽状分裂。花序腋生或顶生，常具2朵花；苞片小，萼片长卵形，花冠紫红色，径约1.5厘米。蒴果有毛，种子黑褐色。花期7～8月，果期8～9月。

习性与分布：生长于海拔1700～2500米的山坡林缘和灌丛、山顶草甸，分布于太白山。

资源价值与利用：根、茎、叶均含鞣质，含量高，纯度大，属水解类单宁，是很好的鞣料植物资源。

此外，同属异种植物可提取栲胶的还有毛蕊老鹳草、鼠掌老鹳草和牻牛儿苗，秦岭南北坡均有分布，还可药用，有强筋骨、祛风湿、清热解毒之功效。

粗根老鹳草

（二十二）茅栗（*Castanea seguinii*）

分类地位：壳斗科、栗属。别名：野栗子。

形态特征：落叶小乔木。单叶互生，长椭圆形叶片，顶部渐尖，叶缘有锯齿，托叶细长。雄花序直立腋生，长5～12厘米，3～5朵雄花成一簇；雌花单生或混生雄花序的花序轴下部，每壳斗有雌花3～5朵，常1～3朵发育结实；壳斗近球形，外壁密生锐刺，常含坚果3个；褐色坚果较小，扁球形。花期5月，果期9～10月。

习性与分布：喜向阳干燥的丘陵、山地的疏松土壤，生长于海拔400～2000米的丘陵山地，与阔叶树混生，秦岭南北坡均产。

资源价值与利用：坚果含淀粉达60%～70%，可提取淀粉，可生、熟食和酿酒。壳斗和树皮含鞣质可提取栲胶，也可做丝绸的黑色染料；木材坚硬耐用，可制作农具和家具；苗可做板栗的砧木。茅栗性味甘温，能安神、健脾、解毒，可治失眠、消化不良、丹毒、疮毒。

茅栗

（二十三）栓皮栎（*Quercus variabilis*）

分类地位：壳斗科、栎属。别名：软木栎、粗皮青冈、花栎木、耳子树。

形态特征：落叶乔木。树皮灰褐色，深纵裂，木栓层深褐色极发达，厚达10厘米。单叶互生，卵状披针形叶片顶端渐尖，叶缘具刺芒状锯齿。花单性，雌雄同株；雄花序穗状生于当年生枝条下部，雄花数朵簇生，花被片4～5片，淡褐色，雄蕊5枚；雌花单生于当年生枝叶腋。壳斗杯形，包着坚果2/3，坚果宽卵形，长约1～2.5厘米，径约1～1.5厘米。花期4～5月，果期9～10月。

习性与分布：喜光树种，亦耐干旱、瘠薄和低温。生长于海拔500～1800米的山沟及山坡上，秦岭南北坡分布普遍，常成纯林。

资源价值与利用：栓皮栎的木栓层发达，质轻且富有弹性，不易传热、不导电、不透水、耐摩擦，与化学药品不起作用，因而具有绝缘、防震、防水等优良性能，为重要的工业原料。种子含大量淀粉，可提取浆纱或酿酒，其副产品可做饲料；壳斗含鞣质，可提取栲胶和黑色染料；木材坚韧耐磨，纹理直，耐水湿，是重要用材，可供建筑、车、船、家具、枕木等用；枝干还是培植银耳、木耳、香菇、猪苓等的材料；叶可饲养柞蚕，经济价值大。

栓皮栎

壳斗科植物是我国分布最广、数量最大的一类野生淀粉植物资源，年蕴藏量9亿千克以上。栎树的果实——橡子是木本粮食、饲料和工业用淀粉的主要来源，产量很大。秦岭的壳斗科植物分布广泛，除了以上介绍的两种植物外，还有槲树、辽东栎、麻栎、小橡子树、刺叶高山栎、橿子栎、锐齿栎和岩栎等。上述壳斗科植物种子、根皮、树皮、壳斗均含有单宁，是提取栲胶的原料；种子、根皮、树皮、壳斗均可入药。木材强度高，耐磨、耐腐，是良好的房屋建筑和家具装饰板材，小径材又是栽培香菇、木耳、猪苓等的原料。

（二十四）青檀（*Pteroceltis tatarinowii*）

分类地位：榆科、青檀属。别名：翼朴、檀树、摇钱树。

形态特征：落叶乔木。树皮深灰色，老时裂成不规则片状剥落，露出灰绿色的内皮。单叶互生，纸质叶片卵形，先端渐尖。花单性，雌雄同株；雄花簇生下部，花被5裂，雄蕊5枚；雌花单生上部叶腋，花被片4片。翅果近圆形，翅稍带木质，成熟后黄褐色。花期4～5月，果期8～10月。

习性与分布：喜光性树种，生于石灰岩山地，适应性较强，对有害气体有较强的抗性。根系发达，寿命长。常生长于海拔1500米以下的山麓、林缘、沟谷等处，秦岭南北坡均产，北坡见于华阴、长安、周至、眉县，南坡见于商州、略阳等地。

资源价值与利用：青檀最有价值的是树皮中的韧皮纤维，为制造驰名国内外的宣纸的优质原料。青檀纤维含量高，其纤维长而浑圆，强度大，制造纸张后不易产生应力集中现象，因而由它制造的宣纸的润墨性、变形性和耐久性均较好。

青檀

青檀木材坚硬，可做建材及各种器具用材，枝条用于编筐，叶可做饲料；可做石灰岩山地的造林树种，供人们观赏。青檀为中国特有的单种属，对研究榆科系统发育有学术价值。

（二十五）朴树（*Celtis sinensis*）

分类地位：榆科、朴属。别名：朴、朴榆、朴仔树、沙朴。

形态特征：落叶乔木。树皮灰褐色，粗糙不开裂，单叶互生，宽卵形叶片先端急尖。两性花或单性花雌雄同株，1～3朵生于当年生枝上，雄花簇生于枝的下部，雌花单生于上部的叶腋；花被片4片，雄蕊4枚，子房1室。红褐色核果近球形，较小。花期4～5月，果期9～10月。

习性与分布：喜光稍耐阴，喜温暖气候及肥沃湿润深厚的土壤，深根性，寿命较长，抗风力、烟尘及有毒气体强。生长于海拔500～1000米的山坡或山沟中，产于秦岭南坡各地。

资源价值与利用：树皮含纤维高，纤维强韧，是制造绳索、纸、人造纤维和人造棉的原料。果实含油量高，可榨油，用于制造肥皂及润滑油；木材质轻而且坚硬，可做家具、枕木、建筑材料等工业用材；根、皮、嫩叶入药有消肿止痛、解毒治热的功效；叶可制土农药，杀红蜘蛛有效。朴树树形美观，移栽成活率高，是优良的行道树种。

（二十六）苎麻（*Boehmeria nivea*）

分类地位：荨麻科、苎麻属。别名：野苎麻。

形态特征：亚灌木或灌木，高0.5～1.5米。茎直立，茎和叶柄均密被灰白色粗毛。草质叶互生，宽卵形或卵圆形，顶端骤尖，基部近截形或宽楔形，边缘在基部之上有牙齿。圆锥花序腋生，或植株上部的为雌性，其下的为雄性，或同一植株的全为雌性。雄花：4枚狭椭圆形花被片合生至中部，雄蕊4枚，雌蕊退化；雌花：花被椭圆形，果期菱状倒披针形，柱头丝形。瘦果近球形，光滑，基部突缩成细柄。长卵形瘦果，具宿存花柱及柱头。花期8～10月。

习性与分布：生长于海拔1700米以下的山谷、林边或草坡。秦岭南北坡均产。

资源价值与利用：苎麻茎部韧皮纤维洁白有光泽，有抗湿、耐热、耐霉、绝缘、质轻、易染色等优点，为重要的纺织原料，民间历来用于织夏布，也可与细羊毛、涤纶等混纺，还是优质的造纸原料。种子可榨油；根、叶入药；叶可以养蚕，还可做饲料。苎麻又称"中国草"，是我国古代的五种麻之一。

苎麻

（二十七）野亚麻（*Linum stelleroides*）

分类地位：亚麻科、亚麻属。

形态特征：一年生或二年生草本，茎直立，基部木质化。单叶互生，线状披针形叶片先端尖。单花或多花组成聚伞花序，花淡紫色或蓝紫色；萼片5片宿存，边缘有易脱落的黑色腺点；倒卵形花瓣5片；雄蕊5枚；子房卵形有5棱。球形蒴果具有5条纵沟，种子长圆形。花期7～8月，果期9～10月。

习性与分布：生长于海拔630～2750米的山坡、路旁和山谷草地。产于秦岭北坡的太白山、光头山及南坡的洋县等地。

资源价值与利用：茎皮纤维与亚麻相似，具有拉力强、织物耐摩擦、吸水性能低等优点，常用来织帆布、桌布、麻布、家具装饰等，还可做造纸原料。种子榨出的油为油漆工业的上等原料；全草及种子入药，治疮疖痈肿、便秘及皮肤瘙痒等症。

（二十八）荨麻（*Urtica fissa*）

分类地位：荨麻科、荨麻属。别名：裂叶荨麻、火麻。

形态特征：多年生草本。具横走的根状茎，茎直立有4棱，密生螫毛和伏生短毛。单叶对生，宽卵形叶片先端渐尖，边缘有5～7对浅裂片，叶面上散生螫毛和贴生细毛，具2片绿色小型托叶。绿色单性花小型，雌雄同株或异株，同株者雄花序位于下部，雌花序位于上部；聚伞花序腋生，有时近穗状；雄花有4片花被片，雌蕊退化；雌花4片花被片宿存，其中内面2片开花后增大，与果等长；瘦果宽卵形。花期8～9月，果期9～10月。

习性与分布：喜阴植物，喜温喜湿，生长迅速，对土壤要求不高，生长于海拔约600～2100米间的山坡、山谷路旁或住宅旁的半阴湿处。产于秦岭南坡宁强和勉县等地。

资源价值与利用：重要纤维植物，茎皮纤维纯白色，有绢光，可供纺织，也可与丝混纺。全草入药主治风湿、糖尿病等，并能解蛇虫咬伤之毒；根为强壮剂，主治虚弱劳伤，可舒筋活血和祛风；嫩叶治疗小儿惊啼、吐乳及皮肤痒疹等。鲜叶可做猪饲料。

荨麻

（二十九）艾麻（*Laportea cuspidata*）

分类地位：荨麻科、艾麻属。别名：蝎子草、千年老鼠屎、红火麻、活麻。

形态特征：多年生草本，具多数纺锤状肥厚的块根。茎直立，单叶互生，宽卵形叶片先端长尾状，边缘具粗锯齿，托叶早落。淡绿色花单性，雌雄同株；雄花序圆锥状，生于下部叶腋，雄花花被片5片，雄蕊5枚与花被片对生，雌蕊退化；雌花序长穗状，生长于上部叶腋，雌花具4片大小不等的花被片，外侧2片较小，内侧2片花后增大。瘦果歪椭圆形。花期7～8月，果期9～10月。

习性与分布：喜阴喜湿植物，生长迅速，对土壤要求不严，生长于海拔1000～2000米间的山坡、山谷岩石旁或林中阴湿处。秦岭南北坡分布很普遍。

资源价值与利用：茎皮纤维可打绳索、造纸、织麻布及代替麻类用。由于在秦岭中分布很普遍，资源丰富，是优良的纤维植物资源。

（三十）鸡桑（*Morus australis*）

分类地位：桑科、桑属。别名：小叶桑。

形态特征：灌木或小乔木。树皮灰褐色纵裂，单叶互生，纸质叶片卵形，先端急尖，边缘具细锯齿，不分裂或3～5裂，托叶早落。花单性，雌雄异株，雄花绿色，花被片4片，雄蕊4枚；雌花序球形密被白色柔毛，雌花暗绿色，花被片4片，子房1室。聚花果椭圆形，直径1～1.5厘米，成熟时暗紫色。花期3～4月，果期5～6月。

习性与分布：阳性，耐旱耐寒，怕涝，抗风。常生长于海拔500～1000米石灰岩山地或林缘及荒地，秦岭南北坡均产。

资源价值与利用：茎皮纤维可造桑皮纸和绝缘纸及人造棉。果可生食、酿酒、制醋；叶可饲蚕；根皮及叶性甘、辛、寒，清热解表，用于感冒咳嗽。同属植物蒙桑等形态结构和利用价值与其类似。

鸡桑

（三十一）构树（*Broussonetia papyrifera*）

分类地位：桑科、构树属。别名：构桃树、楮树、楮实子。

形态特征：乔木。单叶互生，广卵形叶片先端尖，边缘具有粗锯齿，不分裂或3～5裂，表面粗糙且疏生糙毛，背面密被绒毛，托叶早落。花单性，雌雄异株；雄柔荑花序腋生下垂，雄花小苞片2～3片，花被4裂，雄蕊4枚，雌蕊退化；雌花序球形头状，密生白色柔毛，雌花小苞片4片，花被管状，子房卵圆形。橙红色聚花果肉质球形，直径1.5～2.5厘米。花期4～5月，果期7～9月。

习性与分布：强阳性树种，耐旱耐贫瘠，根系浅，侧根分布很广，生长快，适应性特强，抗逆性、抗污染性强。生长于海拔500～1500米的山坡、山谷、平原或村庄附近。秦岭南北坡均产，分布普遍。

资源价值与利用：皮纤维细长而柔软，是高级纤维，为造各种纸的上等原料，还可制人造棉。树皮、茎、叶含鞣质，可提取栲胶。果实酸甜，可生食，也可酿酒；果实、根皮、叶、树皮及浆液均可入药，中医学上称果实为楮实子，为强壮剂，主治阳痿，并强壮筋骨、明目、健胃等。又可制农药，对防治蚜虫及瓢虫有效。构树叶蛋白质含量高达20%～30%，经科学加工后可用于生产畜禽饲料。构树枝叶茂密，具有生长快、繁殖容易等优点，是城乡绿化及行道树的重要树种，并能抗二氧化硫、氟化氢和氯气等有毒气体，尤其适合用作荒山坡地绿化及污染严重的工厂的绿化树种。

构树

265

（三十二）苘麻（*Abutilon theophrasti*）

分类地位：锦葵科、苘麻属。别名：白麻、青麻。

形态特征：一年生草本。单叶互生，叶片圆心形，叶缘浅钝圆锯齿，两面密被柔毛。两性花黄色，单生于叶腋，有时组成近总状花序，花萼杯状5裂，花瓣5片，雄蕊多数，花丝合生成管状，雌蕊由15～20个心皮合生，排成轮状。半球形蒴果黑色，黑色种子肾形。花期7～8月，果期9～10月。

习性与分布：喜温短日照植物，苗期较耐寒，生长于海拔1000米左右的村旁、田边、路旁、沟边及河岸。秦岭南北坡均产，野生或栽培。

资源价值与利用：茎皮纤维色白，具光泽，可供纺织、编织麻袋、搓绳索、编麻鞋等纺织材料，亦用于造纸。种子可榨油，含油量极高，可制肥皂、油漆和工业用润滑油等；种子做药用称"冬葵子"，有利尿、通乳之效；根及全草入药，能祛风解毒。

（三十三）结香（*Edgeworthia chrysantha*）

分类地位：瑞香科、结香属。别名：打结花、打结树。

形态特征：落叶灌木，枝条棕红色，幼枝极坚韧且常被短柔毛。长椭圆形叶先端尖，全缘，两面均被银灰色绢状毛，有短柄。头状花序顶生或侧生，小花30～50朵组成绒球状，花黄色芳香，无花梗，花被长筒状顶端4裂，雄蕊8枚，2轮着生于花被筒上部；子房椭圆形，花盘膜质浅杯状。椭圆形核果绿色，花先叶开放。花期冬末春初，果期春夏间。

习性与分布：温带树种，喜温暖湿润气候；萌蘖力强。多生长于海拔600～2000米间的山坡、山谷林下及灌丛中。产于秦岭北坡太白山，南坡商南、紫阳、平利、石泉等地。

资源价值与利用：茎皮纤维可做高级纸及人造棉原料，是重要的造纸材料。全株入药能舒筋活络，消炎止痛，可治跌打损伤、风湿痛。还是优美的园林绿化植物，多栽植于庭院和水边，或进行盆栽观赏。

结香

（三十四）华椴（*Tilia chinensis*）

分类地位：椴树科、椴树属。别名：中国椴。

形态特征：落叶乔木。树皮灰绿色，单叶互生，卵圆形叶片先端渐尖，叶缘具有细而锐尖锯齿。聚伞花序腋生，有1～3朵花，总花梗粗壮，下部与苞片贴生，叶状绿色苞片倒披针形；两性花，黄色芳香且具蜜腺，直径约1厘米；萼片5片，花瓣5片；雄蕊多数合生成5束，每束有1匙状退化雄蕊；子房5室。椭圆形核果具有5棱。花期6～7月，果期8～9月。

习性与分布：温带树种，喜光也耐阴耐寒，喜肥沃、疏松的土壤。生长于海拔1500～2700米的山谷或山坡上阔叶杂木林中，秦岭南北坡均有分布。

资源价值与利用：皮含纤维高，可制麻袋、拧绳索、制人造棉，亦可做火药导引线，可用于编织草鞋。木材质软、色白，为优良用材树种，供制家具用。花可提取芳香油，亦是优良蜜源树种。椴花茶其实是晒干的椴花，具有安神作用。华椴树形美丽，开花时花序梗一部分附生在舌状的苞片上，非常奇特，可广泛用作绿化。

华椴

（三十五）枫杨（*Pterocarya stenoptera*）

分类地位：胡桃科、枫杨属。别名：麻柳、水麻柳、蜈蚣柳。

形态特征：落叶乔木。羽状复叶互生，叶轴具狭翅，长椭圆形，小叶片边缘有细锯齿，无小叶柄。花单性，雌雄同株，雄柔荑花序生于去年生枝叶腋，雄花常具1枚延长苞片及2枚小苞片，花被片1～2片，雄蕊9～18枚；雌柔荑花序生于当年生枝顶，雌花无梗，左右各具1枚小苞片，将来发育为果翅，花被片4片。果序下垂，果实具有2狭翅。花期4～5月，果期8～9月。

习性与分布：喜光及温暖湿润气候，深根性，在酸性及微碱性土壤中均可生长，抗性较强。多生长于海拔400～1500米以下的沿溪涧河滩、山坡地的林中。秦岭南坡有分布，产于陕西的商州、石泉、宁陕、洋县、勉县、略阳等地。

资源价值与利用：树皮含纤维质量高，品质好，可用于造纸和人造棉。枫杨木材轻软色白，油漆和胶着性能良好，容易加工，可制作箱板、家具、火柴杆等。皮含鞣质，可提取栲胶；果实可酿酒和做饲料，种子还可榨油；树皮及根皮供药用，除风祛湿，解毒杀虫，叶有毒，可做农药杀虫剂。枫杨树冠宽广，枝繁叶茂，生长快速，适应性强，为河床两岸低洼湿地的良好绿化树种。

枫杨

（三十六）胡枝子（*Lespedeza bicolor*）

分类地位：豆科、胡枝子属。别名：萩、胡枝条、扫皮、随军茶。

形态特征：灌木，多分枝，枝有棱。三出羽状复叶互生，顶生小叶比一对侧生小叶大，小叶片长圆形，2片小托叶宿存。总状花序腋生，在枝端形成圆锥花序，花紫色，花萼4裂，蝶形花冠。偏卵形荚果长约1厘米，宽约0.4厘米；褐色种子小型。花期7～8月，果期9～10月。

习性与分布： 喜光，耐旱耐寒耐贫瘠，耐水湿，根系发达，具有根瘤，多生长于海拔2000米以下的山坡、山谷及河流两岸的灌丛中。秦岭地区生长普遍。

资源价值与利用： 胡枝子枝条柔韧细长，俗称"苕条"，是编织业的原料；枝条纤维可造纸、制人造棉及代替麻制绳索，也是加工纤维板的原料。花多、花期长，是很好的蜜源植物。叶可代茶用，种子含油，可供食用或做机器的润滑油。枝、叶、花及根均可药用，有清热解毒、利水消肿、抗炎、抗过敏、镇痛等功效。胡枝子生长快，侧根发达，能在防风固沙和保持水土的同时改良土壤和提高土壤肥力，是优良的绿化观赏植物。

胡枝子

（三十七）大火草（*Anemone tomentosa*）

分类地位： 毛茛科、银莲花属。别名：野棉花、大头翁。

形态特征： 多年生草本植物，根状茎粗大且木质化。基生叶为三出复叶，三角状卵形小叶片3裂，顶端急尖，边缘有不规则小裂片和锯齿。聚伞花序，2～3回分枝；苞片3片，每片再分成大小不等的3片；两性花较大，直径约5厘米，花瓣状萼片5片，淡紫色或白色，雌、雄蕊均多数离生，子房密被绒毛。聚合果球形；瘦果极小且密被长绵毛。花期7～9月，果期11月。

习性与分布： 喜光，耐寒耐旱，对土壤要求不严。生长于海拔400～3000米的山坡荒地或山谷路边，秦岭南北坡各地广产。

资源价值与利用： 大火草茎含纤维，脱胶后可搓绳。种子毛可做填充物、救生衣等。种子可榨油；根含单宁和白头翁素，有小毒，供药用，能清热解毒、排脓生肌、消肿散瘀、克食消积、强心利尿、止痢。又可制农药，全草捣出的汁液加水喷洒对杀伤棉蚜、棉红蜘蛛有效，捣汁液加水煮可防止稻螟，水浸液可抑制小麦叶锈病和防止小麦秆锈病等。

大火草

（三十八）扁担杆（*Grewia biloba* var. *parviflora*）

分类地位： 椴树科、扁担杆属。别名：孩儿拳头。

形态特征： 灌木或小乔木，多分枝。单叶互生，薄革质叶片宽卵形，先端锐尖，边缘有细锯齿，托叶小，钻形。聚伞花序，花淡黄色，直径1厘米，萼片5片离生；花瓣5片且基部具腺体；雄蕊多数离生，子房密被长硬毛。近球形核果熟后黑红色。花期5～7月，果期8～9月。

习性与分布：喜光也略耐阴，耐寒耐旱耐瘠薄，对土壤要求不高，在富有腐殖质的土壤中生长旺盛，萌芽力强。生长于海拔500～2000米的沟渠边、灌丛、路边、丘陵、山顶、山谷、山脚、山坡杂木林或疏林中。秦岭南北坡均产。

资源价值与利用：茎皮纤维色白、质地软，可做人造棉，宜混纺或单纺；去皮茎杆可做编织用。根、枝、叶药用，性味甘、苦、温，具有健脾养血益气、祛风除湿、固精止带的功效。扁担杆果实橙红鲜丽，可宿存枝头达数月之久，为良好的观果树种。

扁担杆

（三十九）油桐（*Vernicia fordii*）

分类地位：大戟科、油桐属。别名：桐油树、桐子树。

形态特征：落叶小乔木。单叶互生，卵圆形叶片顶端尖，全缘，叶柄具2枚红色腺体。花单性，雌雄同株，圆锥花序；花大，花萼2～3裂；花瓣白色，初开时略带淡红色；雄花：雄蕊8～12枚呈2轮排列，外轮离生，内轮花丝中部以下合生；雌花：子房3～5室，每室1颗胚珠。紫褐色核果近球状；种子宽卵形，3～5颗。花期4～5月，果期8～9月。

习性与分布：喜光喜温暖，适于富含腐殖质、土层深厚、排水良好、中性至微酸性沙质壤土生长，适生于缓坡及向阳谷地、盆地及河床两岸台地。秦岭南坡各县均产。

资源价值与利用：我国著名的木本油料树种，种仁含油高达70%。桐油是一种优良的干性油，具有干燥快、有光泽、耐酸碱、耐冷热、防水、防腐、防锈、不导电等特性，是重要的工业用油，是油漆和印制墨等的最好原料，为我国主要出口商品之一。树皮及果皮含鞣质，可提制栲胶，果壳制活性炭；根、叶、花、果均可入药，有消肿杀虫的功效，其全株有毒。

油桐

（四十）乌桕（*Sapium sebiferum*）

分类地位：大戟科、乌桕属。别名：腊子树、桕子树、桕树、木油树、油籽树。

形态特征：乔木，具乳汁。单叶互生，纸质叶片菱形，叶柄顶端具2个腺体；花单性，雌雄同株，穗状花序顶生，花小，绿黄色，无花瓣和花盘；雄花多着生花序上部，常10～15朵簇生于一苞片内，花萼3浅裂，雄蕊2枚；雌花生于花序轴基部，着生处具有2个腺体，每一苞片内仅1朵雌花和数朵雄花，花萼3深裂，子房3室。灰黑色蒴果近球形，黑色种子扁球形，外被白色蜡质的假种皮。花期5～6月，果期8～9月。

习性与分布：喜光、喜温暖环境，不耐阴寒。对土壤适应性较强，主根发达，抗风力强，对氟化氢气体有较强的抗性，也是抗盐性强的乔木树种之一。秦岭南坡商南、丹凤、商州、山阳、洋县、城固等地均有分布。

资源价值与利用：果实含油率较高，含油量达70.3%。皮油或柏蜡可用以制蜡烛、肥皂或生产棕榈油和油酸；含有毒素的黄色种仁油不能食用，可作为生产亚麻油酸、油酸以及制漆、油墨、化妆品、蜡纸等的原料；用带蜡层的种子榨的油称为木油，多用于制造肥皂和蜡烛的原料。木材坚硬色泽白，为雕刻及家具用材，叶可做黑色染料和饲养柏蚕，树皮及叶含鞣质可制栲胶。夏季开花期长，是很好的蜜源植物，也是很好的城市彩叶树种。

乌桕

（四十一）三尖杉（*Cephalotaxus fortunei*）

分类地位：三尖杉科、三尖杉属。别名：三尖松、头形杉。

形态特征：常绿灌木或小乔木，叶形似杉，枝端冬芽呈3个排列，春天小枝分三叉生长，故名三尖杉。叶螺旋状着生，排成2列，叶革质条状披针形，背面具两条白色气孔带。花单性，雌雄异株，雄球花8～10朵聚生成头状；雌球花由数对交互对生的苞片组成，每苞片基部着生2粒胚珠。核果状种子长卵形，常3～8粒集生，初时黄绿色熟时紫黑色。花期4月，种子8～10月成熟。

习性与分布：比较耐阴，耐土壤瘠薄，喜生于湿润而排水良好的沙质壤土上，常自然散生于海拔800～2000米的山坡疏林、丘陵山地、山涧。分布范围较广，秦岭南坡旬阳、石泉、宁陕、洋县、留坝、略阳等地均有分布。

资源价值与利用：种仁含油率较高，主要用于制肥皂、制漆、蜡及硬化油等。木材材质坚实，韧性强，可供建筑、桥梁、舟车、农具、家具及器具等用材。三尖杉是我国特产的重要药源植物，从植物体中提取的植物碱对于治疗癌症具有一定疗效。叶、枝、种子、根可提取多种植物碱，对治疗淋巴肉瘤等有一定的疗效；种子入药有润肺、止咳、消积的疗效。三尖杉是观赏价值较高的常绿树

三尖杉

种。三尖杉属于古老孑遗植物，为我国特有渐危树种。

（四十二）黄连木（*Pistacia chinensis*）

分类地位：漆树科、黄连木属。别名：黄连树、药树。

形态特征：落叶乔木。树皮暗褐色且呈鳞片状剥落；偶数羽状复叶互生，小叶5～6对，小叶片披针形。花小单性，无花瓣，雌雄异株，圆锥花序腋生，雄花序排列紧密，长5～8厘米，雄花萼片2片，雄蕊3～5枚；红色的雌花序排列疏松，长15～20厘米，雌花萼片为大小不等的5片，子房球形，柱头红色肉质。核果倒卵圆形，初为黄白色，成熟时紫红色。花期4～5月，果期9～10月。

习性与分布：喜光喜温暖，耐干旱瘠薄，对土壤要求不严；深根性，抗风力强，生长较慢，寿命长；对有害气体抗性较强。生长于海拔500～1500米间的山坡林中、低山丘陵及平原，秦岭南北坡均产，分布普遍。

资源价值与利用：黄连木种子特别是种仁含油率高，可做食用油、润滑油，或制肥皂，鲜枝叶可提取芳香油。脂肪酸种类丰富，油脂非常适合用来生产生物柴油。其木材结构细，韧性及耐久性强，可用作车辆、农具、家具等用材，还是雕刻、装修的优质材料。树皮、叶、果含鞣质，可提制栲胶；果和叶还可制作黑色染料，鲜黄色木材可提取黄色染料；根、枝、皮可制成生物农药；嫩叶有香味，可制成茶叶，嫩叶、嫩芽和雄花序是上等绿色蔬菜。其叶芽、树皮、叶均可入药，其性味微苦，具有清热解毒、去暑止渴的功效。黄连木枝叶繁茂，红色的雌花序和春秋的彩叶极美观，是美化城市极佳的彩叶树种。

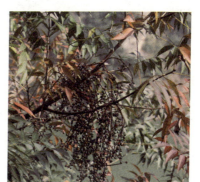

黄连木

（四十三）灯台树（*Bothrocaryum controversum*）

分类地位：山茱萸科、灯台树属。别名：瑞木、六角树。

形态特征：落叶乔木。树皮暗灰色且纵裂，小枝暗紫红色。单叶互生，纸质叶片披针状椭圆形，先端突尖。伞房状聚伞花序顶生，两性花小白色，花萼裂片4片，花瓣4片，雄蕊4枚着生于花盘外侧，花盘垫状；子房倒卵圆形。紫红色至蓝黑色核果球形，小型。花期5～6月，果期9月。

习性与分布：喜光稍耐阴，喜温暖湿润气候，适应性强，生长于海拔950～2600米的常绿阔叶林、针阔叶混交林或山坡上。秦

灯台树

岭南北坡均产。

资源价值与利用：果肉及种子含油量高，可以榨油，可制肥皂及做润滑油，为木本油料植物。木材细致均匀，纹理直而坚硬，可供建筑、家具、玩具、雕刻、农具及制胶合板等用；树皮含鞣质，可提炼栲胶；叶做饲料及肥料；花是蜜源，果实熟后酸甜，可食用，也是鸟类喜爱的食料。同时落叶层厚，具有改良土壤涵养水源的功能。灯台树具有很高的观赏价值，是集观花、观叶、观树为一体的彩叶树种。

（四十四）毛梾（*Cornus walteri*）

分类地位：山茱萸科、梾木属。别名：油树。

形态特征：落叶乔木。树皮黑褐色，常纵裂成条，枝条灰褐色；叶对生，叶片椭圆形，先端渐尖，叶柄具有沟槽。伞房状聚伞花序顶生，总花梗分枝多，花小白色，直径1厘米，花萼裂片4片，花瓣4片，雄蕊4枚，子房密被灰色短柔毛。核果黑色，球形，直径6～7毫米。花期5月，果期9～10月。

习性与分布：喜光，耐旱耐寒，寿命长，根系发达，是较好的水土保持树种，生长于海拔550～1700米的向阳山坡或山谷疏林中，产于秦岭南北坡。

资源价值与利用：种仁含油量高，油可供食用，也可做润滑油，油渣可做饲料和肥料；木材坚硬，纹理细致，可做车轴和各种农具；树皮和叶含鞣质，可提炼栲胶；枝叶茂密，白花可赏，可栽作行道树和水土保持树种，还是蜜源植物。

毛梾

（四十五）榛（*Corylus heterophylla*）

分类地位：桦木科、榛属。别名：榛子。

形态特征：落叶小乔木或灌木。树皮灰色，单叶互生，阔卵形叶片先端近截形而有锐尖头，边缘有不规则重锯齿。花单性，雌雄同株；雄柔荑花序下垂，雄花苞片鲜紫褐色，每苞有2个副苞片，雄蕊8枚；雌花2～6朵簇生枝端，开花时包在苞片内，紫色的花柱及柱头外露。褐色坚果近球形，上部露出，总苞钟状，长于果体。先叶开放，花期3～4月，果期9～10月。

习性与分布：喜光的阳性树种，适宜在湿润的气候条件下生长，抗寒耐旱，对土壤的适应性较强，多生长于海拔700～2300米的山坡、沟谷及林缘。秦岭南北坡均产，较普遍。

榛

资源价值与利用：榛树的果实，形似栗子，外壳坚硬，榛仁可生食、炒食，风味好，热量高，有"坚果之王"的美称，是食品工业优质原料。树皮、叶及果苞含鞣质，可制栲胶。木材可制手杖、伞柄等，榛叶还可养蚕；油粕可做饲料或肥料，果壳是制活性炭的原料。榛仁还可入药，甘、平、无毒，具有调中开胃、明目的功效，此外，榛子花粉有止血、消炎、生肌作用。榛树是一种用途很广的木本油料树种，又是北方山区绿化和水土保持树种，还是优良的蜜源植物。

（四十六）三桠乌药（*Lindera obtusiloba*）

分类地位：樟科、山胡椒属。别名：红叶甘橿、甘橿、三键风、山姜。

形态特征：落叶小乔木或乔木。单叶互生，卵圆形叶片顶部常3裂，叶柄微带红褐色。伞形花序，膜质总苞片4片，内有花5朵，花单性黄色；雄花花被片6片，雄蕊9枚呈3轮排列，第3轮的3枚各具有2个肾形腺体，雌蕊退化；雌花花被片6片，雄蕊数枚退化，子房球形。暗红色或黑色浆果球形。花期4月，果期7～8月。

习性与分布：生长于海拔750～2500米的山坡上或山谷杂木林中。产于秦岭南北坡各地，较常见。

资源价值与利用：三桠乌药为野生油料、芳香油及药用树种。种仁含油量高，是制肥皂、润滑油等的原料，果皮及叶均含芳香油，可用于制造化妆品、皂用香精等。树皮可供药用，能舒筋活血，主治跌打损伤、淤血肿痛等症。三桠乌药叶含芳香油且叶形独特，观赏价值高，可做园林绿化树种。

三桠乌药

（四十七）野核桃（*Juglans cathayensis*）

分类地位：胡桃科、胡桃属。别名：山核桃、麻核桃。

形态特征：落叶大乔木。奇数羽状复叶，具9～17枚小叶，长卵形小叶片顶端渐尖，边缘有细锯齿。花单性，雌雄同株；雄柔荑花序长18～25厘米，雄蕊约13枚；雌花序穗状直立，雌花子房卵形，花柱短且柱头2深裂。果序常具6～10个果实，卵圆状果实顶端尖，外果皮密被腺毛，内果皮坚硬，有6～8条纵向棱脊，仁小。花期4～5月，果期8～10月。

习性与分布：喜光树种，喜温但也耐寒，喜肥沃、湿润、排水良好的微酸性土至微碱性土壤。生长于海拔800～2800米的山

野核桃

273

坡或山谷杂木林中，秦岭南北坡均产，北坡见于华阴、长安、户县、眉县，南坡见于石泉、宁陕、佛坪、洋县、勉县、留坝、凤县等地。

资源价值与利用：种子富含油，其中不饱和脂肪酸含量达40%～45%，含锌、锰、铬等多种矿物元素，富含维生素C、维生素B6、维生素E等多种维生素；种子油可食用，也可制肥皂，做润滑油。木材坚实，经久不裂，可做各种家具；树皮和外果皮含鞣质，是提取栲胶的原料；内果皮厚，可制活性炭；树皮的韧皮纤维可做纤维工业原料。

（四十八）白蜡树（*Fraxinus chinensis*）

分类地位：木犀科、梣属。别名：中国蜡、虫蜡、川蜡等。

形态特征：落叶乔木。奇数羽状复叶对生，小叶7～9枚，卵状披针形小叶片先端渐尖。圆锥花序顶生或腋生，长10～15厘米；花雌雄异株；雄花密集，花萼小，钟状，无花冠；雌花疏离，花萼大，桶状。倒披针形翅果扁平，具种子1粒，种子长圆形。花期4月，果期8～9月。

习性与分布：喜光，对霜冻较敏感，喜深厚、肥沃、湿润土壤，能耐轻盐碱性土，生长于海拔800～1600米间的山沟、山坡及河岸。秦岭南北坡均产，分布广泛。

资源价值与利用：白蜡树是白蜡虫的最适寄主，在树上放养白蜡虫可以获取白蜡。

木材坚韧，耐水湿，供制家具、农具、车辆、胶合板等；枝条可编筐；树皮称"秦皮"，中医学上用为清热药。白蜡树是优良的行道树，可用于绿化。

木犀科中还有秦岭白蜡、苦枥等植物可作为白蜡虫的寄主植物。

白蜡树

（四十九）臭椿（*Ailanthus altissima*）

分类地位：苦木科、臭椿属。别名：臭椿皮、大果臭椿。

形态特征：落叶乔木。奇数羽状复叶互生，小叶13～25片，揉搓后有臭味，卵状披针形小叶片先端渐尖，在近叶基部有1～2对粗锯齿，齿端有1腺点，有臭味。圆锥花序顶生，淡绿色花较小，花杂性，萼片和花瓣各5片，雄蕊10枚；雄花中的花丝长于花瓣，雌花中的花丝短于花瓣。浅黄褐色翅果扁平长椭圆形，具有膜质的翅；种子扁平，位于中央。花期5～6月，果期9～10月。

臭椿

习性与分布：喜光树种，耐寒、耐旱及瘠薄土壤，适应性强，喜钙质土的习性使其成为石灰岩山地的先锋树种，根系发达，对烟尘与二氧化硫的抗性较强。秦岭南北坡普遍栽培和野生，资源丰富。

资源价值与利用：木材硬度适中，供车辆和家具用，还是优良的造纸原料。种子含脂肪油30%～35%，为半干性油，残渣可做肥料；树皮含单宁，可提取栲胶；叶可饲养椿蚕。臭椿皮，又名樗白皮、苦椿皮，为臭椿根部或干部的内皮，是我国民间常用的中草药，具有清热、消炎、燥湿、止血、杀虫、收敛止痢的效用。近年的研究表明，臭椿根皮提取物具有明显的抗肿瘤作用，可用于治疗宫颈癌、结肠癌、直肠癌等，还具有抗结核菌和抗非洲淋巴细胞瘤病毒作用。臭椿是一种很好的观赏树和庭荫树，对烟尘和二氧化硫抗性较强，可做绿化树种和行道树。

（五十）皂荚（*Gleditsia sinensis*）

分类地位：豆科、皂荚属。别名：皂荚树、皂角、猪牙皂。

形态特征：落叶乔木。偶数羽状复叶，小叶6～16片，纸质小叶片卵状披针形，顶端圆钝，边缘具细锯齿。黄白色花杂性，组成总状花序腋生或顶生，长5～14厘米；花萼钟状，淡绿色或白色的花瓣4片，雄蕊8枚；雄花的雌蕊退化；两性花稍大于雄花，子房宽线形，微弯曲且有柄。荚果带状，褐棕色且常被白色粉霜，果皮革质；褐色种子椭圆形，有光泽。花期5月，果期10月。

习性与分布：喜光稍耐阴，根系发达，属于深根性树种，耐寒、耐旱、耐热，抗污染，生长快且寿命很长。多生长于海拔400～1330米的平原、山谷及丘陵地区，秦岭南北坡的山麓地带均产。

资源价值与利用：皂荚种子含有丰富的半乳甘露聚糖胶，广泛应用于各种行业。皂荚种子还含有丰富的粗蛋白，可用于制作饲料或提取蛋白质；同时其种子含油量超过大豆。皂荚荚果含三萜类皂苷等天然活性成分，具有较好的表面活性和去污能力，是一种很有潜力的强极性非离子天然表面活性剂。皂荚有消炎、抗癌和提高免疫力的功效。皂荚树的木材坚实，耐腐耐磨，可用于制作家具和工艺品。皂荚树根系发达，抗逆性强，可用作绿化，同时还是很好的蜜源植物。

皂荚

第四章

秦岭——绿色的屏障

植物是一切生命的源泉，它不仅为人类提供食物、衣服及燃料，也为地球上种类繁多的动物提供了食物和庇护所。自然界的植物并不是孤立存在的，而是彼此之间形成了一种有机的联系，这被生态学家称为植物群落，而植物群落的总和则被称为植被。植被作为生态系统中的第一性生产力，支配着整个生态系统结构和功能的动态过程，是生态系统中物质循环与能量流动的中枢；同时，植被有气候调节、水土保持及水源涵养等重要的生态服务功能。可以说，植被是整个陆地生态系统存在和运转的基础。因此植被一旦遭到破坏或干扰，不仅会引起植物群落物种组成和结构的变化，同时也将导致动物栖息地的丧失或片断化，进而导致生态系统结构功能的退化和整个生态环境的恶化。

　　横亘于我国中部东西走向的巨大山脉——秦岭，早已成为我国南北地质、气候、生物、水系、土壤等众多自然地理要素的分界线。秦岭以南为亚热带湿润季风气候，属长江水系，植被基带为北亚热带常绿落叶阔叶混交林；秦岭以北为暖温带半湿润、半干旱季风气候，属黄河流域，植被基带为暖温带落叶阔叶林。同时，秦岭山体高大，其主峰太白山海拔3767米，是我国大陆中东部的最高峰。巨大的海拔跨度使秦岭由山麓到山顶形成暖温带、温带、寒温带、亚寒带的气候特征，并相应形成了差异明显的植被垂直带谱。这种独一无二的生态地理特征和多样化的生境使秦岭成为我国乃至世界植物种类和植被类型最为丰富的地区之一，也成为我国中东部最重要的生态安全屏障。

　　秦岭的植被格局大致形成于第四纪更新世中晚期，如此丰富的植被类型在区域气候调节、水源涵养以及水土保持等方面发挥着重要的生态功能，因此秦岭自古以来就是人类和其他生物生存和繁衍的福地。华夏始祖神农氏曾生息于秦岭脚下的姜水流域，并在丰肥的河谷平原发展农业，从而孕育了中华民族几千年来灿烂多姿的华夏农耕文明；13个封建王朝也曾在这里花开花落，演绎了周、秦、汉、唐的绝代风华。虽然历史的辉煌早已褪去，但秦岭丰厚的植被资源依然维系着三秦大地的风调雨顺和物阜民丰。如今，秦岭已成为国家南水北调工程的中线水源地，而秦岭植被又一次成为牵系国家未来发展的绿色屏障。

第一节　秦岭植被历史及变迁

　　植被是作为一定自然条件的标志而存在的，其变化始终决定于自然条件的改变。自从中生代造山运动形成秦岭以来，秦岭的植被就处于不断变化之中，其间秦岭植被的变迁大致可以分为两个阶段，即地质时期和人类历史时期。

　　地质时期，地质演变和气候变化是决定秦岭植被的主要因素，特别是第三纪之后，受古气候波动和造山运动的影响，秦岭植被一直处于剧烈变迁之中，今天秦岭植被结构的雏形就是在当时形成的。从全新世中期至今，秦岭地壳趋于平静，区域气候没有大的变化，虽有较小尺度的波动，但这种波动与全国乃至全球的气候变化基本上是一致的，不足以对秦岭山区的植被类型及覆盖状态造成结构性影响。尽管如此，进入人类社会以来，人类活动对秦岭植被的影响越来越大，逐渐成为秦岭植被变迁的主要驱动力。

一、地质时期秦岭植被的变迁

地质时期，地质演变及气候变化是决定生态状况和植被覆盖的主要因素，但这些因素在较长的时间段内起作用，使得秦岭植被在地质历史上一直处于更替演化中。从第三纪以来，随着秦岭山体的持续升高，植被的自然分布带更加复杂多样。在历史上几次大的气候波动中，杉类及落叶针叶林曾几次上下迁移，且经历了几次大面积消亡和兴起，秦岭北部比南部变化更为显著。

秦岭奠基于古、中生代，在第三纪中期以前秦岭气候平稳，地壳运动相对平静，以剥蚀和夷平作用为主。当时的气候较现在温暖得多，整个秦岭笼罩在温暖的亚热带气候下。根据化石资料分析，那时植被主要由古老类型的柳杉属、杉木属和杨梅科等喜暖的亚热带或热带植物组成，其中还含有松属和鹅耳枥属、榆属及其他一些被子植物。帕尼宾尼亚属的一些种，如*Palibinia Pinnatifolia*、*P. korowinii*、*P. latifolia*在秦岭北麓可形成优势植被，其他还有少量的榛属、蔷薇属、珍珠梅属、山楂属、杭子梢属、胡枝子属和夹竹桃科等一些植物。

到第三纪中期之后，新的构造运动以跳跃的方式使秦岭逐渐上升。根据古植物资料记载，晚第三纪时的秦岭植被比第三纪早期复杂得多，裸子植物和原始类型的被子植物明显减少，落叶阔叶林及松柏林有所增加，草本植物的数量也大大增加。此时，秦岭植被垂直地带性已经分化，其中山麓和低山区是以榆、桦、栎为主组成的阔叶林，其次有少量榆科的榉、朴，桦木科的桤木和柳、栲、漆树、银杏、杉属，以及胡桃科和木樨科等植物。略高的地方主要由松柏类植物组成，特别是松属分布较广。在秦岭最高或较高地带有云杉和冷杉稀散分布，由于此时的秦岭还不是很高，云杉和冷杉呈现稀散和斑块状分布，并未形成明显的地带性植被。在这个时期参与植被中的灌木和草本植物有鼠李科、木樨科、蔷薇科、豆科、禾本科、莎草科、菊科、石竹科、玄参科、紫草科、十字花科、苋科、藜科以及蕨类的水龙骨科等。

受第三纪造山运动的影响，第四纪早期时秦岭海拔已达2700米左右。进入第四纪之后，秦岭气候普遍转冷，受此影响，秦岭植被整体大幅度下移。早更新世初期秦岭在海拔高度500米左右便形成针阔叶混交林，而原来在秦岭占绝对优势的阔叶林则大面积缩小，移至山前盆地海拔最低之处，足见当时秦岭山麓和山前盆地显著偏凉或冷湿的气候。此时的针叶树主要有云杉属、冷杉属、铁杉属、松属以及柏科植物，其中以松属最多。阔叶树主要为榆属和朴属植物，其次是栎属、鹅耳枥属、桤木属、桦属、铁木属、椴属、蔷薇属等植物。草本植物主要为蒿属、禾本科、豆科、藜科等。此外，还有水龙骨科、卷柏等少量的孢子植物分布。根据秦岭现在植被垂直地带性的特征，如果忽略当时和现今气候对秦岭植被的影响，第四纪早更新世初期秦岭植被地带性由低到高大致为：云、冷杉针叶林（500～1000米）、落叶针叶林（1100～1600米）、灌丛草甸（1600～2100米）、寒荒漠（2100～2500米）、雪线（2500米以上）。

进入早更新世中期，秦岭气候又逐渐回暖，原有的寒漠几乎消失，早期适应于冷湿条件的针叶林又退缩至2000米以上的地带，而2000米以下的山麓和山前盆地又被阔叶林所占据。此时的阔叶林在物种组成上也与早期有所差异，物种组成更为丰富，优势种主要为榆属、栎属、朴属等，其次是桦属、鹅耳枥属、赤杨属、山核桃属、椴属和蔷薇科的一些植物。此外，枫杨属、榛属、铁木属、山毛榉属、榉属、黄连木属、槭属、白蜡树属、柳属、杨属等也有少量分布，还有一些松属、罗汉松属、金钱松属以及柏科的裸子植物。

早更新世末期秦岭气候又逐渐变冷，甚至冷于早更新世初期。此时，适应湿冷气候的针叶林又被推至秦岭山麓和山前盆地，针叶林主要有云杉、冷杉及松属、铁杉属植物，此外罗汉松、落叶松、雪松等也有少量分布；阔叶林已退到盆地及更低的区域，包括榆属、朴属、枫杨属、桦属、栎属、椴属等植物。此时，秦岭植被的分布特点与早更新世初期极为相似。

中更新世期间，秦岭气候又一次转暖，这个时期山麓和山前盆地又呈现大面积的阔叶林，而针叶林又退到山上。此间，秦岭阔叶林的主要成分是桦属、鹅耳枥属、朴属、栲属植物，胡桃属、蔷薇科等植物也有少量分布。针叶林以松属植物为主。由于中更新世后期气候逐渐变干，草本植物中的蒿属、藜科和禾本科植物数量增多，莎草科、石竹科、十字花科等也有少量分布。此外，还有以卷柏属、水龙骨科、海金沙属为主的孢子植物分布。此时的秦岭植被虽然在物种组成和结构等方面与现代有明显差异，但秦岭植被的垂直地带性类型已与现代相近。

晚更新世的秦岭经历了从湿冷到干暖的气候变化过程，此间，秦岭植被也发生了几次显著的变迁。晚更新世早期，秦岭气候从中更新世末期转暖为冷，海拔500米左右的山麓和山前盆地形成了以云杉、冷杉为优势种的湿冷针叶林，且云杉的优势程度显著大于冷杉的优势度，其次还有松属、桦属、榆属、栎属、柳属、鹅耳枥属等植物参与其中。参与植被的非乔木成分则主要由豆科、菊科、莎草科、禾本科、伞形科、唇形科、水龙骨科和苔藓类等植物组成。进入晚更新世中期，秦岭气候向着偏干温的方向发展，具体表现在山麓和山前盆地一些喜温的松属、栎属、核桃属、鹅耳枥属、榛属、白蜡树属、山毛榉属植物集中出现；草本植物中蒿属、藜科和禾本科等植物成分大量出现，特别是蒿属成分数量最大。到晚更新世末期，秦岭已变为干暖气候，甚至比现在更干热一些，这种气候特点主要对秦岭1000米以下的植被造成影响，而1000米以上的植被受影响较小。秦岭低海拔植被中乔木植物的种属和数量都大幅度减少，主要为松属、栎属和桦属植物。非乔木成分主要有蔷薇科、豆科、菊科、藜科、莎草科、禾本科、毛茛科、唇形科、水龙骨科等，其中菊科的蒿属和其他种属占据绝对优势，逐渐趋于森林草原植被。根据对古植物的研究分析，晚更新世末期秦岭植被分布特点为：森林草原（500～1000米）、落叶阔叶林（1000～2200米）、云、冷杉针叶林（2200～2800米）、落叶针叶林（2800～3300米）、高山灌丛草甸（3300米以上）。可以看出，晚更新世时期，秦岭山麓植被和山上植被面貌都和今日颇为相近。

进入全新世之后，秦岭再一次经历了冷热变化，秦岭植被也又一次经历了下移和回升的变迁过程。到全新世中期气候又开始回暖，从秦岭地区的古植物学研究资料看，当时的木本植物主要有松、柳、鹅耳枥、栎、榆、朴、柿、胡桃等属植物，草本植物主要由禾本科、莎草科、藜科、毛茛科、旋花科、十字花科、伞形科和菊科等植物组成。此外，还出现石松、水龙骨科和其他的一些孢子植物。可以看出，此间秦岭植被分布和物种组成与现在情况很近似，这说明从全新世中期至今，秦岭地区的气候并没有发生大的波动变化，尽管有小尺度的波动，但不足以对秦岭山区的植被类型造成结构性的影响，因此秦岭山地植被组成和结构并未发生根本性的变化。

综上所述，在地质时期，由于气候多次波动，秦岭植被也发生了多次变迁，经历了植被毁灭（如帕尼宾尼亚属优势植被的消失）、植被迁移（如柳杉属、杉属及杨梅科优势种受寒冷胁迫迁移至秦岭以南的长江流域）、植被发展（如栎属和桦属等植物的发展壮大）等一系列过程，最终形成了今天秦岭的植被结构。虽然自全新世中期到现在数千年来，秦岭地区气候没有发生大的波动，但秦岭植被并非处于宁静、稳定状态。从考古发现和大量的历史资料记载来看，进入人类社会以后，受人类干扰活动的影响，秦岭植被仍在发生缓慢的演变。

二、历史时期秦岭植被的变迁

华夏文明的发展史，从某种意义上讲，也是一部植被的消亡史。这说明社会的进步和发展往往是以植被的破坏、森林的消亡和生态环境的恶化为代价的。植被孕育着人类，同时也给人类创造了丰富的物资和生活资源，因此从人类诞生那一刻起，对自然植被的开发就没有停止过。秦岭为华夏文明的龙脉，远在旧石器时代就有原始人类在这里居住。秦岭北坡的关中平原曾是中华文明的发祥地，有上千年的建都历史，历史上是我国农耕文明最发达、人口密度最大的地区之一。秦岭南坡的汉中平原及安康盆地，因其自然条件优越，较早便有人类居住。因此可以说，人类对秦岭植被的开发历史悠久。

（一）原始社会以前

人类社会起步于木器时代和石器时代。那时，先民们的衣食住行皆仰仗森林，从生产工具到生活用具以至交战的武器，可以说样样都离不开木材。秦岭北坡的渭水流域是我国原始文明最发达的地区之一，是四五千年前仰韶文化的中心。从考古发现和研究资料来看，仰韶文化遗址分布于关中平原各地特别是秦岭北麓的中部和东部近平原地带，遗址的分布相当稠密，有些地方几乎和现在的村落密度相等。在浐河沿岸，现在的村落差不多每一个都建立在古文化遗址上面。这说明，早在石器时代这里的自然植被已不复存在了。陕南发现的旧石器遗址和众多的新石器遗址也证明，五六千年前原始人类就星罗棋布地在秦岭南侧生活；还有在安康柏树岭遗址中发现的大量木炭、木橡，都说明原始的自然环境已经在人类活动中发生着变化。据史书记载，尧、舜、禹时代，"尧战于丹水之浦，以服南蛮"，"商州东八十里商洛县，本商邑，古之商国，帝喾之子契所封地"，说明原始社会末期，人类在秦岭南侧的活动足迹进一步扩大，对自然植被的开采更为活跃。

（二）夏商周时期

夏商周时期，人类进入了青铜时代，对大自然的开发能力得到提高。正如《诗经·大雅·旱麓》所载"瑟彼柞棫，民所燎矣"，人类对自然植被的开采并没有停止。但是，在青铜时代，人类开展农业生产活动的水平较低，对秦岭植被的开发有限，秦岭仍保持着良好的植被环境。据《山海经》记载，当时的秦岭林木种类更多，有松、荆、杞、棕、楠、橿、丹栗、柞、棘等；据《诗经》记载，秦岭当时有桑、杞、栲、栎、条、枸、梅等。当然，以上记载的这些林木，仅是和当时的劳动人民发生密切关系而被认识并记录下来的，实际存在而未被记载的当占绝大多数，由此可见秦岭森林茂密之一斑。此外，《尚书·禹贡》中还提到当时梁州贡物有"熊、罴、狐、狸"等森林动物，也反映了当时秦岭山地良好的植被环境。

（三）春秋战国时期

从春秋战国开始，中国历史进入了一个长达2000余年的铁器时代。铁器的产生推动了生产力的发展，也增强了人类改造自然的能力。正如恩格斯所说："铁使耕作更大面积的农田、开垦更广阔的森林成为可能；它给手工业工人提供了一种极其坚固和锐利的非石头或当时所知道的非其他金属所能抵挡的工具。"

铁器产生之后，人类逐步结束了西周以前的刀耕火种状态，对自然的开发力度显著增强，人类开始利用多样化的铁制农具进行大规模的伐林耕垦、破坏植被，许多自然植被逐渐被人工植被所代替。以关中平原为中心的渭河流域一带，由于地平土肥，环境宜人，种植业迅速发展，农耕面积逐渐扩大，自然植被逐渐向周边退缩。据记载，当时的农作物种类已非常丰富，除粟外还有禾、麻、黍、麦等，气候适宜之年，物产丰足，正所谓"黍稷茂止，丰年多黍多稌"。尽管如此，当时的种植业仍处于初级阶段，加之人口有限，当时对秦岭山地的开发仅限于河谷和盆地，秦岭山地仍完好无损。据考证，春秋战国时期，陕西省全省约200万人口，海拔1000米以下的低山丘陵区或600米以下的盆地平原区就足以养活这些人口，因此整个山林仍应保持着天然的原始状态。据历史文献记载，春秋时期，人口活动密集的关中平原及渭河流域两侧皆有大面积的森林分布，因树种、规模和分布地形的差异而有平林、中林、棫林、桃林等名称。岐山山麓则是茂密的"柞棫斯拔，松柏斯兑"的针阔混交林。秦岭森林之繁茂仍被人称道，直到战国末期，仍给人以"山林川谷美，天材之利多"的印象。

（四）秦汉时期

战国时期，秦国为富国强兵与六国抗衡，大力开垦植被为农田，以西安、咸阳为中心的关中平原地区的森林植被基本上被砍伐殆尽。秦统一六国以后，秦岭山区的植被开始遭到破坏。一方面，由于关中作为都城所在地，大量人口流入，人口稠密，农业经济空前发达，垦殖面积迅速增大，由平原逐渐转向浅山区；另一方面，秦始皇大兴土木，掘北山之石，伐楚蜀之木。"蜀山兀，阿房出"，使秦岭森林遭受了一次大的破坏。当然"蜀山兀"乃文学语言，当有夸大之处，但足以说明人类的干扰已波及秦岭山区的植被。秦代的汉中郡（今汉中、安康地区）和商洛地区都曾是秦王朝的管辖地，因此当时不仅秦岭北坡林木大量被砍伐，而且难免要波及秦岭南坡。不过，由于当时秦岭南坡的居住人口数量以及生产力水平远不及北坡，所以开采范围仅限于低山丘陵平坝区，而山区植被的面貌基本未受影响。正如《史记·货殖列传》中所载："蜀、汉、江陵千树橘"，"陈、夏千亩漆"，"渭川千亩竹"。《史记·河渠书》所载："褒斜林木竹箭之饶，拟于巴蜀。"这些都说明秦岭南坡良好的植被面貌。

汉朝建立之后，全国农业经济迎来了大发展。西汉前期，统治者推行无为政治，并兴修水利和推行进步的农业技术，人民群众获得了六七十年休养生息的时间，社会稳定发展。进入东汉之后，尽管统治阶级内部矛盾不断激化，斗争不息，但农业经济仍然稳定发展。可以说，整个汉王朝的500年间，社会经济都处于昌盛时期。正因为如此，关中地区人口持续增长，整个关中平原到处田连阡陌、村村相望，农耕地的人工植被已经取代了原有的自然植被，自然植被则向山脊坡顶退去。当时有"关中之地于天下三分之一，而人众不过什三。然量其富，什居其六"的记载。此外，当时木材生产不但供给都城长安大兴土木之用，还源源不断地外运至洛阳等国内其他地方。《汉乐府·扶风歌》里记载了当时的情况："南山石嵬嵬，松柏何离离。上枝拂青云，中心十数围。洛阳发中梁，松树窃自悲。斧锯截是松，松树东西摧。特作四轮车，载至洛阳宫。观者莫不叹，问是何山材。谁能刻镂此，公输与鲁班。被之用丹漆，熏用苏合香。本是南山松，今为宫殿梁。"不过，当时对秦岭山地植被的开发仍然有限，受损植被仍可实现自我恢复。正因为如此，当时秦岭东端华山一带"崇山隐天，幽林穹谷"，西端也有"褒斜材木竹箭之饶"。汉张衡在其《南都赋》中提到的植物有漆、枏櫖、檀、松、柏等，在《山海经》等古代文献中还记载有豫章、楠、棕、柘、竹箭等，说明当时秦岭南北坡的植被仍保存完好。

（五）魏晋南北朝时期

汉末以后，中国又重新处于分裂动乱时代，魏国就是东汉由统一走向分裂的产物，西晋是短期统一的时期，东晋和南朝是长江流域经济发展时期，北朝则是黄河流域各民族大融合时期。由于这段朝代更替、战乱不断的历史中，关中地区并非主战场，加之战时政治和经济的萧条，农业生产也发展缓慢，因此秦岭植被破坏甚微。三国鼎立时期，秦岭南坡的汉中为蜀国，西晋时为梁州，相对于秦岭北坡，这里经受了更多的战乱，人口逐步减少，自然植被也遭到战争的摧残，然而较之自然的恢复力，这些影响仍有限。因此，这一时期秦岭植被基本保存了秦汉以来的状况。秦岭仍是良材巨木生长之地和众多动植物聚集之处，重要的树种如枏、栝、柏、桐、漆、梓等，样样俱全。据雍正《陕西通志》载，东魏孝静帝时期，梁州"献白雉"，"获白雀"。周武帝天和二年（567）七月，"梁州上言凤凰栖于枫树，群鸟列侍以万数"。《水经注·沔水》中描述汉中洋县的黄金峡一带山上，"山丰野牛野羊，腾岩越岭，驰走若飞，触突树木，十围皆倒"。南北朝时期，梁州以出产珍禽闻名。《魏书·贺若敦传》载："山路艰险，人迹罕至，敦身先士卒，攀木缘崖。"由这些记载可以看出，秦岭的森林仍然保持着原始的状态，成为野生动物的乐园。

（六）隋唐及五代十国时期

隋唐时期，关中地区一直是京畿地区，汉中及川渝为大后方，由于长期没有战争，政治安定，人口迅速增加，人类活动对自然植被干扰的深度和广度加强。由于粮食的需求越来越大，不仅限于开垦土地，还通过发展交通从秦岭南侧的汉中及川渝调运粮食。当时，秦岭南北两侧交往最为频繁，这时期的秦岭交通也空前繁盛，各路驿站连绵不绝。因此，受关中地区发展的影响，秦岭南坡的毁林垦荒情况日趋严重。唐司马贞《史记索隐》中曾引北魏崔浩的话说："险绝之处，傍山崖而拖板梁为阁。"颜师古注《汉书》中也说："栈即阁也，今谓之阁道，皆盖架木为之。"近代考古调查也可以证明栈道修筑在隋唐时期极为频繁，用去了大量林木，皆出自秦岭山地植被。隋朝更是为了营建规模宏大的"大兴城"，竟命数万人入南山伐木。唐朝时又把关中西段秦岭山麓的天然林划为木材采伐地，设立监司，就地监理开采。据记载，当时关中平原的西北部与北部的陇山、岐山、五凤山至淳化、三原间的嵯峨山皆已秃然无林了。唐朝末年，五代十国战争迭起导致短暂的动乱时期，此间秦岭植被也受到了一定的破坏。

总之，隋唐时期，由于社会经济的繁荣发展，对秦岭植被造成了深远的影响。尽管盛唐时期终南山林木繁盛仍为人称道，如"连潭万木秀，插岸千岩幽""绿竹入幽境，青萝拂行衣""林霭阴暗，朝曦虽升，仍若昏夜"皆表明当时植被的繁茂，但为满足建筑和生活之用，"伐薪烧炭南山中"是普遍现象，因此隋唐时期秦岭的森林植被大面积减少，长安附近诸山已无巨木可供采伐，而要远取之于岚州（今山西省西部，汾河上游的岚县）和岐陇一带，结果使岐山变成"有山秃如赭，有水浊如洰"的水土流失严重地区。这一时期，只有在交通不便的深山地区，大面积的天然林才保存了下来。

（七）宋元时期

五代十国的封建割据结束之后，汉族重新建立起统一的中央集权国家——宋朝。宋朝建立之后，移都汴京，统治者不像过去那样重视关中农业经济发展。但长期作为宋朝的西北边防重地，宋朝的农业政策仍对秦岭地区农业发展和植被变迁造成了一定影响。北宋建立初期，采取了"不抑兼并"的政策，农业、手工业和商业都有所发展，不仅粮食需求增多，而且茶、丝和纸等以开发利用自然植被资源为原料的生产业有所发展，农业经济的发展对耕地、水利、建筑及交通等发展提出了更高的要求，而这些发展都对邻近地区的自然植被进行了不同程度的摧残破坏。如：《宋会要辑稿·方域》记载，当时"建筑添修，所使木植万数浩瀚，深入山林二、三十里外"。此外，北宋时期，东京汴梁的建筑用材都取之于渭河上游，对秦岭的开发并不弱于唐代。北宋后期及南宋时期，内忧外患，战乱迭起，一方面为适应战争需要，对道路、建筑的建设和维修日趋频繁，而这皆用木材；另一方面为了躲避战争，许多灾民散居林内，自然植被受军民的双重破坏日渐严重。

元入主中原，结束了宋末长时间的战乱。元代初期，采取各项生息政策，政通人和，这时秦岭南北侧人口有所恢复。由于长期战乱的影响，当时陕西全省人口不足50万，且当时农业生产以恢复为主，对自然植被开采很少。元世祖忽必烈时代，意大利人马可·波罗自关中京兆府经陈仓越秦岭到汉中，他曾在其附记中写道："秦岭山地有不少森林，其中有无数猛兽，若狮、熊、山猫及其他不少动物，土人捕取无数，获利甚大。"《元史·李进传》中也写道："度米仓关，其地荒塞不通，进伐木开道七百余里。"这些都说明秦岭山区的植被面貌依然良好。

（八）明清时代

元朝末年，由于元王朝的民族歧视、政治压迫和落后生活方式的严重束缚，中原地区农民起义不断。明太祖朱元璋顺应历史潮流，建立大明王朝。明朝建立以后，为巩固统治，提出了一系列励精图治、符合民愿的经济政策，如"立纲陈纪，救济灾民""计民授田，奖励垦荒"等。在这些惠民政策的刺激下，当时陕西人口逐步增至300多万，而位于秦岭南坡的陕南人口也有120余万。随着生产发展和人口增多，对耕地的需求也增加，进一步开垦天然植被在所难免。特别是明代中叶之后，由于政治腐败，农民起义不断，大批流民被迫进入秦岭山区开荒种田。据《明经世文编》记载，弘治年间马文升奏云："汉中府地方广阔，延袤千里，人民数少，出产甚多。其河南、山西、山东、四川并陕西所属八府人民或因逃避粮差，或因畏当军匠，及因本处地方荒旱，俱各逃往汉中府地方金州等处居住，彼处地土可耕，柴草甚便，既不纳粮，又不当差，所以人乐居此，不肯还乡，自各处流民在彼不下十万以上。"明正德三年（1508）的四川起义曾波及秦岭南坡的汉中地区，山区自然植被受到了一定的摧残和破坏。

尽管秦岭山区植被遭到一定的破坏，但由于开发有限，直到明末清初秦岭山区植被总体仍保存完好。据记载，清初秦岭北坡半山一带仍是满山林木，绿野葱葱，周至县以南10千米的陈家咀已是自然林区；沣峪口附近数十千米满山遍野皆是枫林；华山青柯坪低处山麓仍然林木茂密；位于秦岭北坡宝鸡市的观音堂当时还是"苍翠古柏，挺生石际，荟蔚幽秀，不可名状"；长安南部的大峪在乾隆初年仍林木茂盛……这些都反映了当时秦岭北坡森林下线还在700～800米左右。此外，当时秦岭仍有大面积的原始林存在，称为"老林"。康熙年间，登上秦岭之巅，"纵观则千山围青，横睹则万壑叠翠"，"奇木怪树，轮囷虬蟠。嘉卉灌丛，蔚若邓林"。西安、凤翔、汉中、兴安等州县，环列南山左右者二三十处，皆有老林。宝鸡、眉县、周至、宁陕、孝义、洋县、凤县，老林皆纵横分布数百里。道光年间，周至县东南一隅划归宁陕县以后，周围1000余里，计峪口18处，大路5条，小路13条，与洋县交界，计程420里，向来皆是老林，树木丛杂，人迹罕至。大面积原始林的分布，可以反映当时秦岭山区植被保持良好。

秦岭山地植被真正大面积减少始于清中晚期之后。当时，由于全国人口迅速增加，东部面临巨大的人口压力，土地兼并严重，产生了大量的无土地无生计的贫民，加上自然灾害频繁，地广人稀的秦岭成为大量流民的首选之地。据记载，在华州"南山崇岗叠嶂，已往居民尚少。近数十年，川广游民沓来纷至，渐成五方杂处之区，其人租山垦地，播种包谷，伐木砍柴，焚烧木炭"；在周至"峪口18处，大路5条，小路13条，与洋县交界，计程420里，向来皆是老林，树木丛杂，人迹罕至。自招川楚客民开山种地，近年各省之人俱有，凡深山密箐有土之处皆开垦无余"；《三省边防备览》也记载有："老林未辟之先，狐狸所居，豺狼所噬，虎祸尤多，土著人少……流民之入山者，扶老携幼，千百为群，不由大路，不下客寓，夜在沿途之祠庙崖屋，或密林之中住宿，取石支锅，拾柴做饭。适有乡贯，便寄住写地开垦，伐木支椽，上覆茅草，仅蔽风雨，借杂粮数石作种。"这都是当时流民开垦自然植被之写照。由于全国各地的流民涌入，秦岭人口迅速增长，道光三年（1823）陕南人口已多达384万，比康熙中期陕南人口（49万）增加了近7倍。在这期间，大量的流民为了维持生计，同时受政府的鼓励，对秦岭山区的开发强度剧增，秦岭山区植被的真正破坏也由此开始。从乾隆到嘉庆年间，清政府出台了一系列鼓励流民垦荒的政策，包括：承认流民所开垦荒地及无主地的产权；轻徭薄赋，新垦荒地数年内免税；扩大开荒垦殖区域至秦岭的中西部山区。嘉庆四年(1799)，朝臣提出："陕省终南山绵亘八百余里，与其置之空闲，徒为盗薮，何若酌为疆理，安置编氓。"嘉庆皇帝赞同说："朕意南山内既有可耕之地，莫若将山内老林，量加砍伐，其地亩既可拨给流民自行垦种，而所伐林木，即可作建盖庐舍之用。""将南山老林处可耕种之区，拨给开垦，数年之内，免其纳粮，俟垦有效，再行酌量升科。"受这些政策的导向，秦岭植被遭到了掠夺式的开采。道光年间，黑河流域上游的老林（原始林）已退缩到老君岭（海拔2500米左右）、辛峪、黑峪和西骆峪等地，向南距分水岭仅20千米，近秦岭主脊；凤县境内，"硅步皆山，数十年前尽是老林，近已开空"；宁陕境内，"昔之林木阴翳、荆榛塞路，今则木拔道通，阡陌纵横矣"。可见，清代中后期的人口膨胀引发了对秦岭的全面开发，秦岭植被也遭到了前所未有的破坏，特别是秦岭中西部中高海拔区的原始林在短短几十年中被大量砍伐，生态景观迅速改变，秦岭中不少峰峦相继成了秃秃童山。

秦岭山区植被的严重破坏，不仅加剧了自然植被的退化，也对关中平原的生态环境产生了严重影响，山地水土流失严重，水旱灾害频繁。嘉庆《华州志》中记录了源出于秦岭的方山河，由于上源森林植被被砍伐，经常有水患和泥石流对山下农田村屋造成危害；光绪年间《周至县志》也有强峪之水流入渭河，山洪淤积之祸的记载；《户县志》记载："县东南、西南两部水渠交错，自入晚清，今非昔比矣。泉源日涸，渠汊不流，竹林冻杀，树木亦剪伐殆尽，赤地满目，弥望荒凉。"《咸宁志》也有记载："闻乾隆之前，南山多森林密障，溪水清澈，山下居民多资其利，自开垦日众，尽成田畴，水潦一至，泥沙杂流，下流渠堰，易致淤塞。"《陕西通志·风俗》中也有相关记载："南山老林弥望，乾嘉以还，深山穷谷开凿靡遗，每逢暑雨，水夹沙石而下，淹没人畜田庐，平地俨成泽国。"汉中紫阳山则"山民伐林开荒，阴翳肥沃，一二年内杂粮必倍，到四五年后，土既挽松，山又陡峻，夏秋骤雨冲洗，水痕条条，只存石骨，又需寻地耕种"。这就是说，当时滥砍滥垦、广种薄收的撂荒耕作，已经使秦岭山地植被破坏严重，许多森林植被丧失蓄水功能，从而形成了严重的水土流失与泥石流等灾害，进而影响气候，水旱灾害增多，生态失衡。

清朝晚期，大面积的人工植被成为秦岭的重要景观。当时，秦岭北坡的关中地区除山地尚有未垦之地外，川原地区已经全部被人工植被所占据。据记载，清代光绪年间大约有农田2720万亩，可占到总面积的38%。当时的粮食作物主要有麦、粟、菽、稻和黍等，其中水稻主要集中在渭河南岸、秦岭山麓冲积洪积扇前缘，如长安、户县、周至和眉县等地；麦则集中在川原地区，北山和山前地带粟和黍较多。当时经济作物有桑蚕与棉花，桑蚕养殖主要集中在关中西段的北部丘陵区，如乾州、永寿、礼县等地；棉花种植则遍布于长安、临潼、渭南、咸阳、泾阳、三原、高陵、华阴、华县、大荔、耀县和合阳各地。秦岭南坡的人工植被随着自然植被的退却不断完善，覆盖了大部分平川及丘陵低地。据记载，雍正年间，汉中府有熟地130万亩；兴安州（今安康地区）117余万亩；商州（今商洛地区）70余万亩。当时的主要农作物有水稻、苞谷、洋芋、红薯等。经济作物主要有烟草、蚕丝、花生、木耳、笋菌及厚朴、黄连、党参和当归等药材。可以说这些人工植被大大繁荣了山区经济，也深刻改变了秦岭的植被面貌。

（九）民国以来

民国以来，人类对秦岭森林的破坏仍大于建设。民国时期，国家基本处于大小规模不同、连绵不断的国内外反压迫、反侵略的战争环境之中，农业生产发展缓慢，人工植被的类型和规模较明清时期基本无大变化。尽管如此，频繁的战乱仍对秦岭植被造成了破坏，特别是秦岭南坡由于交通落后又一次成为避战逃荒的地方，大量流民涌入，山林遭受浩劫。但总的来说，民国时期秦岭山区的面貌基本保持了清末的状况。只是受人类活动和战争的影响，当时森林界限已上升和深入，波及海拔1200～1600米的山区植被。河谷、平原、盆地、丘陵和浅山区仍以大面积的人工植被为主。

1949年，中国人民结束了千百年来的封建、半封建、半殖民地的统治，开始了社会主义革命和建设。新中国成立以来，党和国家做了大量恢复生产和发展经济的工作，开展水土保持、改善山区环境，对秦岭自然植被的恢复和人工植被的发展起到了积极的作用。然而，由于山区经济薄弱，加之错误路线的影响，新中国成立到改革开放之前这段时间内，秦岭山区植被仍遭受了严重的破坏。一方面，过度追求产量，盲目扩大耕地面积，耕地不断向低山和中山区发展，林线节节后退。在50年代到70年代，受错误路线的影响，大炼钢铁，以粮为纲，使秦岭山区的森林又遭受了大规模的破坏。到70年代，秦岭山区已是"进山十里无柴，二十里无棍，三十里无橡，四十里无檩"。只有在交通不便的中高山区才残存着零星分布的天然林。据报道，位于秦岭南坡的安康地区，新中国成立后森林植被减少了500万亩，森林植被的覆盖率由解放初期的36.5%下降到27%左右。而同样位于南坡的商洛地区，新中国成立初期有森林植被641万亩，1979年只剩398万亩，减少了几乎一半。此外，在新中国成立后的30年间，汉中地区毁林开荒面积达200多万亩，宝鸡市毁林开荒达100万亩。这一时期，秦岭山区林缘的海拔高度升高了300～500米，一些人口稠密的低山丘陵区，郁郁葱葱的森林植被绝大多数变成了"光山秃岭"。许多珍稀物种濒危度加剧，天麻、杜仲、厚朴、桃儿七等野生药用植物数量急剧减少。另一方面，国家在发展经济的过程中，规划和管理不合理，也造成了自然植被的破坏。40多年来，秦岭山区基本建设规模空前，建厂、修路、开矿、修建电站、发展乡镇企业等都对秦岭植被造成了破坏。尽管经济效益良好，但由于规划和管理科学性差，建设过程中缺乏长远考虑，为所欲为，严重破坏了秦岭植被良好的生态环境和生态条件。如：宝成铁路沿线两侧数公里之内的植被遭受严重破坏，每逢暴雨，滑坡、崩塌、泥石流常有发生，使国家经济和人民财产遭受损失。

新中国成立以来，秦岭地区人工植被显著增加，植被景观面貌也发生了大的改变，主要表现为：
（1）随着社会经济的发展和人口的增加，农耕地范围逐渐扩大，导致林限上升，林缘后退。尽管从统计资料上看，耕地面积并没有显著增加，但实际情况确是"边开垦边弃耕"，特别是城市建设占据了大面积的原有耕地，使得农业活动范围大大扩展，以农业植被为主的人工植被面积也大大增加；
（2）随着城市环境质量的下降以及城市发展的需要，城市绿化面积逐渐增加，城市内各种观赏树木、花草等形成的点状、块状人工植被成为秦岭地区植被的主要组成部分；（3）农田基本建设过程中，防护林系统日趋完善。由于人类活动区域环境的恶化，川道、塬面、山麓和浅山带的护田、护路、护渠、护坡和水土保持林等各种防护林网络逐渐形成，对农村生态环境的改善起到了良好作用；
（4）经济林结构趋于合理。秦岭北坡是我国温带水果的主产地。改革开放以来，农村经济结构逐步优化，为了适应国内外市场需求，秦岭北坡的杂果种植面积有所缩减，苹果树种植面积逐渐增大，至今秦岭关中地区已建成数百万亩以上的苹果园。此外，秦岭地区的药材种植也引起人们的关注，成为秦岭地区发展经济的重要产业，如：渭北耀县已建成我国西北第一家药材市场，成为国内外杜仲、银杏等10余种药材的主要供应地。

追溯秦岭植被的变迁历史，可以清楚地看出人口压力和生产工具的发展水平是整个历史时期秦岭植被变迁的主要驱动力。石器时代，由于生产工具落后、人口密度较小，人与自然和谐相处。随着青铜时代和铁器时代的相继到来，人类征服自然的能力显著增强。尽管如此，在清代之前，历朝对秦岭植被的开发和利用，限于当时的生产力水平，开发强度有限，并没有长时间、高强度的开发，不足以对秦岭的生态造成根本性的影响。因此，清代之前秦岭地区的生态系统基本上是完整的，生态状况是良好的，即使某个时期局部地区的生态因人类开发影响而有所变化，也能够实现自然恢复。进入清代，人口压力引发了对秦岭的全面开发。不合理的农业政策、长时期和高强度掠夺式的开发，导致秦岭植被大面积萎缩，尤其是随着晚清工业文明的到来，对秦岭植被的开发超过了以前任何时期，秦岭低海拔的植被早已不复存在，而中高海拔的植被也遭到了前所未有的破坏。可以说，历史时期秦岭植被的变迁就是人类社会经济不断发展和自然植被不断被破坏的过程。

三、尚处在变迁中的秦岭植被

自距今12000～10000年前末次冰期结束以后，秦岭各植被带总体上处于上移过程中，特别是在一些孤立的海拔达3000米左右的山峰之上，这一过程目前仍在进行中且基本未受人类活动的干扰，如秦岭一些高海拔地区的落叶松林和冷杉林。

落叶松林为秦岭典型的高山地带性植被，除在主峰太白山3000米以上有较大面积分布外，其他海拔2800米以上的次要山峰如光头山、首阳山等也有分布，这些次要山峰主要分布在海拔2600米以上，呈林带而存在。由于这些山地海拔2900米以上的区域在冰期受到冰川作用的侵蚀，冰期以后由于物理风化作用，使得2600～2700米以上为崩裂的流石滩覆盖，加之处在高寒地带，生物成土过程极其缓慢，落叶松林很难侵入这样的地面。然而当前在这些地区的林线并非气候上线，而是受土壤条件限制。因此，随着地表结构的改变和土壤条件的改善，林线可能上移，落叶松个体和群体片断已上插至这些山峰绝顶的事实表明，现今在这些山顶上的灌丛和草甸区将逐步被落叶松林所替代。

与落叶松林类似，冷杉林在主峰太白山上限已达海拔3200米左右，而在上述山地仅2700米左右，还没有达到气候上线。冷杉个体和冷杉林片断正侵入落叶松林并向上伸展，这是由于冷杉幼苗喜阴，而落叶松幼苗喜阳，因此在气候条件允许范围内冷杉必定能侵入落叶松林之内，使冷杉林上线逐渐上移。上述事实表明，光头山、首阳山等地的落叶松林和冷杉林由于尚未达到自己的气候上线，仍处于变迁之中。

与这些高海拔植被相比，秦岭海拔2500米以下的植被则没有这么幸运了，受人为干扰的驱动，其中一些植被也处于变迁之中，如秦岭700～1000米的山麓和低山地区目前普遍分布的侧柏林，曾被认为是秦岭自然地带性植被中的基带。古植物学研究的资料证明，虽然侧柏最晚在中更新世在该区就有分布，但是秦岭不但过去没有以侧柏为优势的自然植被带，甚至同科属的种类也没有作为优势的地带性植被存在过。现今侧柏林在秦岭山麓和低山地带的广泛分布，是由于长期人为活动破坏了原有植被，使该地带气候趋于旱化，特别是反复频繁垦植，水土大量流失，使土壤变得极度贫瘠，甚至形成基岩裸露的石质坡面。这种条件的形成，大大加强了侧柏林对栎林和其他阔叶林的竞争能力。阔叶林难以适应，侧柏林的面积得到扩大和发展。封山育林，保护植被，防止水土流失，当气候和土壤条件恢复之后，必将又有利于栎林和其他阔叶林的生长恢复，侧柏林将要大面积地退缩，除局部山脊梁顶、悬岩峭壁之地仍为侧柏林占据之外，阔叶林将得到大量的恢复和发展。目前阔叶树侵入侧柏林，使侧柏的枝叶干枯、处于严重受抑状态的事实随处可见。因此，无论过去或将来，侧柏林成为该气候条件下的地带性植被是不可能的。从动态的观点分析，大面积的侧柏林是不稳定的，它只是作为植被恢复演替过程中的先锋乔木阶段而出现。虽然根据现有的古植物学资料，对地质时期这里栎林的具体种类尚难以确定，但秦岭及其邻近地区的古地理和古植物资料分析及森林生态特性和演替趋势研究表明，秦岭地带性森林就是栎林(栓皮栎林和麻栎林)，其中栓皮栎林占主要地位。

第二节　秦岭植被现状

　　秦岭是我国长江和黄河两大水系的分水岭，是我国南北地理和气候的分界线，是南北生物交汇过渡地带。这里有丰富的植被资源、典型的生物群落、明显的植被垂直分布。秦岭植被经历了历史时期大规模的采伐与破坏之后，至今仍维持了极高的植被多样性，主要源自以下几个因子的复合影响：（1）地理位置的影响。秦岭山体高大，既对北进的东亚暖温气流有阻挡作用，同样也对南侵的北方干冷气流有阻挡作用，故使秦岭两侧的气候差异明显。秦岭以南为北亚热带湿润季风气候，秦岭以北为暖温带半湿润大陆性季风气候。（2）海拔高差的影响。一般由汉江和渭河谷地至秦岭主脊的海拔高差超过2000米，而在秦岭主峰太白山附近常超过3000米，有着我国中东部地区最完整复杂的植被垂直带谱。（3）地貌的影响。秦岭山体北仰南俯、东低西高，北坡陡峻，南坡缓长，被多条峡谷深切为南北并列的山岭，峭壁林立，并多山间构造盆地，多样化的生境造就了多样化的植被类型。

　　秦岭山地目前的主要植被有针叶林(包括暖性针叶林、温性针叶林、寒温性针叶林)、阔叶林(包括典型落叶阔叶林、温性落叶阔叶小叶林、落叶阔叶杂木林)、灌丛和草甸(包括山地灌丛、草甸及高山灌丛、草甸)等。其植被组成的优势科主要有松科、杉科、柏科、壳斗科、桦木科、杨柳科、漆树科、七叶树科、槭树科、胡桃科、蔷薇科、蝶形花科、杜鹃花科、忍冬科、蓼科、莎草科、百合科、菊科、禾本科等。

　　森林是秦岭自然植被中最广泛和最重要的植被类型。历史时期，秦岭森林植被长期受人为活动的干扰，原始森林绝大部分已更替为天然次生林。所谓天然次生林是指原始森林经过多次不合理采伐和严重破坏以后自然形成的森林，虽与原始林一起同属天然林，但它经历过不合理的采伐、樵采、火灾、垦殖和过度放牧，与原始林的森林环境多少有些差异。新中国成立后，秦岭地区大力营造人工林，所以秦岭各林区都有一定面积的人工林。因此，秦岭森林植被按起源包括原始林、天然次生林和人工林三部分。目前，全区森林面积约247.5万公顷，森林覆盖率46.5%，大部分为天然次生林。不过，秦岭地区的太白、周至、佛坪、宁陕等县人烟稀少的深山区仍保存有较大面积的原始林。秦岭森林以落叶阔叶林为主，主要是以几种栎类和桦木为优势的落叶阔叶林，分布面积约为针叶林的4倍。针叶林面积虽小，但分布颇为广泛，主要以油松、华山松、巴山冷杉和太白红杉为主构成，在本区海拔3500米以下均可见到。因秦岭垂直和水平跨度较大，秦岭植被由低到高、自西向东、由南而北都表现出较大的差异。

一、秦岭植被的垂直分布

秦岭地处中纬度地区，海拔跨度较大，主峰太白山最高海拔达3767米，是我国大陆东半壁的最高峰。由于山体高大，秦岭由山麓到山顶有着明显的气候垂直带谱（自下而上有暖温带、温带、寒温带、亚寒带）和土壤垂直带谱（自上而下有高山草甸土、亚高山草甸森林土、山地暗棕壤、山地棕壤、山地褐土、山地沼泽土），因此整个山区的植被也相应表现出明显的垂直分布规律（如图4-1）。

关于秦岭山地植被垂直带谱，尽管不同学者对秦岭山地植被垂直分布带谱意见不一，但在植被组成和垂直结构上仍保持一致。秦岭太白山及其他9个山系的植被垂直带谱的比较研究表明，秦岭的植被垂直带谱具有温带山地植被垂直带谱的特征。依据中国山地植被的垂直分布规律和近年来对秦岭地区植被的研究资料，《中国植被》对秦岭山地植被垂直带谱的划分反映了温带山地植被垂直带谱的特征，更受学者们的认同。图4-1是依据《中国植被》（1980）稍作修改的秦岭山地植被垂直带谱，基本反映了温带山地植被的垂直分异特征。秦岭南、北坡的落叶阔叶林均属于我国北方温带地区的典型落叶阔叶林。秦岭植被的垂直地带性正是以这种温带地区的典型落叶阔叶林为"基带"形成的。因此，秦岭山地植被垂直带谱具有我国东部湿润区典型的温带山地植被垂直带谱特征。

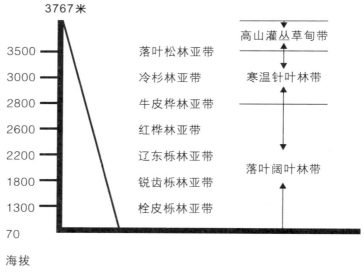

图4-1 秦岭山地植被垂直分布带谱

（一）山地阔叶林

山地阔叶林在秦岭主要有典型落叶阔叶林、温性落叶阔叶小叶林及落叶阔叶杂木林等类型，其优势科以壳斗科、桦木科、杨柳科、漆树科、槭树科、胡桃科等为主（如表4-1）。秦岭的落叶阔叶林带位于海拔2600米以下，不同的植被亚带分别代表暖温带、山地中温带、山地寒温带下部的落叶阔叶林。秦岭地区南、北坡的落叶阔叶林均属于我国北方温带地区的典型落叶阔叶林。秦岭植被的垂直地带性正是以这种温带地区的典型落叶阔叶林为"基带"形成的。

壳斗科是秦岭阔叶林中最为典型的科。全科8属约900种，大部分产于北半球的温带和亚热带地区，我国5属约279种，分布几乎遍布全国，秦岭产4属20种，其中尤以栎属最为重要。这一属我国有70多种，秦岭15种，但这15种几乎包括了我国北方落叶阔叶栎类的绝大部分，它们广泛分布于秦岭山地的南北坡，最常见的种类如栓皮栎、麻栎、槲栎、槲树、锐齿栎、辽东栎等。而秦岭南坡低山丘陵，则分布有较为丰富的常绿栎类，如铁橡树、尖叶栎、乌冈栎等。它们常以少数的个体混生于落叶栎类组成的森林中，或者和其他的常绿树一起与落叶栎类组成混交林。在栎林中，栓皮栎林在整个秦岭地区分布最广，其分布的海拔在南坡上限不超过1700米，北坡上限不超过1600米，这是典型的暖温带落叶阔叶林，目前以次生林和人工林为主，这是秦岭北坡自然垂直带谱的基带；海拔1500～1800米，以锐齿栎林为代表，锐齿栎是秦岭栎林中分布幅度最宽、面积最大的一个群落类型，群落的区系组成丰富，垂直分布高度在秦岭南坡为海拔1400～1900米，北坡为海拔1200～1800米；最后一个重要的栎林群落是辽东栎林，它是秦岭所有栎林中垂直分布海拔最高的类型，主要分布在北坡海拔1700～2100米之间，秦岭西段分布集中，至中段已渐减少，秦岭东段多呈个体出现。秦岭南坡的辽东栎林较少，仅见于秦岭西段。这三种栎林分别代表着中温带下部和上部落叶阔叶林。此外，锐齿栎、辽东栎与油松、华山松组成的针阔叶混交林在栎林分布范围内也比较多见。

桦木科亦是秦岭阔叶林中一个典型科，这个科在秦岭以桦木属最为重要，该属有红桦、牛皮桦、光皮桦、白桦等，其群落是秦岭山地落叶阔叶林分布海拔最高的类型。秦岭主脊及南北支梁，海拔2300～2800米的山坡上，常可见红桦、牛皮桦有规律地分布，构成了下部为红桦、上部为牛皮桦的桦木林带，它们共同代表着山地寒温带下部的落叶阔叶林。桦林为我国暖温带的主要建群植被，在水源涵养、水土保持和维持区域生态平衡等方面有比较突出的生态功能。秦岭大面积分布的桦林很早就引起了植被研究者的注意，我国已故著名植物学家刘慎谔先生在30年代考察太白山植被后曾写道："桦木平常多属过渡林，故桦木之为带（固定带），它山少见之。"后人对于桦林在秦岭垂直带中的作用和地位意见分歧很大，近年的研究证实，桦林或以桦为优势的针阔叶混交林，地质时期和现代都可形成地带性（水平和垂直）森林，是凉温湿润气候的顶极植物群落，是暖温带落叶阔叶林和寒温带湿冷生针叶林的过渡地带凉温湿润气候的代表。

除上述两种主要植被类型外，秦岭低山区还有相当面积的落叶阔叶杂木林，分布于海拔1500米以下的区域，主要是在人为干扰后或者特殊生境下形成的，优势科主要有槭树科、桦木科、胡桃科、山茱萸科、七叶树科、椴树科、木樨科等，常见的种类如重齿槭、青皮槭、榛、鹅耳枥、山核桃、白蜡树、少脉椴等。

表4‑1 秦岭山地阔叶林的主要类型和分布

（"+"代表分布范围，数目越多表示分布越广泛；表4-2同）

森林植被类型		东部	中部	西部	北坡	南坡	海拔范围/米
落叶阔叶林	栓皮栎林	+++	+++	++	++	++	600~1600
	麻栎林	++	++	+	+	++	400~1000
	锐齿栎林	+++	+++	+++	+++	+++	1400~1900
	槲栎林	++	++	++	+++	+	1300~1800
	辽东栎林	+	++	+++	+++	+	1800~2200
	短柄枹栎林	+	+	+	无	+	1300~1800
	槲树林	+	+	+	++	+	800~1300
	橿子栎林	++	+	+	++	+	1200~1500
	山杨林	++	++	++	++	+	1200~2000
	白桦林	++	++	++	++	+	1000~2000
	红桦林	++	+++	+++	+++	++	2000~2600
	牛皮桦林	+	++	++	++	+	2400~2900
常绿落叶阔叶混交林	小青冈、岩栎、栓皮栎、麻栎林	++	++	+++	无	+++	300~1100

（二）山地针叶林

秦岭山地的针叶林主要有油松林、华山松林、白皮松林、马尾松林、铁杉林、杉木林、侧柏林、冷杉林、太白红杉林等类型，其中优势科为松科、杉科及柏科（如表4‑2）。松科共7属19种，其中群落学作用意义较大的有松属、冷杉属和落叶松属。

秦岭松属共有4种，分别是油松、华山松、白皮松及马尾松等，其中以油松和华山松最为典型和重要。上述4种均可以单独形成优势群落。油松为我国特有树种，属华北成分，我国东北、华北、西北、西南及中南高山地带均有分布，但主要集中分布于秦岭及其以北地区，在华北和西北形成大片纯林。该种在秦岭分布十分普遍，南坡海拔1000~2200米、北坡海拔1200~2100米范围内均有大面积分布，并可形成纯群落，也经常和栎属植物形成松栎混交林；华山松为我国半特有植物，国外见于印度，在我国主要分布于秦岭及其以南各省，如陕西、山西、河南、甘肃、青海、四川、重庆、湖北、云南、贵州、西藏等地皆有分布。秦岭中山地带是华山松的主要分布区域，一般出现在海拔2000米左右，但纯林较少，多混生于桦林和冷杉林中。白皮松为东亚地区唯一的三针松，也是我国的特有树种，其分布范围略小于油松，主要分布于陕西、山西、河南、湖北、四川、甘肃等省，但以在暖温带南部落叶栎林亚带分布较为普遍；秦岭东部地区的伏牛山、西部南坡的成县、北坡西端的天水以及中部北坡蓝田以东至潼关均有较为普遍的天然林，在秦岭的海拔分布范围为700～1490米。

秦岭落叶松属有2种，太白红杉为秦岭高山特有树种之一，目前仅分布于秦岭海拔3000米以上的地区，并以主峰太白山为其分布中心；本区其他海拔较高的山地也有出现，如玉皇山、光头山、首阳山、兴隆岭、佛坪县大涧沟等地，长安区丰峪林场境内也有零星分布。与太白红杉同属的另一种红杉仅在秦岭西段的舟曲、岷县一带有少量分布。

秦岭冷杉属有巴山冷杉和秦岭冷杉，都为秦岭山地的建群种。巴山冷杉在我国以秦岭、巴山山地为分布中心，其分布范围大体东起湖北神农架、河南西部伏牛山，沿大巴山、米仓山西至岷山山地；南界达川东、鄂西；北界不逾越秦岭，以其为建群种或共建种形成的森林，是我国分布幅度最广的冷杉林。巴山冷杉在秦岭多分布于海拔2400米以上的山坡、山脊或沟谷中，南北坡均有分布。佛坪大涧沟、宁陕北部的秦岭主脊一带有大面积纯林。除此之外，秦岭山地内的凤凰山、平河梁、火地塘、草链岭、四方台、牛背梁、财神梁和兴隆岭等都有相当数量的分布。秦岭冷杉在秦岭主要分布于陕西境内的岚皋、华县、长安、宁陕、周至、留坝、佛坪、略阳，甘肃省的舟曲、天水、文县等地。秦岭是该种的集中分布区，其中又以宁陕和佛坪两县数量最多。在本区由秦岭冷杉组成的冷杉林不如巴山冷杉林典型，一般多出现在海拔2000～2300米左右的山坡或山峪，在山地垂直带谱中，居于巴山冷杉林下部，与之共同组成了秦岭山地的冷杉林带。

杉科秦岭有3属4种，其中仅有杉木属为野生属，该属共有3种1变种，为中国特有成分，分布于我国秦岭、淮河以南各省及台湾，其中杉木是我国亚热带地区最重要的造林树种，在秦岭仅见于南坡的低海拔地段，陕南的汉中、洋县、石泉、山阳、丹凤、镇安等县皆有分布。

柏科秦岭有4属11种，圆柏属、柏木属、刺柏属和侧柏属在秦岭南北坡均有分布，多生于海拔600～1500米之间，尤以北坡的低山和丘陵地段较为典型，如华山、南五台、太白山等地。

表4-2 秦岭山地针叶林的主要类型及分布

森林植被类型		东部	中部	西部	北坡	南坡	海拔范围/米
寒温性针叶林	太白红杉林	无	++	+	+	+	2900~3500
	巴山冷杉林	+	+++	++	++	++	2400~3100
	秦岭冷杉林	+	+	+	+	+	1700~2100
	青杆林	+	+	+	+	++	1600~2400
暖温性针叶林	油松林	++	+++	+++	++	+++	1000~2100
	华山松林	+++	++	++	++	++	1600~2300
	白皮松林	+++	++	+	+++	++	600~1200
	侧柏林	++	+++	++	+++	+	600~1300
暖性针叶林	马尾松林	+	++	+++	无	+++	400~1000

（三）灌丛与草甸

秦岭山地灌丛和草甸有两种来源。

一类为分布于亚高山、高山地区的原生性灌丛和草甸，主要分布于秦岭海拔2900米以上的一些山峰。在主峰太白山上则分布于海拔3350米以上，为高山亚寒带灌丛、草甸，这里地势高，曾是第四纪冰川活动的冰源地段。自末次冰川消退以来，这里一直处在冰原气候控制之下。气候严寒，空气稀薄，辐射强烈，现代冻融风化作用仍在强烈进行，石海、石河大面积分布。在这块冰蚀地面上，乔木已经绝迹，目前主要分布着灌丛、矮生草甸、苔藓地衣群落和大面积裸露的岩石。这类灌丛草甸植被是高山、亚高山气候条件的产物，是稳定的垂直地带性群落，主要包括头花杜鹃灌丛、杯腺柳灌丛、密枝杜鹃、华西银腊梅灌丛、高山绣线菊灌丛、金背杜鹃灌丛等，草甸则是以秦岭嵩草、球穗蓼、发草、早熟禾属及紫苞风毛菊和龙胆科植物等为优势的原生草甸。

秦岭高山原生灌丛和草甸分布区域重叠，前人的研究表明，这些高山灌丛是在高山草甸基础上演替而来的。秦岭高山地带曾经过强烈冰蚀作用，在冰蚀裸岩上首先定居的是由细菌和微型藻类组成的微生物群落，后来经过地衣和藓类群落几个演替阶段，岩面形成了原生土壤，随着土壤的发育，一些适应强风酷寒的中生有花草本植物逐渐侵入。首先侵入者仅莎草科、菊科、景天科、禾本科等少数植物，其中以嵩草最普遍，并形成以嵩草为优势的草甸群落。随着土壤的发育，嵩草群落在不同地形条件下进一步发展，常产生分异：一般情况下它常被杯腺柳、密枝杜鹃为优势的矮生灌丛演替，但在局部平坦地区和低平冰蚀"U"谷中，由于草丛密集盘结、雨雪水容易聚积、土壤下层长期有冰冻层出现，在这种排水不良而且冷湿的条件下，土壤愈加潮湿，通气困难，死亡的有机残体不易分解，粗腐殖层加厚，土壤酸性加强，就向沼泽化发展，沼泽化初期，以球穗蓼为主的杂类草群落代替了嵩草群落。这一演替并非后者比前者生物学竞争能力强，而是因为嵩草对多湿、通气不良生境不适而退出。球穗蓼定居后，在此特殊地形和气候条件下，终年受雨雪和地下浅水润湿，地表更潮湿，嫌气性条件加强，有机物积累更多，有少量的泥炭出现，球穗蓼群落即被以发草为优势的杂类草群落演替。球穗蓼群落被发草群落演替，是因为球穗蓼为典型耐寒湿中生植物，对土壤水分过多不能适应。发草的生态幅度很大，在这里表现的情况与川西高原完全相同，虽然也可见于中生条件下，但在沼泽化环境中生长更好，对沼泽化草甸土壤特性有一定的指示作用。

另一类灌丛和草甸为森林植被遭破坏或者耕地撂荒以后形成的次生类型，多分布于中低山地区，分布极广且类型复杂，与海拔高度和原先的森林群落类型的关系很密切，灌丛主要以胡枝子属、蔷薇属、绣线菊属、柳属、枸子属、黄栌属、胡颓子属等属的植物为优势。次生草甸多以菊科及禾本科特别是蒿属植物为优势，而在溪流冲积平地的季节性水滩生境中还有小面积的河漫滩草甸，主要由莎草科、灯芯草科、毛茛科、蔷薇科植物构成。次生灌丛有向森林群落演变的趋势，但由于秦岭中低山地区长期处在反复樵采与垦殖压力之下，该过程极为缓慢，表现出一定程度的相对稳定性。

表4-3 秦岭山区主要灌丛和草甸类型与分布

序号	生态系统类型	群落起源	分布海拔/米
草 甸 群 落			
1	铁杆蒿群落	次生	1200以下
2	白羊草群落	次生	1000以下
3	黄背草群落	次生	1600以下
4	大油芒群落	次生	1600以下
5	牛尾蒿群落	次生	2100以下
6	艾蒿群落	次生	1300以下
7	牡蒿群落	次生	1300以下
8	霸王菅群落	次生	2100以下
9	野青茅群落	次生	2000~2800
10	柳兰群落	次生	1800~2900

11	紫苞风毛菊群落	次生	1800～3100
12	嵩草群落	原生	2800以上
13	球穗蓼群落	原生	2800以上
14	发草群落	原生	2800以上
灌 丛 群 落			
1	二色胡枝子群落	次生	1600以下
2	狭果胡枝子群落	次生	1800以下
3	短梗胡枝子群落	次生	2000以下
4	美丽胡枝子群落	次生	1800以下
5	杭子稍群落	次生	1700以下
6	铁橿子群落	次生	2000以下
7	黄栌群落	次生	1600以下
8	胡颓子群落	次生	1800以下
9	榛子群落	次生	2000以下
10	黄花柳群落	次生	2300以下
11	皂柳群落	次生	2000以下
12	狼牙刺群落	次生	1200以下
13	香柏群落	原生	2600以上
14	杯腺柳群落	原生	2800以上
15	密枝杜鹃群落	原生	2800以上
16	华西银腊梅群落	原生	2600～3300
17	高山绣线菊群落	原生	2800～3600
18	金背杜鹃群落	原生	2600～3000

二、植被的水平分布

　　秦岭巨大的山体不仅造成了植被的垂直地带性，也造成了植被水平分布上的明显差异。首先，秦岭南北坡植被组成上差异明显，秦岭从北坡到南坡常绿阔叶树成分明显增多，由落叶阔叶林带、含常绿阔叶树的落叶阔叶林带到常绿阔叶和落叶阔叶混交林带。秦岭北坡则是典型的夏绿落叶阔叶林植被，自下而上为落叶栎林带、桦木林带、针叶林带和高山灌丛草甸带，构成了典型的暖温带山地森林植被景观。秦岭南坡以落叶阔叶林和常绿混交林为基带，自下而上分布着常绿落叶阔叶混交林、落叶阔叶林、针阔混交林，呈现北亚热带森林植被景观。在落叶阔叶林中包含的常绿树种有高山栎、铁橡树、小青冈、假豪猪刺、大果冬青以及柑、橘、枇杷等。据调查，秦岭山区分布着常绿阔叶木本植物约38科70属177种，这些植物在秦岭南坡都有分布；而在秦岭北坡仅能见到其中的21属46种。一些亚热带经济林木如柑橘、油桐、茶等，仅分布在秦岭以南的一些河谷盆地中。需要指出的是，秦岭南坡植被虽然具有一定的过渡性，但就其植被类型来说，仍是以落叶阔叶林为主，只不过在植物区系成分方面，常绿成分会更多一些。

除南北差异外，秦岭自然植被从西到东也有明显差异。秦岭植被中分布面积最大的阔叶林在秦岭中部和东部伏牛山等地广泛分布，而在秦岭西段则明显减少；以松柏类为主的针叶林主要分布于秦岭中部和西秦岭西段，其他区域则分布较少；草丛主要分布在汉江流域和丹江流域下游；草甸主要分布在西秦岭西部海拔较高、气候比较寒冷的环境；草原主要呈散点状分布在西秦岭温带半干旱气候区；沼泽为寒温带、温带沼泽，在西秦岭西部秦岭边缘附近有小面积分布。

三、主要植被类型概述

（一）油松林和华山松林

油松林和华山松林虽不是秦岭地带性植被，但在秦岭分布范围很广，是秦岭温性针叶林的代表物种和主要组成部分。

油松林在秦岭分布的海拔较低，南坡常见于1000～2000米海拔范围，北坡常见于1200～2100米海拔范围。秦岭天然油松林多为松栎混交林，纯林较少，仅在一些特殊的环境，如山脊梁顶和立崖陡壁之上，可形成相对稳定的纯林。天然油松混交林群落结构和外貌极为复杂，植物种类繁多，油松个体分布零星分散，多处于向栎林的演替过程中。相比混交林，天然油松纯林一般结构简单，外貌整齐，林木分布均匀。油松在秦岭多与华山松、铁杉、栎类、山杨和桦木等混交，林下以耐旱、耐瘠薄和喜光植物为主，常见灌木种有二色胡枝子、多花胡枝子、胡颓子、短枝六道木、杭子稍、野蔷薇、榛子、灰栒子、桦叶荚蒾、悬钩子、菝葜、华北绣线菊、马桑、连翘、杠柳等；常见草本植物有白茅、大油芒、披针苔草、铁杆蒿、茵陈蒿、野艾蒿、败酱、野棉花、香青、紫菀、野菊、类叶升麻、石竹、唐松草等。秦岭已属油松分布区的南界，再往南油松则为马尾松所取代。

华山松是我国特有树种，在秦岭主要分布于海拔1400～2300米的山地，尤以秦岭中山地带较多。与油松相比，华山松纯林更为少见，多以混交林形式存在，分布于秦岭谷底溪旁较为湿润的区域。秦岭山地森林采伐后，华山松常为主要更新树种之一。秦岭华山松多为团块状混交林，其上限多以青杆、冷杉、牛皮桦和红桦混生，下限则常与山杨、油松等混交。华山松林常为单层林，在水肥条件优越的山坡下部和谷底溪旁可与铁杉、漆树等混交成复层林。华山松林下灌木层常见物种有枸子、珍珠梅、陕西绣线菊、桦叶荚蒾、峨眉蔷薇、甘肃山楂、秦岭木姜子等；草本层常见植物有披针苔草、紫菀、鹿蹄草、落新妇、败酱、鬼灯檠、糙苏、黄精等；常见的藤本植物有西五味子、盘叶忍冬、常春藤、大芽南蛇藤、山葡萄等。

（二）栓皮栎林

栓皮栎林是我国暖温带落叶阔叶林的主要森林群落之一，在秦岭南北坡的低山地带有广泛分布，被认为是秦岭低海拔最稳定的群落类型，秦岭南坡的分布上限为1800米，秦岭北坡的分布上限1600米。由于地处低山地带，人类活动频繁，秦岭天然栓皮栎林遭受破坏极为严重，大多系多代萌生林，萌生力已趋于衰退，故林相不整齐，结构较简单。乔木层以栓皮栎占优势，常混生侧柏、油松、黄连木、槲栎、槲树、锐齿栎、山杨、板栗等，南坡中还常混有一些热带起源的常绿阔叶树种，如化香树、山合欢、枫香、小青冈、小叶栎等。灌木层常见种有黄栌、绣线菊、胡枝子、秦岭木姜子、榛子、扁担木、短枝六道木、黄素馨、葱皮忍冬等，南坡除上述物种外还有火棘、紫金牛、竹叶花椒、假蚝猪刺、石楠等常绿成分分布。林下草本植物常见的有大披针苔草、湖北野青茅、吉祥草、芒、长喙唐松草、透骨草、香青、陕西峨嵋蕨、紫斑风铃草、烟管头草、牛尾蒿等。林内各种藤本植物较多，常见有野葛、猕猴桃、穿龙薯蓣、三叶木通、粉背南蛇藤、牛姆瓜、鸡矢藤等。

（三）锐齿栎林

锐齿栎林在秦岭南北坡是栎林中分布幅度最宽、面积最大的林带，占据了海拔1200～2000米的大多数地区，其中南坡分布于1400～1900米，北坡分布于1200～1800米。锐齿栎林在秦岭垂直分布下限与栓皮栎相连，上限在北坡常和辽东栎林相接。

自然状态下，锐齿栎林多数为萌生林，实生林少，在秦岭可形成稳定的森林群落。由于锐齿栎林处于秦岭最温润地带，为降水、温度、土壤条件三者组合最好的地区，其群落结构、物种组成均比较复杂。常见伴生种有小橡子树、栓皮栎、油松、华山松、铁杉、红桦、网脉椴、漆树、山拐枣、刺楸、野胡桃、太白杨、铁橡树、鹅耳枥、八角枫、灯台树及槭等。灌木层中最主要的是美丽胡枝子、秦岭木姜子、四照花、短枝六道木、青荚叶、米面翁、栓翅卫矛、中国旌节花、红脉忍冬、白毛山梅花等，常见伴生种还有石灰花楸、榛、紫珠等。草本种类基本属于中生耐阴植物，优势种往往是湖北野青茅、麦冬、吉祥草、陕西峨嵋蕨等。常见种还有大叶楼梯草、龙芽草、鹿蹄草、重楼、索骨丹、淫羊藿、苔草、羽裂华蟹甲草、三褶脉紫菀、红升麻等。由于锐齿栎林处于秦岭水分和热量配合最好的地带，因而是各类森林群落中藤本植物最丰富的，特别是一些较大型木质藤本植物种类多，常见藤本植物有葛藤、西五味子、粉背南蛇藤、南蛇藤、猕猴桃、藤山柳、清风藤、牛姆瓜、毛葡萄、大叶蛇葡萄、穿龙薯蓣、三叶木通、青藤、卵叶茜草等。

（四）辽东栎林

辽东栎林是我国温带和暖温带落叶阔叶林北部地区分布较广的森林群落类型，在秦岭主要分布在北坡海拔1600～2200米左右，多集中在西段，至中段已渐减少，东段多呈个体出现，成片林已很少见，且上下限自西而东逐渐升高。辽东栎林在秦岭南坡分布较少，仅见于西段。辽东栎林在秦岭垂直分布下限与锐齿栎林和槲栎林相连，上限与红桦林相接，为秦岭夏绿阔叶栎林中的最高带。

辽东栎林的分布区域是秦岭北坡降水量最多的地带，达900～1000毫米。辽东栎林的上限主要受热量限制，一般不超出年平均气温6℃等值线。土壤为深厚肥沃的棕色森林土。秦岭辽东栎林群落结构简单，常接近纯林，林相整齐。常见伴生种有山楂、少脉椴、漆树、千金榆、锐齿栎、五裂槭、红桦、青皮槭和华山松等。灌木层常见种有美丽胡枝子、秦岭花楸、蜀五加、山梅花、珍珠梅、木姜子、紫花卫矛、六道木、红柄白鹃梅、刚毛忍冬、黄蘗刺、青荚叶和冻绿等。草本层以大披针苔草、细弱草莓、三褶脉紫菀、异叶茴芹、红升麻、索骨丹、鹿药、秦岭耧斗菜等。常见的藤本植物有茜草、秦岭铁线莲、五味子、鞘柄菝葜等。

（五）桦林

桦林是我国温带山地的常见林种和主要建群种，但很少能在山地形成稳定的地带性植被群落，因此著名植物学家刘慎谔先生30年代考察太白山植被后曾有"桦木平常多属过渡林，故桦木之为带（固定带），它山少见之"之感慨。秦岭红桦林和牛皮桦林广泛分布于秦岭2000～2800米的中高海拔区域，是落叶阔叶栎林和湿冷生针叶林之间的过渡地带，成为秦岭山地垂直带谱中的重要组成部分。

秦岭红桦林是秦岭植被垂直带上较为稳定的群落，主要分布于秦岭1900～2600米海拔范围，在主峰太白山可达2800米。秦岭红桦林在秦岭垂直带中下连辽东栎林，上限接牛皮桦林。红桦林所在地带为秦岭多雨区，气候温凉湿润，多分布于山坡的中下部，迎风的坡面上很少分布。红桦林的群落结构一般分为三层，乔木层以红桦为主，高度可达20米，常见的伴生乔木有华山松、牛皮桦、椴、辽东栎、华西枫杨、太白深灰槭、灯台树、冷杉、五裂槭；灌木层常见种有秦岭箭竹、太白杜鹃、峨眉蔷薇、秦岭木姜子、泡花树、八仙花、华帚菊、冰川茶藨子、桦叶荚蒾、密穗小檗、陇塞忍冬等；草本层常见种有毛状苔草、假冷蕨、大花糙苏、大叶碎米荠、川赤芍、山酢浆、黄水枝、升麻、白花酢浆草等；常见的藤本植物有五味子、防己叶菝葜、藤山柳、秦岭铁线莲等。

牛皮桦适应性强，在秦岭分布区垂直跨度大，但仅在秦岭海拔2500～2800米的亚高山地带形成稳定的带，下限接红桦林，上限连巴山冷杉林。有时在其上部也常与巴山冷杉形成混交林，下部与红桦形成混交林。牛皮桦林常呈块状分布于石质土上或冰川侵蚀沟道石流隙间，及地势较为平缓、土层较厚的冷杉林破坏迹地上。乔木层除牛皮桦外，常见物种还有巴山冷杉、红桦、华山松、玉皇柳、重齿械；灌木层常见种有太白杜鹃、峨眉蔷薇、川滇绣线菊、水榆花楸、冰川茶藨子、红脉忍冬、陇塞忍冬、密穗小檗等；草本层常见种有毛状苔草、假冷蕨、黄水枝、大花糙苏、大叶碎米荠、川赤芍、山酢浆、独叶草、小银莲花、双花堇菜、细弱草莓等；常见的藤本植物有五味子、藤山柳、秦岭铁线莲等。

（六）巴山冷杉林

秦巴山区是巴山冷杉的分布中心。巴山冷杉林自地质时期形成以后在秦岭地区就没有消失过，但曾经历过几次大幅度的上下迁移。目前巴山冷杉林占据秦岭山区海拔2500～3000米的广大地区，成连续带状分布，是这一海拔高度的主要植被景观。秦岭巴山冷杉林多分布在坡脊沟谷中，如佛坪的大涧沟、宁陕秦岭大梁等面积最大。因巴山冷杉为耐阴树种，成林林冠稠密郁闭，林下光照较弱、阴暗潮湿，除在过渡地带有太白红杉、牛皮桦、华山松、秦岭冷杉个体混生外，一般多为纯林。由于冷杉林下郁闭，林下物种较少，常见灌木层物种有秦岭箭竹、太白杜鹃、刚毛忍冬、红脉忍冬、钝叶蔷薇、峨眉蔷薇等；常见草本层物种有大叶碎米荠、川康苔草、山酢浆草、球穗蓼、轮叶马先蒿等。

（七）太白红杉林

太白红杉是秦岭高山区特有树种之一，处于秦岭山地森林垂直带谱的顶端，主要出现在秦岭高度超过2800米的山峰，如太白山、光头山、玉皇山、首阳山、兴隆岭等地，特殊情况下可下延至2700米，如佛坪的大涧沟。秦岭太白红杉林多以纯林存在，但大面积的纯林仅见于主峰太白山，其余各地成林面积很小或与冷杉林成块状混生。

秦岭太白红杉林位于高山灌丛草甸带之下、冷衫林带之上，太白山下限海拔2800米左右，其他地方均约始于2600米，上限达到3100米。太白红杉林分布的空间为冰原气候控制，物理风化的花岗岩石块遍布，气温低、湿度大，风的作用非常强烈，使太白红杉常矮化并呈旗形树。太白红杉林乔木层盖度常因所在条件而异，在山脊陡坡和风作用强烈之处，往往限在10%以下；而在那些背风缓坡和土层较厚之地，可在75%以上，一般在50%～60%左右。除在下限有牛皮桦和太白冷杉混生外，一般为纯林。太白红杉的高度也因条件不同而差别很大，上限平均3～5米，下限可达10～12米。灌木层的种类组成和盖度常依生境条件、落叶松林形成时间以及乔木层郁闭度大小而不同。构成该林灌木层的种类在25种以上，在一个具体地段往往4～7种左右，以优势种出现的有头花杜鹃、华西银腊梅、金背杜鹃、华桔竹、冰川茶藨子、高山绣线菊、华西忍冬等。草本层种类组成较灌木更为丰富，其中分布最多的是菊科、禾本科、莎草科、伞形科、毛茛科、景天科和虎耳草科。常以优势种出现的有嵩草、毛状苔草、羊茅、白花碎米荠、发草、珠芽蓼、高山早熟禾等植物种类。

（八）亚高山、高山灌丛

秦岭亚高山、高山灌丛主要分布在2500米以上的亚高山和高山地带，特别是高山地带形成于冰缘地貌——石海或冰蚀原生裸地上，这里终年风大、低温，植物生长期特短，土壤发育很差，仅由于地衣和苔藓植物的定居，岩面上形成厚薄不等的腐殖质层，局部地段虽有土层发育，厚度多在10～20厘米左右。在这种自然条件的影响下，灌木常呈低矮、匍或垫状，叶子角质层发达，厚而革质，被毛或鳞状附属物。

金背杜鹃灌丛：主要分布于2600～3000米左右的亚高山和高山地带，多出现在阴或半阴坡，所处地段土层极薄或岩石裸露，是秦岭较为典型的常绿革质阔叶灌丛。金背杜鹃灌丛由于分布海拔较低，生境条件较好，通常为纯林，高3～5米，盖度很大，林内阴暗风小，下层灌木和草木成分贫乏，见到者多为独叶草、尖叶堇菜、山酢浆草等极少数种类。独叶草有时在金背杜鹃林下连片铺盖地面，盖度很大。金背杜鹃灌丛常由华西银腊梅群落发展而来，本身往往被冷杉和牛皮桦林演替。牛皮桦和冷杉林形成的初期，金背杜鹃又为灌木层优势种存留于林下，受抑制而逐渐稀散。

华西银腊梅灌丛：秦岭几个较高山峰都有分布，主要分布于2600～3300米左右。所处地段多是陡坡、山脊梁顶或流石滩地，土层极薄，加之高寒风大，华西银腊梅生长矮小，分枝多，灌木层异种植物较少，仅见有头花杜鹃、蒙古绣线菊、高山绣线菊等个体混生其内。草本层常以生境条件而异：在山脊梁顶或向阳陡坡土层发育微弱的情况下，优势种往往是嵩草和羊茅，次要成分有五脉绿绒蒿、密叶虎耳草、秦岭景天等种类，阴坡常是毛状苔草、大叶碎米荠、太白银莲花、紫苞风毛菊等，除毛状苔草以外，其他数量均很少。该灌丛也是高山石质裸地的先锋木本群落，上部常被落叶松林演替，下部多发展为冷杉林和牛皮桦林。在局部岩质陡坡或山脊梁顶，亦可能是稳定或暂时稳定的。

香柏灌丛：在秦岭分布很普遍，主要分布于2700～3500米海拔范围内，在太白山、光头山、兴隆岭、玉皇山等一些高山地带都有出现。常居岩石裸露、风大干燥的阳坡。香柏为常绿针叶匍匐灌木，分枝稠密，盖度在30%～70%左右，生命力强。其他灌木有头花杜鹃、华西银腊梅、蒙古绣线菊等，其中头花杜鹃、华西银腊梅最普遍，大多数情况下与之伴随，但盖度不大，通常在2%～5%左右。该灌丛常起源于稀疏的毛状苔草或苔属其他植物和禾本科为优势的群落，当灌丛形成之后，草本群落阶段的优势种很快稀散消退，唯独毛状苔草可留居其内，并保持一定优势。草本层成分在40种以上，常见者有铁棒锤、耳叶青木香、五脉绿绒蒿、密叶虎耳草、大叶碎米荠、裸茎碎米荠等一些种类。香柏灌丛是高山地带向阳干燥山坡的先锋木本群落，常被落叶松和牛皮桦林演替。乔木林形成的初期，香柏和毛状苔草分别作为灌木层和草本层的优势种。

蒙古绣线菊灌丛：主要分布于秦岭北坡2500～3400米，所处地段往往有20～30厘米以上土层覆盖，岩石裸露的山脊梁顶少见。蒙古绣线菊高0.5～1米左右，盖度40%～60%，有时可至70%以上，生命力强。其他灌木成分有秦岭小檗、穆坪茶藨子、华西忍冬、红脉忍冬、华西银腊梅等，这些成分数量很少，甚至仅有个别植株，但生命力较强。草本层种类较多，有时苔草和早熟禾可形成共优种。其他易见种类有假报春花、秦岭弯花紫堇、紫苞风毛菊、耳叶青木香等。灌丛有原生和次生两个类型，前者是华西银腊梅、高山绣线菊等对环境要求不苛的种类，在裸地上先形成群落，在先锋灌丛的作用下，土壤有一定发育之后，蒙古绣线菊才侵入并形成优势群落；后者往往是冷杉和落叶松林火毁或以其他方式摧残之后形成的次生灌丛。原生和次生蒙古绣线菊灌丛的进一步发展，均被落叶松或冷杉林演替。

高山绣线菊灌丛：主要分布在秦岭北坡2800～3600米海拔范围内。由于处在低温多风的高寒地带，生长矮小，枝叶成簇，常形成0.5～0.8米高的密集灌丛，盖度大。种类组成以莎草科和禾本科植物为主，次要成分为耐高寒的一些杂类草。该灌丛为高山原生裸地植被形成过程中的先锋木本群落，林线以下被落叶松林演替，林线以上和头花杜鹃、杯腺柳灌丛构成秦岭高山地带的稳定灌丛，面积小于头花杜鹃和杯腺柳灌丛。

密枝杜鹃灌丛：分布于秦岭海拔2800米以上的高山地带，主要出现于太白山、光头山等海拔较高的山地。分布生境多为物理风化的石流覆盖地或冰蚀原生裸地，土壤贫瘠，气候寒冷，生长期较短，仅为50～60天。建群种密枝杜鹃生长矮小且分枝较多，高度仅15～40厘米，其生长状况常受制于土壤的发育。灌丛中，密枝杜鹃占据绝对优势，盖度一般30%～70%，生命力强。常见的混生种有高山绣线菊、华西银腊梅等，一般优势度较低，盖度均在5%以下。在接近林线处，常混有少量矮生的落叶松个体。草本层物种组成因灌木层郁闭度大小而异。当灌木层郁闭度大于70%时，草本层种类较少，一般仅有嵩草零星分布；当灌木郁闭度小于70%时，草本层物种明显增多，除优势种嵩草外，常见的还有麟龙胆、山地虎耳草、秦岭龙胆、太白蓼、五脉绿绒蒿、滨发草等。密枝杜鹃灌丛多由嵩草草甸演变而来，是高山原生裸地的先锋灌木群落，属原生灌丛。秦岭林线以上的密枝杜鹃灌丛为稳定群落，是秦岭高山灌丛草甸带的重要组成部分，而林线以下的密枝杜鹃灌丛可能为落叶松林所演替。

杯腺柳灌丛：主要分布在秦岭北坡2800米以上，生长矮小，分枝多，茎枝贴附地面，生长季呈一片暗绿色，盖度30%～70%。杯腺柳生命力较强，一个月左右即可完成开花结果。灌丛内常混生有高山绣线菊、头花杜鹃等成分，但为数不多。杯腺柳灌丛常起源于嵩草群落，草本层成分占70%以上，与嵩草群落相同。灌丛形成初期，嵩草还表现出较强的生命力，灌丛密集之后，嵩草逐渐衰退。普遍出现于该灌丛的其他草本成分有滨发草、太白韭、兰花当药、紫苞风毛菊、秦岭龙胆、轮花马先蒿、太白银莲花等，它们的优势度都不大。杯腺柳灌丛在林线以上是稳定的，林线以下常被落叶松林演替。

（九）高山草甸

秦岭高山草甸主要出现在海拔3400米以上的高山地带，但海拔3400米以下2800米以上的一些孤独的山脊顶也常出现一定面积的草甸群落。总的来说，秦岭的高山草甸主要分布于秦岭西段的太白山和光头山地区3000米以上的地带，是以低温中生多年生草本植物为优势的植物群落。由于气候具有高寒、中湿、日照充足、生长季短、太阳辐射强、风大等特点，秦岭高山草甸群落在长期适应与自然选择过程中形成了草层低矮、层次分化不明显、结构简单、生物量低的特点。组成群落的多数植物在高寒气候下，具有丛生莲座状、植株低矮、被茸毛和营养繁殖等一系列高寒生态的生物学特性。这里很少见靠种子越冬的一年生植物。少数胎生植物借种子在母株上发芽，在很短的生长季内形成新株，例如珠芽蓼、胎生早熟禾等就是以这种特性适应高山寒冷气候的。

嵩草草甸：主要分布于秦岭海拔2800～3767米范围内，集中分布在太白山海拔3400米以上的地带，是秦岭最典型、面积最大、分布最广的一类高寒草甸，构成秦岭高山草甸的主体，属青藏高原高寒草甸向东的延伸部分。秦岭虽与青藏高原处在不同的植被区，但由于受高山地形的影响，降水多，冰雪融水的补给使土壤较湿润，气温低，草甸就成了秦岭高山区植被的主要组成部分。由于处在高寒环境下，秦岭嵩草草甸生长季较短，8月上旬大部分种已进入果期。另外，由于生长期很短，这里基本是多年生植物，它们在生活周期的后期，营养物质大量向地下运转，为翌年迅速萌发成长贮存大量的物质。

秦岭嵩草草甸群落结构比较简单，基本是以秦岭嵩草为优势的单层群落，约30～40厘米，优势种嵩草盖度为35%～80%，其他植物主要有纤弱早熟禾、细柄茅、川康苔草、毛状苔草、太白银莲花、球穗蓼、秦岭龙胆、高山唐松草等。群落中秦岭嵩草和其他成分的优势度常因土壤状况不同而有明显变化，例如土层厚30～40厘米以上时，嵩草盖度可达80%，球穗蓼、风毛菊、龙胆等一些植物优势度增大；土层在30厘米以下时，嵩草盖度一般为30%～70%，太白银莲花及一些耐寒旱的苔草等植物数量增加。

球穗蓼草甸：在秦岭的分布范围与嵩草草甸相似，但分布面积要小于嵩草草甸。主要出现在海拔

2800米以上的局部低平地段，特别是冰蚀"U"谷、阴坡和半阴坡的平缓处较多。

球穗蓼一般高15～20厘米，属地下芽植物，具粗壮根茎，适应生长期很短的高寒气候。球穗蓼草甸的特点常与形成的时间以及土壤发育的状况有关，初期当土层发育在10～15厘米时，结构不明显的情况下，球穗蓼优势度不大，盖度为40%～50%，这时群落中常出现较多的嵩草，优势度略低于球穗蓼。随着球穗蓼草甸群落形成的时间延长，土层发育到30～40厘米以上，就发展成以球穗蓼为优势的杂类草矮生草甸。据过去的研究资料统计，组成球穗蓼草甸的植物约50种以上，物种组成与嵩草草甸群落相似。尽管球穗蓼与嵩草草甸在种类组成上关系如此密切，但群落类型性质却完全不同，球穗蓼草甸中球穗蓼的盖度为25%～70%，嵩草很稀少，盖度最多不超过5%。球穗蓼草甸中优势度较大的伴生种有紫苞风毛菊、秦岭龙胆、羊茅、中华早熟禾、川康苔草等，盖度有时可达30%。

发草草甸：多分布于秦岭2800米以上的潮湿的冰蚀"U"谷和低平地段，群落物种组成与球穗蓼草甸的成分相近，由于物种间的优势度差异而成为不同的类型。发草草甸中发草盖度为40%～50%，其他优势度较大的植物有瓦氏樱草、羊茅、矮金莲花、四川马先蒿、秦岭无尾果、球穗蓼、糙喙苔草、纪氏多子芹、小苔草、线裂知兰芹、伞花繁缕，这些植物的盖度多在1%～5%。

第三节　秦岭植被的演替与恢复

　　植被演替的过程是一种植被为另一种植被取代的过程。根据发生环境的差异，植被演替可分为原生演替和次生演替。原生演替通常指在完全没有植物基础，即原生裸地上的演替过程；次生演替则指原有植被受自然或者人为干扰后发生的演替过程。通常情况下，植物群落的演替是一个由低级到高级、由简单到复杂的进展演替过程，只有当遭到过度干扰或者遭遇极端气候时群落才会发生由高级到低级、由复杂到简单的逆行演替过程。

　　地质时期以来，秦岭经历了漫长的植被演替过程，形成了今天的植被格局。尽管如此，受冰期的影响，秦岭3400米以上的高山地带仍处于缓慢的原生演替过程，而海拔2500米以下中低山地区，由于受人类的长期干扰，正处于激烈的次生演替过程。

一、秦岭植被的演替过程

（一）原生演替

原生裸地一般都是在特殊的气候或地质条件下形成的，秦岭现有的原生演替过程较为少见，主要发生在主峰太白山3400米以上的高山地带。由于该区域在冰期曾经过强烈的冰蚀作用，原有植被剥蚀净尽。冰期之后，温度逐渐回升，现今的植被就是在冰蚀裸地上缓慢发育起来的。由于太白山高山区气温低，一年四季雪盖时间较长，由于物理、化学以及生物性风化的综合影响，土壤虽有一定的发育，但非常缓慢，现今仍有大面积岩石裸露，其上仅有在微生物(细菌和微观藻类)群落、地衣及苔藓群落作用下发育起来的初级原始土壤。因此，植被演替极为缓慢，有一半以上的面积尚未形成稳定的地带性植被类型，仍处于演替中。

在这些冰蚀地面上，现有的植物群落有：矮生灌丛、矮生草甸、苔藓和地衣群落。此外，还有极少裸露岩面被微观藻类和细菌群落覆盖。在覆盖面积上，灌丛与草甸占不到一半，苔藓与地衣群落占一半左右。还未被灌丛占据的那些草甸和裸岩，并非气候条件不容许灌丛发展，而是受制于土壤的缓慢发育。太白山高山区冰蚀原生裸地植被演替的相关研究表明，秦岭太白山冰蚀裸地的植被演替过程大致经历了微生物群落、地衣群落、苔藓群落、嵩草草甸和高山灌丛五个阶段（如图4-2）。

1. 微生物群落阶段

微生物群落是冰蚀裸岩上的先锋群落，主要是细菌和藻类，一般细菌在先、藻类在后。细菌群落中主要包括硝化细菌、氨化细菌和铁细菌。从藻类群落的区系组成来看，主要是绿藻和蓝藻，特别是蓝藻的优势显著，包括原球藻群落、念珠藻群落、粘球藻群落、蓝球藻群落、堇青藻群落和多裂藻群落等。微观藻类群落在岩面的定居过程，一般是单细胞藻类在前，随后逐渐被多细胞藻类所代替。它们先是占据岩面微小的凹坑，然后以此为中心向四周扩大，逐渐布满岩面。这可能与凹坑较为优越的营养条件有关系。

2. 地衣群落阶段

细菌和藻类群落发展以后，由于它们呼吸和有机体分解时放出二氧化碳，以及在生物体与其分泌物所引起的滞留、保蓄水分等功效的综合作用下，促进并加强了岩体的风化。在此过程中，岩石的持水能力增强，为地衣群落的迁入提供了必要的条件。

藻类群落在冰蚀裸岩上形成和发展以后，真菌出现并俘获藻类形成小地衣体，因此，地衣群落也呈现类似藻类群落的发生和发展规律，即在岩面微小的凹坑形成群落，而后向周边发展。根据前人的调查研究，首先形成的主要是壳状类地衣，主要有网衣群落、黄绿衣群落、鸡皮衣群落等。随着演替的进行，叶状类地衣群落形成并逐步取代壳状类地衣群落，常见的有石耳群落、梅花衣群落、鳞叶衣群落、蜈蚣衣群落、地卷群落。叶状地衣群落进一步发展被枝状地衣群落演替，此间常见的群落有石蕊群落、高山珊瑚枝群落、冰岛衣群落。

3. 苔藓群落阶段

地衣群落定居以后，地衣群落的更替使得地衣残体在岩面聚积，同时活有机体的代谢产物，特别是地衣酸对岩体的腐蚀作用，使岩面的有机与无机物质显著增加，出现初级土层，植物生活所需要的水分和营养条件得到很大的改善，为苔藓群落的迁入提供了条件。

由于不同苔藓群落对环境要求不同，因而前述三类地衣群落分别被不同生态要求的苔藓群落所演替。对环境要求不严的苔藓群落常起源于衰老而龟裂为疏松小粒的壳状地衣群落，略似种子由土壤中长出之势。另一些苔藓群落则发生于叶状地衣的下面，随着苔藓发育并突破地衣长出枝叶，地衣体就逐渐死亡解体。对环境要求严格的苔藓群落常由枝状地衣群落发展而来，最初苔藓与枝状地衣混生，以后由于苔藓不断生长，地衣体渐被密集的苔藓层埋藏而腐烂。此间的苔藓群落主要包括紫萼藓群落、黑扭口藓群落、角齿藓群落、长尖并齿藓群落。紫萼藓与黑扭口藓群落为典型的岩生耐旱类型，大多由壳状与叶状地衣群落发展而来。角齿藓与长尖并齿藓群落对水和土壤条件的要求较严格，常由枝状地衣群落发展而来。

4. 草甸阶段

成片的苔藓类群落定居以后，很好地促进了岩面土壤的发育。这期间，一些适应强风酷寒的草本植物侵入，其中以莎草科的嵩草最普遍。嵩草是典型耐寒耐旱中生地面芽植物，形成柱状矮生密丛，这是适应强风、低温以及与其他植物竞争的最好方式。在低平的冰蚀"U"谷中，由于雨雪聚积，土壤下层冰冻层出现，有机残体不易分解，粗腐殖质层加厚，酸性增强，向沼泽化方向发展。沼泽化初期往往适合球穗蓼的生长发育，多形成球穗蓼群落。球穗蓼群落定居后，终年受地下冰水的浸润，地表更加濡湿，嫌气性条件加强，有机物积累更多，出现微弱的泥炭，这时球穗蓼群落不能适应水分过多的土壤而逐渐被发草群落演替，最终形成沼泽化草甸。

5. 灌丛阶段

草甸形成之后，在草甸作用下土壤得到进一步发育，土壤水分得到改善。这时除沼泽化草甸外，嵩草草甸中开始出现杯腺柳和密枝杜鹃等灌木，并随着土壤条件的提高优势度逐渐增加，原有的嵩草群落受到抑制而逐渐衰退和死亡，最终被高山柳与密枝杜鹃群落代替。由于高山柳对水的要求比密枝杜鹃稍严格，一般凡高山柳出现的地方，土壤湿度都稍高；而密枝杜鹃灌丛分布的区域，土壤湿度相对较低。有时，杯腺柳群落也能以小的片断与密枝杜鹃群落组成复合体或偶尔与密枝杜鹃组成共优种群落。

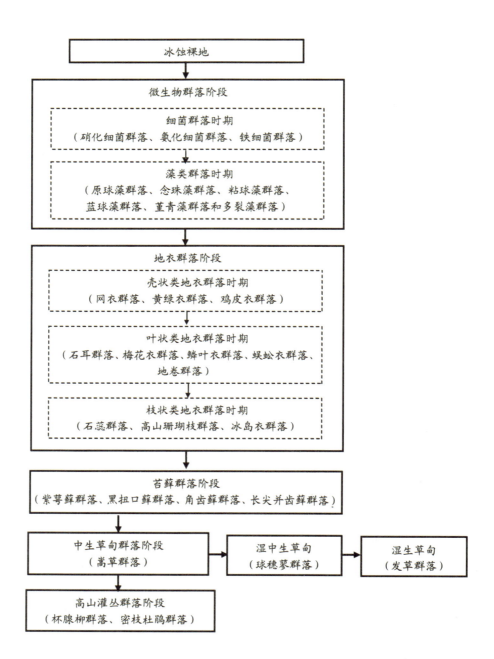

图4-2 秦岭高山区冰蚀原生裸地植被演替模式（仿朱志诚）

（二）次生演替

清中晚期以来，受人类的长期干扰，秦岭中低山区域的植被遭受严重的破坏，尤其是2000米以下的区域，原有的地带性植被阔叶栎林多数已变成杂木林或者以阳性树种为优势种的次生林，破坏严重的已被大面积的次生灌木丛、稀疏灌草丛甚至草丛所代替。其中，秦岭南北坡的浅山区破坏最为严重，大部分区域已沦为农田或者弃耕地。近年来，随着国家"退耕还林还草工程"和"天保工程"的实施，秦岭中低海拔植被的破坏得到遏止，区域内大量的坡耕地得以退耕，这些区域目前正处于剧烈的次生演替和恢复过程中。

若无干扰，植被具有自我恢复的能力，这一过程被称为恢复演替。由于受干扰程度不同，秦岭南北坡中低山地区植被明显处于不同的恢复演替阶段。已有的研究表明，这些不同演替阶段的群落类型遵循相似的演替模式，均可分为4个演替阶段，即一年生草本→多年生草本→灌草→乔灌草，植被类型则从草丛、灌丛到落叶阔叶混交林，且都以阔叶栎林为演替顶级，其中中山地带多以锐齿栎林为演替顶级，低山地带多以栓皮栎林为演替顶级（如图4-3）。当然受南北坡水热条件的影响，不同演替阶段的物种组成略有差异，特别是在低山地区秦岭南坡中常绿成分明显增多。以下为秦岭低山弃耕地的植被恢复演替过程。

1. 一年生草丛群落阶段

一年生草本群落是耕地撂荒后的先锋植物群落。撂荒伊始，植被处于恢复初期，田间传播能力较强的一年生草本植物迅速侵入并定居，组成了以一年生草本植物为优势种群的群落类型，同时，一些传播能力较强的多年生草本植物也迅速侵入并定居。此阶段，常见的植物种有金狗尾草、灰绿藜、香薷、黄花草木樨、蓼、野燕麦、一年蓬、小蓟、野菊。

2. 多年生草丛群落阶段

随着演替的进行，群落中多年生草本植物的地位得到巩固和发展，并随着时间的推移，在数量和空间上逐渐占据了优势，一年生草本植物种类受到了抑制并逐渐消失，形成了以多年生草本植物为优势种群的群落类型，常见的优势种为铁杆蒿、野菊花、野艾蒿、白茅等。同时伴随着一些灌木幼苗的出现，如珍珠梅、马桑、胡枝子等。此外，群落还出现一些草质层间植物，如野豌豆、三籽两型豆等。

3. 灌丛阶段

多年生草本植物的定居极大地改善了土壤等群落环境，群落中灌木成分越来越多，逐渐取代多年生草本植物成为群落优势层，从而形成了以灌木为优势种群的灌丛群落类型，常见的优势种有多花木蓝、胡枝子、六道木、金花忍冬、牛奶子、鼠李等，同时还有桦、山杨等阳生乔木的幼苗混生其中，但由于高度上与灌木属于同一层次，因此，它们在群落的结构和外貌上所起的作用并不明显。另外，此阶段中随着灌木层盖度增大，群落内微环境改善，原有的草本植物种类逐渐减少甚至消失，而被一些耐阴植物如苔草、蛇莓、堇菜、黄花龙芽草等代替。

4. 阳生混交林阶段

随着群落进一步发展，在原来灌丛群落中的杨、桦等阳生乔木树种的幼苗幼树迅速超过灌木层，形成以阳生树种为优势种的乔木林。乔木层的形成使得原有灌木层喜光种类受到抑制，灌木层盖度逐渐下降，一些耐阴的种类，如金花忍冬、小檗、悬钩子、六道木、华北绣线菊、鞘柄菝葜、四川忍冬等则得到了发展或定居。此间，由于林冠层盖度增加，桦、杨等阳生树种幼苗显著减少，而槭、锐齿栎、栓皮栎、漆树、三桠乌药等耐阴树种的幼苗逐渐定居发展。此外，由于林下环境异质性增加，林下草本植物得到了发展，但种类却与草丛和灌丛阶段大不相同，常见的如玉竹、三褶脉紫菀、藓生马先蒿、糙苏、宽叶苔草等等。此时，群落中还出现五味子、南蛇藤等木质藤本。

5. 杂木林阶段

随着群落继续发育，林下生长较快且耐阴的树种很快进入林冠层，形成栎、槭、杨、桦等混交林，乔木树种丰富且林相参差不齐。灌木层由于耐阴种得到了发展而盖度有了较大的提高。林下草本层呈零星斑块状分布，种类主要有狭叶苔草、藜芦、宽叶苔草、铃兰、葱、变叶风毛菊等。层间植物也得到发展，除五味子、南蛇藤外，还有山葡萄和藤山柳等。林下更新苗木主要以槭、锐齿栎或者栓皮栎为主，种类和上一阶段相似，但杨、桦等喜光树种更新较差，呈衰退趋势。

6. 阔叶栎林阶段

随着演替的进行，杨、桦等喜光树种因更新不良逐渐衰亡，栎林逐渐取而代之，成为群落占绝对优势的树种。阔叶栎林为秦岭低海拔的地带性植被，主要由锐齿栎林和栓皮栎林组成。栓皮栎林和锐齿栎林在物种组成上略有差异，且随海拔差距而增大。栓皮栎林常见的伴生乔木种有侧柏、油松、黄连木、槲栎、槲树、锐齿栎、山杨、槭、板栗等；林下常见灌木有黄栌、绣线菊、胡枝子、秦岭木姜子、榛子、扁担木、短枝六道木、黄素馨、葱皮忍冬等；常见草本植物有大披针苔草、湖北野青茅、吉祥草、芒、长喙唐松草、透骨草、香青、陕西峨嵋蕨、紫斑风铃草、烟管头草、牛尾蒿等；层间植物有藤山柳、五味子、山葡萄、茜草等。此外，秦岭南坡的栓皮栎林还常含有火棘、紫金牛、竹叶花椒、假蚝猪刺、石楠等常绿成分。锐齿栎林常见的伴生乔木种有栓皮栎、油松、华山松、网脉椴、漆树、刺楸、野胡桃、鹅耳枥、五角枫、三桠乌药和槭等；林下灌木层有美丽胡枝子、秦岭木姜子、榛子、四照花、短枝六道木、绣线菊、青荚叶、米面翁、栓翅卫矛、桦叶荚蒾、红脉忍冬、白毛山梅花等；草本层常见植物有龙芽草、鹿蹄草、重楼、索骨丹、淫羊藿、苽草、羽裂蟹甲草、三褶脉紫菀、红升麻、吉祥草、陕西峨嵋蕨等；层间植物有葛藤、西五味子、南蛇藤、猕猴桃、藤山柳、大叶蛇葡萄、穿龙薯蓣、三叶木通、茜草等。

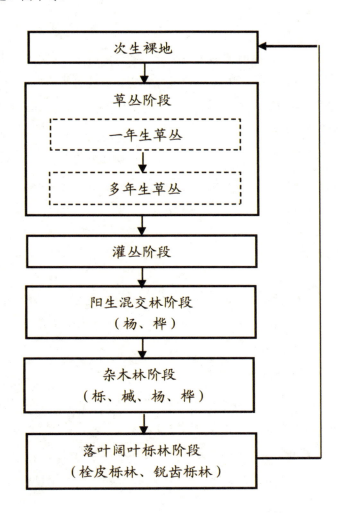

图4-3 秦岭低山区次生裸地植被演替模式

二、秦岭植被的恢复策略

植被作为陆地生态系统的重要组成部分，是生态系统中物质循环与能量流动的中枢，在水土保持、水源涵养及固碳过程中都起着重要的作用。植被的破坏不仅影响了自然景观，更重要的是导致生态环境恶化、生物多样性降低、水土流失、土地沙化及自然灾害加剧等一系列问题，因此，植被恢复是治理这些问题的有效措施。随着我国"天保工程"和"退耕还林还草工程"的实施，植被恢复与重建已经在秦岭地区广泛进行。

（一）草丛和灌丛植被恢复

次生草丛与灌丛是受人类长期干扰导致森林逆行演替或次生裸地进展演替的结果。尽管草丛与灌丛已经丧失了原有森林植被的功能，但其是恢复原有森林植被的基础，同样具有保持水土、改善区域生态环境质量的功能。由于人类的长期破坏以及弃耕后的自然恢复，秦岭中低山区域目前存有相当面积的次生灌丛和草丛。对于这些次生灌丛和草丛，一方面应进行生态保护与恢复，严禁超载滥牧，阻止其进一步发生逆行演替；另一方面，由于这些草丛和灌丛为遭受破坏严重的生态系统，仅靠自然恢复难以恢复原有植被面貌或者需要漫长的演替时间，因此可以根据演替规律引入演替后期阶段的物种以缩短演替时间，加速植被恢复过程。

（二）针叶林植被恢复

温性针叶林是秦岭中低山地带的主要森林植被类型，主要包括华山松、油松、侧柏和落叶松。其中，华山松林、油松林和侧柏林多为天然次生林，落叶松林多数为人工林，主要包括华北落叶松林和日本落叶松林，二者都为引进栽培种。

天然温性针叶林多分布在地形特殊、环境干旱、土壤瘠薄地段，甚至在某些地段能形成地形顶级植被，破坏后往往难以恢复，因此应加强保护，严禁乱砍滥伐。人工针叶林往往密度过大、结构单一，稳定性差，一方面要加强抚育，稀疏郁闭度过大林分，改善林内光照条件，提高幼苗幼树的生长量和生活力，增强群落稳定性与抗虫害能力；另一方面，应加强自然林的改造，对土层较厚、立地条件较好处的针叶林可改造成针阔叶混交林，岩石裸露、土层浅薄处的针叶林无需改造。

（三）落叶阔叶林植被恢复

落叶阔叶林是秦岭中低海拔的地带性植被类型，主要包括栎林和杂木林两个群系组。栎林主要包括栓皮栎、锐齿栎和辽东栎，为地带性群落，即气候顶级。杂木林多是受一定人类干扰后所形成，正处在演替过程中。近年来，秦岭天然栎林与杂木林的面积迅速减小，尤其是作为地带性植被的栎林，对其保护迫在眉睫。尽管许多地区已建立自然保护区加以保护，但由于种种原因，自然保护区内诸如砍柴、割草、采药、采拾果实甚至开荒等活动仍时有发生，栎类林与杂木林仍受到严重威胁。因此，应加强保护区内栎林和杂木林的保护，保护栎林的同时促进杂木林向顶级群落栎林恢复。

第四节　秦岭生态环境的保护与建设

秦岭是一座巨大的褶皱断块山，原始生态保存完好，珍稀动植物繁多。境内山势陡峭，河谷深切，峻峰林立，山光陆离，古树参天，山清水秀，鸟语花香，溪流宛转，曲径通幽。连绵的高山幽谷寒气逼人，陡峭的山峰不可梯及。峰顶存留有大量的第四纪冰川地貌，在拔仙台、跑马梁一带，石河、石海望之浩然，角峰山势峥嵘，冰斗湖清澈得令人心醉。峻极于天的太白山有"春花秋叶铺满路，四时原在一瞬间"的奇异景观，有板寺云海、太白日出等壮丽的气象景观。秦岭美丽的生态环境自古以来就被人称道。

一、秦岭的生态特征

生态环境和植被是密不可分的。秦岭植被不仅可以为人类的生产和生活提供丰富的资源，更重要的是它可以维持和改善区域环境。秦岭植被类型和植物种属丰富多样，既有地带性森林、灌丛和草原，也有非地带性的森林、灌草丛、草甸、沼泽等，即使同一种植被类型也因南北水热状况差异而类别相当复杂，这种多样化的植被资源不仅为多种动物提供了栖息地，更重要的是对周边乃至全国的环境起到积极的协调和保护作用。因此，秦岭对中国生态安全的意义远远超出了一般的山脉，成为我国中东部生态安全的天然屏障。

（一）中国南北自然环境的天然分界线

秦岭山地是在秦岭褶皱系基础上形成的断块山，具有北仰南俯的特征，属流水侵蚀剥蚀山地，有许多海拔2500米以上的中山和一些3000米以上的高山，其中主峰太白山高达3767米。秦岭北坡地势陡峻，从山脊线到山麓平原宽不足40千米，形成断崖如壁、峡谷深切的景观。南坡地势较缓，坡长达100～120千米。秦岭地形特征使其成为我国南北地理环境的天然分界线。首先，秦岭是我国南北气候的分界线。由于秦岭山体高大，对北进的东亚暖湿气流有阻挡作用，同时也对南侵的北方干冷气流有阻挡作用，故使秦岭两侧的气候差异明显：秦岭以南为亚热带湿润季风气候，夏季降水丰富，冬季又免受北方干冷空气的影响；秦岭以北则相反，呈夏热冬冷的气候特征，降水明显少于南坡。其次，秦岭是我国两大重要水系的分水岭，秦岭以北属黄河水系，以南则属长江水系。第三，受秦岭南北气候差异的影响，秦岭又是我国重要的生物地理分界线，秦岭以北广泛分布暖温带落叶阔叶林和古北界动物，而秦岭以南分布的是北亚热带常绿阔叶 - 落叶阔叶混交林和东洋界的动物。与其他山系相比，上述特征使得秦岭呈现独一无二的生态环境特征。

（二）中国中东部重要的水源涵养区

秦岭山地是中国重要的森林分布区之一，森林是秦岭最广泛和最重要的植被类型，全区森林面积约247.5万公顷，林地面积超过秦岭山地总面积的70%，在土壤保持和水源涵养方面具有极其重要的生态功能。秦岭山地河流众多，以秦岭山脊线为分水岭，河流多呈南北走向，分属长江、黄河两大水系。其中秦岭南坡的汉江水系面积占秦岭山地总面积的61%还要多，是南水北调中线起点丹江口水库的重要水源地。北坡是黄河一级支流渭河及其南岸众多支流的发源地，渭河水系面积占秦岭山地面积的24%。秦岭丰富的水资源和良好的水源涵养能力对秦岭整个生态系统的维持尤为重要，同时也成为周边地区生产生活和国家南水北调工程的良好水源区。

（三）东亚地区生物多样性的关键区域

秦岭独特的地理气候环境也使其成为我国乃至整个东亚地区生物多样性的关键区域之一。秦岭植物的地理组成成分复杂多样，亚热带成分、温带成分、广布成分和中国特有成分都在秦岭汇集。根据研究资料的统计，秦岭地区有种子植物3446种，隶属198科1007属（西安植物园李思锋研究员最新统计结果为164科、1052属、3839种）；藓类植物326种，隶属44科138属；蕨类植物311种，隶属36科85属。其中，中国特有种1428种，隶属95科479属；秦岭特有种192种，隶属34科80属。植物和植被的多样性也为各种动物的生存、繁衍提供了重要保障，据统计，秦岭动物中有兽类144种，占全国总种数的29%；有鸟类399种，占全国总种数的34%。此外，由于秦岭山地的快速隆起，在第四纪冰川期时，成为许多古老和孑遗生物的避难所，也进化出许多新的物种，其生物多样性中稀有和特有的类型较多，其中的国家一级保护动物大熊猫、金丝猴、羚牛、朱鹮被誉为"秦岭四宝"。因此，秦岭自古以来素有"动植物王国"的美誉。

作为中国中部海拔最高的山脉之一，主峰太白山是秦岭山地生物多样性的完美缩影，它具有以下特征：一是生物资源十分丰富。太白山有种子植物1550种、兽类55种、鸟类192种，分别占秦岭地区总数的52.9%、56.7%和53.8%。二是具有完整的暖温带山地生态系统和自然垂直带谱，从山麓到山顶自然景观垂直带为低山、中山、高山；气候带依次为暖温带、山地中温带、山地寒温带、高山亚寒带；植被带为落叶阔叶林带、针叶林带、灌木草甸带；土壤带依次为褐土、山地棕壤、山地暗棕壤、亚高山草甸土和高山草甸土。三是具有保存完好的古冰川作用遗迹。太白山顶部保存较完好的冰斗湖、角峰、刃脊、冰川槽谷、冰川堆积地貌等第四纪冰川活动遗迹，是连接中国东西部古冰川活动的关键区域之一。

二、秦岭生态环境面临的挑战

前面已经对秦岭植被的变迁史作了详尽的概述，可以说秦岭生态状况及其生态环境的演变历程与秦岭植被的变化紧密相关。历史时期以前，地质演变及气候变化是决定秦岭生态环境的主要因素，尤其是从第三纪以来，随着秦岭山体的持续升高以及秦岭植被的更替变化，秦岭的生态环境也一直处于变化当中。全新世中期之后，秦岭地区气候没有大的波动变化，秦岭的生态环境逐渐趋于稳定。但随着秦岭山区及山区周边人口的增长和开发能力的不断增强，人类活动对秦岭生态环境的影响日趋显著，加之对秦岭生态环境特征和生态服务功能的认识不足，使这一区域的生态服务功能正面临严重的威胁。

（一）森林破坏严重，服务功能下降

森林植被是秦岭植被的主体，也是其他植被得以维持的基础。新中国成立以来，为满足工农业生产的需求，连续大规模的采伐和盲目的毁林开荒，已使秦岭山地森林大面积减小。据统计，20世纪50年代以来，秦岭森林植被面积减少了$12.3×10^4$公顷，森林覆盖率由64％降到46％，主要森林类型已被大面积的次生林代替，蓄积量下降70％以上。秦岭山地的林缘较50年代后退了10～20千米，森林分布的下线上升了300～500米。

森林植被的减少导致了秦岭生态环境的恶化。一方面，森林植被水源涵养能力明显下降，秦岭北坡的河流有80％成为间歇河，作为西安市重要水源地的黑河年径流量下降了$2.44×10^3$立方米，如今不得不向南坡的汉江引水。另一方面，森林植被的破坏加剧了山区的水土流失。盲目开荒、陡坡耕种等造成的地表森林覆盖下降是引起秦岭水土流失的罪魁祸首。陕西省在近30年新增水土流失面积为$1.2×10^4$公顷，其中50％以上分布在秦岭地区。目前秦岭地区水土流失面积已占总面积的50％左右。严重的水土流失还导致大量的悬浮物质进入江河，引发河道堆积，河床抬升，时常造成严重的洪水灾害，并对河流的水质造成影响。

（二）生物资源过度开发

秦岭独特的地理位置和优越的滋润条件造就了秦岭丰富的野生植物资源，使其成为我国拥有最丰富野生植物资源的地区之一。秦岭分布的植物种中，纤维、淀粉、糖类、油脂、树脂、橡胶、鞣料、食用、药用等可利用资源植物就多达1300多种，其中药用植物多达620种。这些野生植物资源不仅是秦岭生态系统的重要组成部分，维系着整个野生生物种群、生态系统和人类社会物种循环、能量流动和生态平衡，同时也是整个人类社会生产和发展的物质基础。研究、开发、利用秦岭植物对周边地区的工农业生产、城市园林绿化、保护珍稀植物、林业生产、医药事业等具有重大的意义。

尽管如此，长期过度的开发和利用已使得秦岭生物资源急剧下降，一些重要的药用植物资源如桃儿七、紫斑牡丹、杜仲和天麻已十分稀有，处于濒危状态。一些原料性植物资源因过度采集，现已不能满足市场的需求。此外，由于植被的大面积破坏、非法狩猎和捕杀在秦岭山区屡禁不止，秦岭野生动物资源也急剧缩减，一些有益于人类的动物和鸟类日趋减少甚至濒危，大熊猫、金丝猴和娃娃鱼等国家重点保护动物的生境受到严重威胁。

（三）环境污染加剧

随着秦岭山区社会经济的发展，人类活动除了造成大量植被遭到破坏外，直接引发的生态破坏和环境污染问题也不断增加。近年来，随着秦岭农业、采矿业、旅游业的发展，各种废渣、尾矿、生活垃圾、农药投放等不仅侵占大量农田，占据河道，同时这些污染物通过地表径流和地层渗漏直接造成河流、土壤污染，严重威胁着秦岭动植物的生存以及人类自身的健康。据监测，丹江和嘉陵江是污染最为严重的河流，其中丹江是我国南水北调中线工程的重要水源地，丹江水质污染必将影响我国华东地区的经济建设，丹江流域的水污染综合治理已引起国家的高度重视。

三、秦岭生态环境保护的主要途径

实践证明，社会经济持续稳定的发展必须依赖良好的生态环境。在全球气候变化和人类活动加剧的大背景下，我国生态环境日益恶化，严重制约了区域经济的可持续发展。为了维护人类赖以生存的生态系统，我们必须重视保护土地、保护森林、保护物种、保护水资源、保护大气。秦岭植被的破坏以及日趋严重的生态问题已逐渐引起国家的重视，现已被列为国家级特殊生态功能区，保护秦岭生态环境已成为秦岭目前面临的一项迫切任务。近年来，为了保护秦岭生态环境，维护秦岭水源涵养、水土保持等生态服务功能，国家和地方政府投入了大量的人力、物力和财力，并制定了一系列相关政策，使秦岭受损的生态系统逐步得到恢复。

（一）划分生态功能区，实施分区保护

生态功能区的划分是指以达到保护和改善区域生态环境为目的，依据区域生态系统服务功能的不同、生态敏感性的差异和人类活动影响程度，分别采取不同的保护和管理对策。划分生态功能区是实施区域生态环境保护和分区管理的基础和前提，也是正确认识区域生态环境特征、生态问题性质及产生根源的基础。2001年，国家环保总局批准将秦岭作为全国10个国家级生态功能保护区建设试点之一；2008年，环境保护部和中国科学院共同研制的《全国生态功能区划》，将秦巴山区划为生态调节功能区中的水源涵养功能区，并提出具体保护要求；2009年，环境保护部与陕西省人民政府签署了《环境保护战略合作框架协议》，支持秦岭国家级生态功能保护区群的建设。

秦岭山地自然条件复杂，生态系统服务功能多样，社会经济发展空间不平衡，因此必须根据秦岭生态系统结构和生态过程的特点、社会经济发展对生态环境的要求、人类活动对生态服务功能的影响及可能产生的生态风险，科学合理地划分功能区，协调各功能区的关系，实现突出重点、分区保护的目的。

（二）健全和完善自然保护区网

自然保护区是对自然状况较为完整，或虽受人为干扰但仍可恢复的自然区域加以专门保护的自然区域。自然保护区中，自然植被往往占有举足轻重的地位。一方面，植被是自然保护区的主体保护对象；另一方面，植被是保护区中许多自然资源和珍稀濒危动物的依存条件。因此，建立自然保护区是保护自然植被免受进一步破坏的重要手段。

秦岭作为我国具有关键意义的重要生态区域，自1965年建立第一个自然保护区——太白山国家级自然保护区以来，已相继建立了佛坪、周至、牛背梁和长青等多个国家级自然保护区，又新建或拟建数个省级、市级自然保护区，现已形成了初具规模的秦岭自然保护区群，每个自然保护区都是一个生物种群起源古老、生物种类丰富、具有鲜明的稀有性和特殊性的植被生态系统，对秦岭植被的保护、生态环境的建设以及生物多样性的维护等起着非常重要的作用，保护、管理好这里的自然植被对秦岭及其周边地区的生态安全具有非常重要的意义。目前，由于秦岭各保护区建设时间不同，人力、物力的投入以及科研工作的开展有所不同，管理水平也有所差异，多数保护区呈孤岛状而未有机地相互联系在一起。根据保护区群的实际情况和突出问题，加强保护区的建设和管理，健全和完善秦岭自然保护区网，才能更好地发挥自然保护区的作用。

（三）建立和完善森林公园，发展生态旅游

西部大开发中旅游业作为支柱产业，而生态旅游又是其中重点。生态旅游被认为是发挥生物多样性多种用途和持续发展的有效之路，具有良好的生态、经济和社会综合效应。秦岭山地具有发展生态旅游得天独厚的条件：一方面自然景观丰富，区域内不仅森林植被、动物类型复杂多样，古冰川遗迹典型，山崩地貌、岩溶地貌等地文景观、水文景观和气候生物景观更是独具魅力；另一方面，秦岭是中华民族的发祥地，北麓的八百里秦川曾是周、秦、汉、隋、唐等13个王朝的京畿所在，各种人文景观遍布整个秦岭。因此，秦岭一直是西北生态旅游的主战场。但生态旅游的开发应以保护生态为出发点，在发展生态旅游和建设森林公园中，要将整个秦岭山地作为整体来通盘考虑，注意强化管理，科学规划，以保证生态旅游的持续发展。

（四）生物资源的持续利用

秦岭丰富的植物种类中含有大量的可供人类利用的植物资源。开发和利用这些资源植物对人类社会和经济的发展尤为重要，而更重要的是如何让这些资源植物用之不竭。过去对秦岭山地的生物资源开发多处于无节制地过度利用状态，导致生物资源极大的破坏和浪费，近几年来，在保护的前

提下合理开发利用已取得了明显成效。一方面，在开发利用的过程中要保护植物的再生能力，不能竭泽而渔，如取用杜仲、厚朴皮等经济作物时，要逐年在不同的部位剥取，剥取的长度和宽度以植株能在2～3年内愈合为限，以最大限度地保护其再生能力；另一方面，要注重植物的综合利用。每种植物往往可代谢和积累多种产物，如树脂、树胶、香料、药物等，综合利用可以大大提高其经济效益。此外，要注重保护植物的特殊性功能。大部分植物是可供直接利用的各种原料植物，但还有相当一部分是非原料性质的资源植物，如抗污染植物、水源林以及植物种质资源等等。这些植物虽不直接为人们提供某种商品，但是却以其特有的生态功能保护或供养着其他植物和动物，所以亦应注意保护。总之，在资源植物的开发过程中要明确濒危程度和保护价值，建立健全资源植物的综合性利用和保护对策才能实现秦岭资源植物的可持续利用。

（五）实施生态工程建设

生态环境建设是西部大开发的重要内容之一，而秦岭作为我国西部最大的生态功能区，毫无疑问对西部生态环境建设意义重大。生态工程是指利用生态学原理进行的自然生态恢复和生态环境保护的技术手段，也是一项根据"整体—循环—协调—自生—共生"的生态调控手段设计的生态建设方法。随着秦岭国家级生态功能保护区建设工作的开展，天然林保护工程、退耕还林工程、次生林改造抚育工程、低山带造林绿化工程、特困地区生态移民工程、保护站建设工程、林木育种和引种工程、资源利用工程、山区居民教育工程等生态建设工程正逐步纳入秦岭山地生态功能保护区规划之中。通过这些生态工程的建设，规范秦岭资源开发利用活动，使得秦岭生态环境逐步走上良性循环的轨道，实现人与自然的和谐相处、经济与社会的可持续发展。

（六）重视外来物种入侵

外来物种的入侵已在世界范围内造成严重危害，不仅导致生物多样性的丧失，而且威胁到全球的生态环境和经济发展。外来物种的入侵在我国各地普遍发生，并在一些区域已经造成了严重后果。近年来，随着秦岭交通和旅游业的发展，外来物种的入侵机会日趋增多，因此入侵物种的防治已得到广泛重视，各地也做了许多有效的工作。

一方面要加强管理，提高全民防范意识，严格控制对外来物种的引种，尽快建立引种法规，严格执行引种程序；另一方面要加强外来植物的检疫，防止外来有害物种随外来人员的行李等进入，一旦发现有害的入侵植物，应及时予以清除或消灭；再一方面要积极开展有关的宣传教育工作，使得广大人民群众充分认识到入侵物种的危害，增强他们自觉参与控制外来入侵物种的意识，以便当出现入侵物种时能及时处理或向相关部门报告。

要严格控制入侵种，高度警惕外来栽培种。目前，一些入侵种已经对秦岭地区的生态环境和经济发展造成了一定的不良影响，对于这些物种要采用有效方法进行严格控制，如粗毛牛膝菊、反枝苋、泽漆、小蓬草、一年蓬等。此外，秦岭地区目前有相当数量的外来栽培种，有些物种虽然目前在秦岭只是引种栽培，但其潜在的危害性也不可忽视，对于这些物种要提高警惕、加强监测。

还要加强对外来入侵物种的研究。有关生物入侵的研究已成为生物学和生态学研究中的重要研究领域。加强对入侵物种种类、分布和危害的调查，研究其生物学特性和入侵机理，不仅可以为制定科学的防控对策和建立科学的防控技术提供科学依据，同时也可以充分认识和利用这些物种，实现变害为宝。

（七）加强法制建设、宣传教育和科学研究

加强环境法制建设，使生态环境保护有法可依，是推动生态环境保护工作的重要保证。在秦岭开发建设过程中，一方面要严格执行国家生态环境保护和资源管理的各级法律法规，同时还要逐步完善地方生态环境保护法规体系，从法律层面切实加强对水、土地、森林、草原和矿产等重要自然资源开发的生态环境保护和管理，坚决禁止和取缔各种破坏自然资源和环境的非法开发建设活动，严厉打击破坏生态环境的违法犯罪行为。

生态环境的保护还必须加强宣传教育，应当充分运用新闻媒体等多种手段，广泛开展各种途径和样式的宣传教育活动，不断提高各级决策者、相关工作人员以及广大人民群众的生态环境保护意识。此外，各级人民政府要把生态环境保护的科学研究纳入科技发展计划，从本区域生态环境保护的实际和需要出发，设定研究课题，鼓励科技创新，加强生态环境保护、生物多样性保护、生态恢复和水土保持等重点生态环境保护领域的技术开发和推广应用工作。同时，在生态环境保护经费或其他渠道的捐资中，确定一定比例或数额的资金用于生态环境保护的科学研究和技术推广，推动科研成果应用的转化，提高生态环境保护的科技含量。

附录一

国家重点保护野生植物名录（第一、二批）秦岭分布种

拉丁名	中文名	科名	特有	批次	等级
Kingdonia uniflora	独叶草	Ranunculaceae	Y	一	I
Psathyrostachys huashanica	华山新麦草	Gramineae	Y	一	I
Taxus wallichiana var. *chinensis*	红豆杉	Taxaceae	N	一	I
Taxus wallichiana var. *mairei*	南方红豆杉	Taxaceae	N	一	I
Cymbidium faberi	蕙兰	Orchidaceae	N	二	I
Cymbidium goeringii var. *goeringii*	春兰	Orchidaceae	N	二	I
Cypripedium fasciolatum	大叶杓兰	Orchidaceae	Y	二	I
Cypripedium franchetii	毛杓兰	Orchidaceae	Y	二	I
Cypripedium guttatum	紫点杓兰	Orchidaceae	N	二	I
Cypripedium henryi	绿花杓兰	Orchidaceae	Y	二	I
Cypripedium japonicum	扇脉杓兰	Orchidaceae	N	二	I
Cypripedium macranthum	大花杓兰	Orchidaceae	N	二	I
Cypripedium tibeticum	西藏杓兰	Orchidaceae	N	二	I
Dendrobium hancockii	细叶石斛	Orchidaceae	Y	二	I
Dendrobium moniliforme	细茎石斛	Orchidaceae	N	二	I
Dendrobium officinale	铁皮石斛	Orchidaceae	Y	二	I
Phalaenopsis wilsonii	华西蝴蝶兰	Orchidaceae	Y	二	I

Actinidia arguta	软枣猕猴桃	Actinidiaceae	N	一	Ⅱ
Actinidia kolomikta	狗枣猕猴桃	Actinidiaceae	N	二	Ⅱ
Actinidia melanandra	黑蕊猕猴桃	Actinidiaceae	Y	二	Ⅱ
Actinidia polygama	葛枣猕猴桃	Actinidiaceae	N	二	Ⅱ
Actinidia tetramera	四萼猕猴桃	Actinidiaceae	Y	二	Ⅱ
Saruma henryi	马蹄香	Aristolochiaceae	Y	二	Ⅱ
Diphylleia sinensis	南方山荷叶	Berberidaceae	Y	二	Ⅱ
Sinopodophyllum hexandrum	桃儿七	Berberidaceae	Y	二	Ⅱ
Cercidiphyllum japonicum	连香树	Cercidiphyllaceae	N	二	Ⅱ
Rhodiola dumulosa	小丛红景天	Crassulaceae	N	二	Ⅱ
Rhodiola handelii	小株红景天	Crassulaceae	Y	二	Ⅱ
Rhodiola kirilowii	狭叶红景天	Crassulaceae	N	二	Ⅱ
Rhodiola macrocarpa	大果红景天	Crassulaceae	N	二	Ⅱ
Rhodiola quadrifida	四裂红景天	Crassulaceae	N	二	Ⅱ
Dioscorea nipponica	穿龙薯蓣	Dioscoreaceae	N	二	Ⅱ
Dioscorea zingiberensis	盾叶薯蓣	Dioscoreaceae	Y	二	Ⅱ
Petrocosmea qinlingensis	秦岭石蝴蝶	Gesneriaceae	Y	二	Ⅱ
Juglans regia	胡桃	Juglandaceae	N	二	Ⅱ
Astragalus membranaceus	黄耆	Leguminosae	N	二	Ⅱ
Lilium fargesii	绿花百合	Liliaceae	Y	二	Ⅱ
Paris polyphylla	七叶一枝花	Liliaceae	N	二	Ⅱ
Paris verticillata	北重楼	Liliaceae	N	二	Ⅱ
Liriodendron chinense	鹅掌楸	Magnoliaceae	N	一	Ⅱ
Magnolia officinalis	厚朴	Magnoliaceae	Y	二	Ⅱ
Schisandra chinensis	五味子	Magnoliaceae	N	二	Ⅱ
Tetracentron sinense	水青树	Magnoliaceae	Y	二	Ⅱ
Fraxinus mandschurica	水曲柳	Oleaceae	N	二	Ⅱ
Abies chensiensis	秦岭冷杉	Pinaceae	Y	二	Ⅱ

Larix potaninii var. *chinensis*	秦岭红杉	Pinaceae	Y	二	II
Picea brachytyla	麦吊云杉	Pinaceae	N	二	II
Picea neoveitchii	大果青杆	Pinaceae	Y	二	II
Paeonia jishanensis	矮牡丹	Ranunculaceae	Y	二	II
Paeonia mairei	美丽芍药	Ranunculaceae	Y	一	II
Paeonia rockii	紫斑牡丹	Ranunculaceae	Y	二	II
Amygdalus kansuensis	甘肃桃	Rosaceae	Y	一	II
Phellodendron chinense	川黄檗	Rutaceae	Y	二	II
Ribes mandshuricum	东北茶藨子	Saxifragaceae	Y	二	II
Torreya fargesii	巴山榧树	Taxaceae	Y	二	II
Zelkova schneideriana	大叶榉树	Ulmaceae	Y	一	II
Amitostigma gracile	无柱兰	Orchidaceae	N	二	II
Amitostigma monanthum	一花无柱兰	Orchidaceae	Y	二	II
Bletilla formosana	小白及	Orchidaceae	N	二	II
Bletilla ochracea	黄花白及	Orchidaceae	Y	二	II
Bletilla striata	白及	Orchidaceae	N	二	II
Bulbophyllum chrondriophorum	城口卷瓣兰	Orchidaceae	Y	二	II
Bulbophyllum hennanense	河南卷瓣兰	Orchidaceae	Y	二	II
Calanthe alpina	流苏虾脊兰	Orchidaceae	N	二	II
Calanthe arcuata var. *arcuata*	弧距虾脊兰	Orchidaceae	Y	一	II
Calanthe davidii	剑叶虾脊兰	Orchidaceae	Y	二	II
Calanthe tricarinata	三棱虾脊兰	Orchidaceae	N	二	II
Calypso bulbosa	布袋兰	Orchidaceae	N	二	II
Cephalanthera erecta	银兰	Orchidaceae	N	二	II
Cephalanthera longifolia	头蕊兰	Orchidaceae	N	二	II
Changnienia amoena	独花兰	Orchidaceae	Y	二	II
Coeloglossum viride	凹舌兰	Orchidaceae	N	二	II
Corallorhiza trifida	珊瑚兰	Orchidaceae	N	二	II

Cremastra appendiculata	杜鹃兰	Orchidaceae	N	二	II
Epigeneium fargesii	单叶厚唇兰	Orchidaceae	N	二	II
Epipactis helleborine	火烧兰	Orchidaceae	N	二	II
Epipactis mairei	大叶火烧兰	Orchidaceae	Y	二	II
Epipogium aphyllum	裂唇虎舌兰	Orchidaceae	N	二	II
Epipogium roseum	虎舌兰	Orchidaceae	N	二	II
Galeola lindleyana	毛萼山珊瑚	Orchidaceae	N	二	II
Gastrochilus formosanus	台湾盆距兰	Orchidaceae	Y	二	II
Gastrodia elata	天麻	Orchidaceae	Y	一	II
Goodyera biflora	大花斑叶兰	Orchidaceae	N	二	II
Goodyera repens	小斑叶兰	Orchidaceae	N	二	II
Goodyera schlechtendaliana	斑叶兰	Orchidaceae	N	二	II
Gymnadenia conopsea	手参	Orchidaceae	N	二	II
Gymnadenia orchidis	西南手参	Orchidaceae	N	一	II
Habenaria glaucifolia	粉叶玉凤花	Orchidaceae	Y	二	II
Hemipilia crassicalcarata	粗距舌喙兰	Orchidaceae	Y	二	II
Herminium alaschanicum	裂瓣角盘兰	Orchidaceae	Y	二	II
Herminium ophioglossoides	长瓣角盘兰	Orchidaceae	Y	一	II
Hippeophyllum sinicum	套叶兰	Orchidaceae	Y	二	II
Holopogon smithianus	叉唇无喙兰	Orchidaceae	Y	二	II
Ischnogyne mandarinorum	瘦房兰	Orchidaceae	Y	二	II
Liparis fargesii	小羊耳蒜	Orchidaceae	Y	二	II
Liparis japonica	羊耳蒜	Orchidaceae	N	二	II
Liparis pauliana	长唇羊耳蒜	Orchidaceae	Y	二	II
Listera grandiflora	大花对叶兰	Orchidaceae	Y	二	II
Listera grandiflora var. *megalochila*	巨唇对叶兰	Orchidaceae	Y	二	II
Listera puberula	对叶兰	Orchidaceae	N	二	II
Malaxis monophyllos	沼兰	Orchidaceae	N	二	II

Myrmechis chinensis	全唇兰	Orchidaceae	Y	二	II
Neottia acuminata	尖唇鸟巢兰	Orchidaceae	N	二	II
Neottianthe cucullata	二叶兜被兰	Orchidaceae	N	二	II
Neottianthe monophylla	一叶兜被兰	Orchidaceae	Y	二	II
Neottianthe pseudodiphylax	兜被兰	Orchidaceae	Y	二	II
Orchis chusua	广布红门兰	Orchidaceae	N	二	II
Orchis diantha	二叶红门兰	Orchidaceae	N	一	II
Orchis roborovskii	北方红门兰	Orchidaceae	Y	一	II
Orchis tschiliensis	河北红门兰	Orchidaceae	Y	一	II
Oreorchis fargesii	长叶山兰	Orchidaceae	Y	一	II
Platanthera chlorantha	二叶舌唇兰	Orchidaceae	N	二	II
Platanthera japonica	舌唇兰	Orchidaceae	N	二	II
Platanthera mandarinorum subsp. *formosana*	台湾尾瓣舌唇兰	Orchidaceae	Y	二	II
Platanthera minutiflora	小花舌唇兰	Orchidaceae	N	二	II
Pleione bulbocodioides	独蒜兰	Orchidaceae	Y	二	II
Spiranthes sinensis	绶草	Orchidaceae	N	二	II
Tipularia szechuanica	筒距兰	Orchidaceae	Y	二	II
Tulotis fuscescens	蜻蜓兰	Orchidaceae	N	二	II
Tulotis ussuriensis	小花蜻蜓兰	Orchidaceae	N	二	II
Vexillabium yakushimense	旗唇兰	Orchidaceae	N	二	II

附录二

秦岭外来入侵物种名录

（来源于中国农业科学院植物保护研究所）

类型	名称	学名
动物（昆虫）	蚕豆象	*Bruchus rufimanus*
	白纹伊蚊	*Aedes albopictus*
	德国小蠊	*Blattella germanica*
	二斑叶螨	*Tetranychus urticae*
	红铃麦蛾	*Pectinophora gossypiella*
	马铃薯块茎蛾	*Phthorimaea operculella*
	美国白蛾	*Hyphantria cunea*
	美洲斑潜蝇	*Liriomyza sativae*
	美洲大蠊	*Periplaneta americana*
	苹果绵蚜	*Eriosoma lanigerum*
	葡萄根瘤蚜	*Viteus vitifoliae*
	强大小蠹	*Dendroctonus valens*
	台湾乳白蚁	*Coptotermes formosanus*
	桃条麦蛾	*Anarsia lineatella*
	豌豆象	*Bruchus pisorum*

动 物（昆虫）	温室白粉虱	*Trialeurodes vaporariorum*
	烟粉虱	*Bemisia tabaci*
	紫穗槐豆象	*Acanthoscelides pallidipennis*
植 物	白车轴草	*Trifolium repens*
	白花草木樨	*Melilotus albus*
	白茅	*Imperata cylindrica*
	百脉根	*Lotus corniculatus*
	稗	*Echinochloa crusgalli*
	棒叶景天	*Kalanchoe tubiflora*
	蓖麻	*Ricinus communis*
	扁穗雀麦	*Bromus cartharticus*
	长柔毛野豌豆	*Vicia villosa*
	长叶车前	*Plantaga lanceolata*
	刺槐	*Robinia pseudoacacia*
	刺苋	*Amaranthus spinosus*
	大麻	*Cannabis sativa*
	灯笼草	*Physalis angulata*
	豆瓣菜	*Nasturtium officinale*
	毒麦	*Lolium temulentu.*
	多花百日菊	*Zinnia peruviana*
	多花黑麦草	*Lolium multiflorum*
	反枝苋	*Amaranthus retroflexus*
	黑麦草	*Lolium perenne*
	红车轴草	*Trifolium pratense*
	红花酢浆草	*Oxalis corymbosa*
	加拿大飞蓬	*Erigeron canadensis*

植　物	加拿大一枝黄花	*Solidago canadensis*
	节节草	*Equisetum ramosissimum*
	节节麦	*Aegilops squarrosa*
	菊苣	*Cichorium intybus*
	菊芋	*Halianthus tuberosus*
	空心莲子草	*Alternanthera philoxeroides*
	裂叶牵牛	*Pharbitis nil*
	绿穗苋	*Amaranthus hybridus*
	曼陀罗	*Datura stramonium*
	美洲商陆	*Phytolacca Americana*
	欧洲千里光	*Senecio vulgaris*
	婆婆纳	*Veronica polita*
	普通早熟禾	*Poa trivialis*
	蓍	*Achillea millefolium*
	田芥菜	*Brassica kaber*
	茼蒿	*Chrysanthemum coronarium*
	土荆芥	*Chenopodium ambrosioides*
	王不留行	*Vaccaria segetalis*
	尾穗苋	*Amaranthus caudatus*
	五叶地锦	*Parthenocissus quinquefolia*
	苋	*Amaranthus tricolor*
	香丝草	*Conyza bonariensis*
	小苜蓿	*Medicago minima*
	芫荽	*Coriandrum sativum*
	洋金花	*Datura metel*
	野胡萝卜	*Daucus carota*

	野西瓜苗	*Hibiscus trionum*
	野燕麦	*Avena fatua*
	圆叶牵牛	*Pharbitis purpurea*
	杂配藜	*Chenopodium hybridum*
	泽漆	*Herba Euphorbiae*
	紫花苜蓿	*Medicago sativa*
	紫茉莉	*Mirabilis jalapa*
微 生 物	杨树花叶病毒	Poplar mosaic virus (PMV)
	栗疫病菌	Cryphonectria parasitica
	落叶松枯梢病菌	Botryosphaeria laricina
	松疱锈病菌	Cronartium ribicola
备注：根据中国农业有害生物信息系统整理		

附录三

秦岭的自然保护区名录

（根据《全国自然保护区名录》整理）

（2012环境保护部自然生态保护司；http://sts.mep.gov.cn/zrbhq/）

保护区名称	行政区域	主要保护对象	面积/hm²	级 别	始建时间
小陇山自然保护区	甘肃省天水市	天然林	3671	省级	1982
贵清山自然保护区	甘肃省漳县	森林及野生动植物资源	1400	省级	1992
岷县双燕自然保护区	甘肃省岷县	自然景观	64000	省级	2000
头二三滩自然保护区	甘肃省陇南地区	扭角羚、红腹锦鸡、毛冠鹿等野生珍稀动植物	4288	省级	1982
裕河金丝猴自然保护区	甘肃省武都县	金丝猴及其生境	18400	省级	2002
龙神沟自然保护区	甘肃省康县	白冠长尾雉等珍稀动物及生境	100	县级	1986
白水江自然保护区	甘肃省文县、武都县	大熊猫、金丝猴、羚牛等野生动物	213750	国家级	1990
尖山自然保护区	甘肃省文县	大熊猫及森林生态系统	10040	省级	1992
香山自然保护区	甘肃省礼县	白唇鹿、油松、华山松等	11330	省级	1992
黑河自然保护区	甘肃省两当县	羚牛等珍稀动物及自然生态系统	3495	省级	1982
周至金丝猴自然保护区	陕西省周至县	金丝猴等野生动物及其生境	56393	国家级	1988
老县城自然保护区	陕西省周至县	大熊猫及其生境	12000	县级	1993
屋梁山自然保护区	陕西省凤县	羚牛、云豹等珍稀动物	13684	省级	2002
太白山自然保护区	陕西省太白、眉县、周至县	森林生态系统、自然历史遗迹	56325	国家级	1965

太白湑水河自然保护区	陕西省太白县	大鲵、细鳞鲑、哲罗鲑等水生动物	5740	省级	1990
摩天岭自然保护区	陕西省汉中市	大熊猫、羚牛、林麝等珍稀动物及栖息地	8520	省级	2002
宝峰山自然保护区	陕西省汉中市	羚牛为主的珍稀动植物及其生境	29485	省级	2002
马家山自然保护区	陕西省汉中市	大熊猫为主的珍稀动植物及其生境	10200	省级	2002
观音山自然保护区	陕西省汉中市	大熊猫等珍稀动物及其生境	13534	省级	2002
桑园自然保护区	陕西省汉中市	大熊猫及其栖息生境	13806	国家级	2002
龙池猕猴自然保护区	陕西省汉中市	猕猴种群及其生境	34192	省级	2002
长青自然保护区	陕西省洋县	大熊猫、羚牛、林麝等珍稀动物及其生境	29906	国家级	1995
洋县朱鹮自然保护区	陕西省洋县	朱鹮及其生境	37550	省级	1988
佛坪自然保护区	陕西省佛坪县	大熊猫及森林生态系统	29240	国家级	1979
瀛湖湿地自然保护区	陕西省安康市	湿地生态系统	19800	省级	2002
天华山自然保护区	陕西省宁陕县	大熊猫及其生境	25484	国家级	2008
化龙山自然保护区	陕西省镇坪县	森林植物、野生动物	18128	国家级	1990
黄龙铺－石门地质剖面保护区	陕西省洛南县、蓝田县	远古界岩相地质剖面	100	省级	1987
灵口大鲵自然保护区	陕西省洛南县、蓝田县	大鲵及其生境	27750	县级	1999
牛背梁自然保护区	陕西省柞水县、长安区、宁陕县	羚牛等珍稀动物	6031	国家级	1988
东秦岭地质剖面保护区	陕西省柞水县、镇安县	泥盆系地质剖面	25	省级	1990
小秦岭自然保护区	河南省灵宝市	森林生态系统及动植物	4080	国家级	1982
伏牛山自然保护区	河南省西峡、内乡、南召等县	过渡带森林生态系统	56024	国家级	1997
丹江口湿地自然保护区	河南省淅川县	湿地生态系统	64000	省级	2001

动植物中文名称索引：

秦岭四库全书·绿库

草木人间

动植物拉丁学名索引：

秦岭四库全书·绿库

草木人间

动植物拉丁学名索引

341

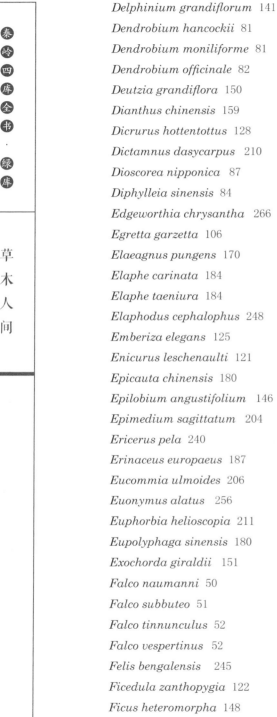

动植物拉丁学名索引

动植物拉丁学名索引

本书选用的动植物照片及摄影者：

蔡　琼：中华秋沙鸭、大鵟、毛脚鵟、黄爪隼、燕隼、红角鸮、领角鸮、雕鸮、长耳鸮。

陈恩利：荨麻、胡枝子、毛梾。

党高弟：蕙兰、春兰、毛杓兰、绿花杓兰、细叶石斛、狗枣猕猴桃、马蹄香、连香树、穿龙薯蓣、黄耆、七叶一枝花、水曲柳、秦岭冷杉、大果青杆、麦吊云杉、川黄檗、东北茶藨子、大叶榉树、卷丹、铁线莲、青钱柳、大花溲疏、小花香槐、桦叶荚蒾、鸭儿芹、短枝六道木、胡颓子、山莓、缫丝花、桑叶葡萄、太白米、太白贝母、延龄草、鹿药、半夏、独角莲、华细辛、太白乌头、长果升麻、铁筷子、大血藤、索骨丹、杜仲、苦树、泽漆、山茱萸、前胡、川芎、秦岭柴胡、秦岭当归、赤地利、沙参、过路黄、赤爮、榆树、红桦、千金榆、枫香树、化香树、铜钱树、茅栗、栓皮栎、青檀、苎麻、鸡桑、油桐、黄连木、灯台树、野核桃、皂荚。

董　伟：红白鼯鼠。

杜喜春：红豆杉、独叶草、西藏杓兰、南方山荷叶、桃儿七、小丛红景天、绿花百合、厚朴、五味子、水青树、太白红杉、紫斑牡丹、紫玉簪、石蒜、香蒲、菹草、秦岭楼斗菜、翠雀、秦岭木姜子、黄栌、辽东丁香、瓜木、三叶地锦、柳兰、顶花板凳果、臭牡丹、山梅花、东陵八仙花、陕甘花楸、红柄白鹃梅、水栒子、黄蔷薇、火棘、陕西绣线菊、佛甲草、青榨槭、陕西报春、盘叶忍冬、藓生马先蒿、龙胆、石竹、太白杜鹃、蕺菜、大叶碎米荠、诸葛菜、黄毛草莓、日本医蛭、开口箭、天南星、手参、太白美花草、毛叶草芍药、丁座草、三叶木通、猫屎瓜、红毛七、淫羊藿、秦岭岩白菜、路边青、龙芽草、华西银腊梅、葛、楤木、鸡矢藤、接骨木、莲子藨、华蟹甲草、银线草、白三七、费菜、太白蓼、朱砂七、大黄、珠芽蓼、小果博落回、荷青花、野罂粟、益母草、桔梗、秦岭党参、圆叶鹿蹄草、黄瑞香、鸭跖草、太白龙胆、美观马先蒿、角倍蚜、巴山冷杉、铁杉、重阳木、漆树、卫矛、盐肤木、粗根老鹳草、构树、结香、华椴、大火草、扁担杆、乌桕、榛。

冯　宁：白鹳、黑鹳、虎、白琵鹭、鹰鸮。

冯永辉：萱草、麦冬、鸢尾、甘露子。

关　克：羚牛、灰鹤、纵纹腹小鸮。

胡万新：雀鹰、金凤蝶、红嘴相思鸟、刺猬、草兔、小麂。

华　英：白冠长尾雉、红喉歌鸲。

林向荣：红隼、凤头麦鸡。

马继雄：五脉绿绒蒿。

任　毅：大熊猫、胡桃、鹅掌楸、华北珍珠梅、石楠、连翘、秃疮花、白屈菜、贯叶连翘、油松、云杉、山杨、楝、枫杨、白蜡树、臭椿。

孙承骞：雪鸮。

王开峰：灰林鸮。

向定乾：苍鹰、青鼬、冰清绢蝶、金胸雀鹛、王锦蛇、毛冠鹿。

雍严格：牛背鹭。

于晓平：白鹭。

张九东：方竹、香椿、青荚叶。

张　林：乌梢蛇。

张雨曲：华山新麦草。

赵　亮：扇脉杓兰、异叶榕、茖葱、天麻、白鲜、大叶三七、夏枯草、侧柏、青麸杨、三尖杉、三桠乌药。

赵纳勋：朱鹮、金雕、川金丝猴、豹、林麝、秦岭细鳞鲑、大鲵、鸳鸯、赤腹鹰、松雀鹰、普通鵟、鹰雕、凤头鹰、白尾鹞、血雉、红腹角雉、勺鸡、红腹锦鸡、领鸺鹠、斑头鸺鹠、黑熊、金裳凤蝶、玉带凤蝶、苍鹭、夜鹭、池鹭、绿鹭、大麻鳽、鹮嘴鹬、黑翅长脚鹬、金眶鸻、红嘴鸥、白胸苦恶鸟、黑水鸡、骨顶鸡、普通秋沙鸭、黄臀鹎、小太平鸟、虎纹伯劳、棕背伯劳、橙翅噪鹛、画眉、白领凤鹛、棕颈钩嘴鹛、锈脸钩嘴鹛、金色林鸲、黑喉歌鸲、蓝额红尾鸲、紫啸鸫、蓝矶鸫、白冠燕尾、白眉姬鹟、方尾鹟、棕脸鹟莺、燕雀、普通朱雀、灰头灰雀、红交嘴雀、金翅雀、黄喉鹀、寿带鸟、红头长尾山雀、银喉长尾山雀、黄头鹡鸰、长尾山椒鸟、发冠卷尾、松鸦、黑枕黄鹂、蓝喉太阳鸟、丝光椋鸟、红翅旋壁雀、暗绿绣眼鸟、灰斑鸠、冠鱼狗、普通翠鸟、蓝翡翠、灰头绿啄木鸟、山溪鲵、中国林蛙、黑眉锦蛇、环颈雉、山麻雀、麻雀、豪猪、藏鼠兔、中华竹鼠、黄鼬、猪獾、豹猫。

参考书目

1.Cheng Tso-hsin. A Synopsis of the Avifauna of China[M]. Beijing: Science Press,1987.

2.Song Ming-tao, Zeng Xiao-mao, Wu Guan-fu. A new Species of *Batrachuperus* from Northwestern China[J]. Asiatic Herpetological Research.2001(9):6-8.

3.http://frps.eflora.cn/(中国植物志网络版)

4.http://sts.mep.gov.cn/zrbhq/（中华人民共和国环境保护区,全国自然保护区名录——陕西省、甘肃省、河南省）

5.陈学星,许涛清.鱼类学论文集:第五辑[C].北京:科学出版社,1986：65-88.

6.陈服官等.陕西省秦岭大巴山地区兽类分类和区系研究[J].西北大学学报:自然科学版，1980 (1):137-147.

7.陈鹏.动物地理学[M].北京:高等教育出版社,1986.

8.陈树椿.中国珍稀昆虫图鉴[M].北京:中国林业出版社,1999.

9.陈明荣.秦岭的气候与农业[M].西安:陕西人民出版社,1983.

10.陈明荣.秦岭垂直温度带的划分[J].地理研究,1992,11(3):27-31.

11.陈钦,刘伟平.试论制度变迁与天然林保护工程[J].林业经济问题,2000(1):38-40.

12.陈义隆.汉中地区水利志[M].西安:陕西人民出版社,1994.

13.程良斌.紫阳富硒茶文集[M].西安:陕西科学技术出版社,2001.

14.成鸿飞.陕西观音山自然保护区脊柱动物资源与区系特征研究[D].西北农林科技大学.2008.

15.戴君虎,雷明德.陕西植被与环境保护[J].西北大学学报:自然科学版,1999,29(2):163-167.

16.党坤良,李登武,王开锋.陕西观音山自然保护区综合科学考察与生物多样性研究[M].北京:中国林业出版社,2006.

17.党坤良等.陕西黄柏塬自然保护区综合科学考察[M].西安:西北农林科技大学出版社,2009.

18.党坤良,宋小民.陕西子午岭自然保护区综合科学考察[M].西安:西北农林科技大学出版社,2004.

19.樊宝敏,董源,李智勇.试论清代前期的林业政策和法规[J].中国农史,2004(1):19-26.

20.樊宝敏,董源,张钧成等.中国历史上森林破坏对水旱灾害的影响[J].林业科学,2003，39(3):136-142.

21.方正,高淑贞.秦岭太白山南北坡的植被垂直带谱[J].植物生态学与地植物学丛刊,1963，1(1-2): 162-163.

22.费梁,叶昌媛.四川两栖类原色图鉴[M].北京:中国林业出版社,2001.

23.费梁,叶昌媛,黄永昭.中国两栖动物检索及图解[M].成都:四川科学技术出版社,2005.

24.冯书成.森林公园与森林旅游[M].西安:西安地图出版社,1993.

25.冯宁等.陕西省湿地与水鸟调查及保护对策[J].湿地科学与管理,2008,4(3):40-42.

26.冯宁等.秦岭鸟类资源种类和分布变化研究[J].西北林学院学报,2007,22(5):101-103.

27.冯宁.陕西省湿地水鸟种群和地理分布研究[J].动物分类学报,2007,32(4):831-834.

28.付志军,郭俊理.太白山珍稀濒危植物资源及保护[J].宝鸡文理学院学报,1997,17(1):49-53.

29.付志军等.秦岭植物区系和植被研究概述[J].西北植物学报,1996,16(5):93-106.

30.付志军.秦岭太白山垂直地带性特征初探[J].宝鸡师范学院学报,1990(1):18-25.

31.付志军.陕西省珍稀濒危植物及其保护与利用[J].自然资源,1994,16(5):60-66.

32.傅坤俊.秦岭光头山植物区系概述[J].西北植物研究,1983,3(I):28-39.

33.高贤明,黄建辉,万师强等.秦岭太白山弃耕地植物群落演替的生态学研究[J].生态学报,1997(176):619-625.

34.高学斌,宋小民.陕西皇冠山省级自然保护区综合科学考察[M].西安:陕西科学技术出版社,2008.

35.郭文艺.陕西摩天岭自然保护区综合科学考察与研究[M].西安:陕西科学技术出版社,2007.

36.国家林业局退耕还林办公室.退耕还林指导与实践[M].北京:中国农业科学技术出版社,2003.

37.侯宽昭.中国种子植物科属词典:第2版[M].北京:科学出版社,1982.

38.蝴蝶与蝴蝶文化编委会.蝴蝶与蝴蝶文化[M].北京:北京燕山出版社,2010.

39.环境保护部自然生态保护司.全国自然保护区名录[M].北京:中国环境科学出版社,2012.

40.黄春长等.渭河流域先周一西周时代环境和水土资源退化及其社会影响[J].第四纪研究,2003,23(4):404-414.

41.胡淑琴,赵尔宓,刘承钊.秦岭及大巴山地区两栖爬行动物调查报告[J].动物学报,1966.18(1).

42.蒋志刚.陕西老县城自然保护区的生物多样性[M].北京:清华大学出版社,2006.

43.蒋志刚.陕西青木川自然保护区的生物多样性[M].北京:清华大学出版社,2005.

44.康慕谊.秦岭南坡旬河流域森林植被生态种组的初步研究[J].植物生态学与地植物学学报,1993,17(1):9-19.

45.兰国玉,雷瑞德,陈伟.秦岭华山松群落特征研究[J].西北植物学报,2004,24(11):2075-2082.

46.乐天宇,徐纬瑛.陕甘宁植物志[M].北京:中国林业出版社,1957.

47.雷明德等.陕西植被[M].北京:科学出版社,1999.

48.雷富民,卢汰春.中国鸟类特有种[M].北京:科学出版社,2006.

49.李保国,高存劳.陕西周至国家级自然保护区生物多样性研究与保护[M].西安:陕西科学技术出版社,2013.

50.李保国,何鹏举.陕西周至国家级自然保护区的生物多样性[M].西安:陕西科学技术出版社,2007.

51.李保国,何鹏举,王景堂等.秦岭北坡周至国家级自然保护区的兽类区系分析[J].西北大学学报:自然科学版,1997,27(3):235-238.

52.李保国,闵芝兰.化龙山两栖爬行动物调查(内部资料).

53.李保国等.化龙山兽类资源特征[J].西北大学学报:自然科学版,1995:751-754.

54.李贵辉等.秦岭首次发现华南虎[J].动物学杂志.1966(8):48.

55.李家骏.太白山综合考察论文集[C].西安:陕西师范大学出版社,1989.

56.李健超.秦岭地区古代兽类与环境变迁[J].中国历史地理论丛,2002,17(4):33-45.

57.李兰田.论我国林业生态建设的问题与对策[J].林业资源管理,1995(5):53-56.

58.李丕鹏,陆宇燕,王子浩.雄性大鲵泄殖腔腺及其与第二性征的关系[J].野生动物,1990(3):34-35.

59.李思锋,黎斌.秦巴山区野生观赏植物[M].西安:陕西科学技术出版社,2009.

60.李思锋,黎斌.秦岭植物志增补[M].北京:科学出版社,2013.

61.李思忠.中国淡水鱼类的分布区划[M].北京:科学出版社,1981.

62.李世全.秦岭巴山天然药物志[M].西安:陕西科学技术出版社,1987.

63.李战刚,康克功,吴振海.陕西平河梁省级自然保护区综合科学考察与生物多样性研究[M].西安:陕西科学技术出版社,2008.

64.梁刚.秦岭地区两栖爬行动物区系组成特点及持续发展对策[J].西北大学学报:自然科学版,1998,28(6):545-549.

65.梁增泰.秦巴山区人口增长与人文景观的变迁[J].经济地理,1984(4):289-295.

66.梁中效.历史时期秦巴山区自然环境的变迁[J].中国历史地理论丛,2002,17(3):184-186.

67.林开敏,黄宝龙.杉木人工林林下植物物种多样性的研究[J].生物多样性,2001,9(2):157-161.

68.刘华训.我国山地植被的垂直分布规律[J].地理学报,1981.36(3):267-27.

69.刘江.中国可持续发展战略研究[M].北京:中国农业出版社,2001:37-51.

70.刘康,马乃喜,青艳玲等.秦岭山地生态环境保护与建设[J].生态学杂志,2004,23(3):157-160.

71.刘明玉,解玉浩,季达明.中国脊椎动物大全[M].沈阳:辽宁大学出版社,2000.

72.刘慎谔.刘慎谔文集[M].北京:科学出版社,1985.

73.刘诗峰,张坚.佛坪自然保护区生物多样性研究与保护[M].西安:陕西科学技术出版社,2003.

74.刘胤汉.关于陕西省自然地带的划分[J].地理学报,1980,35(3):210-18.

75.刘胤汉.陕西省景观生态环境特征与建设对策[J].生态经济,1993(5):33-39.

76.鲁西奇,蔡述明.汉江流域开发史上的环境问题[J].长江流域资源与环境,1997,6(3):265-270.

77.闵芝兰.陕西省重点保护野生动物[M].北京:中国林业出版社,1991.

78.闵芝兰等.陕西省兽类新纪录[J].动物学杂志,1966(8):54-55.

79.闵芝兰.陕西省重点保护野生动物[M].北京:中国林业出版社,1991.

80.聂树人.陕西自然地理[M].西安:陕西人民出版社,1981.

81.宁强县地方志编纂委员会.宁强县志[M].西安:陕西师范大学出版社,1995.

82.牛春山.陕西树木志[M].北京:中国林业出版社,1990.

83.彭雨新.清代土地开垦史[M].北京:农业出版社,1990.

84.钱国禧.秦岭森林植物垂直分布及林分概况.陕西省林业科学技术资料汇编,1964.

85.曲格平.中国环境问题及对策[M].北京:中国环境科学出版社,1989.

86.任毅等.太白山自然保护区生物多样性研究与管理[M].北京:中国林业出版社,2006.

87.任毅,温战强.陕西米仓山自然保护区综合科学考察报告[M].北京:科学出版社,2008.

88.任毅等.长青国家级自然保护区动植物资源[M].西安:西北大学出版社,2002.

89.任毅,周灵国.陕西太安自然保护区综合科学考察[M].西安:陕西科学技术出版社,2010.

90.陕西地方志编辑委员会.陕西省植被志[M].西安:西安地图出版社,2011.

91.陕西林业厅.太白山自然保持综合考察论文集[C].西安:陕西师范大学出版社,1989.

92.陕西森林编辑委员会.陕西森林[M].西安:陕西科学技术出版社,1989.

93.陕西省动物研究所.秦岭鱼类志[M].北京:科学出版社,1987.

94.陕西省动物研究所.陕西珍贵经济兽类图志[M].西安:陕西科学技术出版社,1981.

95.陕西省果树研究所.陕西果树志[M].西安:陕西人民出版社,1978.

96.陕西省考古研究所.龙岗寺—新石器时代遗址挖掘报告[M].北京:中国文物出版社,1990.

97.陕西省农业区划委员会办公室.陕西省资源动物区划[M].西安:西安地图出版社,1981.

98.陕西省水产研究所等.陕西鱼类志[M].西安:陕西科学技术出版社,1992.

99.陕西师范大学地理系.陕西商洛地区地理志[M].西安:陕西人民出版社,1981.

100.邵孟明等.果子狸的饲养与管理[J].陕西师大学报:自然科学版,1997,25(73):157-161.

101.沈玉昌.汉江河谷的地貌及其发育史[J].地理学报,22(4):295-323.

102.沈茂才.中国秦岭生物多样性的研究和保护——秦岭国家植物园总体规划与建设[M].北京:科学出版社,2010.

103.宋鸣涛.陕西两栖爬行动物区系分析[J].两栖爬行动物学报,1987,6(1):63-73.

104.宋鸣涛.陕西省大鲵生活习性的初步调查[J].动物学杂志,1982,17(6):11-13.

105.宋世英.陕西陇山地区兽类的区系调查[J].动物学杂志,1984,(5):42-47.

106.孙敏等.经济社会发展与环境保护[M].北京:中国环境科学出版社,1993.

107.谭作刚.清代陕南地区的移民、农业垦殖与自然环境的恶化[J].中国农史,1986.

108.陶炎.中国森林的历史变迁[M].北京:中国林业出版社,1994.

109.田泽生,黄春长.秦岭太白山古冰川发育与黄土高原气候变迁[J].地理研究,1990,9(3):15-22.

110.田婉淑,江耀明.中国两栖爬行动物鉴定手册[M].北京:科学出版社,1986.

111.汪松,赵尔宓.中国濒危动物红皮书:两栖类和爬行类[M].北京:科学出版社,1998:30-95.

112.王星,李占斌,李鹏.陕西省丹汉江流域退耕地恢复过程中的植被演替[J].应用生态学报,2012,23(2):247-356.

113.王开锋,温战强,冯祁君.陕西牛尾河自然保护区综合科学考察报告[M].北京:科学出版社,2014.

114.王开锋等.黑河流域鱼类资源调查及保护建议[J].西北大学学报:自然科学版,2001,31(S):103-107.

115.王玛丽,邢连喜,张国昌.陕西化龙山自然保护区综合科学考察报告[M].西安:西安地图出版社,2004.

116.王梦燕等.人类活动影响下兽类的演变[M].北京:中国科学技术出版社,1993.

117.王清晨,孙枢,李继亮等.秦岭的大地构造演化[J].地质科学,2:129-142.

118.王双怀.五千年来中国西部水环境的变迁[J].陕西师范大学学报:哲学社会科学版,2004,33(5):5-13.

119.王廷正,方荣盛.陕北及宁夏东部的兽类区系.陕西省动物学会会议论文选集[C]:1979.

120.王廷正,方荣盛,王德兴.1981—1982陕西大巴山地的鸟兽调查研究(二):兽类区系的研究[J].陕西师范大学学报:231-248.

121.王献溥.保护野生植物的意义、途径和主要任务[J].中国林业,2003,11B:17-18.

122.王香鸽,孙虎.陕西秦岭北坡浅山地带生态环境保护研究[J].陕西师范大学学报:自然科学版,2003,31(3):120-124.

123.温战强.陕西桑园自然保护区科学考察报告[M].西安:陕西科学技术出版社,2007.

124.巫其祥.秦岭山区土特名产[M].西安:陕西科学技术出版社,1992.

125.吴家炎,李贵辉.陕西省安康地区兽类调查报告[J].动物学研究,1982(1):59-67.

126.吴家炎等.秦岭虎灭绝原因的初步探讨,人类活动影响下兽类的演变[M].北京:中国科学技术出版社,1993.

127.吴文祥,葛全胜.夏朝前夕洪水发生的可能性及大禹治水真相[J].第四纪研究,2005,25(6):741-749.

128.吴征镒等.中国植被[M].北京:科学出版社,1980.

129.伍献文等编著.中国经济动物志:淡水鱼类(第二版)[M].北京:科学出版社,1979.

130.武春生,孟宪林,王蘅等.中国蝶类识别手册[M].北京:科学出版社,2007.

131.萧正洪.清代陕南种植业的盛衰及其原因[J].中国农史,1988(4):72-79.

132.许顺湛.陕西仰韶文化聚落群的启示[J].中原文物,2002(4):7-13.

133.许涛清,曹永汉.陕西省脊椎动物名录[M].西安:陕西科学技术出版社,1996.

134.薛达元,蒋明康.中国自然保护区建设与管理[M].北京:中国环境科学出版社,1994.

135.薛平栓.陕西历史人口地理[M].北京:人民出版社,2001.

136.徐振武,冯宁.陕西野生动物图鉴[M].西安:陕西旅游出版社,2004.

137.薛大勇,朱弘复.中国动物志(15)[M].北京:科学出版社,1999.

138.严如煜.三省边防备览.清道光十年(1830)刻,来鹿堂藏本:53.

139.杨德华.关于一些大、中型兽类数量考察方法的探讨[J].兽类学报,1987,7(4):308.

140.杨兴中,刘华,许涛清.陕西新开岭自然保护区生物多样性研究与管理[M].西安:陕西科学技术出版社,2012.

141.姚建初,郑永烈.太白山鸟类垂直分布的研究[J].动物学研究,1986,7(2):115-138.

142.叶昌媛,费梁,胡淑琴.中国珍稀及经济两栖动物[M].成都:四川科学技术出版社,1993.

143.叶世倬.中国地方志集成[M].南京:凤凰出版社,2007.

144.殷鸿福.秦岭及邻区三叠系[M].武汉:中国地质大学出版社,1992.

145.应俊生,李云峰,郭勤峰等.秦岭太白山地区的植物区系和植被[J].植物分类学报,1990,28(4):261-293.

146.应俊生.秦岭植物区系的性质、特点和起源[J].植物分类学报,1994,32(5):389-410.

147.袁永明,张志英.秦岭的珍稀特有植物及区系特征[J].武汉植物学研究,1986,4(4):353-362.

148.岳明,党高弟,辜天琪.佛坪国家级自然保护区植被垂直带谱及其与邻近地区的比较[J].武汉植物学研究,8(5):375-382.

149.岳明.秦岭及黄土区辽东栎林的物种多样性特征[J].西北植物学报,1998,18(1):124-131.

150.张保良.雌花面狸的饲养管理[J].西北大学学报:自然科学版,1993:93-100.

151.张海龙,蒋建军,解修平等.近25年来西安地区土地利用变化及驱动力研究[J].资源科学,2006,8(4):71-77.

152.张建民.明清汉水上游山区的开发与水利建设[J].武汉大学学报:哲学社会科学版,1994(1):82-87.

153.张金良,李焕芳.秦岭自然保护区群的生物多样性[J].生物多样性,1997,5(2):155-156.

154.张金良,王万云,周灵国.陕西自然保护区[M].西安:陕西旅游出版社.2004.

155.张坤民.可持续发展论[M].北京:中国环境科学出版社,1997.

156.张孟闻,宗愉,马积藩.中国动物志:爬行纲,第一卷[M].北京:科学出版社,1998.

157.张文辉等.陕西不同林区栓皮栎种群空间分布格局及动态的比较研究[J].西北植物学报,2002,2(3):476-483.

158.张文辉,许晓波,周建云等.濒危植物秦岭冷杉地理分布和生物生态学特性研究[J].生物多样性,2004,12(4):419-426.

159.张晓虹,满志敏,葛全胜.清代陕南土地利用变迁驱动力研究[J].中国历史地理论丛,4:69-83.

秦岭四库全书·绿库

草木人间

160.张学忠,张志英.从秦岭南北坡常绿阔叶木本植物的分布谈划分亚热带的北界问题[J].地理学报,1979,34(2):342-352.

161.张仰渠.陕西森林[M].西安:陕西科学技术出版社,1989.

162.张宏杰,李丽霞,王杨科.陕西汉中地区经济动物研究[J].氨基酸和生物资源,2003,25(3):1-3.

163.张荣祖.中国动物地理[M].北京:科学出版社,1999.

164.张春霖.中国淡水鱼类分布[J].地理学报,1954,20(3):279-284.

165.赵常兴,张小明,秦敏.清代陕南移民及其对当地经济的影响[J].西北农林科技大学学报:社会科学版,2004,4(l):127-131.

166.赵珍.清代西北地区的农业垦殖政策与生态环境变迁[J].清史研究,2004,2(1):76-83.

167.郑光美,徐平宇.秦岭南麓发现的大熊猫[J].动物学杂志,1964,6(1):5.

168.郑光美,张词祖.中国野鸟[M].北京:中国林业出版社,2002.

169.郑作新等.秦岭大巴山地区的鸟类区系调查研究[J].动物学报,1962,14(3):361-380.

170.郑作新.秦岭鸟类志[M].北京:科学出版社,1973.

171.郑作新.中国鸟类分布名录[M].北京:科学出版社,1978.

172.郑生武.中国西北地区珍稀濒危动物志[M].北京:中国林业出版社,1994.

173.郑生武,李保国.中国西北地区脊椎动物系统检索与分布[M].西安:西北大学出版社,1999.

174.郑生武,宋世英.秦岭兽类志[M].北京:中国林业出版社,2010.

175.郑生武等.猪獾的生态研究[J].兽类学报,1988 (1):65-72.

176.郑生武,余玉群,左华等.陕西汉中地区黑熊的现状、分布及保护措施[J].兽类学报,1995,15(2):93-97.

177.郑永烈.陕西秦岭东段兽类区系研究[J].动物学杂志,1982 (2):15-19.

178.郑永烈,姚建初.陕西省经济鸟兽的蕴藏量[J].野生动物,1984 (6):5-7.

179.郑永烈等.陕西省保护动物的种类及数量分布[J].野生动物,1982 (3):26-29.

180.中国科学院.中国自然地理:地貌[M].北京:科学出版社,1980.

181.中国科学院.中国自然地理:植物地理[M].北京:科学出版社,1983.

182.中国科学院考古研究所,陕西省西安半坡博物馆.西安半坡[M].北京:文物出版社,1963.

183.中国科学院植物研究所.陕西蓝田新生界会议论文集[C].北京:科学出版社,1966.

184.中国科学院西北植物研究所.秦岭植物志第一卷(1-5册) [M].北京:科学出版社.

185.中国科学院植物研究所.中国高等植物图鉴1-5册[M].北京:科学出版社.

186.中国科学院植物研究所.中国高等植物图鉴补编1-2册[M].北京:科学出版社.

187.中国野生动物保护协会.中国鸟类图鉴[M].郑州:河南科学技术出版社,1995.

188.钟补求.秦岭之植物地理[J].西北农林,1947,2(l):83-90.

189.周昆叔.西安半坡[M].北京:文物出版社,1963.

190.周云庵.秦岭森林的历史变迁及其反思[J].中国历史地理论丛, 1993,1(4):55-68.

191.周灵国,许涛清等.陕西牛背梁国家级自然保护区鱼类物种多样性调查及保护对策[J].陕西师范大学学报(专集),2003:1-4.

192.朱士光.历史时期关中地区气候变化的初步研究[J].第四纪研究,1998(1):14-16.

193.朱志诚.秦岭北麓侧柏林的主要类型及地带性问题[J].陕西林业科技,1978(5):1-12.

194.朱志诚.秦岭北麓的栎林[J].陕西林业科技,1979(4):1-8.

195.朱志诚.秦岭太白山高山区冰蚀原生裸地植被演替的初步探讨[J].科学通报,1979,24(22):1041-1043.

196.朱志诚.秦岭植被的变迁[J].西北大学学报:自然科学版,1979,9(2):76-85.

197.朱志诚.秦岭落叶松林的主要类型及其演变的初步分析[J].西北大学学报:自然科学版,1980(4):104-113.

198.朱志诚.秦岭灌木林主要类型及其基本特征[J].陕西林业科技,1981(2):42-58.

199.朱志诚.关于秦岭北坡森林的基带[J].西北植物研究,1983,3(I):40-46.

200.朱志诚.秦岭尖齿栎林的初步研究[J].西北植物研究,1983,3(2):222-132.

201.朱志诚.秦岭太白山桦林的稳定性[J].武汉植物学研究,1991,9(2):169-175.

202.朱志诚.秦岭的草甸—高山原生草甸[J].中国草地,1992(5):64-69.

203.朱志诚.太白山顶植被的起源和发展[J].西北大学学报,1979,15(1):6-15.

204.邹逸麟.明清流民与川陕鄂豫交界地区的环境问题[J].复旦学报:社会科学版,1998(4).